智慧財產法綜論

五南圖書出版公司 印行

作者序

　　智慧財產這個專業領域，從它半個世紀的發展看來，似乎是愈來愈熱的領域，不但是今日之星，更可以說是明日之光，一點都不為過。作者從對美國三〇一條款之鑽研開始，即發覺了這樣的趨勢，而開始探究智慧財產的內涵及其與各國所意圖開展國際經貿領域的核心問題，均離不開「智慧財產權」的主張與權利保護的必要性。及至網際網路的出現帶動了電子商務的蓬勃發展，乃至於有利用「大數據」為基礎的「人工智慧」時代之來臨，這一切都是立基於智慧財產權的基礎之上而加以發揮的結果。

　　針對以上的發展基礎，激勵了作者欲將智慧財產法制加以進一步地分析與探討。當然本書之完成必須感謝五南的劉副總編輯及三民的施智宇協理的大力相助！在此一併致謝！

吳嘉生

謹識

作者介紹

吳嘉生　教授

現職：
　　新北市勞資爭議委員會主任仲裁人（109年至112年）
　　僑光科技大學副校長兼觀光與餐旅學院院長
　　國立臺北大學法律系兼任教授

最高學歷：
　　美國聖路易大學法律博士
　　美國紐約州立大學奧伯尼分校政治學博士候選人

主要經歷：
　　1. 中華民國仲裁人
　　2. 教育部數位學習認證審查委員
　　3. 教育部智慧財產權保護訪視委員
　　4. 教育部國防通識教育暨校園安全訪視委員
　　5. 經濟部創新研發計畫專案審查委員
　　6. 國家考試出題命題閱卷及典試委員
　　7. 高等教育評鑑中心評鑑委員
　　8. 國防大學軍法官班及軍法預備軍官班特聘講座教授
　　9. 法務部司法官訓練所講座教授
　　10. 國家文官學院特聘講座教授
　　11. 國立臺北大學法律學系專任教授

學術成就及榮譽：

1. 中華民國證券櫃檯買賣中心，法律專家審議代表
2. 桃園縣環保科技園區發展委員會委員
3. 國防部「人才培訓」方案規劃委員
4. 中山科學研究院專利申請評選委員
5. 教育部大專校院智慧財產保護方案推動委員
6. 國立高雄第一科技大學「科技法律評析」編輯
7. 傑賽普國際模擬法庭辯論賽臺灣區法官
8. 國立臺北大學，資深優良教師
9. 國立臺北大學，績優導師，2014-2015
10. 國立臺北大學，績優導師，2015-2016

行政經歷：

1. 國立臺北大學學務長
2. 國立臺北大學通識教育中心主任
3. 國立臺北大學財經法學系主任
4. 中興大學法商學院（臺北大學前身）進修推廣中心教務主任
5. 中興大學法商學院（臺北大學前身）課務組組長
6. 中興大學法商學院（臺北大學前身）研教組組長

專業領域：

1. 國際法相關領域：如國際公法、國際私法、國際商務仲裁、國際環境法、國際經濟法、國際貿易法、國際金融法
2. 知識產權法相關領域：如專利、商標、著作權、網路資訊法……
3. 英美法導論、英美契約法、英美侵權法、美國憲法、美國行政法……

A.教師專業表現與服務目錄

國立臺北大學管考績優教師表揚狀

傑賽普國際法庭模擬辯論賽臺灣區評審法官（初賽／複賽／決賽）（多任）

新北市政府新北市勞資爭議主任仲裁委員（100.5.1至103.4.30）

桃園縣政府聘任——環保科技園區發展委員會委員（99.4.1至101.3.31）

桃園縣政府聘任——環保科技園區設置計畫發展審議委員會委員（96年至98年）

桃園縣政府聘任——環保科技園區入區廠商／研究機構之興建、營運績效評定委員（98年至100年）

新竹市政府市政顧問（100.8.3至103.12.24）

臺東縣政府縣政顧問（98.04.01至98.12.19）

中正大學專家顧問聘書——100年擔任台灣法律資訊中心專家顧問

中興大學法商學院（臺北大學前身）教務分處課務組組（84年至86年）

中興大學法商學院（臺北大學前身）教務主任

高等教育評鑑中心基金會99年度大學校院系所評鑑委員

高等教育評鑑中心基金會96年度大學校院系所評鑑委員

致理學院財經法律系演講感謝狀（100.10.3）

南臺科技大學99年12月14日「2010企業及財經法律學術研討會」與談人

靜宜大學法律系98學年度「民事損害賠償制度——特別法上之規範與實踐學術研討會」主持人（99.06.04）

高雄第一科技大學科技法律研究所99年度「科技法律評析」編輯委員會委員

臺北大學95年碩士學位論文口試委員

臺北大學100年碩士學位論文口試委員

臺北大學97年博士學位論文口試委員

中正大學99年博士學位考試委員

臺北大學98年擔任教育部「培育優質人力促進就業計畫——大學畢業生至企業職場實習方案」實習委員會委員

司法院司法人員研習所94年第2期培訓高等行政法院法官研習課程之從著
　作權利法到電子商務法之問題與研究課程講座
司法官訓練所94年司法官班46期第二階段「英美法學名著選讀」課程
臺北市政府「2006生技獎」審查委員
考試院92年公務人員特種考試第二次警察人員考試典試委員
考試院93年交通事業郵政人員升資考試增聘命題兼閱卷委員
考試院93年公務人員特種考試外交領事人員考試及93年公務人員特種考試
　國際經濟商務人員考試典試委員
考試院94年公務人員特種考試司法人員考試口試委員
考試院94年公務人員特種考試司法人員考試閱卷委員
考試院95年公務人員特種考試外交領事人員考試及95年公務人員特種考試
　法務部調查局調查人員考試口試委員
考試院95年公務人員特種考試外交領事人員考試及95年公務人員特種考試
　法務部調查人員考試命題兼閱卷委員
考試院95年公務人員特種考試民航人員考試及95年公務人員特種國際經濟
　商務人員考試典試委員
考試院95年公務人員特種考試司法人員考試及95年軍法官考試閱卷委員
考試院98年公務人員特種考試外交領事人員及國際新聞人員考試、98年公
　務人員特種考試法務部調查局調查人員考試、98年公務人員特種考試國
　家安全局國家安全情報人員考試、98年公務人員特種考試原住民考試命
　題兼閱卷委員
考試院公務特考：警察人員／關務人員／海關人員／退伍軍人轉任公務員
　典試委員
考選部專利師考試審議委員
行政院農委會農業生技園區入園甄審委員
財團法人中華民國證券櫃檯買賣中心上櫃審查部審議委員
中央印製廠採購評鑑委員會委員
開南法學編輯委員會第2期委員（多任）
清華大學科技法律研究所「國際商務仲裁」兼任教授（多任）

致理技術學院多媒體設計系「科技與法律」兼任教授（多任）
真理大學財經法學期刊編輯顧問
行政院第8次全國科技會議課程提綱委員。
台灣電力公司「98年度北一區抄表工作委外服務招標案」審查委員
行政院金融監督管理委員會銀行局「97年度英譯委外服務招標案」採購評
　選委員會委員
高雄第一科技大學科技法律研究所96年度「科技法律評析」編輯委員會委
　員
高雄第一科技大學97年度科技大學自我評鑑專業類科法律研究所自評委員
稻江科技暨管理學院財經法律學系96年度上半年大學評鑑系所再評鑑自評
　委員
臺北市內湖區麗山國民小學溫水游泳池97年委託民間營運管理案之甄選委
　員
全國農業金庫股份有限公司「農貸帳務管理系統建置計畫之主系統開發」
　評選委員
國立臺灣大學醫學院附設醫院復健部義肢室醫療合作案甄審委員會委員
宜蘭縣政府「宜蘭利澤工業區外防風林地民間促參方式進行風力發電園
　區」甄審委員
教育部97年數位學習課程與教材認證國貿組審查會議審查委員
教育部98年大專院校校園保護智慧財產權行動方案訪視計畫訪視委員

B.專書著作

年度	書目
1998	國際法與國內法關係之研析，五南圖書出版股份有限公司。
1999	智慧財產權之理論與應用，五南圖書出版股份有限公司。
	國家之權力國際責任，五南圖書出版股份有限公司。
2000	國際法學原理——本質與功能之研究，五南圖書出版股份有限公司。
2001	美國貿易法三〇一條款評析：智慧財產權保護之帝王條款，元照出版有限公司。
2003	電子商務法導論，學林文化有限公司。
2004	國際貿易法析論，翰蘆出版社。
2006	資訊倫理與法律，國立空中大學。
	銀行法釋論，新學林出版社。
2008	當代國際法上，五南圖書出版股份有限公司。
	當代國際法下，五南圖書出版股份有限公司。
	國際經濟法析論，文笙書局。
2009	智慧財產法通論，一品文化出版社
2010	法學英文精練，一品文化出版社。
	英美法導論，一品文化出版社。
2012	法律倫理專論，一品文化出版社。
	國際環境法專論，五南圖書出版股份有限公司。
2013	國際商務仲裁理論與實務，元照出版有限公司。
2014	海商法與海洋法釋論，一品文化出版社。
2016	國際金融法析論，五南圖書出版股份有限公司。
2018	國際私法——理論與經典案例研析，五南圖書出版股份有限公司。
2019	國際貿易法論——WTO之貿易規範研究，一品文化出版社。
2020	金融法析論，五南圖書出版股份有限公司。
2021	商事法通論，五南圖書出版股份有限公司。

C.期刊論文

年度	編號	期刊論文（TSSCI等同於SSCI）
1994	1	對三〇一條款應有之認識，軍法專刊，第40卷第7期，1994年，第18～24頁。
	2	評析歐洲競爭法之起源，中興法學，第37期，1994年，第189～217頁。（TSSCI）（英文版）
	3	從高華德案論國際條約終止之美國模式，中興法學，第38期，1994年，第45～75頁。（TSSCI）（英文版）
	4	特別三〇一條款評析，朝陽大學法律評論，第60卷第11-12期，1994年，第13～20頁。
1995	5	論三〇一條款之產生，法學叢刊，第40卷第1期，1995年，第73～86頁。
	6	超級三〇一析論，朝陽大學法律評論，第61卷第1-2期，1995年，第2～12頁。
	7	著作權法與圖書館──以公平使用為原則為中心，台北市立圖書館館訊，第12卷第3期，1995年。
	8	從美日貿易衝突論超級三〇一，中興法學，第39期，1995年，第157～176頁。（TSSCI）
	9	研究美國保護智慧財權之貿易立法，軍法專刊，第41卷第3期，1995年，第5～13頁。
1996	10	著作權法中公平使用原則之探討──兼論圖書館之著作權問題，書苑，第27期，1996年，第31～38頁。
	11	探討著作權法中之公平使用原則，軍法專刊，第43卷第5期，1996年，第1～7頁。
	12	從中、美智慧財產問題論特別三〇一，中興法學，第41期，1996年，第245～259頁。（TSSCI）
	13	國際法之過去、現在與末來，中興法學，第41期，1996年，第51～149頁。（TSSCI）
	14	中華人民共和國著作權法評析，中興法學，第40期，1996年，第155～215頁。（TSSCI）（英文版）

年度	編號	期刊論文（TSSCI等同於SSCI）
1997	15	論污染者付費原則之國際法規範，軍法專刊，第43卷第5期，1997年，第9～16頁。
	16	對國際法產生之探討，中興法學，第43期，1997年，第31～126頁。（TSSCI）
	17	美國一般三〇一、特別三〇一與超級三〇一之比較研究，朝陽大學法律評論，第63卷第10-12期，1997年，第2～19頁。
	18	研析國際法產生之淵源，軍法專刊，第43卷第9期，1997年，第8～22頁。
	19	中國大陸與美國商務仲裁之比較研究，中興法學，第42期，1997年，第18～24頁。（TSSCI）（英文版）
1998	20	環保糾紛解決之研究，中興法學，第44期，1998年，第1～49頁。（TSSCI）
	21	研析國際條約之保留，軍法專刊，第44卷第6期，1998年，第15～27頁。
1999	22	個人在國際法上地位之研析，軍法專刊，第45卷第2期，1999年，第4～18頁。
2000	23	研析智慧財產權之立法保護——以美國為例，中興法學，第45期，2000年，第205～260頁。（TSSCI）
2001	24	人權之憲法保障，憲政時代，第27卷第1期，2001年，第3～38頁。
2006	25	全球治理下之世界貿易組織，曾華松大法官古稀祝壽論文集——論權利保護之理論與實踐。
2008	26	Choice of Law and Intellectual Property，法學理論與文化，李岱教授祝壽論文集。
2009	27	Innovation Analysis of Market Competition, ChihLee Law Review, pp. 147-190.（英文版）
2012	28	Economic Diplomacy, ChihLee Law Review.（英文版）

D.研討會論文

年代	論文內容
2005	評論人，區域經濟統合下，美國、日本及我國有關「自然人移動」規範之比較，國際投資法學術研討會，輔仁大學財經法律系。
2006	主持人及發表人，Calculating Damages of Patent Infringement-Revisited，國際專利法制研討會，臺北大學財經法律學系主辦。
	主持人，國際智慧財產權研討會，世新大學，智慧財產法律研究所。
2007	主持人，被忽略的（立法）事實——實證科學在規範論證中的可能角色，2007年第二屆全國法學實證研究研討會（報告人：邱文聰），主辦單位：交通大學、政治大學；承辦單位：政治大學
2008	主持人，從學術共享精神檢討政府資助大學研究成果之專利政策，第12屆全國科技法律研討會，交通大學科技法律研究所
2009	發表人，網路侵權問題研究，幹部研討會，德明財經科技大學主辦。
	發表人，網路法律問題面面觀，教學卓越發表會，屏東科技大學主辦。
	發表人，防制人口販賣研究，教學卓越發表會，德明財經科技大學主辦。
	發表人，防制人口販賣觀念宣導，北二區人權教育研習營，德明財經大學。
	主持人，國際移民行為對防法人口老化的政策思考，臺北大學通識教育中心。
	與談人，法律選擇：國家利益與個人利益之協調（報告人：李光波），第五屆海峽兩岸國際私法學術研討會，主辦單位：台灣國際私法研究會、中國國際私法學會；承辦單位：玄奘大學、武漢大學國際法研究所。
2010	與談人，臺灣競爭法律的專利權行使——兼論對中國大陸的借鑑（報告人：寧立志所長，武漢大學），2011科技法律國際學術研討會暨海峽兩岸智慧財產權法律研討會，高雄第一科技大學。
	與談人，從侵權行為法新體系再論智慧財產權之間接侵權，2010兩岸四地財產法學術研討會，中正大學。

年代	論文內容
2010	與談人，電視節目版式法律保護之研究，企業及財經法律學術研討會，南臺科技大學。
2011	發表人，全球化下資訊之傳播與交流，臺灣法律資訊中心，中正大學。
	與談人：「入世十年四問」（發表人，清華大學車丕照教援，第三屆兩岸國際法學論壇學術研討會，2011）國際法學會。
	主持人兼評論人：雲端運算與資訊保護之探討──以美國法為主，2011年科技法律學術研討會，高雄第一科技大學。
	發表人，法學英文之教與學，專業法律英文教與學工作坊，南臺科技大學，財經法律研究所。
2012	發表人，災害防救法評釋，臺灣海洋大學2012學術研討會。
	發表人，環境保護與國際貿易，中達環境法論壇，武漢大學。

E.政府委辦研究計畫

年度	補助單位	研究計畫名稱	時間
1996	行政院文化建設委員會	文化創新：智慧財產之開發與保護專題研究	1995年至1996年
2007	教育部	96年度法律專業科目教學改進計畫──智慧財產權理論與實務（計畫主持人）	2007.06.01至2008.07.31
2008	內政部警政署刑事警察局	「有關IP監察技術可行性評估與法制分析之研究（上）──第二類電信監察法制分析研究」（計畫主持人）	2008.07.31至2009.01.31

目錄

本 論 171

導　論

第一部分　名詞解釋與定義

1. 人工智慧

　　人工智慧既可稱為「今日之星」，甚至於可以在可預見的將來，稱之為「明日之星」。人工智慧之啓蒙發展也已約數十年之久，但也一直沒有一個精確的定義。只能由大多數學者專家所同意的認知：認為是機器智慧；也就是認為人工智慧乃是指人類運用本身的智慧所發展出來的「機器」，再透過機器本身的技術及作用，所表達出來的具有實質意義的學習結果、推理的成效或是「自我矯正」。

　　直言之，人工智慧是指透過普通電腦程式的手段實現的人類智慧技術。又根據《韋氏字典》，它是科學領域的一個研究領域，人工智慧是指關注能夠從事人類活動的電腦發展思考過程，如學習、推理和自我糾正。它可以改進使機器學習以承擔某些功能的概念，通常被認為像人類的智慧，如學習、適應、自我矯正等。透過使用電腦擴展人類智慧，就像過去透過使用機械工具而使人的體力得以延伸。就嚴格的意義上，研究更有效地使用電腦的技術透過不斷改進的編碼技術，而將所欲達到的目標更加優化。該詞也指出研究這樣類似人思考的智慧系統是否能夠實現，以及如何實現。同時，人類的無數職業也逐漸被其取代。

2. 大數據

　　學術界對於大數據的認知如下：

　　第一，從大數據「大」的特徵進行界定，強調大數據是海量數據的集合；第二，對大數據進行綜合、全面的界定，大數據不

僅包括數據本身，還包括與大數據相關的技術、人才、制度等；第三，從大數據的價值出發，強調大數據的核心價值在於背後所蘊藏的規律。

　　大數據包括海量數據集、數據分析技術以及大數據分析結果這三層涵義。首先，大數據是海量數據的集合，它們構成了大數據分析的基礎，並且這些數據具有量大、結構多樣特徵。其次，大數據還是一種以數據挖掘為核心的數據分析技術，只有透過數據分析技術，才能夠發掘出數據背後的價值。最後，大數據還強調經過分析、處理後所獲取的數據結果，它們往往能夠反映出數據背後的規律，是大數據的價值和精髓所在。總而言之，對於大數據的理解基於廣義的視角，海量數據集、數據分析技術、數據分析結果都屬於大數據的範疇。

3. 智慧財產

　　人類透過腦力激盪的運作或創意思考的活動，在知識性質上所形成的「智慧結晶」，有其經濟上、技術上的價值，而由法律所賦予之權利交給創意活動之所有者去享有且受到相關法律加以保護。

4. 智慧財產權

　　一般所指的「智慧財產權」（Intellectual Property Right），大致上是指人類動用腦力激盪所創造出具有「財產」上價值的「智慧」成果（結晶的展現）。其因此形成法律規定而加以保護的權利。

　　智慧財產權必須兼具「人類精神活動的成果」及能夠「產生財產上價值」雙重的特性。立法保護智慧財產權的目的在於透過

法律，提供權利人一定的保障，具有可以排他的權利，屬於智慧財產權人才可就其智慧的成果加以利用，或由其授權他人利用，以獲得經濟上利益。法律規定智慧財產權保護制度，最主要是在提升人類經濟、文化及科技的發展。

　　進一步言，保護智慧財產權不只是保護權利人個人的利益，也是基於公共利益如立場，在維護產業正當交易及競爭秩序，例如，商標權、營業秘密等都是市場上重要的資產，如果有人仿冒，就會形成不公平競爭的行為。就消費者的立場言，一方面可以藉著商品或服務商標，來識別商品或服務來源；另一方面又因產業的公平競爭，可以得到廠商競爭所帶來的好處，享受更好的產品及服務。

　　由上可知，無論是「智慧」、「財產」與「權」這幾個名詞都不足以完整地涵蓋其所欲保護的對象。雖然如此，畢竟這幾個名詞已經足以表現出大部分其所欲規範對象的主要特徵，而且目前「智慧財產權」一詞已經成為廣為國際社會使用的一個上位概念，在國內亦已經普遍為一般人所接受。

5. 智慧財產權之取得

(1) 著作權 ── 創作保護主義

　　首先就著作權之取得而言，我國於1985年之前，係採取註冊保護主義，著作完成後必須向當時之主管機關內政部註冊後，始能取得著作權保護。此一做法顯然與國際條約規範以及許多國家之規定不同，也使得許多著作因內政部不准其註冊而無法受到保護。為配合國際趨勢，我國於1985年修法時，乃改採創作保護主義，亦即只要創作完成就取得保護，但當時只限於本國人之著作，外國人之著作仍維持註冊保護主義，直至1992年修法

時，才改爲創作保護主義。在創作保護主義下，一著作完成後如果符合著作權法之保護要件，即可取得著作權保護，而不需要經過主管機關之審查，然而究竟是否符合保護要件，則由法院於具體個案中認定之，亦即法院對於著作權之取得有最終認定之權力。

(2) 專利權

① 發明專利——實體審查

專利權之取得，在國際專利制度發展之過程中，由於受到自然法思想之影響，曾經有一些國家採取不審查制，後來則改採審查制。目前大多數國家對發明專利仍然採取審查制度，必須先經由主管機關審查符合保護要件後，始賦予專利權之保護。申請專利之發明，經核准審定後，申請人於審定書送達後三個月內，繳納證書費及第一年專利年費後，即予公告，並自公告之日起給予發明專利權，並發證書（專利法第52條第1、2項）。如果發明專利申請人對於不予專利之審定有不服者，得於審定書送達後二個月內備具理由書，申請再審查（專利法第48條）。

② 新型專利——形式審查

至於新型專利與設計專利，在大陸法系國家，多與發明專利分別立法規範，例如德國、日本、韓國，而不似我國將其一併納入專利法中，其甚至對於新型與設計之保護採取登記制度，亦即主管機關對申請案並不進行實體要件之審查，而於形式要件審查通過後，即准予登記。

有鑑於對技術層次不高之新型專利採取形式審查可以節省審查人力，減輕審查委員的案件負荷量，而申請人可以在短時間內迅速取得保護，對生命週期較短的產品較爲有利，因此我國於

2003年1月3日立法院三讀通過修正之專利法，對於新型專利已經改採形式審查制度，並自2004年7月1日起生效，可以說是我國專利審查制度上之一大重要變革。

③ 設計專利 —— 實體審查

在設計專利方面，我國仍然維持實體審查制度，但並未採取如同發明專利般之請求審查與早期公開制度。未來若新型專利形式審查制度實施成效良好，不妨進一步考慮對於設計專利亦改採形式審查制度，特別是設計專利在性質上是比較接近於文化性質之創作，採取較接近於著作權之保護制度，更有其正當性，此由前述歐盟於2001年通過之「歐洲共同體設計法」，對於設計之審查明訂改採形式審查制度，而中西歐國家也大多採取形式審查制度，例如義大利、奧地利、荷蘭、比利時、盧森堡、瑞士、西班牙、德國、法國等即可知。

(3) 商標權 —— 註冊保護主義

就商標權之取得而言，目前各國情形並不一致，有的國家是採取使用保護主義，如美國；有的是兼採使用保護主義與註冊保護主義，如德國；而我國則是採取註冊保護主義，亦即必須經由主管機關對於申請案為實體審查，通過後始准予為商標之註冊。採取註冊保護主義固然對於權利之安定性有助益，然而對於事實上有被使用但尚未為註冊之標識，縱使已經成為消費者辨別商品之憑藉，但仍然無法受商標法保護，不僅影響商標使用人之權益，也使消費者會因混淆誤認而受到損害。相較於前述國家之情形，我國商標法迄今仍然維持註冊保護主義，未能考慮使用保護之情形，實有不足，建議未來修法不妨可以考慮兼採使用保護主義。

(4) 營業秘密

營業秘密法係以「營業秘密」作爲法律規範的對象，其目的在透過保障營業秘密，來維護產業倫理與競爭秩序，以調和社會公共利益（營業秘密法第1條）。營業秘密，是指符合營業秘密法規定要件之「方法、技術、製程、配方、程式、設計或其他可用於生產、銷售或經營之資訊」（營業秘密法第2條）。擁有營業秘密之人只要對該營業秘密採取合理之保密措施，即可主張享有受法律保護之營業秘密權利；若該權利受他人不法侵害時，權利人得透過法律排除侵害或請求救濟。因此，營業秘密法的核心課題，在於認識「營業秘密法保障之營業秘密與要件」、「營業秘密性之判斷」及「營業秘密受侵害時之救濟與法律責任」。

6. 智慧財產權行使之限制

智慧財產權除保護私人法益外，也在於促進公共利益，因此智慧財產權雖然賦予權利人若干權利，但也同時對於所賦予之權利加以限制，讓社會大眾在一定範圍內可以加以利用，而不會構成侵權。換言之，智慧財產權人所取得之權利並非100%之權利，而是受有限制之權利，權利人僅能在限制之範圍內享有並行使權利，超出此一部分則爲法律開放給社會大眾利用之空間，而爲權利人之權利效力所不及，亦即限制之部分，並非屬於權利人之權利範圍。

(1) 著作權之限制

由於我國著作權法第44條以下，許多均規定「在合理範圍」得以一定的方式利用他人的著作，因此可以說在我國有關著作財產權的限制範圍，在判斷上均包含合理使用因素的考慮。

　　雖然如此，在國際條約方面，對於著作權之限制與例外，有所謂「三步測試」原則（the Three-step Test），此原則可供我國於解釋適用著作權法第44條以下有關著作財產權之限制時參考。

　　所謂之三步測試原則，係指著作權之限制應符合下列原則：

① 著作權之限制與例外只能在特殊情況下為之。

② 不得違反著作之正常利用。

③ 不得不合理損害著作權人合法利益。

　　另外，著作權法第44條至第63條有明文規定，「在合理範圍內」或其他合理使用之情形，得重製他人之著作。惟應審酌一切情狀，尤應注意下列情狀，作為判斷之標準：

① 利用之目的及性質，包括商業目的，或非營利教育目的。

② 著作之性質。

③ 所利用之質量及其在整個著作所占之比例。

④ 利用結果對著作潛在市場與現在價值之影響。

　　以上因素均應「綜合斟酌」判斷之，就利用之目的及性質而言，並非只要是非營利教育目的就一律可以合理使用，商業目的就一律不准合理使用，仍需要綜合其他因素而為判斷，包括利用之範圍、比例，以及對著作價值之影響等。

　　此外，有著作利用之強制授權的限制。依著作權法第69條第1項之規定，「錄有音樂著作之銷售用錄音著作發行滿六個月，欲利用該音樂著作錄製其他銷售用錄音著作者，經申請著作權專責機關許可強制授權，並給付使用報酬後，得利用該音樂著作，另行錄製。」此一規定是對於音樂著作之強制授權，以利一般人有更多機會接觸音樂著作，而避免錄音著作權人壟斷市場。

(2) 專利權之限制

　　專利法除在於保障專利權人之利益外，亦在於促進社會整體技術之進步，如果賦予專利權人一個具有絕對排他效力之權利，固然可以周延地保障專利權人之利益，然而相對地亦將使社會大眾對於該技術之利用受到極大之限制，不僅造成不便，亦會造成社會上技術進步之障礙。

　　依我國專利法之規定，專利權之效力，不及於下列各款情事：（專利法第59條以下）

　　① 非出於商業目的之未公開行為。

　　② 以研究或實驗為目的實施發明之必要行為。

　　③ 藥物為取得查驗登記許可或上市許可而為之研究、試驗及其必要行為。

　　④ 申請前已在國內實施，或已完成必須之準備。

　　⑤ 僅由國境經過之交通工具或其裝置。

　　⑥ 被授權人善意實施。

　　⑦ 權利耗盡，或已完成必須之準備者。

　　⑧ 依醫師處方箋調劑之行為及所調劑之醫藥品（專利法第61條）。

　　其次，是強制授權之限制。（專利法第87條以下）強制授權（Compulsory Licensing），係指非經由雙方當事人自行締結之授權契約，而是在符合一定法律規定之條件下，由欲使用專利技術者，向主管機關申請准予其實施。由於強制授權並不符合契約自由原則，對專利權人之利益有所影響，是以國際條約對其發動設有嚴格之要件，只有在例外情形，例如為避免專利權濫用，或為確保公共利益，始可為強制授權，我國專利法之規定亦然。

　　智慧財產局於2005年12月核准而做成強制授權之決定，同

時附帶下述條件：

① 特許實施所製造之產品以供應國內防疫需要為限。

② 特許實施限於專利權人或其被授權人不能即時充分供應申請人「克流感」膠囊或其原料藥時，衛生署始得釋出依特許實施所製造之產品。

③ 特許實施期間內，如專利權人或其被授權人與衛生署已達成合意授權登記者，智慧財產局得廢止本特許實施。

④ 申請人應依法給付適當補償金予相對人。

(3) 商標權之限制

TRIPS第17條規定，會員得制定商標權之有限度例外規定，例如合理使用描述性文字；但此例外以不侵害商標權人及第三人之合法權益為限。我國商標法第36條之規定，下列情形並不屬於商標權之權利範圍：

① 以符合商業交易習慣之誠實信用方法，表示自己之姓名、名稱，或其商品或服務之名稱、形狀、品質、性質、特性、用途、產地或其他有關商品或服務本身之說明，非作為商標使用者。

② 為發揮商品或服務功能所必要者。

③ 在他人商標註冊申請日前，善意使用相同或近似之商標於同一或類似之商品或服務者。但以原使用之商品或服務為限；商標權人並得要求其附加適當之區別標示。

④ 附有註冊商標之商品，由商標權人或經其同意之人於市場上交易流通，或經有關機關依法拍賣或處置者，商標權人不得就該商品主張商標權。但為防止商品變質、受損或有其他正當事由者，不在此限。此即為權利耗盡（第一次銷售理論），以避免商標權人以其商標權影響商品在市場上之流通。

7. 智慧財產之授權

社會的演進，背後有許多推動的力量，特別是人類社會，透過腦力的激盪，思想、意念及創造力的發揮，有了具體「智慧財產」之發生。再經由智慧財產法律制度的建立，來保障「創意活動」的成果，使該成果變成可交易流通的「標的」；而實際上，「智慧財產授權制度」的建立，即是源起於一方擁有重要的無形資產，而他欲利用或實施該資產，但受限於該資產所有人，所可能擁有該資產之可能的獨占權、實施權或排他權之「主張」或具有法律上已賦予的那些權利，而衍生出「授權」之可能。因此，智慧財產之授權，不僅是一個增加無形資產價值的重要途徑，更是個人或企業獲利的重要來源。

而通常此無形資產之所以成為「智慧財產」授權的重要因素，乃是因為「授權」之權利內容，具有技術上的獨占性，也就是該授權之核心是它具有智慧財產之「關鍵技術」（Key Skill）或「核心技術」（Core Technique）。

關鍵技術之取得可能通過自行研究和開發，或與他人合作共同開發，或透過技術交易市場獲得他人已開發之成果。但不論透過何種途徑取得關鍵技術，就商業的考量而言，最完美的技術解決方案莫過於以最少的資源花費換取想要的技術。特別是當該技術之實施，除了所有權人的授權限制之外，還需要另外取得許可證或符合國家或國際特定的標準，或該技術受限於國家安全之考量而管制輸出或輸入的情形下，若能取得可直接實施之技術，即意謂著技術及市場競爭力的大躍進。

隨著企業全球化時代的來臨，5G的產品出現在企業市場上，更顯現了「關鍵技術」研發的重要性，也因而突顯了「智慧財產授權」的突出地位。

第二部分　智慧財產法之形成背景

壹、智慧財產概念之定位

　　人類社會的形成，歷經家庭、部落到國家的長時期的演進與發展，才有了具體而微的政治制度、經濟制度的草創與形成。相對而言，個人在基本制度的建立之同時，對於本身所該享有的權利也有了基本之認識與要求之覺醒。而在西方社會，對於「財產」之概念，在科技日益進步與蓬勃的發展之下，相對地帶動了個人權利意識的醒悟，在人類社會的文明史上建立了保護個人權利的各種制度。人們普遍地認識到人們可以擁有「不動產」及有形物品、科技的進步，其結果有了第一次工業革命，之後人們對於工業革命所造成「機器代替手工」的結果，對於權利的概念及其保護就更為明顯。至此，對於私人財產的保護在思想理論的基礎上，已經逐漸牢固地植基於西方的社會文化之中。

　　財產的保護，就思想或理論的角度去切入，基本上是無形的；它們存在於人腦及由腦力激盪下所產生的「作品」之中。追根結底地觀察，在人類社會發展的進程中，對於智慧運用的作品之保護，其發展要來得相當遲。而諸如此類的「智慧財產」（Intellectual Property）與傳統的「物權」觀念中的財產權之保護，長久以來一直有各種不同的說法。而對其保護制度的如何建立？如何更周延則是隨著科技進步的結果而有更周詳且客觀的標準。基本上，隨著科技的進步，在權利保護意識的抬頭下，當下智慧財產保護的模式，大致上包括專利、著作權、商標／商業外觀、營業秘密、積體電路電路布局等，這些均是市場上的重要資產。對於一個市場競爭下之企業而言，智慧財產權利之保護所代

表之意義，往往是攸關企業成敗之決戰點。依此觀點，智慧財產正是代表人類藉由腦力激盪所造成的「創意活動」，所形成之「智慧結晶」，在知識性質上法律所賦予之權利，可以是「無形的」或「無體的」財產權。

貳、智慧財產權之源流

智慧財產權概念之出現，傳統上是依照人類社會演進的趨勢、文化的發展和科技的進步，綜合調節之下，所促成的經濟繁榮所透出訊息之表徵。最後才會有應權利保護需要所制定出的法律規範。

一、專利法之發展

專利法之源起與之後的建制是典型的智慧財產權法制化之代表。各國對於專利這方面的保護，大致上均是經由主管機關依據相關法律之規定與授權，賦予一定期間之壟斷權使用。例如，對於發明——配方、機器與「物質」之複合物，讓社會大眾（消費者）直接受益於創新發明之成果及專利技術之公布。

回顧國際社會中第一個給予個別專利之歷史，當可追溯到13世紀歐陸國家的歷史檔案，由此可以發現在西元1474年由威尼斯所通過的法律乃是世界所公認最早的專利法。其重點乃是該法已宣示新發明必須具有新穎性與非顯著性，同時亦須具有實用性；更重要的是，權利人可以將其權利授與他人使用。

然而從今日各國所施行之專利法中，最早者首推英國之專利法。專利之出現對於日後之工業革命影響甚大。回顧中世紀工業革命之前，英國的產業大幅落後歐洲其他國家，英王為了引進其

他國家的新興產業，獎勵新興技術的引進，遂對歐洲其他國家的優良新技術，給予某些特權。此種特權之給予，係以國王之公開文書，類似於今日之「特許狀」的發給，經年累月下來乃演變成今日之「專利」做法之濫觴。其後國王對於特定領域之產業賦予「獨占權」而類似於今日的「專利制度」。1624年英國議會制定了專賣條例（或稱獨占條例），由國王詹姆士一世發布，此專賣條例被後世稱為專利法大憲章，成為現代專利法之起源。

　　美國在脫離英國獨立之前，有若干州即以英國法為基礎，賦予發明人專利。麻薩諸塞州在1641年建立了美國最早之專利制度。但此專利制度之效力僅侷限於該州之內。獨立之後始在美國憲法之內規定了「……對於著作人與發明人……有賦予一定期間對其著作與專利之獨占權利之權限」。1790年美國制定專利法，乃係世界最早對發明人賦予固有權利之立法。至於美國傳統專利法之特色如下：（一）對於專利權之賦予，採先發明主義；（二）核發專利前，不採公開發明或異議之制度；（三）不承認專利申請權讓與之做法；（四）原則上不承認強制授權制度；（五）對美國申請人較為有利。

二、著作權法之發展

　　著作權法與專利法一樣，在大多數國家均以制定法的形式呈現。訂定了一定期間的壟斷權，用以推動文學、藝術與科技的進步。但是它們各自的要素與權利內容則各不相同，如此則反映出它們尋求鼓勵與促進發展完全不同的「創造」領域。總而言之，與專利權相較，著作權比較容易獲得，保護期間也比較長；但是它獲得保護的範圍比較小，也沒有專利權那樣的絕對。

　　著作權法乃是涵蓋文學、藝術乃至於科學的廣泛「表達」形

式。基本上，包括：圖書、詩歌、歌曲、舞蹈、戲劇作品、電腦程式、電影、雕刻及繪畫等。所須注意者，思想本身不受保護而是作者思想之表達是可以受到保護的。一部作品必須展示其原創性，必須以「有形物」加以固定。作品一經固定，便立即受到著作權法之保護，無須經過政府主管部門的審核與批准，更無須「登記」；因為「登記」也不是著作權有效性的必要條件。

眾所周知，著作權法乃是因為印刷術的產生才有這樣的權利要求。羅盤、火藥、印刷術乃是我國引以為傲的三大發明，有紀錄可考的是，在唐朝武則天統治之時至唐玄宗時期，我國已有木質雕版刻印模版，而被證實為世界最早出現之模版印刷品。因此，可以證實全世界最早的「著作權告示」乃是在我國出現。然而，在我國的文化歷史中對於文章典籍的流傳與運用，幾乎難以發現文人雅士對於自己的文章典籍，沒有主張當今各國有法律的保障與制約，反而認為要「藏之名山、傳之其人」之概念。亦有左思的三都賦，造成「洛陽紙貴」的現象出現，而且我國歷史上的許多名著典籍，亦不見有主張今日概念之「著作權」。今日各國均制定有合乎社會演進需要之著作權規範。此均為西方工業革命前後，機器代替了手工之技術工作演進的結果。在西方世界，著作權的概念，最早源起於1709年英國頒布的「安妮法案」（Anne Act），該法案可謂是世界最早之著作權法典。也是近代第一部保護著作人的法典，而不是出版者的法典，給予精神上的創作直接法律上的保護。我國在著作權及專利、商標權的具體保護制度則要延至政府遷台之後才有所建制與修訂。

三、商標法之發展

商標之出現，與商業之出現於社會，似乎是「共生體」；有

商業行為之出現，商標也就跟著出現了。回顧交易行為之發生伴隨著人類經濟行為發展一定的規模之後，也就出現了專門製造商品之商人階層，此時對於製造與出售衣服與陶瓷器具之業者，開始用文字或符號標記在他們的物件之上，其能顯現與識別製造者為何人之功能，也就因此得以識別製造者為何人。從古文明時期的中國、印度、埃及、羅馬及希臘等地區出土的商品來審視，已經發現了商品的這類符號，當然多半是商品製造者的姓名及註記，而且從文獻記載來看可以追溯四千多年以前。

　　一般而言，商標與我們所熟知之其他智慧財產權相較，商標的發展比較早，歐洲大陸各國在中世紀之前，使用姓名、符號或圖樣在商品或製造物上的情形就已經顯得相當普遍。有記載可尋的是在個人的器物上及個人所飼養的家畜上使用「特定」的標記，用以表明其所有權之歸屬，其後才逐漸發展出為了表明商品製造者之姓名，用以讓購買商品者知悉特定商品之製造者，表彰特定商品來源之作用。其後到了15世紀之時，歐洲社會興起了各種「行會」，此等行會對於商人及手工藝者要求必須加入行會，對於商品製造者要求必須先送至特定之單位檢查後，始容許使用該行會之標記，用以保證該商品之品質，至此衍生出標記之意義及品質之保證，顯示出「商標」出現表彰商品品質之功能。

　　到了16世紀之後，隨著自由主義之興起，商人逐漸擺脫行會之箝制，營業自由化的結果，使得商業經營者有了較大之自主權，對於商標制度的形成也有較大之助益。商標之使用不再受到行會之控制，商業經營者可以自由選擇代表本身商品之標記而成為商標之源起；其後，經由一定之「程序」，得以登記且公告其商品之商標，也因此有具有排他性之商標權的形成保護商品之作用，不受他人之侵犯。

　　從商標權過去發展的歷程來審視，其發展之演變與專利權及著作權是大異其趣，主要的作用是爲了交易之需要而產生，包括用以表彰產品來源、確保產品品質、以及作爲消費者區別商品之依據。更重要的是商標法之制定，自始就沒有要鼓勵創造發明的意圖，而此種意圖卻是專利法與著作權法制定之基礎。商標法的基本原則是依據侵權行爲法之立法目的所統籌規劃，亦即侵犯商標權人信譽的侵權行爲與欺騙消費者的侵權行爲。在此意義上，商標可以完全不被視爲「財產權」，甚而在相關案例上顯現出這些所謂的財產權是經由商標在商業中的使用而取得的，並且只要繼續使用，其權利就繼續存在。

四、營業秘密法之發展

　　一般來說，就智慧財產之保護宗旨而言，智慧財產所保護之對象，不外是因人類運用腦力智慧的活動所創造出來的權利所具有之「價值」，大致可區分爲「財產權」及精神權（人格權）而有經濟價值者。營業秘密（Trade Secret）顧名思義乃是指營業活動上所產生之秘密，爲了保護「交易安全」與「競爭秩序」之目的乃有「營業秘密法」規範之出現。此種法律上所賦予之「權利」保護，基本上僅具有財產性質之權益，因此可以瞭解到營業秘密之權利與一般智慧財產權所欲保護之精神創作及人格表現並無直接之關係。因此法律上所賦予之權利僅止於財產上之權益，法律上並未賦予人格權之保護。

　　就智慧財產性質上的規範範圍而論，除了商標權以外，其他以維護競爭秩序的交易安全爲目的之智慧財產權，大致上均爲法律所保護之「利益」而已，不具備「權利」之性質，例如：不公平競爭之防止及營業秘密之保護。但是如果從民法規範之目的而

論，此種法律保護之利益，仍然可以成侵權行為之「客體」。此外，此種法律所保護之利益，仍然有可能具有財產價值，而可以成為交易行為或繼承之客體，例如營業秘密即是。更進一步檢視營業秘密權與其他智慧財產權有相當大的不同。因為對於營業秘密權利之保護，法律並未賦予它一個專屬、排他性之權利，並不能對於他人以「正當方法」知悉其營業秘密時，主要其專屬之排他權。

　　營業秘密保護之源起，可謂源遠流長。從秘密的本質去考量，一部營業秘密保護之歷史，就是營業秘密產生之歷史。追溯營業秘密的保護歷史，可以回溯到羅馬帝國對於營業活動交易市場秩序之維護，加以承認而保護開始。此一觀念隨後在歐陸各國推展及發酵，直至文藝復興時，「重商主義」成行，各國開始以立法方式加以保護營業秘密的趨勢，達到頂點。產業革命之後，各國開始擴大保護「工業秘密」，一直延續至今。所以有些國家對於營業秘密的保護稱之為「工業秘密法」或「工商秘密法」。有學者認為營業秘密的保護早於著作權及專利權之成文立法，而與商標法同時出現。因為營業秘密之所以要受到法律保護，乃是在重商主義盛行之後，市場秩序的維持以及交易安全必須予以維持，特別是資本主義盛行之下的近百餘年來，自由經濟之下的「競爭市場」，營業秘密乃是各個事業能夠生存發展乃至於領先競爭對手的利器，營業秘密如果無法受到周延的保護，其他事業在市場上的競爭力必然使得營業秘密的持有人，在市場上的競爭力，大為減弱，甚至影響到其在市場上之生存能力。所須注意者是對於營業秘密要加以適當的保護是正確的認知，更重要的是要如何加以保護才是適當的保護，這是更重要的認知。

五、科技法之發展

人類社會不斷地在進步、在發展，從最早的農業社會、隨著科技的進步影響到社會的發展，從農產品到製造業的產品，產生了商業交易行為為主的商業社會，再隨著生產製造的「技術」改進的結果，形成了「工商業社會」，再隨著幾次「產業革命」的帶動下，技術的利用是跟隨著科學進步的影響，成為社會進步發展的幕後最大動力或推手。到了20世紀之後，社會利用了「科技」（Scientific Technology）的發展，在資訊科技的帶動下，有了所謂「高科技」（Hight Tech）的出現。特別是在資訊科技的影響之下，經由網際網路的出現與利用，形成了所謂「知識經濟」（Knowledge Economy）的出現，成為最近二十多年來最熱門的科技經濟產業。

追根結底，知識經濟或科技經濟產業乃是立基於「網際網路」（Interconnected Network, Internet）之興起，所形成之科技相關聯之消費者活動的新形態。而網際網路名詞的出現乃是科技進步之下所建構的「國際網路」（International Network）。而此類網際網路的出現與發展，有如下之說明[1]：

Internet源始於1960年代，美國國防部的一項名為ARPANET（Advanced Research Projects Agency Network）的軍事計畫，它的目的是希望將分布在各地各軍種不同的電腦主機能以同對等的通訊方式連接起來，以達成資料能迅速在不同電腦間流通的作用。到了1980年代，由於個人電腦普及，加上區域網路（Local Area Network, LAN）的興起，許多民間單位都希望不同的電腦之間，也能像ARPANET一樣，能迅速達成資料交換、資源共用

---

[1] Micro Sky編著，網際網路入門，台北，資訊科技公司，1998年，第1-2頁。

的目的，於是以TCP/IP（Transmission Control Protocol/Internet Protocol）爲通訊協定的標準，廣泛被遵守使用，有了相同的通訊協定，不同的電腦之間才有達成互相通訊的可能。1992年美國總統柯林頓就職後，宣布了美國發展「國家資訊基礎建設」（National Information Infrastructure, NII）的方向後，原來以學術研究爲主要目的的Internet更蓬勃發展的延伸到商業界。

（一）網際網路法之形成背景

　　回顧網際網路之崛起，並非全然是因爲經濟因素而發生的，它主要是因爲美國意圖並維持及擴張軍事勢力的優勢考量下，在美國國防部設置下的「高級研究計畫署」（Advanced Research Projects Agency, ARPA）所設計發展出來的。1988年「國家科學基金會」（National Science Found, NSF）舉辦了有關網路商業化與私有化的會議之後，商業網路的重要性浮現。

　　1991年「全球資訊網」（World Wide Web, WWW）開始應用於CERN（www.cernch/Public），此舉使全球網際網路成爲可行。NSF隨後與三家網路公司，包括Network Solution Incorporation、AT&T和General Atomics簽約移轉分配網際網路的地址、管理，以及有關資料庫維護和提供網路使用者之資訊服務後，超級電腦中心網路在1995年完全關閉，遂正式開啓絕對大多數的網際網路事務由商業公司所提供的網路經濟時代[2]。

　　所以，網際網路初起時僅是一種封閉性的互連網路（Internetworking）的構想，直至1991年WWW出現前，並不是爲了全球商業活動而設計的。但從網際網路發展後所帶來的全球化知識

---

[2]　徐振雄，網際網路法，台北，華立圖書公司，2005年，第4頁。

經濟熱潮，卻已表徵出地域性的社會組織原則將會逐漸消失，全球化的去疆域性、跨國界的性格，在知識經濟的導引下，電子商務所累積出的經濟資本已成為網路交易最重要的資源[3]。1990年代全球網際網路的開通，各國極力發展「資訊高速公路」（Information Superhighway），不但構築起國家的基礎資訊建設，並且還穿透了國家疆界，使網路科技所創造的電子疆域並存於有形的國土，網際網路改變了人類社會的互動模式，也使法律必須對此有所因應，以規範網際網路環境中的各種新興法律議題[4]。

　　網際網路資訊流的跨國界性，迫使各國開始關心一套全球化的法律規範與國內的管制措施。但這困難重重[5]。例如：在美國註冊的商標，可能早已經被台灣公司在當地註冊，假若美國公司在網路中使用該商標，並可任由上網者自由存取，則是否對台灣公司造成商標侵害？又如果，中國某公司以台灣商標作為網域名稱，則是否可主張商標被侵害或淡化？而網路色情資訊的散布與網路駭客對網路安全的威脅，更使真實的法律規範與司法管轄權受到挑戰。同樣地，個人資料與隱私權，在網際網路當中更容易受到不當蒐集、使用及洩漏。或許我們可以利用過濾軟體阻絕網路色情或以防火牆嚴格控管網路傳輸，但這卻可能使其他有利資訊一樣受到阻隔，而不利於資訊自由。

　　顯然，我們在網路時代所考慮的不僅僅只有法律議題，它可能還牽涉到人們放縱於網際空間的倫理問題。換言之，科技與法律的相互發展，雖使立法措施無法避免，但我們也必須要能從法律當中深省網路鯊魚（Cybershark）、網路蟑螂

---

[3]　同前註，第6頁。
[4]　同前註。
[5]　同前註，第7頁。

（Cybersquatter）[6]。

　　當然，進一步分析，法律並非存在於「眞空」（Vacuum）的狀態下，當網際網路出現於人們的生活世界時，對於傳統的法律基於「國家主權」（National Sovereignty）作為基礎的現行法律架構形成了新形勢的挑戰。特別是新形式的通訊傳播系統，透過網路的連線，不論是「線上」（On Line）或「線下」（Off Line），穿越了傳統國家主權的「疆界」（Border），創造了人類活動的新領域，但同時也挑戰了依國境地理疆界所制定出來的法律適用性。此種由電腦密碼所構成的「虛擬世界」（Virtual World），其疆界也逐漸成形，而此新疆界也適應新的變化，界定出一個獨特且需要專門的一套法律規範與制度架構的「網際空間」（Cyberspace）；繼而在此「網際空間」之內的活動者能夠自行訂定規範。因為他們才是眞正關心網路資訊的專業人士，希望此新領域的法律規範脫離傳統觀念下的以「地域性」的立法程序之運作。

　　網際空間的出現，顛覆了傳統法制下的人、事、物及各種關係彼此之間的界限，由於電腦網路的興起，正逐漸且徹底地破壞植基於以往在實體空間上的法制系統。因為網際空間並沒有所謂的「領域疆界」，此乃因為在網際網路上，訊息傳播的速度與成本耗費，與「物體」的所在位置幾乎毫無關連，地理上的實體障礙不致造成時空上的阻隔。網際網路的世界其溝通與交易行為無須知悉實體位置之所在。如何管制網際空間的活動，變成了每個國家逐漸擔憂其主權範圍受到「入侵」，至少影響到其「資訊主權」（Information Sovereignty）擁有的「財產利益」。

---

[6] 同前註。

（二）電子商務法之形成背景

　　基本上，電子商務就是網際網路被企業界所應用，利用電腦及網路技術，在網際空間內進行商業交易自動化的方法或做法。所以可以把電子商務定義成：企業或組織利用電腦及網際網路的設備，將商品或服務提供或販售給消費者與不特定對象之客戶的各種活動：它可以被認定為不同地點之間，使用電子訊號作為傳播媒介之商品與服務之交易活動。簡單地說，電子商務乃是「電子資料交換」（Electronic Data Interchange, EDI）及加值網路利用之延伸。而所謂的「電子資料交換」乃是一種快速可靠地利用電腦對電腦之通訊傳輸電子商務的方式。廣義地說，電子商務乃是一種現代企業透過電腦與資訊網路的經營方式。它主要是透過資訊科技的傳輸功能，來滿足企業經營者與網路消費者彼此間之供需關係。並在此同時使得企業之經營者，成本得以降低，網路消費者所獲得之商品或服務之品質與速度得以提高。而在實務上，大致均採取比較狹義的說法。主要就是指企業界與消費者之間，乃至於企業彼此之間經由電腦與網路之資訊傳輸媒介，來完成商業交易及工作流程自動化服務之一種技術應用；其目的乃是在追求降低服務成本，並且能夠快速有效回應消費者在各種商業交易、合約或其他商業活動中之需求，用以增進服務品質。而所謂商業交易等商業活動則是相當的廣泛，大致上來說，包括資訊的蒐集、購物之行為、貿易之進行、仲介之發生、融資之導引、會計之作業、審計之督察、拍賣之推動、行銷之完成、人才之教育訓練等。由此可見，電子商務之交易活動應可包括各種有形及無形的商品或服務，其供給與需求之互動行為。因為電子商務之定義十分廣泛，而大體來說就是將傳統商業活動，利用新興的電

腦及網路來進行[7]。

　　無須諱言地，今日之電子商務是網際網路在資訊科技進步下的產物。我們更不能不承認「網際網路」乃是推動電子商務不可或缺的重要角色。特別是網路科技的發展，更會影響到電子商務的發展。舉例來說，「全球資訊網」於1990年代研發出現之後，使得網際網路科技的研發風潮在國際社會中形成一股不可忽視的力量，也帶給產業界與消費者在企業經營與日常生活相當程度的衝擊與影響，影響之所及更使得各國政府在公共政策的形成上，難以將其忽視。進而考量到網際網路科技在整個國家競爭力上面所占有的地位，不得不全力推動「國家資訊基礎建設」[8]。然而網際網路之發展，亦絕非一朝一夕所能完成的；各國對電子商務之需求乃起源於政府在產業界背後之刺激，所做出之網路科技的最適利用，促進政府推動產業界中相關企業之競爭力。

　　1970年代，銀行之間利用自有的網路來進行「電子資金轉換」（Electronic Funds Transfer, EFT）的引進，改變了金融市場。電子資金轉換利用電子所提供的繳付資訊，將電子付款做最佳的處理。如今更有許多類似的電子資金轉換方式，例如在商店及零售等銷售點（Points of Sales, POS）普遍使用的賒帳卡（Debit Card），和自動轉帳的員工支薪的入帳方式。每一天，4兆以上的金額透過連接銀行、自動票據交換所及公司的電腦網路來交換[9]。

　　1970年代末期至1980年代初期，電子商務以電子資料交換（EDI）和電子郵件（E-mail）等電子訊息技術的形式，在企業

---

[7] 拙著，電子商務法導論，台北，學林文化有限公司，2003年，第10頁。

[8] 同前註，第15頁。

[9] 同前註，第16頁。

界大爲流行。電子訊息技術可使公司減少紙張及增加自動化來提高效率。傳統的業務以交換文件爲主，比方支票、訂貨單和出貨文件，都是用電子的方式來處理。電子資料交換讓公司之間能夠以標準的電子形式，來和供貨商傳送商業文件（譬如訂貨單）。又，將電子資料交換和即時製造（Just-In-Time Manufacturing）結合起來，可以讓供貨商把零件直接送到工廠，這樣就可以省下存貨、倉儲和處理的成本。電子郵件也以類似的方式在組織內和組織外，提高企業溝通的效率。

　　1980年代中期，以線上服務的形式，爲消費者提供新的社會互動（例如Chat Room和IRC）以及知識分享（例如新聞群組和檔案傳送程式）。社會互動爲網路世界的居民產生了「虛擬社區」（Virtual Community）的想法，也因此造就了「地球村」（Global Village）的概念。同時資訊的擷取和交換也變得比較便宜。人們可以利用全球性的網際網路，以比從前便宜很多的價格來溝通。[10]

　　1990年代以降，出現網際網路上的全球資訊網，因爲對資訊出版和分解這種問題提供了容易使用的解答，因而形成電子商務的轉捩點。全球資訊網讓電子商務成爲比較便宜的一種生意方式（比較有經濟規模），也造就了比較多種的生意機會。它讓小公司能以比較接近的技術立足點來和跨國企業競爭。比方說資訊網上的電子出版公司，像時代華納和迪士尼等都必須日以繼夜地努力工作，來和一些只要一些基本投資（購買一部個人電腦、一個數據機和一個網際網路帳號）就可以進入市場的新競爭者比較高低。新的經濟走勢會強迫傳統公司爲了競爭，必須重新做成本

---

[10] 同前註，第18頁。

結構的改進[11]。

　　網際網路的出現，改變了傳統商品交易的模式，更進而讓傳統的商業活動，提升到所謂的電子商務活動。從此國際貿易的活動與範疇，就變得無遠弗界。科技先進的國家就開始注意到企業經營的電子化結果，有必要調整整個法律規範體系。聯合國國際貿易法委員會在1996年終於通過了「電子商務模範法」（Model Law on Electronic Commerce）。它之所以被稱爲「模範法」，其目的乃是要將其「立法本文」（Legislative Text）推薦給全球各國，讓各國將其採納作爲本國法的一部分。而各國在通過「電子商務模範法」的個別條文時，各國可以因應它本身之所需，適當地減縮或修改或者保留該模範法中的某些條款。就是因爲它容許各國在採納爲本國法的同時，得以做出這樣的彈性處理「電子商務模範法」中的相關條文規定，它比針對相同的主題——電子商務，來簽訂國際公約，在實際上更能確保模範法在國際社會中，受到更多國家的歡迎而接受模範法之規範[12]。

　　聯合國電子商務模範法制定目的，主要在處理電子商務交易中三大亟待解決的法律障礙[13]：首先，針對書面要式法律行爲之問題，蓋電子傳輸的數據電文，是符合傳統書面之要求？再者，對於簽章之問題，經由電子傳輸所產生的簽名，能否符合傳統簽名之要求？最後，係證據法之問題，透過電子傳輸的數據電文，是否具有證據力？聯合國電子商務模範法就是希望排除上述法律障礙，提供電子數據與紙本文件在法律上同等效力之功能，並創造更安全的法律環境，提供一套可被國際社會所接受的法律。此

---

[11] 同前註，第19頁。
[12] 同前註，第515頁。
[13] 同前註，第527頁。

外，聯合國電子商務模範法亦可補充各國國內法就電子商務立法不完備的地方，亦可解釋現有可能阻礙電子商務發展的國際條約及其他國際文件，並可作為交易當事人簽訂契約時之參考。

聯合國電子商務模範法的制定，對於全球電子商務之影響，經過這些年的努力，充分證明在確保消費者與產業界的權益方面，有相當重大的影響。特別是在該模範法之法制架構上，去除了一些不必要的法制障礙，同時建立了一個更為安全的電子商務法制環境。

電子商務實際上是將傳統的商業交易活動移轉到網際網路這一運行平台上進行。它不僅是一個技術應用問題，同時還包括如何將傳統的交易規範移植於網路交易中，或者在網路交易中如何重建與傳統法律價值相近的規範體系等課題。從傳統商業交易與電子商務活動的不同特點來看，至少有三方面的問題需要解決[14]：1.對電子通訊紀錄的法律效力的確認；2.對電子商務交易當事人身分的鑑別手段，也就是電子簽章方法的基本標準的確定；3.關於電子簽章認證機構的建立。其中第一個問題，即電子通訊紀錄的法律效力的確認，並不是現在才產生的，早在電報、電傳、電話、傳真機應用時，美國就已經形成了許多判例。在封閉型電子交易網路——EDI，應用於商業領域時，法律界又對這一問題進行了全面討論。1996年聯合國國際貿易法律委員會的「電子商務模範法」，已經在國際範圍內再次對這一問題提出了解決方案。所以美國電子商務立法中對這一問題的爭議不太大。而後兩個問題則是美國電子商務立法中爭論激烈，並且到目前也沒有形成統一認知的問題。

---

[14] 同前註，第535頁。

　　最後，特別要指出的是網際網路科技的發展，點燃商業活動的交易方式與做法變動之「火苗」後，到了1990年代，終於在科技界及產業界的充分配合下，展開了電子商務的新紀元，大約十年的光景之下，電子商務從資訊傳播的方式，發展成影響全球貿易行為方式的主要因素。

　　這些年來，隨著全球化風潮及全球貿易的進行，而與之同時進行的是伴隨著科技進步的結果；因為「網際網路」出現於商場上，以「數位內容」（Digital Content）為名之「電子貿易」（Electronic Trade）的「數位商品」（Digital Product）出現於「國際市場」（International Market），就是「顯而易見」（Obviously Evident）[15]。

　　隨著網際網路的迅速發展，此種全球性貿易媒介之出現，在實際上是跨越了國界，而導致電子化的進出口貿易的潛在成長，表現於「數位內容」的多元化。例如數位軟體、數位音樂及數位電影之呈現。然而，就另外一個角度切入與審視，從「管制層面」（Governance Perspective）可以看出，電子商務及數位內容的交易行為仍然處於相當新的現象，特別是透過國際貿易的過濾鏡片來查察，確是如此[16]。

　　從電子商務之交易到「數位商品」之貿易行為階段，所有的歷程，基本上還是奠基於「世界貿易組織」（World Trade Organization）的基礎之上。所以「數位商品」之貿易行為在「世界貿易組織」之貿易規範下，仍然處於相當程度的初期階段。事實上，「數位貿易」（Digital Trade）尚未被國際貿易法「明白

---

[15] 拙著，國際貿易法論——WTO之貿易規範研究，台北，一品文化出版社，第231頁。
[16] 同前註。

地」（Explicitly）對待。探其原因，大致上可知因為數位商品的「全新」（Novel）性質的交易方式，使得在學術方面的研究欠缺，以致在實務方面世界貿易組織的成員必須要採取必要的步驟或做法，以彌補世界貿易組織在數位交易發生問題時，有足夠的因應辦法或法制規範來解決交易上的問題。

1.數位商品之國際貿易行為[17]

所謂的電子商務，在「世界貿易組織」的背景下，大約是指生產、散布、市場開發、商品的出售或運送以及電子方式的服務。

依照業界通用的定義，「數位運送內容之產品」（Digitally-delivered Content Products）是指那些產品的產生或製造出來，是由傳統的內容產生或是由那些「著作權核心產業」（Core Copyright Industry）透過數位化註記或是透過互聯網的電子傳輸的結果，也就因此而獨立於「實體運送媒介」（Physically Carries Media）。如果進一步加以分類，數位內容產品，大致上可以分為四大範疇：(1)電影、影片及「映象」（Images）；(2)音響（Sound）及音樂；(3)軟體；及(4)影片（Video）、電腦及娛樂遊戲（Entertainment Games）。更進一步說，上述所指的四大範疇比較務實的說法是僅僅涵蓋了那些經由互聯網的「點對點」（Point-to-Point），在一方提出「需求」（Demand）時的「傳送」（Delivery）。在這樣的情形之下，自然就不包括傳送內容是經由實體運送媒介、傳送內容（物件），或是經由傳統的「廣播」（Broadcasting）、衛星（Satellite）、「電纜」（Cable）

---

[17] 同前註，第233頁。

或任何「點對多點」（Point-to-Multipoint）的內容傳輸之技術。

最後，必須要注意的是僅僅包括商業上的「下載」（Downloading）以及排除那些電子方式列印的事物，如「電子信件」（Electronic Newspaper）。簡單地說，此處的「數位商品貿易」乃是指透過電子傳輸經由互聯網的「永久性」「下載」（Permanent Download），其傳輸模式乃是在利用「點對點之要求時之作為」（Point-to-Point on Demand）。

基本上，當業界在論及「數位商品」時，習以為常地即主觀地指出那些商品即是經由數位傳輸「內容」之產品；這是運用在企業界及「政策制定者」（Policy-Maker）的範疇下的一個嶄新、成長中的產業。從產業界及科技界的角度來審視，這樣新興的、以科技為主、日漸重要的產業，之所以展示出它的重要性，大致上可以歸結到兩個重要因素：(1)傳統及新興的「內容產業」（Content Industry）的迅速數位化；(2)互聯網的快速興起作為全球性的「傳輸平台」（Distribution Platform），為數位內容產品的傳輸跨越或貫穿了傳統的地理疆界。

2.數位商品交易之障礙與動力[18]

從數位商品行銷成本經濟的因素來考量，初步的生產數位商品的「固定成本」（Fixed Cost）及扣掉「複製」及「傳送」數位商品所需付出的成本，如果是可以忽視的代價，那麼就值得各國去從事數位商品的國際貿易。然而，線上內容商品的商業貿易行為，事實上卻被各種不同的因素影響，不進反退。例如，

---

[18] 同前註，第234頁。

一些瑣碎的細節規定，使得要下載大量資料變得非常不容易；另外，欠缺值得信任之「電子支付系統」（Electronic Payment System）的運用，使線上買賣之交易行為變得相當複雜。

其次，「資料分享活動」（File-Sharing Activity）被「線上內容產業」認定是「不法的」（Illicit）行為，這也是使得經由網際網路的數位內容商品的商業交易行為變得不甚容易獲得產業界的認同與支持的原因。特別是音樂分享平台的Napster使用「點對點」（Peer-to-Peer, P2P）的音樂共享服務，遭受音樂界對其做大規模的侵權責任之指責且關閉了它的服務。然而技術已發展至此，使得「資料分享」服務變得可以更為廣泛地使用。例如影音及音樂或電影的免費使用就更加容易地流傳。

簡單地說，雖然音樂線上下載市場前景相當龐大，但坦白說，線上音樂傳輸的挑戰，很大一部分是來自於「點對點」軟體的利用。自從Napster案例出現之後，網路使用者可以透過它所提供的軟體下載音樂，音樂權利人與音樂使用人之間就一直陷於法律訴訟中，但是其後的不斷訴訟所帶來的法律風險，也同時進一步推動了合法音樂下載市場與新興線上音樂市場間的商業模式。在這樣的情形下，數位內容商品的產業界，就會相當猶豫把它們的數位內容商品放置「線上」，因為會招致被「盜錄」（Piracy）或其他不法行為而損失慘重。這便使得利用數位內容商品的潛在發展，欠缺有力的動力來擴展它原本的貿易市場潛力。

時至今日，由於「線上傳輸技術」（On-line Development Technology）的進步神速，在國際商業的傳送技術大量使用之下，加上各種企業技術模式的推動，提供了數位交易行為的潛在推動力量，使得數位內容的線上傳輸貿易，在當下是大行其道。

綜合而言，從數位貿易的流程觀之，由於網路聯結活動及硬體設備的充分運用，使數位內容的線上貿易變得愈來愈有擴大發展的趨勢。其次，個人電腦價錢的下跌，透過網路所進行的交易行為加上「寬頻伺服器」（Broadband Services）的普及化提供了下載數位內容商品的市場以及「移動式線上服務」（Mobile Internet Services），在在都對於「數位運送內容之產品」的興起有巨大的貢獻。舉例來說，由於網際網路「穿透力」（Penetration）的實力擴大，使得電視及網際網路「合流」，造成了新的「商流」（Stream of Commercial）及著作保護科技的新發展，同時「隨身攜帶式」（Portable）的方便使用及「下載」數位內容，改變了數位內容產業的急速發展及傳輸體系制度的建立。

六、人工智慧時代智慧財產權之發展

　　科技的發展，日新月異，可謂一日千里並不為過。20世紀後期，由於網際網路在電腦科技的帶領下，智慧財產權的保護或保障更是比以往兩百年的進步都要來得急速與蓬勃，使得全球所面臨的問題與挑戰，超過了以往任何時期。「人工智慧」時代的來臨乃是奠基於網際網路的發展，而網際網路的發展又是隨著「全球資訊網」的運作下，發展出網際網路的附加價值。它能夠在充分運用之後，提供網路使用者最大的商業市場，更使得網際網路成為最大的資訊提供者。而這其中的功能乃是建立在電腦程式的開發與程式設計的輸入及安排，透過原始電腦「資料庫」（Data Base）的蒐集與整理，發展出網際空間中的「大數據」（Big Data）。透過「大數據」的處理能力、儲存能力及計算能力，可以將相關研究及交易資料整理成可資利用的「資訊」，取代了傳統的統計分析技巧。具體而言，當下的「人工智慧」

（Artificial Intelligence, AI）特徵，乃是以「資料驅動」（Data Driver）作爲特色，結合「大數據」與「機器學習」（Machine Learning）二者的技術特色，使得人工智慧的潛在運用功能顯著增加，促進了人工智慧科技發展與運用。

人工智慧的出現，帶動了科技發展的新趨勢與新發展，可以說它的發展與功能的利用，已經成爲各個國家各產業科技競爭的有力武器，也可說是科技競爭的戰略高地。國際社會中的各大經濟體，都將它視爲勢在必得之戰略目標。因爲人工智慧之應用，勢必會改寫產業競爭發展之基本運作模式。具體而言，人工智慧之發展，不僅依賴專精電腦程式設計與編寫的人才，更要高度仰賴「大數據資料」的提供；因爲如果沒有大數據資料的提供及應用，人工智慧所使用之演算法，很難發揮其功能，更談不上取代「人力」之能力。因此，各國在面對人工智慧的影響下，都在調整其產業規則的制度及未來的發展走向；更進一步而言，人工智慧產業就是各國產業政策調整及新規則制定的原因。因此，圍繞著人工智慧產業競爭所衍生出來的新規則的制定，實際上即包含了技術的運用與大量數據的提供。

目前人工智慧的發展，遭遇到各行各業的調整與因應，特別是在科技相關的各種產業，如網路平台、汽車、光電、能源、電子機械及生醫產業方面，人工智慧除了對未來的產業發展造成巨大影響，同時也深深地衝擊到整個人類社會。所以在這樣的情形下，人工智慧滲透到各國的產業及社會，被各國的許多專業人士譽爲「第四次工業革命」（The Fourth Industrial Revolution）。

人工智慧自始至今開發也有了二、三十年的時光，除了有人把它稱爲「機器智慧」，意旨由人類製造出來的「機器」所表現出來的智慧。一般人所瞭解的人工智慧是指經由普通電腦程式手

段所實現的人類智慧技術。

　　人工智慧主要是以電腦程式及其演算法為核心，然而到底是要以專利權還是以著作權保護，經過一段時間發展，大家認為電腦程式既是創作者以程式碼撰寫，類似以文字或數碼呈現文學內容，所以得將電腦程式以文學創作保護，保護創作者權利，使該程式碼不會被重製。電腦程式以著作權法保護後，依著作權法第10條前段規定：「著作人於著作完成時享有著作權。」不需申請或登記，且著作財產權保護期間為公開發表後五十年。

　　將電腦程式以著作權法保護，有其侷限。依著作權法第10條之1規定：「依本法取得之著作權，其保護僅及於該著作之表達，而不及於其所表達之思想、程式、製程、系統、操作方法、概念、原理、發現。」亦即著作權法保護「表達」，不保護「表達」所隱含之「觀念」、「方法」或「功能」等[19]。

　　然而電腦程式價值重點在其「功能」而非其「表達」，著作權法對於電腦程式無法保護到「功能」，著作財產權人只能禁止他人重製其電腦程式，不能禁止他人以不同文字或數碼之「表達」，撰寫「功能」相同之電腦程式。著作權法不足以保護電腦程式，專利法則不排除對於電腦程式「功能」之保護可以補其不足，但專利取得的門檻較高，而且獲准專利權後，保護期間僅有二十年[20]。

　　人工智慧最近的普及也讓我們意識到，人類已經不再是創作作品的唯一來源。電腦即使在沒有人的幫助下，也能夠創作出或整合出創新的作品。

---

[19] 顏上詠，人工智慧商業時代及智慧財產權研究，收錄於施茂林與顏上詠編著，智慧財產權與法律風險析論，台北，五南圖書出版股份有限公司，第110頁。

[20] 同前註。

　　著作權多年來一直是美國法律體系中一個備受爭議的問題。人工智慧「製造」出來的創作物，其著作權究竟屬於人工智慧機器本身還是操作下電腦指令的人？二百多年來，何種作品可以取得著作權保護而具作者身分（Authorship），一直是美國法律體系中一個備受爭議的問題。隨著最近人工智慧的蓬勃發展，愈來愈多的創造性作品成為非人類作者的結果。電腦算法和學習機已成為創造力的新來源。然而，美國著作權辦公室（U.S. Copyright Office）一直遲遲不承認人工智慧在創作過程中的重要性，亦即否認非人類作品的著作權，並將其置於公共領域中[21]。

　　美國著作權法的主管機關「著作權局」（The Copyright Office），規定以「人類著作人」（Human Authorship）為著作權註冊登記資格要件。在其著作權施行細則（Compendium of U.S. Copyright Office Practices）第306條「人類著作人要件」規定如下：「美國著作權局將會註冊登記著作人的原創作品，只要這項著作是由人類所創作。」美國著作權法只保護人類精神創作的智力成果。因為著作權法只保護「著作人原創性智慧構思之表達」，因此著作權在美國必須符合著作人為人類，作為創作者方可取得著作權保護。依此類推，由自然、動物或植物產生的作品，自然無法取得著作權保護。同理，非由人類著作人的創作，如猴子模擬人類拍攝的照片或如大象畫的壁畫，自然亦無法取得著作權[22]。

　　人工智慧的科技發展取決於數據，有更多更好的數據就可以創作出更優質的人工智慧產品，根據世界智慧財產組織的報告顯

---

[21] 同前註，第111頁。
[22] 同前註。

示，人工智慧的專利數自2012年開始有巨幅的成長，關鍵在於更多的數據可以增強並且增加電腦運作能力的關聯性，由此帶來專利突破性的人工智慧專利熱潮[23]。

　　若以專利來保護演算法相關的發明，以現行的規範架構而言，則以電腦軟體之專利審查規範為討論基礎，是否符合發明之定義新穎性、進步性與產業利用性要件判斷。歐盟亦深切體認到現有的立法和標準不足以解決即將到來的機器人和人工智慧創新帶來的挑戰。在專利相關的法律議題上，人工智慧是最常被提起的商業方法專利。

　　電腦程式如何透過法律保護，適合什麼法律？著作權保護的是觀念的「表達」（Expression of Idea），而專利保護的則是觀念的「實施方案」（Embodiment of Idea），兼及其實施權利。因此有資格取得專利的發明，必須是利用自然法則之技術思想創作以產生功效、解決問題並達成所預期的發明目的。

　　美國專利法明文規定，想要取得專利的保護，就必須提供社會大眾「新而有用」（New and Useful）的技術進步內涵。而我國專利法上的發明，是指「利用自然法則之技術思想之創作」，並必須具備「產業利用性、新穎性與進步性」等，也是同樣的道理[24]。

　　由此可見，發明創新沒有軟體與硬體之分，只要其是利用自然法則之技術思想創作，以產生功效、解決問題，並達成所預期的發明目的，且並非法定不予專利之事項，即具有「可專利性」（Patentability），又可稱為具有「專利適格」（Patent Eligible）。電腦軟體（Software）與商業模式（Business Model）

---

[23] 同前註，第114頁。
[24] 同前註，第115頁。

被歸類為抽象概念，過去有蠻長的一段時間，在美國都被視為不具備可專利性，這是因為美國專利相關法院實務判例，一貫以來特意指明排除「演算法則」（Algorithms）及「電腦程式」（Computer Programs），亦即「抽象概念」（Abstract Ideas）的適用[25]。

　　美國聯邦最高法院，於1939年的MacKay Co. v. Radio Corp.案判決認為，「科學定理或其數學表達公式並不是可以授予專利權的發明」，但是它也強調，「在科學定理所提供的知識幫助下，所創造的新而有用的結構，仍是可以授予專利權的發明。」

　　這個觀點，在1948年做成的Funk Bros. Seed Co. v. Kalo Co.案中被再次強調：「發現前所未知的自然現象的人，並無權就該自然現象主張法律所承認的獨占權。如果根據該發現做出任何發明，則該發明必須源自該自然法則的應用，並且是為實現新而有用的目的。」

　　因此，美國專利商標局以及美國法院，實務上過去皆一直未給予軟體與商業模式專利的保護，認為它們是抽象概念，或屬於人類智力活動的規則和方法，非為利用自然法則之技術應用，不屬於專利法規定之可專利事項，而不具專利適格性[26]。

　　人工智慧的科技發展，已日趨成熟，被產業運用的機會也日漸擴大。從目前發展的趨勢來評估，這一個「第四波產業革命」正如火如荼地展開。在這樣的情形之下，透過「大數據」的充分運用及網際網路之傳輸便捷，連帶使得「智慧財產權」的保護需要進一步探討及落實，才能在這一波的產業革命得以擴大其功能及效果。

---

[25] 同前註。
[26] 同前註，第116頁。

第一章　智慧財產權之基本認識

壹、智慧財產法與人類之創意活動

　　智慧財產法的出現，從人類活動的軌跡來觀察，相當地晚。它所考量的重心，是為了促進人類社會的進步，提升人類生活的品質，同時擴增人類生活的全體福利。也就是說，將人類的創意活動所產生出來的「結晶」，儘量地擴大它的正面效果。簡單地說，人類創意活動的「果實」能夠具體地讓人類全體分享。智慧財產法制之建立，它所考量到的範疇是涵蓋所有人類的「創意活動」（Creativity）光譜的全部。如果要加以列舉，大致上包括：文學、視覺藝術、音樂、舞蹈表演、戲劇、電腦程式、電子、機械、化學、產品設計、植物新品種、半導體電路設計、實用資訊之編整、生物科技、人類識別表徵以及交易識別記號等，不一而足[1]。

　　智慧財產相關的活動在全世界各地，無論是開發中國家也好，抑或是已開發國家也好，均受到密集的重視，甚至於形成一個正在成長的發光且發亮的產業。同時，各國也逐漸自1970年代開始重視著作權、專利、商標、營業秘密等相關領域的法制規範的建立。這當然是導因於1970年代開始的一連串之經濟事件及主要法制活動的啟示。例如，1973年的能源危機以及層出不窮的智慧財產方面的訴訟糾紛，使得單一事件從各國的國內層面擴大到國際層面。比較顯著的有1976年美國著作權法的全面性

---

[1] Donald S. Chisum and Michael A Jacobs, *Understanding Intellectual Property Law* (N.Y.: Matthew Bender & Comp., 1992), p. 2.

翻修，以及國際社會所重視的「專利合作條約」（Patent Coop-
eration Treaty）的簽訂以及「歐洲專利公約」（European Patent
Convention）的形成；再加上中國以及其他區域新興市場的打
開，這些都在在顯示有關智慧財產的創意活動及法制規範即將掀
起風起雲湧的蓬勃發展。更重要的是相關智慧財產的規範亦自然
受到空前未有的挑戰。

　　舉例來說[2]，「開發中國家」就提出建議在「巴黎公約」中
要有一些改變，以便於它們科技的提升，進而有利於它們的經
濟發展，因而，多年來強烈堅持通過智慧財產權方面的「行為
準則」（Code of Conduct），用以獲取「已開發國家」在專利
方面的「強制授權」（Compulsory License）以及「技術移轉」
（Technology Transfer）的標準規範。而另一方面，在智慧財產
權保護比較周延的國家，也逐漸地瞭解到智慧財產保護的複雜性
與專業性，而加速智慧財產權法制規範的建立以及更重要的智慧
財產專業法庭的設置。美國就是一個最好的例子，聯邦巡迴上訴
法院的設立，享有對於專利事務方面的「專屬管轄權」（Exclu-
sive Jurisdiction）。同時，美國與西歐國家在「世界智慧財產
組織」（World Intellectual Property Organization, WIPO）之督
導下，談判有關「國際專利和諧化」（International Patent Har-
monization）的問題。這些智慧財產權保護方面的「創意活動」
（Creativity Activity）較以往任何一個時期都要來得更為熱烈，
也在國際社會中掀起了巨大的迴響。除了上述這些戲劇化事件或
活動的進行，提高了國際社會中各國對於智慧財產法制規範建立
的關切與興趣，這並不令人驚訝，惟仍有其正面價值的意義，從

---

[2] 同前註。

今日來看，比史上任何一個時期都要更重視人類創意活動的「心智產品」（Products of the Mind）──美學藝術、技術結構及組織釋析，都是人類最有價值的「資產」（Assets）。

貳、智慧財產權之特性

從廣泛的角度來觀察，在智慧財產權的「家族」體系下可以看到它們所共有的特質，大致上可以歸納如下[3]：

一、智慧財產權具有無窮的經濟潛力

例如德州儀器（Texas Instruments）和IBM等公司，藉著專利權授權方式，坐收龐大的專利權利金；麥當勞（McDonald's）、可口可樂（Coca Cola）、Hello Kitty、米老鼠等因為其知名品牌、特殊和受人喜愛的造型，而坐收可觀的商標授權金。

二、智慧財產權隨處可見

日常生活中，包括食衣住行，隨處可見智慧財產權之蹤跡。除了以上常見商品（麥當勞或米老鼠造型物）外，許多商品或物體包含多種的智慧財產權類型，例如汽車或電腦就有商標（Audi、Volvo、Acer）、專利（機械技術、外觀設計、電腦零件、功能設計）、著作權（設計稿、使用者手冊、電腦程式）等。

---

[3] 陳國慈，科技企業與智慧財產，新竹，清大出版社，2001年，第1-2頁。

三、智慧財產權之保護要件頗為複雜

智慧財產權因為類型和保護之標的不同，區分為專利權、著作權、商標權、營業秘密、積體電路電路布局等，而所適用之法律及其構成要件、保護形態及範圍也就不同。通常一項創造發明僅適用一種法律，但也有可能同時受多種法律所保護。

四、智慧財產權極易遭「他人」不當使用

此處所謂他人包括客戶、廠商、外包人員以及其他不特定之第三人，因故意或非故意之行為而侵害到公司之智慧財產權。此外，公司內部人員常因疏忽或錯誤判斷而不當使用公司之智慧財產權，造成公司機密資訊洩漏之情形。

五、智慧財產權一旦涉訟，其成本可觀

智慧財產權因種類樣態之不同，而各有其專業性，一旦涉訟，加上司法程序之繁複，往往使紛爭解決更加複雜與困難。例如行政救濟程序就分為申覆、答辯、訴願、與行政訴訟等多層級；而司法程序更是倍加繁複，自地方法院、高等法院到最高法院，從告訴、上訴、再上訴到非常上訴、再審等，其間之法定程序、書狀往返、開庭、閱卷等非常繁瑣之至。一般訴訟案之審理確定，至少約需二至三年。無論司法程序或行政救濟程序的繁複程序，如再加上智慧財產權的專業性問題，恐又更加耗費時間及人力、物力，所需支付之律師費用當然更是可觀。此外，由於司法程序或行政救濟程序的耗日費時，待訴訟案之審理確定時，往往已使企業喪失產品或技術之競爭時效；涉及智慧財產權訴訟案的企業，一旦經由媒體的報導與渲染，未定是非前，已然造成企業形象之傷害而難以彌補。

參、智慧財產權之檢視

　　「智慧財產權」這項人類利用腦力激盪所發展或開創出來的「智慧結晶」，大致上所涵蓋的範圍會隨著科技的進步與文明的發展而有所擴張。就目前的情況而言，一般所共同認知者大概有下列幾種：實用專利、營業秘密、著作權、商標、設計專利、植物專利、植物新品種保護、半導體晶片保護、虛偽不實廣告之救濟、侵占盜用及公開權（Publicity Rights）等。通常而言，任何一種智慧財產權的基本要素不外下列五個：一、它涵蓋的「主題」（Subject Matter）；二、取得該項權利之實質要件；三、獲得該項權利之方法或方式；四、該項權利之內容；以及五、該項權利之保護期間。因為智慧財產權之種類，如前面所言，包含相當多，僅能就傳統所認知的文明社會之犖犖大者，加以檢視其一般狀況及其性質。

一、專利權之基本認識[4]

（一）專利的定義及分類

　　專利權為專利權人專有排除他人製造、販賣、使用或為上述目的而進口之權利。專利權僅是排他權，而非積極的實施權。換言之，專利不是許可證；獲有專利，並不表示可以實施，例如僅改良他人專利者未經授權或許可實施專利技術之外，亦可以作為防禦性的武器，尤其是在專利侵害訴訟中，可利用與他人相似之自有專利，作為反訴或談判授權之籌碼。

---

[4] 同前註，第3頁。

（二）各類型專利定義、要件與保護期間

我國專利法保護的發明創作分為：1.發明專利；2.新型專利；和3.設計專利。所謂發明專利是利用自然法則之技術思想所得的高度創作。新型專利是對物品形狀、構造或組合的創作或改良；而設計專利是對物品之形狀、花紋、色彩或其結合，透過視覺訴求之創作。要申請專利之前，發明標的必須符合這些要求或定義，符合專利法之定義與要求，才稱為適格標的（Eligible Subject Matter）。一發明或創作雖然屬於專利之適格標的，但必須額外符合三要件之後，才可獲准授予專利：

1.實用性：指能達成發明目的所述之功效，亦即應可供產業上利用者，而非純屬學理上之探討推演者。

2.新穎性：指申請專利的發明或創作，在提出專利申請前，並無任何相同的發明公開在先。

3.非顯而易知性：指相對於既存之技術而言，即申請專利之案件是否對熟悉技藝人士來說，是屬顯而易知者。換言之，非屬習用技術者，方有保護其增進技術之意義。

創作或發明一旦授予專利後，依照專利類型不同，保護期間也不同：

1.發明專利：自公告日起受保護，保護期間則追溯自申請日起二十年。

2.新型專利：自公告日起受保護，保護期間則追溯自申請日起十二年。

3.設計專利：自公告日起受保護，保護期間則追溯自申請日起十年。

二、商標權之基本認識[5]

所謂「商標」乃指為表彰自己所生產、製造、加工、揀選、批售或經紀之商品，而以特別顯著的文字、圖形、記號或其聯合式所構成的圖樣，使用於商品或其包裝或容器之上，行銷市場的標記。

（一）商標特有之功能

商標因其特性而具有別於其他智慧財產權之功能：

1.表彰商品的來源或出處的功能：在消費者心目中，物品與製造者之間有其不可分之關係，其所欲購買之物品必須出於其所信賴之製造者。因此，消費者對其所熟悉之廠商的標章，具有下意識的信賴與偏好，對於其商品自然會產生購買慾望，這也是商標最原始之主要功能。

2.品質保證的功能：指使用相同商標之商品，通常也保證其具有相同品質之意義，消費者可以信賴而購買者。

3.廣告的功能：如前二點所述，由於一個標章可以表現出商品的品質及營業上的信用，商標就成為最有效的廣告方式。消費者只要記住該商標，從而注意及使用該商標之商品。此種關係的維持，使得商標成為商場競爭上不可或缺的媒介。

4.保護消費者的功能：商標法立法的目的，除了保護商標專用權人的權利外，更在保護消費大眾的消費利益，避免消費者受欺罔而購買非自己所欲購買之商品，所以消費者可藉由商標來辨識商品之種類。

5.企業資產的功能：商標經由多年的使用及不斷改進產品品

---

[5] 同前註，第6頁。

質，使得該商標商品建立了良好的市場信譽，而該商標也成為交易上的重要因素。加上商標制度的確立，讓商標獲得法律上之保障，而使得商標成了企業資產的一部分，也因此具有財產的功能。凡屬品質優良，知名度高，銷售量大之商品，其商標所具之財產價值也愈高，例如可口可樂、麥當勞等。

（二）商標法上之商標分類與審查

商標法所保護之標的可分為四種：

1. 商品商標。
2. 服務商標。
3. 證明標章。
4. 團體標章。
5. 團體商標。

基本上，我國商標註冊是以先申請者註冊主義，其審查原則為：

1. 商標特別顯著性之審查。
2. 商標圖樣近似與商品類似之審查。
3. 說明性文字之審查。
4. 使公眾誤認誤信商品之性質、品質或產地之審查。
5. 襲用他人之商標有致公眾誤信之虞之審查。
6. 妨害公共秩序、善良風俗之審查。

（三）商標權專用範圍、期間與消滅

商標權之保護範圍以請准註冊之商標樣態及指定之商品為限。如係以普通使用之方法，表示自己之姓名、商號、或其商品之名稱、形狀、品質、功用、產地或其他有關商品本身之說明，附記於商品上者，則不為他人商標專用權之效力所拘束。但以惡

意而使用其姓名或商號時，不在此限。商標自註冊日起，專用期間十年。商標專用權人得於專用期間屆滿前一年內，申請延展專用期間，每次延展期間仍以十年爲限。

　　商標註冊後，在三種情況之下，仍有可能被撤銷評定無效或當然消滅：

　　1.撤銷（Withdraw）：商標專用權取得後，如有違反商標法第54條者，例如(1)自行變換商標圖樣致與他人註冊商標近似；(2)無正當事由而未使用或停止使用已滿三年；(3)商標侵害他人之著作權等經判決確定者，主管機關可依職權或利害關係人之申請，而撤銷該商標專用權。

　　2.評定無效（Invalidate）：商標專用權取得後，如有違反商標法第29、60、57、65條者，例如(1)違反上述商標法第31條情形於撤銷之日起未滿三年再以同一商標申請註冊；(2)相同或近似於國旗、國徽、紅十字章、國父或國家元首之肖像等，主管機關得依利害關係人或商標審查員之申請，而評定該商標註冊爲無效。

　　3.當然消滅（Void Before the Fact）：商標專用權取得後，如有構成商標法第47條之情形，例如(1)商標專用期間屆滿未經延展註冊；(2)商標專用權人爲法人，經解散或爲主管機關撤銷登記者；(3)商標專用權人死亡，無繼承人者，該商標專用權即隨著專用期間之屆滿而終止。

三、著作權之基本認識[6]

　　著作權的概念最早起於1709年由英國頒布之「安妮法案」

---

[6] 同前註，第4頁。

（Statute of Ann），該法案可說是世界最早之成文著作權法典。惟經近三百年之不斷演變，所保護之客體及權利內容也隨著科技之急遽發展而變動甚大。

（一）著作權之基本原則

依照目前國際保護著作權現況與趨勢，著作權之基本原則包含以下五點：

1. 著作須具原創性：即著作人獨立創作而非抄襲他人。

2. 概念與表達二分原則：係指著作權之保護僅及於概念之表達，而不及於概念之本身。

3. 創作保護原則：著作權之取得不需經由法定程序，如專利權、商標權之申請登記、註冊等。著作權於著作物之創作完成時，即自然取得，此即所謂的創作主義。

4. 著作權與著作物所有權分離主義：享有著作物所有權並不代表即享有著作權。例如購買書籍擁有該本書之所有權，但並不擁有該本書之著作權。

5. 第一次銷售原則：所謂「第一次銷售原則」，亦稱「耗盡原則」，即第一次將著作物賣斷，移轉所有權後，著作權人即不得再干預著作物所有權人之散布行爲。

（二）受保護之著作、保護期間和權能

依照我國著作權法第5條之規定，受到保護之著作包括：1.語文著作；2.音樂著作；3.戲劇舞蹈著作；4.美術著作；5.攝影著作；6.圖形著作；7.視聽著作；8.錄音著作；9.建築著作；10.電腦程式著作等十大類。至於衍生著作、編輯著作及共同著作並非著作種類之一，而是著作之性質。所謂衍生著作係指就原著作爲改作之創作，例如依據小說改寫爲劇本即屬改作行爲之衍

生著作，依法可以獨立之著作受到保護，但改作前，需原著作人同意許可；編輯著作則指就資料之選擇及編排具有創作性者，其編輯之內容並不以著作爲限，可包括其他非爲著作之資料，例如百科全書、資料庫均爲編輯著作；至於共同著作，顧名思義，即指二人以上共同完成之著作，其各人之創作不能分離利用。

　　著作權可主張之權能主要分爲「著作人格權」及「著作財產權」二大項。其中「著作人格權」爲一專屬性而不可讓與之權利，包含公開發表權，姓名表示權以及同一性質保持權；其保護期限爲永久性。「著作財產權」則包括了重製權、公開口述權、公開播送權、公開上映權、公開演出權、公開展示權、改作編輯權、出租權等。「著作財產權」保護期間依著作種類之不同而有不同之期間，原則上爲著作人終身加五十年。

四、營業秘密之基本認識[7]

（一）營業秘密之範圍及保護對象

　　「營業秘密」又可稱「工商機密」，所涵括的範圍應屬有智慧財產權中最爲廣泛的。一個企業經營過程中，有許多重要資料、文件等並無法化爲如專利、商標、著作權等之權利保護對象，或是不適合於公諸於世者，例如研發資料圖表、財務分析報表、客戶資料等重要資料，大多以營業秘密的概念而加以保護，不致因無法或不適合化爲如專利、商標、著作權等權利保護對象，而喪失受保護之權利。依照我國營業秘密法第2條之規定，營業秘密指方法、技術、製程、配方、程式、設計或其他可用於生產、銷售或經營等方面之資訊。由該條定義可知，營業秘密基

---

[7] 同前註，第9頁。

本上必須是「可用於」生產、銷售或經營等方面之資訊。要成為
受法律保護的營業秘密，應先瞭解營業秘密的定義及其必須具備
的要件。

（二）營業秘密之保護要件

　　依營業秘密法第2條之規定，構成營業秘密必須同時符合三
個要件：

　　1.非一般涉及該類資訊之人所知者。

　　2.因其秘密性而具有實際或潛在之經濟價值者。

　　3.所有人已採取合理之保密措施者。

　　如果一資訊符合上述三個要件，即可受營業秘密法保護。除
非營業秘密所有權人有解密動作或因喪失上述要件，否則營業秘
密的保護並無期間之限制。

肆、智慧財產權之保護政策

　　一般而言，具有重要意義的人類心智活動，享有三種特
性[8]：一、人類對於心智活動的「產出」（Produce）如果不是相
當稀少，就是必須要使用太多的時間，付出太多的努力以及支付
太多的花費；二、其他人可以「複製」，它們不必付出相等的時
間、努力與花費；以及三、其他人使用它們不至於在「實體」
（Physically）上干擾到原先第一個「創造者」（Creator）的使
用。在科技先進的國家中，不論是哪一個國家，它們主要智慧財
產權的保護政策，所衍生出來的問題，無須諱言大都源起於上面
所述的這三種特性。長久以來，對於這類問題整體包裝的呈現，

---

[8]　見前揭註1，第18頁。

一直有兩組相互排斥的概念顯示出來：一、誘因相對於競爭；以及二、財產權相對於獨占權。在誘因與競爭的這一層面，它們彼此在「功利主義者」（Utilitarian）的戰場相互撞毀；而在財產權與獨占權的這一層面，二者之間的碰撞是放在「道德」（Moral）上面。

在功利主義戰場上的氛圍，扛著「誘因」大旗的擁護者會提出下面的問題來詢問[9]：一、如果別人能在未經合法授權及設有支付補償的情形下，創造發明者會不會有誘因來從事創造發明呢？以及二、縱使他們會去創造發明，不論是否有誘因，如果重製是那麼容易發生，有沒有任何人會願意「投資」在最初的生產及散布上面去？對以上這類問題的答案並非永遠是清楚的，經濟學家把前面所說的「重製」問題，認定為「搭便車」（Free Rider）效果。主張「競爭」論者卻有如下的回應：在公共政策的考量下，消費者的利益存在於產品生產者或服務提供者之間的自由競爭。這樣的效果或結果是資源或產品更有效的分配以及比較低的價格。價格決定生產資源的利用及產品的正確分配，可以完完全全滿足生產成本的邊際效益（即邊際成本）。將「專屬權」（Exclusive Rights）賦予「創造者」（Creator）基本上是浪費而且也是「反競爭性的」（Anticompetitive）；因為以那樣的方式使用無體財產權的「邊際成本」（Marginal cost）是零。例如，著作權的制度，導致比較高的書價，這一點是無須懷疑的。也就是說，如果側重在保護智慧財產權的權利人利益，那麼消費者利益就相對會降低或是被忽略了。

道德的戰爭則緊密地追溯到功利主義者的說法。被「誘因理

---

[9] 同前註。

論」所說服的人，會很容易地辯稱「專屬的」智慧財產權，確實是財產而不是獨占。將「專屬權」賦予一個作者或發明者的結果，並不會比其他種類的動產或不動產的取得來得更獨占或更「反競爭」。就以馬濟（Markey）法官在「潘度伊」（Panduit Corp. v. Stalin Bros. Fibre Works, Inc., 1978）一案中，一針見血地指出[10]：「排除其他人免費使用一個受到有效專利保護的發明，與排除其他人免費使用另一個人的汽車、農作物產品、或其他種類的動產並沒有什麼不同，一個人的權利包括一件發明物，在適當的情況之下，是會受到挑戰的；一個人的財產權有可能被他人不法入侵、被他人竊取、或是被他人侵權等挑戰；但是這些均無損於它作為所有人財產之基本指標；那就是排除他人的權利。另外，我們再看法官波斯納（Posner）在「羅勃茲」（Roberts v. Sears, Roebuck & Co., 1983）一案中的反對意見書中所言亦甚有道理。他指出[11]：「因為新知識是社會產物；看起來似乎是對於專利的保護範圍或保護期間，不應該被加上任何限制。然而，問題是專利的保護是有其黑暗的一面，僅就此點而言，『專利獨占』這個用語就顯現出端倪。一個專利就使得權利人（專利

---

[10] Panduit Corp. v. Stahlin Bros. Fibre Works, Inc., 575 F. 2d 1152, 1158 n.5, 197 U.S.P.Q. 726 (6th Cir. 1978)(Markey: "The right to exclude others from free use of an invention protected by a valid patent does not differ from the right to exclude others from free use of one's automobile, crops, or other items of personal property. Every human right, including that in an invention, is subject to challenge under appropriate circumstances. That one human property right may be challenged by trespass, another by theft, and another by infringement, does not affect the fundamental of all 'property,' i.e., the right to exclude others.")

[11] Roberts v. Sears, Roebuck & Co., 723 F. 2d 1324, 1345, 221 U.S.P.Q. 504, 522 (7th Cir. 1983) (Posner, dissenting: "Since new knowledge is a social good, it might seem that no limits should be placed on the scope or duration of patent protection. The problem is that patent protection has a dark side, to which the term 'patent monopoly' is a clue. A patent enables its owner to monopolize the production of the things in which the patented idea is embodied. To deny that patent protection has this effect, ...is - with all due respect-to bury one's head in the sand.")

權所有人）得以對專利創意所附著之物享有生產之獨占權。要拒絕那樣的專利保護，就有這樣的效果——（在賦予所該有的尊重之下）將一個人的頭埋進了沙裡面。」

一個人如果被主張「競爭論」的觀點所說服，他就會辯稱：智慧財產權的確是符合所謂的獨占，只是它們往往因為受到「政策」的理由，而被加以容忍。這主要原因即是[12]：以專利權所賦予的保護，既不是無限制的，也不是設計出來給予權利所有人一些私利；而是認定這樣的「有限賦予」（Limited Grant）是要用來達成重要的公眾目的[13]。那是要用來「誘導」（Motivate）創作者或發明者繼續從事創作或發明的創意活動；經由特別獎勵規範的建置，給予一定期間的「專屬權利」（Exclusive Rights）「利誘」，讓創作者或發明者能在既有的創作或發明的基礎上，可以更進一步地發揮「創意」而能更加地有所貢獻於社會大眾及福利民生。就因為如此，各國對於智慧財產權的保護政策，最後的目標大都是把它放在：於一定的保護期間屆滿後，智慧創意的結果或結晶要能讓社會大眾得以「利用厚生」的「公開使用」（Right of Public Access）。

當然，前面所述道德上的戰爭，更是具有「獨立的內容」（Independent Content）。因為也有一些人士並不會受到那些主張促進競爭及經濟有效利用的影響。他們的見解建立在「自然

---

[12] The *monopoly privileges* that Congress may authorize are neither unlimited nor primarily designed to provide a special private benefit. Rather, the limited grant is a means by which an important public purpose may be achieved. It is intended to motivate the creative activity of authors and inventors by the provision of a special reward, and to allow the public access to the products of their genius after the limited period of exclusive control has expired.

[13] "As the text of the Constitution makes plain. It is Congress that has been assigned the task of defining the scope of the *limited monopoly* that should be granted to authors or to inventors in order to give the public appropriate access to their work product." 464 U.S. at 429 (Emphasis added).

權利」（Natural Rights）的基礎。因為他們認為基於「自然權利」之故，有必要也應該承認創作者與發明者的付出所得享有之權利，而不必也不該去考量什麼「經濟效果」（Economic Effects）。承認創作者或發明者「掌控」（Control）他們「創意活動」的結果或結晶，原本就應該屬於創作者或發明者的自然權利或「道德權」（Moral Right）（在我國一般把它稱作人格權或精神權）。這樣的思考邏輯或哲學思維在美國以外的歐洲及東亞國家，具有相當大的影響力，顯而易見的是各國在保護智慧財產權政策方面，基於本國的歷史、文化、地理環境、政治、社會及經濟發展等各種不同因素的考量，產生它們各自的智慧財產權保護政策，因此，我們也很容易發現在美國智慧財產權的哲理思維上，也有不少人對於「自然權利」有所「反應」而有精闢與獨到的見解。

伍、小結

對於智慧財產權基本上的瞭解，國內學者陳國慈教授做了如下的精闢分析與講解[14]。

隨著科技產品的日新月異，帶動了全世界經濟活動的蓬勃發展，其中台灣企業所扮演的角色也從早期的配角而逐漸蛻變成為舞台上的主角。然而，也因此引來國際大廠主張智慧財產權之追訴糾紛、權利金索賠等問題接踵而至。「智慧財產權」或「智財權」一詞似已成為人人皆可朗朗上口之名詞。智慧財產權，英文原名為Intellectual Property Right，常簡稱為IPR。相對於一般動

---

[14] 見前揭註3，第1頁。

產和不動產，如汽車、房子的有形財產的概念，「Intellectual」在財產權的概念上是抽象的、非具體性的，故又稱之為「無形財產權」、「無體財產權」或「智慧財產權」。智慧財產權乃指以人類智慧創造、發明、設計或改進而產生成果的保護權。目前已立法保護的有專利權、著作權、商標權、營業秘密、積體電路電路布局等。對於一個企業，特別是高科技產業，智慧財產權所代表的意義往往是攸關產業競爭成敗存亡之決戰點。依此觀點，智慧財產權果正如其名，實為一充滿智慧的權利競賽！是以，企業應從瞭解智慧財產權開始，到創造並爭取智慧財產權，再到保護自己的智慧財產權，避免侵害他人的智慧財產權，進而擬定一套符合企業需求的智慧財產權策略，方可確保企業之永續經營。

第二章　智慧財產權之基本概念

壹、智慧財產之發生

　　「智慧財產」（Intellectual Property）這是個相當時髦的字眼，不論中外，它的出現都應該是近百餘年來的產物。尤其是從中國傳統文化的演進來看，似乎找不出什麼蛛絲馬跡。若從中國法制史的發展來檢視，也探尋不出什麼源頭可資追尋。而另一方面查考西洋科技文化的演進來研究，也不是一個淵源流長的概念。再從西洋法制史的歷史沿革來審視，也仍無法有個明顯的交代。由此可以得到一個不太容易推翻的結論是，「智慧財產」的用語，不論中外，應該是近代科技文明發展到相當程度以後所產生出來的「詞彙」。而它的實質內容，也是逐漸地充實發展；也就是說其「內涵」與時俱增，不斷地充實演進。換句話說，「智慧財產」的觀念，一般人並不瞭解其真正的涵義。其實這也無可厚非，「智慧財產」本身的意義及內涵，即是隨著人類文明的進步成長。

　　更具體地說，「智慧財產」的觀念是因為「文明」進步到相當的水準之後，產生某些「特定的」或「特殊的」文化。使得組成社會的成員分子，開始「認知」出人類的「財產」除了傳統的二分法——「公有財產」（Public Property）及「私有財產」（Private Property）的類別外，更有第三類介於或共屬「公有財產」及「私有財產」的「智慧財產」。而此類「財產」的出現，追本溯源，應該反溯至西方文化的演進，方為比較正確的推論。因為在回顧人類文化的演進過程，可以知道代表「東方文化」（Oriental Culture）的「中國文化」（Chinese Culture），雖然

其有悠久的歷史，也曾有過光輝燦爛的一面；但是基本上，在其發展與成長的過程中，一直並未出現過任何「突破性」（Break Through）的大改革（Reform）或大「變動」（Transform）。可是在「西方文化」（Western Culture）的成長與演進方面，則與東方世界大異其趣。首先有13世紀起展開的「文藝復興運動」（Renaissance Movement），其次有15、16世紀的「宗教改革」（Reformation），再其後16世紀的「啓蒙運動」（Enlightenment Movement）及更重要的17世紀的「工業革命」（Industrial Revolution）。凡此種種顯示出「西方文化」的成長歷程與「東方文化」相比，確有其不同之處。

在上述的情形下，「西方文化」基本上歷經了「文藝復興」、「宗教改革」、「啓蒙運動」以及「工業革命」的洗禮後，科學技術開始進步與發展，揭露了自然界的奧秘。知識分子開始展開對「新知識」的探究與追求，開啓了「文化創新」的動力，也因此驅動已經升火待發的近代西方「科技文明」（Technological Civilization），而創造嶄新的西方「科技文化」（Technological Culture）。在此大環境下，伴隨而來的是知識分子對傳統的許多「觀念」（Concept）開始懷疑，而展開新的思考方向，最明顯的即是開始對自己本身或周遭的事物，重新加以思考、檢討，並重新加以認定與定位。舉例來說，對於「所有權」觀念的重新評估，身分權與財產權的重新釐清，尤其是開始對「財產權」的形式與內涵更是加重心力予以界定；而所謂「智慧財產」的觀念也逐漸在知識分子之間形成。同時，人們也逐漸瞭解到伴隨「智慧財產」觀念而來的「智慧財產權」（Intellectual Property Rights）意識的開啓。

貳、智慧財產權之概念

　　如前所述，「智慧財產」的基本觀念，應該是在人類社會文明發展到相當程度之後，才產生出來的概念。而且在比較東、西方文化發展演進的歷程，可以發現它也是在西方文明因為科學、技術快速發展之下的產物，從它英文字義——Intellectual Property來查考，便可知它是智慧、知識等相關的財產，而不同於傳統對「財產」的認知；它是一種特殊形態的財產、具有特別意義的財產。這樣的觀念，因為「東方文化」在演進的過程中，欠缺「文藝復興」、「宗教改革」、「啓蒙運動」及「工業革命」等歷程，自然不會有「智慧財產」意識的產生。這是無可厚非的，也不足以見怪。欠缺那樣的歷程，沒有西方世界的環境背景，自然難以有「智慧財產」觀念的產生。

　　至於說「智慧財產權」觀念的起源，當然是發生在「智慧財產」觀念形成之後，這是顯而易見、無庸置疑的。當然，查考它觀念的形成，自然應從「法制史」（History of Legal System）的層面，來加以切割剖析。從「法制史」的發展歷程來看，「智慧財產權」的法律保護制度的初始及其確認，必然是在身分法與財產法均已發展到相當程度之後，才逐漸形成。而在時序上，「智慧財產權」最原始、最淺顯觀念之「草創」階段，則是在17世紀末、18世紀初。雖然如此，除了少許知識分子之外，一般人對於「智慧財產權」的概念有了粗淺的認知，但是卻一直不甚重視它的存在，及可享有的法律上權益的保護。而必須一直等到1950年代之後，因為科學的進步與技術的發達，其進步之神速，已非以往任何時期所能同日而語。影響之所及，人類社會的結構及政治的制度都有了更完善的改變，人類社會開始懂得享受

文明的成果。尤其是在精神生活方面，更是變得比以往更多采多姿。自此而後，「智慧財產權」在法律上的保護才開始逐漸受到重視。

參、智慧財產權之內涵

　　如前面所述，「智慧財產」觀念之形成，必然是在人類社會的文明已經具有相當程度的發展及相當可觀的基礎之後，才逐漸衍生出來。而對於「智慧財產權」的法律保護，其觀念之形成及保護制度之建立，在時間上及社會發展的程度上，就更加的延後了。然而，無論如何，「智慧財產權」法制的形成及其建立，必然是遠在「有體財產權」保護制度建立之後。其意義及內涵自然也不同於「有體財產」有具體之實質形象，可資追循。一般來說，「智慧財產權」就外型上來審視，對它權利的保護，如果以「有體財產權」的方式來加以保護，是絕不適宜的。因為或許「智慧財產權」所保護之客體或對象是創造出來的「有形物體」（Tangible Object）。但是以「何種方式」來保護，基本上就要視所保護之權利法益而定。因此，對於「智慧財產權」之保護，不應歸類於「有體財產權」之法律保護。但是，如果不以「有體財產權」之類型視之，是否即是指應以「無體財產權」（Intangible Property Rights）之方式來保護。基本上，如果要勉強以二分法的方式來規劃「智慧財產權」之保護類型，法律上對「無體財產權」保護之性質及方式，雖然並不十分妥善，但或許勉強可以接受。

　　如眾所周知，也是一般社會大眾並不加以否認的是，「智慧財產權」所要保護的是人類運用智慧、腦力所開發出來的成果。

因此，如著作權法學者賀德芬教授在其「智慧財產權與國家發展」一文中所述甚爲貼切。她說：「智慧財產法制的發展固然遠較有體財產權法制爲後，其內容亦不同於有體財產，有具體形象可循。智慧財產所保護的乃是人類抽象的思想、觀念。換句話說，也就是腦力的開發。而思想、觀念又必須透過具體的媒介，使人能感知、認識，才能成爲規範的對象。其所包含的不僅是成品的經濟價值，更代表創作者心靈的成就。事實上，智慧財產在法制上已經劃爲人格權及財產權兩部分。以『智慧財產』概稱精神產物，並不是十分妥適的用語。¹」

　　如果打算對「智慧財產權」在法律上所代表的意義及內涵有所瞭解，自應從法律的角度與觀點來加以審視，而且最好要從法律條文著手，看看是否有相關的法律明文對此名詞有所「定義」（Definition）或加以「註解」（Interpretation）。然而不幸的是「智慧財產權」也好，抑或是簡單的「智慧財產」也好，翻遍所有現行法規，似乎無法找出任何法條有明文對之加以定義或規範。所幸，雖然從我國的國內法找不出任何有意義的定義或解釋，但是我們卻可以從相關的「國際公約」（International Treaty）上找出明確的定義與規範，足以供我們參考。在這方面最重要的有1967年的「建立世界智慧財產組織公約」（Convention Establishing the World Intellectual Property Organization）及「關稅暨貿易總協定」（General Agreement on Tariff and Trade, GATT）、「烏拉圭回合」（Uruguay Round）在1993年底所達成的「最終協議書」（Final Act）中的「與貿易有關之智慧財

---

¹ 賀德芬，智慧財產與國家發展，載於「文化創新與商業契約」，月旦出版社，1994年，第47頁。

產權協定」（Agreement on Trade Related Aspects of Intellectual Property Right, TRIPs）。

　　首先，在1967年「建立世界智慧財產組織公約」第2條第8款對有關「智慧財產權」之概念及其相關權利，做了如下的規定[2]：

　　一、文學、藝術、及科學之著作。

　　二、演藝人員之演出、錄音物、及廣播。

　　三、人類在所有領域中之任何發明。

　　四、科學上的發現。

　　五、產業上的新型及新式樣。

　　六、製造標章、商業標章及服務標章，以及企業名稱、指定標記。

　　七、不公平競爭之防制。

　　八、其他在產業、科學、文學，以及藝術領域中，因為智慧活動所產生之權利。

　　其次，1993年12月15日所達成之「與貿易有關之智慧財產權協定最終議定書」，對所謂的「智慧財產權」指出包含如下的相關權利[3]：

　　一、著作權及其相關權利。

　　二、商標。

　　三、商品產地標示。

　　四、工業設計。

　　五、專利。

---

[2]　See Section 8, Art. 2 of Convection Establishing the World Intellectual Property Organization of 1967.

[3]　See Section 2, Art. 1 of the Agreement on Trade Related Aspects of Intellectual Property of 1967.

六、積體電路電路布局保護。

七、對「未公開」資訊之保護。

八、對「授權契約」中違反競爭行為之防止。

由以上兩個「國際公約協議」對「智慧財產權」的規範內容來看，「智慧財產權」之涵蓋範圍，實際上相當的廣泛，舉凡一切人類運用腦力、智慧所創作或創造出來的成果或結果，均包含在內。尤有進者，甚至包含對此類運用思想、精神、智慧所開創出來之成果或成品活動的「規範」（Regulate），均為此處所指之「智慧財產權」。足見，就「國際公約」的角度來看，「智慧財產權」所涵括的範圍相當的廣泛。它可以採納最廣義解釋之方式，來指出所謂的「智慧財產權」，即是指凡是人類運用腦力智慧所創造或開發出來的結果，在法律上所賦予的權利保護，均為「智慧財產權」。

肆、智慧財產權之性質

研究「智慧財產權」的中國學者鄭成思教授，在其1991年「智慧財產權法」一書中，即開宗名義指出：「『智慧財產權』是個外來語。有人認為，把它譯作『精神產權』或『精神財產』還更確切些……在許多西方國家，對智慧財產權的法律保護，（迄今）已有二、三百年的歷史了。這些國家長久以來就把財產權分為不動產權、動產權、無形產權等幾種類型。在無形產權中，又分為智慧產權、債權、股權、合同權等小類。可見，智慧財產權過去在財產權中的地位並不十分重要。只是在本世紀中、後期以來，科學技術的迅速發展，才很快提高了智慧財產權的地

位[4]。」確實是近一、兩百年，智慧財產權才受到世界各國的普遍重視，甚至於可以說是近五十年來的事情。這也是因爲在性質上，「智慧財產權」是一種隨著時間與科技進步不斷成長所發展出來的法律所給予保障的權益。

　　雖然無可諱言地，「智慧財產權」隨著科技的日新月異，它所涵蓋的範圍仍日益擴大；隨著法規範目的的不同，反映在對「智慧財產權」的保護方式與權利內容方面，自然也會有所不同。但是，無論如何，各類「智慧財產權」基本上均是由於人類運用腦力、開發智慧的精神活動所創造出來的智慧結果，及相關智力活動所產生的智慧結晶。因此，所有目前世界各國所認可的「智慧財產權」，不論是在性質上或特徵上，均有一些共通性，值得我們加以分析及研討，以增加我們對「智慧財產權」全盤性的瞭解，避免發生以偏蓋全，見樹不見林的問題。基本上，「智慧財產權」被一般專家學者公認爲具有下面幾個共通性，分述如後：

一、無形性

　　一般來說，所謂「智慧財產」最廣義的解釋爲，所有源自於產業、科學、文學及藝術等領域內的「智慧活動」（Intellectual Activity）。因此，它與傳統意義的「財產」（包含動產及不動產）最大的不同，即在於它的「無形性」（Intangible Nature）。換句話說，「智慧財產權」的存在，不以「可觸摸到的」（Touchable）或「可感知到的」（Sensible）及「具體的實體」（Concrete Object）爲準。鄭成思教授的舉例，相當妥當。

---

[4]　鄭成思，智慧財產權法，水牛出版社，1991年，第1頁。

他說：「由於智慧財產權是無形的，它可能被『賣』給兩個以上的買主。有形財產的轉讓則一般難以做到這點。同一座建築物同時賣給甲、乙兩方，立刻會被兩方發現。但將同一項智慧財產權同時轉讓給甲、乙兩方，則該兩方只要不在市場上發生衝突，就可能長期（或永遠）發現不了自己買享有權的錢，卻只得到非獨占的許可證」[5]。

二、專屬性

「智慧財產權」與傳統意義的「財產權」（Property Right）最大不同處，乃在於它的權利專屬性。惟有「智慧財產權」之權利人方能對其權利內容自由地使用、收益、處分。此權利之行使，有強烈的「專屬排他性」。外國立法例，將此種權利稱之為「獨占權」（Exclusive Right）。換句話說，「智慧財產權」的專屬性將「智慧財產權」獨立於「公有的」（Public Domain）財產權之外。例如：托爾斯泰（Leo N. Tolstoy, 1828-1910）的「戰爭與和平」（War and peace），其翻譯權、改作權……已經成為「公有的」財產，任何人都可以加以使用或行使，不受任何限制。相反地，海明威（Ernest Hemingway, 1899-1961）的「老人與海」（The Old Man and The Sea），其翻譯權、改作權……則仍屬於他的著作權繼承所專有；未經許可或授權，任何人均不得任意加以翻譯、改寫、演出……。

三、重製性

對此重製性的分析，鄭成思教授做了最好的說明，特別摘錄

---

[5] 同前註，第3頁。

於下[6]：「智慧財產權」之所以能成為某種財產權，是因為這些權利被利用後，能夠體現在一定產品、作品或其他物品的複製活動上。也就是說，這種權利要靠一定的、有形的、去固定、去體現。作者的思想如果不體現在可複製的手稿上、錄音上，就不成為一種財產權了。別人不可能因直接利用了他的「思想」而發生侵權。對專利權人也是一樣，他的專利必須體現在可複製的產品上，或是製造某產品的新方法，或是新產品本身。沒有這些有形物，專利權人也無從判斷何為「侵權」。可複製性把「智慧財產權」與一般科學理論相區別。科學理論的創始人不能像專有「智慧財產權」那樣，對自己的理論「專有」；不能要求其他人經其同意後，方借助他的理論去思考和處理問題。雖然「世界智慧財產組織」（WIPO）把「科學發現」作為「智慧財產權」內容之一，但人們一般理解這僅包括作為第一個發現者享有的精神權利，而不是如專利權人或版權所有人享有的那種控制權或獨占權。而且，至今不少人仍認為，把「科學發現」作為一種產權，特別是作為「智慧財產權」，就使「智慧財產權」的原有涵義根本改變了，也使智慧財產的大多數特點不復存在。例如：很難說科學發現具有什麼地域性或時間性。少數國家積極倡導（科學發現國際承認公約），至今只有兩、三個國家批准，因而一直未生效。

四、公開性

就一般所瞭解的「智慧財產權」來說，不論是專利權也好，商標權也好，這些權利的獲得與賦予法律上的保障，在它們當初

---

[6] 同前註，第5頁。

讓權利人擁有之前，必須以書面提出申請，抑或附加說明書，使其專利發明及使用商標或服務標章，讓社會大眾可瞭解，以便在日後能善加利用。至於著作權方面，雖然情形較為複雜，但是大體上來說，著作權保護著作人的創作，雖然理論上是從創作完成尚未真正公開或註冊前即已加以保護，但是實際上也是多半在發表或出版之後，才真正地享有著作權的保護。

　　另外，同屬「智慧財產權」大家庭一員中的「營業秘密法」（Trade Secret Law），則因該法的基本性質即是必須要維持相當時間內的相當程度之秘密性；一旦加以公開，則該「營業秘密法」所要保護之營業秘密即失去意義。因此，對於「智慧財產權」中絕大多數的權利，如專利權、商標權、著作權等均具有所謂「公開性」之共通性質，而「營業秘密法」則是唯一的例外。

五、地域性

　　「智慧財產權」特性中的地域性也使得「智慧財產權」與一切其他傳統的財產權有所區別。「智慧財產權」的地域性，是指任何一項「智慧財產權」中的權利，只有在它依法申請、獲准而產生的地域才有法律上的效力。更進一步來說，也只有依一定地域內的法律申請、獲准，才得在那特定的地域內生效。例如，賽珍珠（Pearl S. Buck, 1892-1973）的「大地」（The Good Earth）一書，所獲得的著作權保護，僅在美國那個地域，如要在其他國家或地域獲得相同於美國地域的保護，則必須該他國或該地域與美國同為某特定的著作權國際公約，例如：「伯恩公約」（Berne Convention）或「世界著作權公約」（Universal Copyright Convention, UCC）的會員國。

六、時間性

　　就「智慧財產權」的時間性來分析、研究，鄭成思教授也有相當鞭辟入裡的說明，摘錄如下[7]：

　　「智慧財產權」作爲「無形財產權」，不是永遠有效的，法律都規定了它們的有效期。這點也與有形財產不同。一項專利發明享有十五年有效期。十五年之後，該專利的實際技術內容可能仍很有用，可能還有不少廠家願意實施它，但原專利權人再也不可能對它掌握控制權，不可能要求別人支付使用費了。有形財產的價值則是看它的自然消耗。堅固的房屋可能上百年還能賣出好價錢，不堅固的則可能十年就倒塌了，不能再作爲財產轉讓（房屋下的地皮不在內）。它們一般不受法定時間的影響。有形的機器有時也受無形損耗；先進的生產線可能使原有的、仍舊完好的生產線失去使用價值而報廢。但這種時間不是「法定」的。

七、經濟性

　　「智慧財產權」的創造及其之所以能夠在近百年來或近五十年來受到社會大眾普遍「認知」與重視，乃是因爲它文化的成長和科技的進步，彼此之間互爲因果的互動性因素之故。尤其是欲使文化能夠順利創新，那麼不論發明、技術的專利保護也好，商標權益的保障也好，甚或是著作的著作權益的給予等，均是不可或缺的基本要件。然而，無庸諱言的是，不論是要發展專利權、商標權，抑或是著作權的進步，最重要的是要能鼓勵社會大眾中的少數分子能夠有發明、創作……則最起碼的要求是要給予他們發明、創作的「誘因」（Incentive）或「動機」（Motive）

---

[7] 同前註，第4頁。

等。而給予「誘因」或「動機」的最佳方式即是給予發明者、創作者相當的「經濟利益」（Economic Benefit）。而所有不同類型的「智慧財產權」的發生與發展，均少不了所謂的「經濟利益性」，也就是這裡所指的「經濟性」。

伍、智慧財產權之類型

　　究竟一般人所指之「智慧財產權」為何？它包含哪些類型？答案往往是眾說紛紜。有人稱之為「產業所有權」（Industrial Property），也有人稱之為「智能財產權」，而中國則稱之為「知識產權」，五花八門。其所涵蓋的範圍及內容，或許相同，或許又略有差異。實在容易讓人眼花撩亂，莫衷一是。一般來說，通常的分類是按其涵蓋範圍的大小，大致上分為狹義的智慧財產權及廣義的智慧財產權。

　　所謂「狹義的智慧財產權」，通常是指傳統上所認知「智慧財產權」，也就是指著作權、專利權及商標權。或者直接分成著作權法與工業財產權法（因歐陸國家早已把專利權及商標權合稱「工業財產權」（Industrial Property Right））。而「廣義的智慧財產權」則是不僅包含「狹義的智慧財產權」，同時更包含其他所有的人類運用腦力、智慧所創造、發明出來的成果，所帶來之一切法律上所賦予的權利。這些權利自然除了前述的著作權、專利權及商標權之外，還應至少包括工業設計權、半導體晶片保護權、積體電路電路布局保護權、秘密資訊權、公平交易權、消費者保護權、甚或營業秘密權等。這樣的情形，可以用圖2-1簡略地表示。

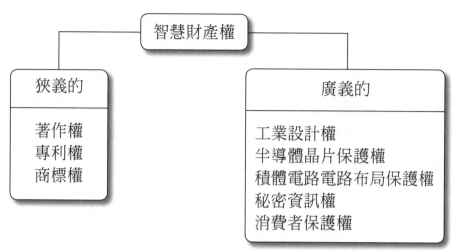

圖2-1　智慧財產權分類圖（按涵蓋範圍大小）

　　以上的分類，基本上是從歷史演進的角度以範圍內涵為標準所做的分類。但是如此的分類，僅是簡略地表示智慧財產權「家族」（Family）的外型及態樣，對於各個權益的性質卻未能顯現出來。因此，若以性質標準來分類，或許可以彌補上項分類的缺失。（圖2-2）

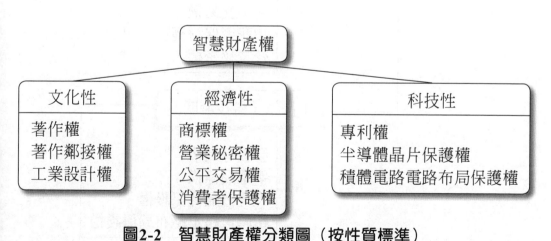

圖2-2　智慧財產權分類圖（按性質標準）

　　再者，若以法律之規範目的爲標準，其又可分爲以下三種：
一、保護「文化創作」之著作權、著作鄰接權以及工業設計權；
二、保障「科技發明」之發明專利權、新型商標權、半導體晶片
保護權，以及積體電路電路布局保護權；三、保證「經濟安全」
之商標權、商號名稱權、公平交易權、消費者保護權，以及營業
秘密權。（圖2-3）

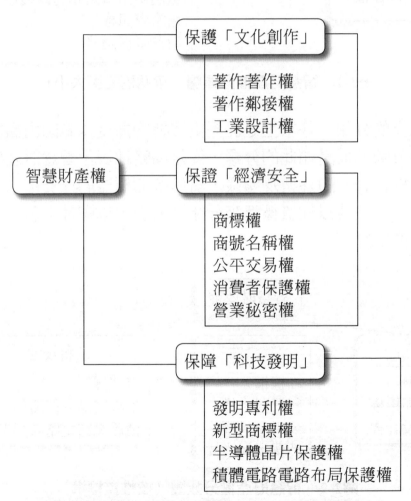

圖2-3　智慧財產權分類圖（按法律規範目的）

陸、智慧財產權之運用

一、鼓勵支持研究開發[8]

　　智慧財產權兼具興奮劑與補藥功能，一方面是研究人員創作與發明的原動力，另一方面經由智慧財產的收入，使研究開發的資金源源不絕。

　　美、日兩國均定有法律保護發明人的權益，以鼓勵研究發明。美國1980年的拜杜法案（Bayh-Dole Act）及1986年聯邦技術移轉法案（Federal Technology Transfer Act）、日本的「職務發明規程」，均對發明人的權益給予充分保障。在智慧財產的權利金收入中提出相當百分比給發明人，以有效地鼓勵創造發明。美國在上述兩種法案通過後，各大學及研究機構競相設立技術移轉單位，研究開發計畫大量增加，便是最好的證明。

　　智慧財產的研究開發，所費不貲。資金的來源必須依靠公司的收益，而公司的收益高低，主要取決技術的良劣。換句話說，取決於研究開發的成果，也就是智慧財產的價值。

　　智慧財產的價值與收益，有時數目相當大。以IBM為例，該公司大約擁有3萬2,000個專利，其中與個人電腦有關的專利約1萬件，該公司對電腦要求的權利金，為電腦售價的1%至5%。製造IBM相容性電腦的公司，每年必須支付的權利金總數超過1億美元。

---

[8] 黃俊英、劉江彬合著，智慧財產的法律與管理，台北，華泰文化事業有限公司，1998年，第16頁。

二、國際磋商籌碼[9]

　　智慧財產的取得，爲國際上各大公司主要的競爭項目。國際上各國談判，也以智慧財產權的保護爲主要題目。各公司間的合作關係，通常以本身的智慧財產權當作籌碼，相互授權（Cross Licensing）成爲通例。

　　智慧財產有如國際通行的貨幣，具有國際上的認同性，許多專利的申請，著作及商標的登記，不只在本國進行，也在國際上進行。以美國每年所許可的專利案件計算，幾乎半數由外國人取得，外國人取得專利的比例，二十年來增加了二倍，外國人中以日本人居首，西德次之。沒有專利之國家，在國際競賽中將無牌可打，只能袖手旁觀，任人宰割。

　　智慧財產權除了可以作爲磋商的籌碼外，也可以用智慧財產的權利金作爲控制市場及選擇合作夥伴的武器。IBM對全球電腦廠商要求專利權利金，可以控制整個電腦市場，並決定競爭的對象；將授權問題一步一步慢慢地解決，一方面增加權利金，也避免反托拉斯的訴訟。而小電腦公司，既無雄厚的資本，也無能力與IBM磋商智慧財產權問題，自然而然被消滅。智慧財產權之重要性由此可見。

　　智慧財產權若運用妥當，（一）可在國際科技競賽中立於不敗之地；（二）可控制競爭對手及壟斷市場；（三）可影響技術的發展方向。開發中國家及中小型企業若無智慧財產權，則生殺大權可能盡操諸他人手中。

---

[9]　同前註，第17頁。

柒、智慧財產權與一般財產權之區別

　　從法律觀點，因為抽象性、權利取得方式、保護範圍與權利演進歷程的關係，智慧財產權與一般財產權有下列不同的屬性[10]：

　　一、智慧財產權的法律效力，在空間（地域）方面有它一定的範圍。具體地說，由於屬地主義的限制，智慧財產權需要依據各國的法律規定，在完成一定的註冊或者登記程序後，才能獲得法律保護的效力。而一個國家的法律，原則上只能在它自己的領域範圍內有效。所以，在美國註冊的商標或專利，如果未向我國申請，除非是著名商標，原則上它是無法受到我國商標法或專利法的保護。關於這一點，保護工業財產權的巴黎公約還特別規定，在各個會員國國內申請註冊的商標或專利，與在其他國家申請的商標或專利是互相獨立的。換句話說，以相同的商標或發明，分別向多數國家申請商標或專利，如果在其中某國的註冊商標或專利被撤銷無效時，對於在其他國家的註冊商標或專利並沒有影響，因為在不同國家的註冊商標或專利是各自獨立互不牽涉的。當然，國民待遇原則的適用也或多或少地打破了地域性的限制，使一國的權利人在其他國家也得享有保護。但這是有條件的，與一般財產法所採取的所有權絕對性觀念有別。

　　二、智慧財產權的法律效力，通常是有時間上的限制。依照我國現行法律的規定，發明專利的期間是二十年、新型專利十年、設計專利十二年；著作財產權雖然是終身享有及權利人死亡或消滅後五十年繼續享有，但畢竟有一期限；商標專用權期間是

[10] 唐炳耀編著，智慧財產權新論，台北，華立圖書公司，2005年，第10-12頁。

十年，雖得延展，但是商標也可能淡化或是因異議、評定而廢止；營業秘密在未洩露秘密之前似得永遠存在，但其實在技術創新速度甚快的資訊社會下，保護期間的長短其實亦甚不確定，上述期間的限制在一般財產權是沒有的。

三、智慧財產權所保護的成果，在原始取得情況下，通常是由創作者的創造性智力勞動，與創作人之身分所依存之血緣、婚姻或其他社會關係無涉，此一智力勞動的成果，以國家認可為條件，故須加上國家機關的授與權利行為；在繼受取得情況下，也僅繼受財產權部分，人格權部分是止於一身不得繼受的，且多數財產繼受人得在各自有效權利的範圍內行使，亦即在一定時空條件下可能被多數主體利用，包括讓與人，此與一般財產的利用充滿排他性大相逕庭。

四、智慧財產權的成立，通常需要經過一定的申請及審查等程序。在我國，創用商標或者創作發明的工業技術及產品，創作者並不當然能得到該商標的專用權或者創作發明的專利權，必須將所創作的商標或發明技術，向政府主管機關提出申請，經過審查認定其確實符合法律所規定的要件後，才能夠得到在法律規定範圍之內的權利。而英、美等國，除了申請主義外，更利用使用主義的先後來判斷權利歸屬；一般財產的取得，除了不動產或少數的動產外，原則上並不需要向政府主管機關申請註冊。

五、智慧財產權的取得須具備創新性、非物質性、公開性與社會性等特徵，創新性的要求在專利方面須達到進步性，著作權方面須有原創性，而商標方面須具備可識別性。非物質性是指智慧財產權的存在，不具有一定的形態，不占有一定的空間。但須能利用一種客觀形式加以表現，使他人得以理解，這些客觀形式之載體須明確。公開性指智慧財產權必須向社會公示、公布，使

公眾知悉，且獲得其中的專門知識，而公眾則承認創作人在一定期間內的專有權利。社會性是法律在一定期間內賦予創作人壟斷權利，而一旦保護條件或期限屆至，則智慧財產權將成為社會的共同財富，為人類所共有。一般財產的取得依私法自治原則，只要當事人意思之合致即可，並無特殊的限制。

　　六、權利不穩定性：智慧財產權的權利具有相當程度的不穩定性，以專利權為例，首先須投入大量資本進行研發，並不一定可以取得研發成果；即便取得研發成果，也不一定就可以申請取得專利；即便取得專利，也不一定就可以商品化；即便可以商品化也不一定就保證暢銷，取得應有的創新利潤；最後，創新利潤能維持多久也未可知，因為專利可能因舉發而被撤銷，也可能因更創新的專利出現而在一夕之間乏人問津。

　　七、重製成本低：智慧財產權的創造成本或許甚高，或許甚低（「一分耕耘，萬分收穫」、「萬分耕耘，一分收穫」或「一分耕耘，一分收穫」），但重製成本往往甚低，此種不對稱現象是一般財產所無。尤有進者，容易造成利用人的投機取巧心態，認為既然不會因為一己之使用而消耗，故寧可採取「搭便車」方式加以利用，也不願親自進行研究發展，這也是造成無形資產交易市場常有市場失靈現象的主要原因。

　　八、法律屬性差異：智慧財產權的性質有使用權與禁止權，所謂使用權是指依智慧財產法規取得專用權利，以便達到作為權利應有之功能；禁止權則指權利人有權制止他人未經其許可使用權利，此一權利的表現甚至於此使用權搶眼，例如著作權人禁止他人重製、改作、公開口述、公開演出、公開演奏、公開上映、公開播送與公開展示等權利，專利權人則有禁止他人製造、為販賣之要約、販賣、使用與進口。使用權與禁止權的範圍不同，以

商標權爲例，使用權的效力範圍，是以核准註冊的商標與核定的商品或服務類別爲限，而禁止權則表現在權利人對於他人未經許可，在同一或類似商品或商品服務使用與其註冊商標相同或近似的商標，都構成侵權，故禁止權的效力範圍大於使用權。一般財產雖亦有使用權與禁止權，但是其乃一體兩面的說法，也就是其禁止權的存在乃是爲了確保使用權的完整。故在通常狀況下有占有、使用、收益與處分權利（使用權），以及非常情況下的物上請求權（禁止他人占有、使用、收益與處分之權利）。

捌、智慧財產權之國際調和 [11]

傳統上智慧財產權之保護，是屬於國內經濟法之範圍。智慧財產的保護期間及範圍，原則上亦是國內立法的主權政策事項，但因國際貿易興起，各國互動相對增加，而在商品及服務的多樣化及跨領域情形逐漸增多之際，各國對智慧財產權法令規定之不同，對商品及服務之流通，亦會造成困擾及阻礙；且企業在全球市場中因各國智慧財產權法令規定保護期限不同（例如：專利權保護期間）及立法主義之不同（例如：商標保護有採註冊主義及優先註冊主義），造成競爭條件差異，而成爲另一項貿易障礙，即「非關稅障礙之技術障礙」。

一、巴黎公約之具體調和措施

在國際智慧財產保護的歷史中，從1883年的巴黎公約成立後，會員國已超過150個，各國皆在其內國法中以此公約爲保護

[11] 同前註，第11-14頁。

工業所有權的最低水準，其具體調和措施包括：

（一）國民待遇原則：即對外國人與本國人同樣給予沒有差別的保護。

（二）優先權原則：即對在外國第一次申請者相互承認其為最早之申請日。

（三）權利獨立原則：即各國的申請是獨立的，並無從屬性，權利的授與與否不受他國影響。

二、伯恩公約之具體調和措施

1886年成立的伯恩公約，會員國已超過140個，其主要宗旨在於保護著作權與著作人格權，其具體調和措施包括：

（一）國民待遇原則：即對外國人與本國人同樣給予同等的保護。

（二）創作主義：著作權的取得並不要求採取一定的方式。

世界智慧財產組織（WIPO）是由巴黎公約與伯恩公約於1967年7月14日在瑞典的斯德哥爾摩共同締約建立的國際組織。該組織對於新時代的智慧財產議題之調和著力甚多，於1991年12月簽署了「世界智慧財產組織著作權條約」（WIPO Copyright Treaty）與「世界智慧財產組織與著作權條約」（WIPO Performances and Phonograms Treaty）。另於2001年4月就基因資源、傳統知識及民間藝術與智慧財產權之議題在日內瓦舉行第一次會議，主要是探討基因資源的獲取、利益分享保護與基因資源相關的問題；並就傳統知識、創新及創造包括手工藝之民間藝術等智財權問題加以討論。於2002年9月間在日內瓦舉行了第二次「電子商務與智慧財產權研討會」，討論電子商務與智慧財產權領域有關法律、技術和政策導向的最新動態。

三、「與貿易有關之智慧財產權協定」之具體調和措施

　　世界貿易組織於1994年成立的「與貿易有關之智慧財產權協定」則有140個以上的會員國，其與建立世界智慧財產組織公約最大的不同點，即是為了調和差異化。主要在於：

　　（一）不問已開發或開發中國家，各國皆須遵守智慧財產權的最低保護水準，且確保執行智慧財產權的措施與程序本身不致成為合法貿易之障礙，包括有效執行之措施（例如獲得禁制令及臨時措施的可能性）、以多邊架構處理仿冒品、爭端解決程序、開發中國家的過渡性安排。

　　（二）未加盟巴黎公約與伯恩公約的國家亦有遵守此一協定之義務。

　　（三）國民待遇原則：即對外國人與本國人同樣給予同等的保護，目的是調和各國智慧財產立法工具，具有統一標準的功能。

　　（四）最惠國待遇原則：智慧財產的保護，任一會員國對其他國家國民所給予之一切利益、優待、特權或豁免，應立即無條件給予其他會員國之國民。但此部分仍有例外，例如為司法協助或法律執行所簽訂之一般性國際協定、依世界智慧財產組織主導而締結有關取得或維持智慧財產權之多邊協定，國家間的紛爭以世界貿易組織的程序加以解決。

　　（五）保護的範圍擴大且明確，例如巴黎公約未明文規定之積體電路電路布局與營業秘密，以及伯恩公約未明示之電腦軟體程式與唱片之出租權，在協定中加以明白規定，以便對科技之進步及科技之移轉與擴散有所貢獻。

　　（六）制定有關權利行使的基本原則，在一般義務方面，例

如不得在內國中以不必要的複雜程序，利用不適當的裁判與行政程序之延遲或不合理的期間限制。但在臨時措施義務方面，例如對侵犯商標或著作權的物品，得申請海關加以查扣，禁止其通關。

（七）新議題的探討：包括針對「生物多樣性公約」（CBD）進行探討，亦即對關於基因、動植物、轉殖動植物之可專利性展開討論；另外，對於傳統知識、民俗部分與擴大地理標示之保護（包括酒類地理標示之多邊註冊制度）之議題也開始受到重視。

除上述之調和措施外，在國際間的智慧財產法制中，多數國家皆體認到僅有單一國家的保護顯有未足，必須突破屬地主義之限制，在程序面與實體面均加以調和，前者如申請程序的電子化與簡易化，專利合作條約係於1970年6月19日於華盛頓簽訂，1978年開始正式運作，旨在促進國際間對專利保護的合作，簡化取得專利保護之手續，有助快速取得有關發明資料中的技術情報，以解決類似申請的重複提出和審查等問題，使申請人及各國專利局都能享受其利益；後者如各國均採用均等論來判斷是否構成侵權，其目的是使全球達到同樣的保護水準，始得實現智慧財產權保護之目的；但實際上，世界各國間有不同程度的利害關係，發展階段亦有別，技術輸入國與技術輸出國各有所求，故在調和時有難以解決的矛盾，如何落實更是一重大挑戰。

玖、智慧財產權之問題

智慧財產權在法律上有許多爭議性的問題，相當困擾法律學者、律師、立法人員、政府官員與業者。問題爭議的原因極為複

雜，有政治、貿易、外交的原因，也有遷就現實與利益團體的因素，更有法律與科技無法配合的困難。其中以專利法與著作權法中的一些問題，引起的困擾最大，也是最令人擔憂。前者與新開發的科技息息相關，變動的幅度最大，新的科技產品往往也帶來新的專利問題。而著作權法的難題，大致環繞電腦軟體的保護。許多學者尚無法接受軟體著作權保護的概念，法院在多年的判例下，不只沒有幫助，反而製造一些新的問題。分述如下[12]：

一、著作權

著作權的問題主要有二：（一）國際上的談判；（二）電腦軟體的保護。這兩個問題有時相互牽連。前者涉及美、日等已開發國家與開發中或未開發國家間在智慧財產權保護立場的不同。又因仿冒與抄襲的問題摻雜其間，使國際間的磋商已不是單純的法律問題，其涉及外交、貿易，甚至民族情感。

電腦保護的問題很多，許多爭議性的問題如下：（一）還原工程的定義；（二）包裝紙契約的效力；（三）外表與感覺（Look and Feel）上相似的定義；（四）微碼的保護；（五）侵害的認定和罰責；（六）租賃權與輸入權；（七）顯示的保護；（八）使用人的權利範圍；（九）多媒體的著作權；（十）網路（Internet）的法律問題。

這些問題具有相當的技術性，非一般法官、律師所能理解。再加上電腦科技的日新月異，許多新的問題與新的訴訟繼續不斷。傳統的法律專業人員及電腦軟體業者，雖仍然認為著作權適

---

[12] 吳嘉生，智慧財產權之理論與應用，台北，五南圖書出版股份有限公司，1999年，第98-101頁。

合電腦軟體的有效保護，但研究機構與一些學者，甚至小規模的軟體業者，認為法律與法院對於電腦軟體過分保護，已有不耐煩的情形。是否訂立獨立法規單獨保護電腦軟體，恐怕還是值得相當注意的問題。

二、專利

專利法上新的問題主要有三：（一）電腦軟體專利保護；（二）生物工程的專利；（三）專利權利金的要求。

電腦軟體的專利牽涉「序列」（Algorithm）是否構成專利性（Patentability）的問題，專利局、法院與學界有相當不同的看法，專利局資訊不足，法院的判決前後不一，學界各學派的見解分歧。

新動物的專利，已因1988年專利局核准哈佛大學發明的轉變基因老鼠，而有積極的幫助。但爭議仍然迭起，宗教團體、保護動物協會等對這個問題仍不放鬆，立法機關、專利局、學者、民間團體等的意見，也不盡相同。遺傳工程的發展，帶給專利局極大的困擾，專利之申請核定與否，都遭受到不同方面的譴責。對專利法的解釋，也必須做適當的修正。

三、商標

商標的問題比著作權及專利單純，最常受詬病的問題包括：（一）投機商人搶先註冊他人商標，即所謂「商標老鼠」問題，原商標註冊人為息事寧人，常常以金錢買回原先屬於自己的商標；（二）國際著名商標的認定；（三）近似商標的認定；（四）未預先註冊商標，產業擴展後，造成商標使用的困擾；（五）註冊過多無用商標；（六）十年屆期，未延展商標，造成

商標權失效；（七）商標構成要件「特別顯著性」（Distinctive-ness）的定義。

四、營業秘密

　　營業秘密有如下重要課題：（一）營業秘密之正確觀念；（二）保密約定造成勞資緊張；（三）禁止競爭之合理年限及範圍；（四）「合理努力」（Reasonable Effort）維護秘密之定義。營業秘密在開發中國家常造成企業界雇主與受僱人間的緊張關係，主要原因為營業秘密的權利觀念，不如專利、著作及商標之明確，而技術人員轉換工作或被其他公司挖角的情形非常普遍，研究人員自行創業的情況，也比比皆是。

　　人員的移動勢必帶動資訊的轉手，對於具有經濟價值的資料也有意無意的易手，這種情形對當事人所簽訂的保密約定或禁止競業的契約條款，都造成潛在的危機。

五、半導體晶片保護

　　半導體晶片保護法的困難有二：（一）法律使用率極低；（二）判例極少，訴訟時無例可循。美國自1984年訂定「半導體晶片保護法」（Semiconductor chip Protection Act of 1984）後，使用率極低，與當初立法的意旨大異其趣。當事人有關積體電路的爭執，仍以主張著作權或專利權的侵害為之；有關半導體晶片保護法的判例寥寥無幾，實為當初極力主張訂法的人始料所不及。

　　在可預見的將來，情況似乎尚無改進的趨勢。歸根結柢，法院及律師對於行之百年的著作權及專利法比新法更為熟悉，有許多判例可循，對於法院的判決也可以有比較精確的預測。

第三章　智慧財產之權利剖析

壹、智慧財產之權利主體及其歸屬

一、權利人未必是創作人或發明人

　　智慧財產權之權利主體，係指得享有智慧財產權保護之人，例如著作權人、專利權人、商標權人以及營業秘密所有人。此與完成創作發明之著作人、發明人，在概念上並不相同。著作人與發明人係指實際上完成創作或發明之人，原則上著作人、發明人於完成創作或發明之後，可以享有著作權、專利申請權（並據以申請取得專利權），然而在僱傭關係或出資聘人完成之情形，能真正享有著作權或專利權之人，未必是實際完成創作或發明之著作人或發明人[1]。

　　我國智慧財產權法所保護者，除我國人民外，於符合法律規定之條件下，亦及於外國人。

二、智慧財產權之權利歸屬

　　權利之歸屬涉及誰為享有權利之人，特別是在創作人或發明人與他人有一定之法律關係時，究竟在此法律關係下所產生之智慧財產權，應歸屬於哪一方[2]？著作與發明都涉及精神創作之保護，而部分營業秘密亦會與精神創作有關，只要與精神創作有關就會涉及實際作者與雇主或出資者間之關係問題，亦即究竟應由誰取得權利，是以在著作權法、專利法、營業秘密法中，對於權

---

[1] 謝銘洋，智慧財產權法，台北，元照出版有限公司，2008年，第165頁。
[2] 同前註。

利之歸屬都有規定，商標雖然側重於交易秩序，然而也有可能和精神創作有關，也會涉及實際上繪製商標人與雇主或出資人間之關係，例如雇主要求員工或出資委請他人設計公司商標圖樣，此時究竟該商標圖樣屬於何人，若有爭議應如何處理？這種情形，如果所繪製之圖樣符合著作權保護要件，則該圖樣著作權之歸屬依著作權法之規定，如果不符合著作權保護要件，則與著作權保護無關，此時商標圖樣歸屬之問題，在法律無明文規定之情形下，最主要還是依雙方當事人之約定，若未約定則依契約解釋探求當事人真意解決之[3]。

貳、智慧財產權之讓與授權

一、智慧財產權授權行使上之特徵

　　立法者為使智慧財產權人能確實享有一定之經濟利益，因此在財產權方面賦予權利人各種不同之專屬使用權，這些不同之專屬使用權雖共同構成智慧財產之權利內容，然而在權利之行使上，皆屬個別獨立之權利，分別具有其不同之經濟價值，權利人可以將不同之「權利內容」數個使用權合併行使，亦可以分別獨立行使，完全由權利人自由決定，通常權利人會選擇對其經濟利益最大之方式為之，例如專利權人可能將其發明之製造權交由對製造技術較純熟之某甲，而將販賣權交由行銷經驗豐富之某乙，使其產品既有優良之品質，又能在市場上占得一席之地[4]。

　　在授權契約之情形，由於授權人並未將其權利地位全部終局

---

[3]　同前註，第171頁。
[4]　同前註，第277頁。

移轉讓與他人，而只是將自己權利中之使用權交由他人行使，自己仍保有智慧財產人之地位，日後仍有回復成為完整權利人之可能性，因此授權人所享有者，一般稱之為「母權」（Original Right），而被授權人經由授權所取得之使用權，一般稱之為「子權」（Descendant Rights）[5]。

　　除了在權利內容上可以就不同之使用權授權行使外，與智慧財產權直接相關之權利，亦有可能成為授權之客體。例如專利授權契約之客體，自專利法第6條第1項之規定「專利申請權及專利權，均得讓與或繼承」觀之，並不限於「已申請取得之專利權」才可以授權他人實施，「專利申請權」亦即發明人於完成發明後所取得之得申請所生之權利，亦可作為授權之客體；至於「因專利之申請所生之權利」，即提出專利之申請後，得請求專利主管機關給予專利之權利，其是否得讓與而得成為專利授權契約之客體，專利法上並無明文規定；商標法就此種因申請所生之權利，除明白予以承認外，原則上亦肯認其可讓與性[6]；由於智慧財產權在授權實施時，可以依權利之內容，依地區或依時間而為授權，因此授權契約實施上極具多樣性，當事人可以視需要而為約定，私法自治與契約自由原則在此有相當大之發揮空間。

二、授權契約之類型

　　一般論及智慧財產權授權契約之種類時，通常會依其授權契約之內容而為分類，例如在專利授權之情形，可以分為製造授權契約、銷售授權契約以及使用授權契約；在著作權授權之情形，

---

[5] 同前註。
[6] 見商標法第22條第1項之規定。

可以分為出版契約、演出契約、播送契約、影片上映契約等，這些不同之授權契約間由於所授予之權利不同，因此契約之內容以及被授權人所取得之權利，均有很大之差異，其間之特徵除屬於同一類之智慧財產權外，並無其他明顯共同或類似之處，因此以此為分類標準除能讓吾人進一步瞭解不同授權契約之內容外，在類型化上並無太大之意義[7]。

在智慧財產權授權契約上真正重要之分類為：「專屬授權契約」與「非專屬授權契約」。不論在何種智慧財產權之領域，只要涉及授權契約，均會有專屬授權與非專屬授權之問題，其類型化之標準並不在於智慧財產權之種類，而在於被授權人所取得地位之強弱。

（一）專屬授權契約

所謂「專屬授權契約」（Exclusive Licensing Agreement; Exclusive Authorization Agreement），係指授權人在同一授權範圍內，僅授予被授權人一人取得使用之權利。其可能只授予智慧財產權中之一種使用權，例如專利之製造權，亦可能授予包括全部使用權之完整權利，惟此時專利權人只剩下權利之外觀而已。授權人為專屬授權後，在被授權人所取得之權利範圍內不得再授權或同意他人行使，甚至於如果未特別約定，授權人自己在授權之範圍內亦不得再行使該權利。當然，由於授權人可以依權利之內容、時間或地區分別為授權，是以其可就不同之授權範圍，分別專屬授權給不同之被授權人[8]。

另外，被授權人透過專屬授權契約所取得者，相當於權利人

---

[7]　同前註，第280頁。
[8]　同前註。

之地位，不僅取得使用權，而且取得可以對抗其他人之權利。就此，我國著作權法之規定最為清楚：「專屬授權之被授權人在被授權範圍內，得以著作財產權人之地位行使權利，並得以自己名義為訴訟上之行為。著作財產權人在專屬授權範圍內，不得行使權利。」（第37條第4項）專利法亦賦予專屬被授權人享有損害賠償以及排除侵害、防止侵害之請求權（第88條之1），雖然商標法並未就專屬被授權人之地位有所規定，解釋上亦應相同[9]。

（二）非專屬授權契約

所謂「非專屬授權契約」（Non-exclusive Licensing Agreement; Non-exclusive Authorization Agreement），係指授權人於授權契約時，就相同之授權範圍仍保留再授權他人行使之權利，或者於授權時，就相同之範圍已經有其他被授權人存在。非專屬之授權契約首先在當事人之間亦需要有一個債權行為，但是否僅有此一債權行為而無處分行為，則頗有爭議，此一問題主要涉及：若授權人於授予非專屬授權後，將其智慧財產權移轉讓與第三人或授予第三人專屬授權，則原先取得非專屬授權之被授權人是否可對抗該第三人，而仍繼續享有其授權[10]？

另外，雖然非專屬授權亦具有處分行為之效力，而使被授權人取得具有物權或準物權效力之使用權，非專屬被授權人未經著作財產權人同意，並不得將其被授與之權利再授權第三人利用（著作權法第37條第3項），而且他人為侵害行為時，被授權人並無權以自己之名義提起訴訟，而由原權利人為之[11]。

---

[9]　同前註，第281頁。
[10]　同前註，第283頁。
[11]　同前註。

　　由上可知，不論是專屬授權或非專屬授權，其均非只是具有單純債權之效力，其亦具有處分之效力，只不過在專屬授權之情形，被授權人所取得之權利範圍較大，包括使用與排除他人使用之權利，而非專屬被授權人所取得之權利範圍較小，就只有使用之權利，而無排除他人使用之權利。

三、授權之實務上的做法

（一）直接購買契約之簽訂

　　在工業財產權之領域內，其中專利權、外觀設計權、商標權，及其他附屬之工業財產權，可以經由直接購買契約的簽訂，來合法獲得權利之轉讓，以發生具有法律效力之「讓與契約」來移轉權利標的給「受讓人」；當然此種購買契約之簽訂，受讓人通常必須交付相當價值之「權利金」予原權利人（出讓人），而當讓與契約發生效力之後，出讓人自然不得對該已讓與之權利，再主張任何權利。

（二）授權契約之簽訂

　　此為最通常之做法，以專利權為例，經由「授權契約」的做法，專利權所有人將其發明專利「授權」給自己以外的其他自然人或法人，在此等國家，其授權之「權限」及期限之有效性，必須已合法而有效，方可實施該專利所授權之發明、製程及技術等相關授權之內容。

（三）營業秘密之移轉及收購契約之簽訂

　　在營業秘密方面的授權，並不盡然是與其他種類的技術授權契約合併在一起；對於如專利發明或註冊商標或工業設計的授

權，其相關的營業秘密可能包括廠房的建築計畫、機器或組裝零件藍圖、設備流程圖、輸送動線規劃、公司穩定經營之技術和專業人才的滿意度報告等重要文件，或是一種無形的傳達方式，例如一個供應商的工程師知道如何向接受方的工程師解說，或是人才培訓。與無形資產有關的示範或建議，包括形式做法，製造和其他相關業務的「技術服務」、相關「技術援助」之培訓，及商業營運的管理製造業務、規劃財政、人事的考核，或營銷方向的「管理服務」[12]。

參、智慧財產權之行使限制與喪失

一、專利權之限制與喪失[13]

（一）專利權之限制

1.基於公益理由之專利權效力限制

　　專利法制定之目的，不只在於保護發明人或創作人之發明或創作，不被抄襲、仿冒、剽竊，同時，亦有促進產業發展、技術進步之考量，因此，在賦予專利權人具有排除他人使用、製造、販售或進口專利物品或專利方法之同時，基於整體社會公益之考量，不得不於一些特殊情形，對專利權人主張其專利權限制。

　　基於公益理由對專利權行使加以限制之情形，主要有下：

---

[12] 許舜喨，智慧財產權授權理論與實務，台北，五南圖書出版股份有限公司，2012年，第264頁。
[13] 陳智超，專利法理論與實務，台北，五南圖書出版股份有限公司，2004年，第290頁以下。

(1) 為研究、教學或試驗實施其發明，而無營利行為者

專利法第59條第1項第2款規定：「發明專利權之效力，不及於以研究或實驗為目的實施發明之必要行為。」按，為研究、教學或試驗而實施專利權人之專利之必要行為，並未損害專利權人之利益；並且為研究、教學或試驗而實施專利權人之專利通常亦有益於學術之進步與科技之發展，基於此等公益之目的，自不得不令專利權人之權退讓，以允許此等研究、教學或試驗但無營利色彩之實施專利之行為。

所謂「研究、教學或試驗」，其不僅指學術性研究、教學或試驗，亦包含有工業上之試驗或研究，只要非為工業方式或非營利目的之使用，不論係為教學之目的，抑或個人或家庭之興趣而利用，應皆屬本款之範圍。

(2) 申請前已存在國內之物品

專利法第59條第1項第3款規定：「發明專利權之效力，不及於申請前已在國內實施，或已完成必須之準備者。」其立法理由乃在於保護既存之狀態，蓋如許專利權之效力及於申請前已存在於國內之物品，勢必有害法之安定性，所謂申請後所製造完成者，即非本款所涵蓋之範圍，而有專利侵權之問題。

又，申請前已存在國內之物品應於未公開揭露或公開使用之情形，倘申請前已存在國內之物品已公開揭露或公開使用者，申請專利之發明或新型即當因此喪失新穎性，而不應准予專利，若已授予專利權，得依專利法第67條第1項第1款之規定提起舉發以撤銷其專利權。

(3) 僅由國境經過之交通工具或其裝置

專利法第59條第1項第4款規定：「發明專利權之效力，不及於僅由國境經過之交通工具或其裝置。」此規定係對應於巴黎公約第5條之3規定，蓋僅由國境經過之交通工具或其裝置等，由於其用途係被限於經過國境為目的，故不僅不對專利權人構成侵害，如使專利權之效力得及於此，將有妨礙國際交通之虞，因此，將此等情形視為專利權效力所不及。

所謂「交通工具或其裝置」，並不限於與船舶或飛行機具之運行上直接相關者，其旅客生活上所需之一切設備物亦包括在內，特別值得注意的是，倘係該船舶或飛行機具或使用於此等之機械、器具，有於陸地上進行修理之必要時，而該等物品復屬專利物品時，仍為專利權之效力所及。

(4) 兩種以上醫藥品之混合或混合醫藥品之方法

專利法第61條規定：「混合二種以上醫藥品而製造之醫藥品或方法，其發明專利權效力不及於依醫師處方箋調劑之行為及所調劑之醫藥品。」蓋如混合二種以上之醫藥品而製造的醫藥品，或混合兩種以上之醫藥品而製造醫藥品之方法為專利權之效力所及，對被要求必須臨機應變且迅速處理之醫師行為而言，將有礙疾病之診斷、治療，甚至招致對人之生命，身體有不測之危險，此為本條規定之意旨。

所謂「醫藥品」係指供診斷治療、手術或預防人類疾病使用的消費物，惟該消費物不需為社會上所認識的醫藥品，只要是此類物質且有藥效即可，同時該醫藥品須為「混合」二種以上之醫藥品調製而成者。因此，由二種以上化學物質或醫藥品經由化學反應而得的醫藥品、經由萃取或煎熬等方式而得的醫藥品，或由

單一化學物質而成的醫藥品，並非此處所指混合二種以上醫藥品而製得的醫藥品，應非專利權效力所不及。

再者，倘被混合的醫藥品本身上，或單一醫藥品上存在有專利時，其既非本款所規定之情形，即使係依醫師或牙醫師之處方箋而為之調劑行為，亦為專利權效力之所及。

2.基於第三人合理且善意行為之專利權效力限制

按，第三人之合理且善意之實施專利行為，基於該第三人之正當信賴以及專利制度之調和精神，亦得為專利權之限制事由，例如：依專利法第59條第1項第5款規定：「發明專利權之效力，不及於非專利申請權人所得專利權，因專利權人舉發而撤銷時，其被授權人在舉發前，以善意在國內實施或已完成必須之準備者。」藉以保護第三人之正當信賴。茲針對基於先用權或第三人正當信賴所為之專利權限制說明如後：

(1) 基於先用權之專利權效力限制

按，我國係採先申請主義，如不同人研究、發展有相同之發明、新型或設計，應將專利權授予先申請專利之人，然依此原則，如使相同之發明、新型或新式樣之先發明人，或於專利申請人申請專利前已使用該發明、新型或新式樣或已完成必須之準備者，完全不得再實施該發明、新型或新式樣，而一概為專利權排他效力所及，亦非公允。因此，專利法第59條第1項第3款規定：「發明專利權之效力，不及於申請前已在國內實施，或已完成必須之準備者。」此即所謂先用權（prior use）之效力限制。

由於現今科技發展競爭劇烈，不同人從事並獲得相同之研發成果，事所難免，此際，對取得之專利而言，先發明人或申請前

已使用或完成必須之準備之人，即常以先用權作為其無構成專利侵害之主張。

(2) 基於第三人正當信賴之專利權效力限制

專利法第5條第2項規定：「專利申請權人，除本法另有規定或契約另有約定外，指發明人、新型創作人、設計人或其受讓人或繼承人。」惟實務上，提出專利申請之人，非必為真正之發明人或創作人，或者，並無符合專利法第5條所規定之「本法另有規定或契約另有約定」之情形。此際，提出專利申請之人，即可能非適格之專利申請人，如該專利申請嗣後並核准或因而獲得專利權者，即有違專利法第5條之規定，而依專利法第67條第1項第3款之規定提起舉發，以撤銷其專利權。

惟非專利申請權人而取得專利權仍在所難免，倘真正適格之專利申請權人依專利法第67條第1項第3款之規定對該專利權提起舉發，並經舉發審查確定，認定「舉發成立，專利權應予撤銷」，並依專利法第34條之規定，以非專利申請權人之申請日為專利申請權人之申請日，並取得該專利權。另一方面，該非適格之專利申請人於其專利權被撤銷之前，基於其合法之專利權，自得對其專利權加以處分、授權，如第三人基於正當之信賴從該非適格之專利申請權人取得專利之授權，在該專利權被撤銷前已在國內使用或完成必須之準備者，如即不許其實施專利權，將不足保護其正當信賴，因此，專利法第59條第1項第5款規定：「發明專利權之效力，不及於非專利申請權人所得專利權，因專利權人舉發而撤銷時，其被授權人在舉發前，以善意在國內實施或已完成必須之準備者。」

3. 基於專利權權利耗盡之專利權效力限制

專利法第59條第1項第6款規定：「發明專利權之效力，不及於專利權人所製造或經其同意製造之專利物販賣後，使用或再販賣該物者。」蓋依據專利權所製造或經專利權人所同意授權製造之專利物品，於其販賣、使用或再販賣後，如使其仍為專利權效力所及，不僅有礙專利產品之流通，更使專利權人一再重複對同一專利物品主張權利，亦顯屬不公。因此，學說皆認專利權人所製造或經其同意製造之專利物品在販賣、使用或再販賣後，對該物品而言，專利權已耗盡，其後的販賣、使用或再販賣非該專利權效力所及。

惟專利權權利耗盡，依其得銷售領域之不同，有區分為「國際耗盡」與「國內耗盡」。「國際耗盡」乃指專利權人所製造或經同意製造之專利物品，不僅在同一國內販賣、使用或再販賣之行為，使其專利權耗盡，即便該販賣、使用或再販賣專利物品之行為係發生於外國，而後進口至國內，仍使專利權耗盡；「國內耗盡」則指販賣、使用或再販賣專利物品之行為限於在一國之內，始有專利權之耗盡，如該販賣、使用或再販賣專利物品之行為係發生於外國，仍不得主張專利權已耗盡，而將該專利物品進口至國內。簡言之，「國內耗盡」乃禁止專利真品平行輸入。

禁止專利商品之平行輸入，係採「國內耗盡」原則。惟專利法第59條第1項第6款中復規定：「上述製造、販賣，不以國內為限。」似又採「國際耗盡」原則，然同法條第2項又規定：「第六款得為販賣之區域，由法院依事實認定之。」則我國是否採「國際耗盡」原則尚非明確。

（二）專利權之喪失

專利法第70條第1項規定：「有下列情事之一者，發明專利權當然消滅：一、專利權期滿時，自期滿後消滅。二、專利權人死亡而無繼承人。三、第二年以後之專利年費未於補繳期限屆滿前繳納者，自原繳費期限屆滿後消滅。四、專利權人拋棄時，自其書面表示之日消滅。」茲針對上述專利權當然消滅之事由說明之：

1. 專利權期滿時，自期滿之次日消滅：按，專利法第52條第3項規定：「發明專利權期限，自申請日起算二十年屆滿。」同法第114條規定：「新型專利權期限，自申請日起算十年屆滿。」第135條前段規定：「設計專利權期限，自申請日起算十五年屆滿。」因此，自專利申請之日起，發明專利權於二十年期間屆至，新型專利權於十年期間屆至，設計專利權於十五年期間屆至後，專利權即消滅。

2. 專利權人死亡，無人主張其為繼承人者，專利權依民法第1185條規定歸屬國庫之日起消滅：專利權人死亡，應由繼承人依民法第1148條之規定，繼承被繼承人財產上一切權利、義務，專利權為具財產價值之權利自亦包括在內，然倘被繼承人死亡後，繼承人有無不明時，依民法第1177條規定，應由親屬會議選定遺產管理人，並將繼承開始及選定遺產管理人之事由報明法院，而依民法第1178條規定，此際，法院應定六個月以上期限公告繼承人，命其於期限內承認繼承，倘仍無人繼承，依民法第1185條規定，遺產在清償債務，交付遺贈物後，應歸屬國庫，如無等情形，專利權歸屬國庫後，即屬公共之領域，而為任何人皆得使用，專利權當然消滅。

3. 第二年以後之專利年費未於補繳期限屆滿前繳納者，自原

繳費期限屆滿之次日消滅：按，專利法第93條第1項規定：「發明專利年費自公告之日起算，第一年年費，應依第五十二條第一項規定繳納；第二年以後年費，應於屆期前繳納之。」關於專利年費之繳納，專利法第94條第1項另規定：「發明專利第二年以後之專利年費，未於應繳納專利年費之期間內繳費者，得於期滿後六個月內補繳之。但其專利年費之繳納，除原應繳納之專利年費外，應以比率方式加繳專利年費。」由於第二年以後之專利年費為專利權持續有效存在之要件，因此，第二年以後之專利年費未於補繳期限屆滿前繳納者，自原繳費期限屆滿之次日消滅。

　　專利權人拋棄時，自其書面表示之日消滅；專利權之拋棄，乃專利權人之單方行為，其效力自其表示之時起算，此處較特別的是，專利權之拋棄，需以書面為之，以求慎重。

二、著作權之限制與喪失

（一）權利限制與喪失事由與情況

　　為了調和社會公益與著作權人的利益，著作權的權利不能無限上綱，與其他的智慧財產權一樣，有必要對著作財產權加以適當限制，但也僅限於著作財產權，著作人格權不在此一限制範圍之內。主要的限制除了時間與地點外，依伯恩公約第9條第2項，TRIPs第13條與WCT第10條規定，對於著作權效力之限制，必須符合下列三大要件[14]：

　　1. 不妨礙著作物通常之利用。

　　2. 不得不當地危害權利人之正當利益。

　　3. 僅以特別場合為限。

---

[14] 詹炳耀編著，智慧財產權新論，台北，華立圖書公司，2005年，第112頁。

依據日本權威學者之見解[15]，主要的限制有：

1. 私人使用限制

個人或家庭範圍內之重製行為，因為數量不大，無損於創作物之利益，故不加以限制，但現在大量的錄音、錄影與影印機械已違反斯旨，故導入補償金制度來解決此一問題。

2. 圖書館的重製

此處之「圖書館」僅以國立之國會圖書館以及著作權法施行令第1條之3規定之學校或地方公共團體所設置之圖書館為限，作為一種公共設施，為達到文化交流目的，在不損及著作權人之利益限度下，基於(1)應讀者要求而提供調查研究目的之重製物，得准予讀者重製該公開發表著作物的一部分；(2)保存圖書館資料的必要行為，得准予讀者重製該公開發表著作物的全部；(3)提供其他圖書館難以取得之資料時，例如絕版書，得准予重製該公開發表著作物的全部。

3. 教育目的之限制

學校為了教育目的或考試需求，得自由重製或公開傳輸已公開發表的著作物，例如教科書與參考書之重製、教育節目之有形或無形重製、授課過程之必要重製與公開傳輸、考試題目之重製與公開傳輸，在此等場合應有明示出處、支付補償金或通知著作人之義務。

---

[15] 土肥一史，知的財産法入門，第七版，中央經濟社，平成16年3月10日，第257-261頁。

4.非營利之無形再現

非營利目的，未對聽眾或觀眾收取費用，亦未支付報酬之場合，得自由公開演出、公開播送、公開上映、公開口述，例如利用家庭用接受裝置在餐廳播送電視節目，但利用擴大投影設備對公眾之播送，則限於非營利目的且未對聽眾或觀眾收取費用時，方得為之。

5.引用

引用公開發表之著作物，引用方式須在引用目的正當範圍內，以公正的習慣方式為之，亦即針對著作物性質、內容、摘錄方法、引用樣態及分量整體綜合判斷，為報導、評論或研究目的時，引用應明示其出處。例如在評論美術史時引用某藝術家之名畫是合理的，但作成鑑賞本供他人繪畫時引用之，即有疑問。

在各國的立法例上常見的限制有合理使用、法定許可與強制授權，此乃因為著作權法一方面保護權利人，但另一方面給予一定保護期間與一定保護場合的限制，以便第三人能夠自由利用著作物，促進文化的發展；落實於法條中，在第三章第四節第四款規定對於著作權的限制，從第44條至第65條之種種合理使用情形，其中除第64條是有關於著作人格權的規定外，其餘皆屬針對著作財產權的特別限制，此得見之於第66條規定[16]。本文認為此種規範方式使原本缺乏體系規範之著作權法更加紊亂，因為著作權第三章第四節第四款之款目即稱為「著作財產權之限制」，理論上應該另有一款（第五款或其他款）規範「著作人格權的限

---

[16] 「第四十四條至第六十三條及第六十五條規定，對著作人之著作人格權不生影響」，反面解釋是第64條規定，則對著作人之著作人格權有所影響。

制」，而人格權既不能加以限制，與其在著作財產權的限制中又加上屬於第64條與第66條之人格權規範，不如在通則之第10條之2加上一條諸如第64條與第66條之規範，如此在體系中將更能明瞭。

（二）常見之合理使用樣態

　　任何一種法律規範皆是「原則為主，例外為輔」，但著作權法保護之例外「合理使用」卻是例外多於原則的情形，關於合理使用的法律性質，得區分為權利限制說、使用者權利說與侵權阻卻說。前兩說認為合理使用的本質是合法的，是一種法律賦予的權利；侵權阻卻說則認為合理使用的本質是違法的，僅是基於法律政策的考量，在出版商、使用者與著作人三者的利益之間求取平衡，以解決市場失靈問題而特別設立的一種機制。本文認為侵權阻卻說比較可採，但侵權程度應有所別，合理使用與剽竊在本質上畢竟不同，除了引用目的與動機的主觀因素差別外，主要是檢視所引用部分是否構成被引用人作品的主要部分或實質部分與特殊情況並不存在，則屬於剽竊之侵權行為；合理使用之種類大體上得區分為1.政府機關之合理使用；2.教育機構之合理使用；3.文教機構之合理使用；4.資訊流通之合理使用；5.特殊情況之合理使用。依據國外之經驗，下列是著作權常見的限制[17]：

　　1. 學校教科書的引用。
　　2. 自願作為教科書的教材。
　　3. 學校教育節目之播送。
　　4. 其他教育機構的重製。

---

[17] 見前揭註14，第114頁。

5. 重製入學考試的試題。

6. 重製盲人之點字版。

7. 為聾啞人士之自動公開傳輸。

8. 非以營利為目的，未對觀眾或聽眾直接或間接收取費用，亦未對表演人支付報酬之公開口述、公開播放、公開上映或公開演出他人已公開發表之著作。

9. 未經註明不許轉載之新聞紙、雜誌上已揭載的時事，以未署名論述方式加以轉載。

10. 利用政治上的演說，非專就特定人士之演說加以編輯者。

11. 為報導需求而利用著作物。

12. 司法審判程序需求、行政或立法機關內部參考資料之使用所為的重製。

13. 利用資訊公開作為開示用途所為的重製。

14. 廣播或電視為公開播送目的所為之錄音、錄影。

15. 美術著作原件所有人之展示（但長期室外展覽除外）。

16. 公開美術著作物之利用（但雕塑、建築、長期戶外展示與販售美術著作目的之重製除外）。

17. 伴隨美術著作物展示之重製。

18. 電腦程式著作製物之所有人得因配合使用機器需要之重製。

到底如何才得主張合理使用抗辯？以第51條規定為例，「供個人或家庭為非營利之目的，在合理範圍內，得利用圖書館及非供公眾使用之機器重製已公開發表之著作。」由於著作種類繁多，但法律上並無法規定影印多少才是「在合理範圍內」。故是否合理使用，必須個案判斷，無法一概而論。而「利用圖書館

及非供公眾使用之機器」進行重製，只要不超過「合理範圍」，並非不得透過便利商店或一般影印店，重點在於是否在「合理範圍」內。所以關於是否在「合理範圍」，須利用著作權法第65條所規定之四項標準判斷之：

　　1. 利用之目的及性質。

　　2. 著作之性質。

　　3. 所利用之質量及其在整個著作所占之比例。

　　4. 利用結果對著作潛在市場與現在價值之影響。

　　須加以注意的是合理使用是一種最後抗辯手段，因此，在程序上應該是先主張原告之著作不受保護，其次是沒有利用原告著作的行為存在，遑論是侵犯權利了，最後才是即便有侵權行為存在，亦屬合理使用而有免責事由。

（三）強制授權之情形

　　強制授權是指在一定條件下，作品的使用者基於某種正當理由需要使用他人已發表的作品，經向著作權行政管理機關申請授權後，即可使用該作品，但應支付報酬，我國著作權法第69條僅規定音樂著作的強制授權，對於其他種類的強制授權尚未開放；強制許可與合理使用區別在於[18] 1.強制許可是一種非自願許可使用，通常需要先以合理條件請求著作權人許可，若遭拒絕，再向主管行政管理機關提出申請，而合理使用毋須徵得著作權人同意，也毋須經過主管部門批准；但我國著作權法第69條僅有期間限制（發行滿六個月），即得直接向主管行政管理機關提出申請；2.強制許可是一種營利性使用，故會衝擊到既有的著作物

---

[18] 同前註，第121頁。

市場，故有原著作物發行期滿六個月之限制，且須支付報酬。強制許可與法定許可不同處則在於1.強制許可必須經著作權主管機關之授權，法定許可則不必；2.在程序上，強制許可必須履行申請與批准程序，比較複雜。

（四）著作權之權利喪失

著作權的消滅主要是因為著作權人死亡而其繼承人不存在，或是法人解散時，其權利即歸屬於國庫；另外一種情形是保護期滿，此時即為公共財，任何人皆得利用之，須注意者是在電腦著作物之著作權歸屬國家時，其有關的原著作物之著作權亦歸屬消滅，茲分述如下[19]：

1.保護期滿，變成公共財：例如著作人死亡後已五十年，無名、別名或不具名發表之著作物公開發表後滿五十年，以團體名義發表之著作物公開發表後滿五十年（若創作後五十年內未發表者，則以創作完成時起算五十年為準），電影著作公開發表後滿七十年（若創作後七十年內未發表者，則以創作後七十年為準）。

2.著作權人死亡而沒有繼承人時：依民法第1185條規定，歸屬於國庫；而擁有著作權之法人解散時，依民法第44條規定，則依章程規定或總會之決議，若無章程規定或總會決議，則歸屬於法人住所所在地之地方自治團體。

3.時效取得制度：著作權是一種智慧財產權，不以占有為要件，故不須如有體物一般，以占有作為處分的前提。有學說認為不適用占有時效取得制度，但是以自己之意思行使財產權之準占

---

[19] 同前註。

有仍適用占有，我國民法第772條規定「於所有權以外財產權之行使，準用之」，故若以和平、公然、繼續占有他人未經登記之著作權，似亦應承認其取得時效，否則，物權皆有時效取得，準物權反而缺乏，似有違「舉重明輕」之法理，故此時原著作權人之著作權利亦喪失之，歸屬於時效占有取得之人；日本學界亦認為對於短期保護之工業財產權與長期保護之著作權，皆亦肯定其取得時效。

　　4. 權利耗盡理論（即第一次銷售理論）：由於若廣泛賦予權利人散布權，將會因權利人主張或行使其散布權，而阻礙商品之流通，因此有必要對該權利加以限制，以確保社會公眾之利益，使權利人就其自己或被授權人之人製造之合法物品，只能享有一次散布之權利，一旦該物交易流通後，權利人就不得再主張其仍有散布權而禁止該物品在市場繼續交易流通。我國著作權法有關真品平行輸入乃採禁止之原則，規定於著作權法第87條第4款。惟由於全面禁止真品輸入影響重大，乃有著作權法第87條之1平行輸入之例外規定，此例外規定在上揭條文第2款及第3款中均規定了「一定數量」之真品可以合法輸入，內政部因此做了台82內著字第8274870號公告，具體指出著作權法第87條之1第1項第2款及第3款一定數量之內容，本文認為圍繞著份數打轉而不考慮到商品自由流通原則與著作權法第1條揭櫫保障著作人著作權益、調和社會公共利益、促進國家文化發展立法目的之平衡，顯然是一個立法方向的誤導，故應回歸到權利耗盡理論的國際智慧財產權保護主流，作為判斷的標準。

三、商標權之限制與喪失

（一）著名商標之認定

著名商標的保護已經突破了屬地主義的限制，在TRIPs第16條第2項與第3項皆明定其規範準用巴黎公約第6條之2規定，並且將客體擴張至「服務」以及「不類似的商品和服務」，以防止攀附行為，使其權利的使用以及使用產生的價值益形擴大。但是如何取得著名商標的資格，依「著名商標或標章認定要點」第7點規定，著名商標或標章之認定，不以在我國註冊、申請註冊或使用為前提要件。著名商標得依下列證據證明之[20]：

1.商品或服務銷售發票、行銷單據、進出口單據及其銷售數額統計之明細等資料。

2.國內、外之報章、雜誌或電視等大眾媒體廣告資料。

3.商品或服務銷售據點及其銷售管道、場所之配置情形。

4.商標或標章在市場上之評價、鑑價、銷售額排名、廣告額排名或其營業狀況等資料。

5.商標或標章創用時間及其持續使用等資料。

6.商標或標章在國內、外註冊之文件。

7.包括其關係企業所為商標或標章註冊之資料。

8.具公信力機構出具之相關證明或市場調查報告等資料。

9.行政或司法機關所為相關認定之文件。

10.其他證明商標或標章著名之資料。

---

[20] 同前註，第172頁。

（二）商標權之限制

　　核准註冊的商標雖有專用權與禁止權，但仍在某些情況下受到限制，另外有些商標本來不應被核准，但是誤予頒授後，儘管其仍具有商標權，但基於公益上理由與公平正義的維護，在特定情況下對於該商標權加以限制；下列情況有基於商標法之明文規定者，亦有基於解釋上的理由而限制者[21]：

　　1.善意與合理使用自己的肖像、姓名、稱號、藝名、筆名或是自己的產品或服務之名稱、形狀、品質、功用、產地或其他與產品或服務本身有關之說明時，非作爲商標使用者，商標權的效力不及之，也就是不得排除非權利人之利用；本文認爲1997年商標法第23條第1項的規範方式「凡以普通使用之方法」比較妥當，避免對於「善意與合理使用」的抽象認定標準。

　　2.在指定商品、服務或是類似的商品、服務之類名、產地、來源地、品質、效能、用途、數量、價格等普通使用之方法加以表示之商標，亦不得排除非權利人之利用。

　　3.在指定商品、服務或是類似的商品、服務之慣用商標。

　　4.商品或商品之包裝形狀，爲確保其機能所不可欠缺者，雖觸犯他人之立體商標，但商標權人不得排除非權利人之利用。

　　5.註冊之商標若與他人成立在先的專利權或著作權互相牴觸時，其權利亦受限，特別是立體商標制度導入後，可能成爲發明或新型對象之物品形狀，同時也註冊取得商標權時，此一情形更爲普遍；日本的派克鋼筆之筆蓋除申請設計專利外，也將其圖形註冊商標，此時兩種權利是否牴觸即成疑問，若在他人先取得設計專利後再申請商標，此時商標權人在設計專利範圍內即不得使

---

[21] 同前註，第173頁。

用註冊商標，形成對商標專用權限制；反面言之，若申請人先取得商標權後，他人再取得設計專利，此時亦不得實施設計專利。

6. 在他人商標註冊申請日前，善意使用相同或近似之商標於同一或類似之商品或服務時，若後來有人申請註冊取得商標權，理應可禁止先使用者繼續使用，但此時為保護未取得註冊之使用人的信賴利益，貫徹衡平原則的適用，我國商標法第30條第1項第3款規定此等情形不受商標權效力拘束，商標權人不得對其主張侵權，但以原使用之商品或服務為限，且商標權人亦得要求其附加適當之區別標示。

7. 若有商標無效事由而誤予註冊商標或類似商標，經他人請求商標無效審判之判決前善意使用同一商標於自身業務上之商品或服務時，且經消費者廣為認知，得在原使用之商品或服務範圍內，繼續使用該商標。其要件為：

(1) 在他人的商標註冊前於國內使用該商標或近似商標於指定商品或服務，以及類似的商品或服務。

(2) 非為不正競爭目的而於申請前使用。

(3) 在他人商標註冊時，與該商標近似範圍內，將該商標表示於商品上，使需要者得以廣泛認知。

(4) 以該商品為限繼續使用。

(5) 此種先使用權的效力不及於以近似商標使用於類似的商品。

(6) 應有防止混淆誤認的意思表示。

8. 利用再審而回復商標權效力，在判決確定前與再審期間，第三人的善意使用不受商標權的效力所及。

9. 商標權延展期限已屆，商標權效力消滅後，若該商標權嗣後經回復，則其間的使用不受商標權的效力所及。

10.非商標權人將註冊之商標非作爲商標使用情形，由於沒有混淆誤認商品來源之虞，故不受商標權的效力所及。

11.權利濫用。即從具體事例觀察有違反權利社會性的情形，通常是公益上的理由，本來其爲商標不得註冊之事由，但若因主管機關一時誤查而授予商標權，若未及時利用異議、評定或無效審判制度將之撤銷，此一除斥期間經過後，仍排除其原有之禁止權；另外，在商標註冊後，若爲了不正競爭目的而使用自己的肖像或姓名（不以商標法規定的使用爲限），此時則仍有禁止權；若爲了不正競爭目的而使用他人註冊商標獲取不當利益時，不必滿足應認知註冊商標存在之要件。

12.契約限制。利用契約來設定第三人之專用使用權時，商標權人本身在此範圍內亦不得使用在指定商品上，若商標權人自身欲使用時，即有必要將契約設定區分爲專屬授權（專用使用權）與非專屬授權（通常使用權）；前者係指授權人在授權使用之同一時期與同一地域內不得將同一專用權授權給被授權人以外之人使用，包括授權人本身；後者係指授權人在授權使用之同一時期與同一地域得將同一專用權給二以上之人實施或使用，在設定通常使用權的範圍內，不得行使禁止權。故無論何者，商標權的專用權與禁止權之行使將受到限制。

13.證明標章、團體標章或團體商標不得移轉、授權他人使用，或作爲質權標的物，但其移轉或授權無損害消費者利益及違反公平競爭之虞，經專責機關核准者，不在此限，此種限制其移轉、授權或出質之行爲，亦爲一種權利之限制。

14.聲明不專用。此一制度係在申請商標時，爲了取得權利，商標所有人聲明商標中的某一部分不專用，例如有人申請「幸運駕駛學校」時，商標所有人對「駕駛學校」這四個字並無

專用權，否則，任何人都不能使用這些類名；在此情況下，權利人的權利亦受到限制。

（三）商標權之喪失

商標權消滅的情形如下所述[22]：

1. 商標異議：商標異議，即是一種公眾審查制度，彌補商標審查人員審查之疏失，即對於公告中之註冊商標，如果認為有違反商標法之規定，應不得註冊取得商標權時，任何人均可以在註冊公告之日起三個月內，向商標專責機關提出異議，以撤銷其註冊之程序而言。商標異議確定後具有對世效力，即任何人不得就同一事實、同一證據及同一理由，申請評定，此乃為權利安定性之設計。在美國，最常被提起的異議理由是：

(1) 有混淆誤認之虞：異議人必須展示該商標若被使用在類似的商品或服務時，有可能導致消費誤認。

(2) 描述性：異議人必須展示該商標僅是被用來描述商品或服務，或其目的、功能、用途、性質、特性、成分而已，且未取得第二層意義。

(3) 放棄行為：商標權人因為濫用、喪失顯著性或未使用而失去權利，異議人必須主張有足夠證據足以證明商標權人不欲恢復使用。

(4) 沖淡行為：異議人必須證明其著名商標被欲申請註冊的商標沖淡，或是被已經註冊的商標沖淡。

我國現行商標法第48條第1項規定，任何人均得提出異議只要有商標法第29條第1項、第30條第1項或第65條第3項規定不得

---

[22] 同前註，第176頁。

註冊之情事時，均可於公告之日起三個月內，向商標專責機關提出異議。在程序上，提出異議者，應以異議書載明事實及理由，並附副本，檢送商標專責機關。異議書如有附文件者，副本中亦應提出。一旦商標遭受異議時，商標申請人不一定非得提出答辯不可；但若未為答辯時，商標專責機關會依其現在資料逕行審查；反之，若提出答辯，則可以提供較多證據資料及反駁異議申請人之理由供商標專責機關審查時參酌，對商標申請人較為有利。至於對商標異議審定之處分有不服者，可以在審定書送達之次日起三十日內，依法提起行政救濟，目前之行政救濟包括訴願及行政訴訟。

2. 商標評定：商標註冊後有後述特殊情形之一者，利害關係人或審查人員得申請或提請商標專責機關評定，經評決成立者，應註銷其註冊；此處之利害關係人係指該商標之註冊對其權利或利益有影響之關係人。商標評定案件經商標主管機關指定評定委員三人以上評定，此評定應就書面評決，但有必要時得指定日期，通知當事人到場辯論，評定之程序應適用評決時之最新規定，但註冊有無違法，應適用註冊時之法律判斷之，評決的效力與異議同，具有對世效，此乃為權利安定性之設計。申請評定事由中有五年除斥期間之規定，應予注意：

(1) 註冊商標有違反商標法第29條第1項、第30條第1項或第65條第3項規定之情形者。

(2) 商標註冊前，侵害他人之著作權、專利權或其他權利，於註冊後經法院判決侵害確定者。

3. 商標廢止：商標註冊後有下列情形之一者，商標專責機關應依職權或據申請廢止其註冊。

(1) 長期未使用：商標因使用，才能彰顯其功能，否則即無

意義,故商標法第63條第1項第2款規定,如果商標註冊後,無正當事由迄未使用或繼續停止使用已滿三年者。

(2) 自行變換商標或加附記:此等情形若有致與他人使用於同一或類似之商品或服務之註冊商標構成相同或近似,而有使相關消費者混淆誤認之虞者。

(3) 未依規定附加適當區別標示。

(4) 商標已成為所指定商品或服務之通用標章、名稱或形狀者。

(5) 商標實際使用時有致公眾誤認其商品或服務之性質、品質或產地之虞者。

(6) 商品使用結果侵害他人之著作權、專利權或其他權利,經法院判決確定者。

(7) 商標被授權人自行變換商標或加附記,致與他人使用於同一或類似之商品或服務之註冊商標構成相同或近似,而有使相關消費者混淆誤認之虞者,此等情形若商標權人明知或可得而知而不為反對意思表示者,亦得廢止註冊商標。

(8) 證明標章、團體標章與團體商標之權利人或其授權使用人不當使用,致生損害於他人或公眾者,得廢止註冊標章或商標。

4. 權利耗盡:商標權人將附有商標的商品適法地置於市場交易流通後,商標權人不得就該商品主張商標權;本文認為此為真品平行輸入的基礎,為達到世界貿易組織之完全消除非關稅障礙目標,應准予真品平行輸入,但若原商標在原始註冊國並非著名商標,僅藉由進口國之代理商努力達成商標之來源識別與品質保證功能情形者,若有貿易商平行輸入該商品,應屬公平交易法第20條第1項第1款之仿冒行為,依同法第35條規定「先行政,後

司法」的方式解決之。商標之平行輸入，亦被視為是權利消滅的原因之一。

　　5.商標權未延展，商標權人放棄商標或商標人死亡而無繼承人時。

（四）權利耗盡與平行輸入

　　依據巴黎公約第6條第3項規定，商標權的屬地主義之適用結果，各國的商標是各別獨立存在的，在一國的權利消滅並不影響另一國的商標權，但商標權人註冊之商標附於其商品上，於投入市場時，其權利已耗盡，買得人之轉賣行為形式上是商標權人的禁止權所及，實質上是對於商品流通自由的嚴重侵犯，故各國在商標法中否定此種商標權利的擴大，其後續之讓與行為不須取得商標權人之許可，以免商標權人雙重得利，此一耗盡在國內固無疑問，若跨越國境時，得否禁止從第三人處合法取得的商品輸入，即成疑問；若同一商標的產品可以不受限制地平行進口，一定地域內的商標權人就會失去他們壟斷銷售商標產品的權利。在這種情況下，他們可能就不再按照特定市場的要求生產商標產品，這就會損害商標權原有的質量保證功能。此外，一定地域的商標權人可能也不再進行大規模的投資，例如廣告方面的投資，因為擔心這些投資會給同一商標的平行輸入者帶來搭便車的好處[23]。

　　日本關稅定率法第21條第1項第5款規定禁止輸入之商品為「侵害專利權、商標權、著作權或積體電路布局權的物品」，並於同條第2項規定得對之沒收、沒入或要求退關。日本於「關於

---

[23] 同前註，第178頁。

禁止輸入無體財產權侵害物品之程序」中規定當事人得申請禁止
輸入，以供審查官員進行判斷。在「派克鋼筆事件」中，日本最
高法院表示在一定條件下，眞品之平行輸入並未侵害商標權，爲
此，日本財政部關稅通達[24]即修正如下：「當此一商品適法地散
布在市場，被認爲是眞正商品時，附有商標之商品係由商標權人
以外之人輸入，此一輸入行爲不構成商標權之侵害。此一眞正商
品的範圍以該商標適法散布之人與我國之商標權人爲同一人時，
或是因特殊關係而被視爲同一人時爲限，但若散布之附有該商標
的商品係爲保證出廠的品質時，是否爲商標之使用即應個別評
價，不得遽認將此一商品列爲眞正商品。」此一行政規則出爐
後，商標權與眞品平行輸入的問題即從來源識別提升爲商標的品
質保證機能，以及外國商標權人與我國商標權人是否同一的判
定[25]。

　　我國在入世後，商標法亦隨之修正，第36條第2項之規定對
附有註冊商標之商品，由商標權人或經其同意之人於國內外市場
上交易流通，商標權人不得就該商品主張商標權；但於第72條
復有規定對於侵權物品的輸入得申請禁止，到底眞品平行輸入是
否被禁止，多數見解認爲權利人所應獲得之經濟利益在藉由初次
銷售而獲得合理之報償後，有權利耗盡原則之適用，他人即得任
意使用、收益與處分該智慧財產所附著之商品，而不會有侵害他
人權利之疑慮，故貿易商以合法方式自國外向商標專用權人或其
同意之人購得具商標權之商品後，貿易商再將該商品進口至我國
市場中銷售之行爲，並不會侵害到商標專用權人之權利。即便是

[24] 同前註，第179頁。
[25] 同前註。

針對再包裝的商標，歐盟在1993年Paranova案中亦主張原商標權人之權利已耗盡，若對於進口眞品之貿易商提起訴訟，除非商標商品的再包裝能夠直接或者間接影響商品的原始狀況，其提起之禁止眞品平行輸入訴訟才有勝訴可能性，此處直接的影響是指再包裝使產品的功能發生變化或者受到損害，而間接的影響是指進口商的再包裝說明忽視了對用戶的重要指導，或者增加了與生產商意圖不符的額外說明[26]。

四、營業秘密之權利行使限制與喪失

（一）營業秘密之權利範圍[27]

由於營業秘密是企業經營中重要的競爭利器，並且可以透過適當的運用帶來積極的利益，因此有關營業秘密應用的規定也是相當重要的議題。隨著各國對有關營業秘密侵害案的處理方式演進，我們發現目前許多國家都相繼承認營業秘密的財產性質，也是在性質相仿的部分，實際上已經透過發展成熟的財產權相關理論來處理有關營業秘密權利的問題。

（二）營業秘密之限制與喪失[28]

1.營業秘密不得設質及強制執行

由於營業秘密之成立要件之一就是秘密性，並且也因這樣的秘密性，爲所有人帶來相當的經濟價值，所以有導致破壞如此特質的行爲恐怕就有必要加以限制。例如在一般財產權當中常透過

---

[26] 同前註。

[27] 同前註，第213頁。

[28] 同前註，第212頁。

設質方式取得融資，或是債務不履行的強制執行，此適用在營業秘密上恐怕就不如預期之效果。因為在踐行設質的程序中，首先必須進行登記，並且將來如清償不能也必須公開拍賣而將有關內容公開，以便參與投標者得知其價值，此與營業秘密本質的秘密性大相違背，甚至更將因此喪失價值性，故法條明文規定營業秘密不得為質權及強制執行之標的。

2.獨立發現

此一情形又稱為「淨室研發」（Clean Room Research），即集合一群工程師、設計者，通常有一研發目標，利用公開取得的材料、工具與文件進行，研究進展也仔細加以監控與記錄，此種利用獨立研究開發所得的資訊若與他人之營業秘密相同，並不構成侵權。

3.還原工程

利用合法方法對產品成分或設計加以分析而獲得產品中列為營業秘密之生產方法與材料，例如對於某廠牌的黏合劑的效力甚感好奇，因而做化學分析，以便得知其成分，進而複製其配方，製造相同黏合劑，此種以還原工程而取得他人的營業秘密之情形，並不構成侵權。但應予注意者乃是營業秘密並不因為可能被利用還原工程者破解，即謂其不再享有營業秘密法的保護。

4.從公開文獻取得的資訊若與營業秘密相同，不構成侵權。

第四章　智慧財產之管理制度

壹、智慧財產管理政策及程序制定之必要

每一種類的智慧財產在各國的相關法律保護規範中均對其特定的「主題」（Subject Matter）（或稱標的物），有其特定的法定保護要件，來釐清或界定該主題是否合於法定的保護要件，能讓權利人獲得法律上的保護。與每一種類型的智慧權利保護息息相關的是對它的個別保護，也都有一些特定的程序必須要完成，方能確保這些智慧財產人在法律獲得的保障。如果權利人未能遵守法律上對此等智慧財產所規定的保護要件或相關程序規定，則很有可能會對這些智慧財產的權利人造成不可彌補或法律上不得撤銷的損失。同時，也有某些類型的智慧財產權，例如：營業秘密權（Trade Secret Right），法律上有時也會有特別規定：如果某些事件的發生，也會造成那些原已存在合乎法律保護要件的智慧財產權的喪失或終止。例如：某家公司或企業「公開透露」（Public Disclosure）該公司或企業的營業秘密，則會造成該公司或企業的營業秘密權無法回復或彌補地喪失或終止。

又如，在提起申請某種發明專利之前，該發明人已經先行將該申請專利之發明出售，這將造成該發明人對於該發明之專利權喪失。

公司或企業制定智慧財產權管理及程序規範，可以對於確保該公司或企業的智慧財產權合於法律上所要求的保護要件做出重要的貢獻；這些制定出來的政策與程序規範也能夠幫助公司或企業防止某些事件的發生，以避免導致該公司或企業所享有之某些智慧財產的權利喪失或終止。一個小心謹慎的草擬及設計出來

的公司或企業關於智慧財產權之管理政策及管理程序，再經過一個周延的傳播資訊，能夠使公司或企業的員工瞭解到關於公司或企業的重要「產業資訊」（Proprietary Information），那些行為是可以合乎公司或企業所要求的標準；那些行為是違反公司或企業的智慧財產權管理政策及管理程序，而導致公司或企業的權利及經營管理遭受重大損失。換句話說，在許多情形下，任何一家公司或企業所擁有的智慧財產權，會由於單一員工的行為，而遭受嚴重的損害。舉例來說，甲公司的員工有可能（故意地或過失地）將其公司的營業秘密洩露給甲公司的營業競爭者──乙公司，如此一來會造成甲公司有該營業秘密上完全的損失。因此，任何一家公司或企業，為避免該公司或企業在智慧財產權方面的損失，有必要制定一套完善的智慧財產權管理政策及管理程序，以避免員工無意的行為造成公司或企業的嚴重損害。

其次，也是相當重要的就是，公司或企業能夠建立一套完善的智慧財產管理政策及管理程序，更能夠在日後有關智慧財產權的法律訴訟案件上，做有利的抗辯；可以向法院陳述公司或企業早已在智慧財產權的保護與管理，採取本身的防範措施，合於法定的規範或要求，證明了該公司或企業在智慧財產權方面已經採取了「肯定的步驟」（Affirmative Steps）來保護本身的智慧財產權：本身並未疏於防範第三人對於公司或企業智慧財產權的侵害，而在訴訟行為上能夠合乎「清白原則」（Clean-hands Doctrine）的要求，在任何一件對智慧財產權的侵權行為的訴訟案件上，對於取得有利的原告地位優勢，不無裨益。

最後，我們瞭解，智慧財產管理制度與管理程序的建立與制定，對於現今科技時代的公司或企業的生存與發展，具有不可忽視之地位。我們可以在此以營業秘密法與專利法為例，來檢視以

瞭解其影響力及必要性。

一、有助營業秘密之保護[1]

（一）鼓勵員工來保護公司的營業秘密之隱密權，以防止意外地洩露。

（二）爲員工界定什麼是必須採取的「肯定步驟」，以確保營業秘密之隱密。

（三）爲「肯定步驟」建立證明，可在一旦要審判時當作證據。

（四）降低競爭對手經由適當的方法發現營業秘密的機會。

（五）確保你公司以前員工的雇主，知道這些離職員工掌握有哪些營業秘密，而讓雇主被期待須將營業秘密維持隱密性。

（六）爲了營業秘密的目的，確保企業在與其他公司打交道時，能夠在隱密下進行。

二、防止專利權之喪失[2]

（一）在考量專利保護之前，要防止一個發明的公布。

（二）在考量專利保護之前，要防止一個發明的公開使用。

（三）在考量專利保護之前，要防止一個發明出售或出售的要約。

（四）界定實驗宣言，以將其與出售活動加以區分。

（五）確保企業在與其他公司打交道時，要涵蓋專利的考量。

---

[1]　Managing Intellectual Property Rights (N.Y.: John Wiley and Sins, Inc., 1993), p. 203.

[2]　Lewis C. Lee and J. Scott Davidson, Managing Intellectual Property Rights (N.Y.: John Wiley & Sons, Inc., 1993), p. 204.

（六）確保建立你的發明構想的日期之能力，以及你公司認真地要將實際或構想的發明，付諸實現。

貳、對於智慧財產投資組合之管理

一、管理智慧財產之政策考量

關於智慧財產權必須建立之管理制度，其主要考量目標，即藉由思想與資訊的自由流通來確保一個具有公平競爭性質的自由與開放的市場存在。為實現上述目標，在政策上應該至少考量下列四個層面：

（一）創意活動之動機

智慧財產法制定之主要目的，就是要在科技時代的社會裡促進具智慧的創意活動增加，以便能夠在自由競爭的市場裡，存在更多樣化的產品與服務。智慧財產法實現上述制定的目的，是以賦予那些發明家、作家、藝術家、企業人士，以及其他從事創意活動的人，針對其創意活動之成果或結晶，賦予相當程度與類別的財產權利。而在賦予上述這些人相當程度與類別的財產權利，將會鼓勵相關人士在發明新的產品與服務方面，做出更大及更多樣化的投資。

（二）促進自由及公平之競爭

智慧財產法之主要功能之一，即是在尋求確保社會大眾具有最自由及最公平之機會，來利用或享用智慧創意活動的成果。

（三）潛在衝突之透明化

前面所述及之一方面要提供從事創意活動之人之創造（作）

動機，另一方面又要讓社會大眾能夠普遍地利用或享受創意活動的成果；如此一來，有可能導致這兩個目標本身相衝突。因為在賦予財產權利與創造（作）者之同時，將會使社會大眾利用或享受創意活動的成果或結晶時，必須付出相當的「權利金」（Royalty）而造成困難。更進一步來說，其困難來自於兩方面：首先按照智慧財產法制定的目標，它會允許智慧財產權之權利使用人直接限制社會大眾對創造（作）活動成果或結晶的使用或享受；其次，它會因為允許權利所有人對於創意活動的成果或結晶有一個獨占的「專屬權」（Exclusive Right），而有權要求社會大眾支付獨占的「權利金」，使社會大眾造成間接的限制。

（四）尋求權益平衡點

為了避免前述的潛在衝突發生，智慧財產法的每一個個別領域，均在企圖尋求一個「最高程度的平衡」（Optimum Balance），一方面對創造（作）者賦予足夠的權利，以促進繼續不斷地從事創意活動；另方面也允許社會大眾在支付一定的「代價」之後，也能公平地、充分地到最大限度地使用創造（作）成果或結晶。

二、管理智慧財產投資組合之做法

（一）對於同類及相關業界之監督

一個公司或企業如果要對智慧財產進行研發與運用，就必須要注意到對自己公司或企業所擁有的智慧財產投資組合的管理。而在注意管理這個層面上，就自然要執行一些必要的管理策略及管理程序。特別是要將目標放在監督競爭對手的發展及進步層面；同時更要能夠嚴密地檢視競爭對手之企業經營及其智慧財產

投資組合的管理，是否有任何從事於對自己公司或企業的侵權活動或不法行為。這一類的管理策略及管理程序，大致上可以將之劃歸成三大類型的活動：1.監督其他公司或企業的經營策略，及智慧財產權的研發與運用；2.監督及掌握競爭對手對於智慧財產投資組合的管理策略及管理程序，以避免自己公司或企業的智慧財產權遭遇不當的侵害；3.檢視並整治是否有競爭對手侵害自己公司或企業的智慧財產資產或權利。

（二）對於其他公司或企業智慧財產活動之監督

對於競爭對手所做有關智慧財產之創意活動或研究發展及運作管理等措施及處置，為任何一家公司或企業在經營管理上不可忽視之一環。而這類型資訊可以很輕易地從下列各種方式獲得：

1.定期檢視政府出版之智慧財產相關之官方文物、公報及期刊，以瞭解本公司或企業在經營及管理方面，需要如何改進及調整。

2.定期檢視經濟部、經建會、智慧財產局等政府主管業務部門所做之各類研究報告及主管業務之諮商研議相關紀錄。

3.訂閱並研析與公司或企業業務有關之專業期刊及論文，以瞭解智慧財產創意活動之現況及將來之動向或趨勢，以利本公司或企業在此方面之決策及管理運作之改進。

4.爭取以合法方式獲得競爭對手關於智慧財產創意活動方面的投資、經營等決策方向及管理策略，並做成研究分析報告，以利本公司在此方面決策之形成及在管理上研發方面之參考改進。

（三）產品清單之製作[3]

　　在任何一家公司意圖將本公司一個新產品放到市場上，它首先必須要決定及檢視該產品是否侵害其他公司之相關智慧財產權，如：專利權、商標權等。此種檢視公司產品是否會有可侵害他公司智慧財產權之過程，一般稱之為「產品清單」（Product Clearance）。與此「產品清單」有密切關係的是相關智慧財產產品清單產生之過程，必須要確保研發出來的新產品，例如所選出之新商標作為公司開發出來的新產品，必須要能夠不至於侵害到其他公司或企業已開發出來所擁有之已登記商標上的權益。產品清單在通常的情形下是由公司或企業的「法律部門」（Legal Department）或「智慧財產單位」（Intellectual Property Unit）來負責執行。在一般狀況下，不論針對專利也好，抑或商標也好，都必須要先做專利或商標的「搜尋」（Search）工作，以保護自己公司的產品，一則避免侵犯到別家公司或企業已登記而完成法律保護程序之專利或商標；再則在發生任何爭議或在法院提起訴訟時，可以向法院主張或證明本身已經完成「肯定步驟」之善盡自己一方尊重已存在於「自由市場」上之別家公司或企業之專利權或商標權；而不致遭受其他公司或企業在訴訟上之非難──聲稱本公司未能善盡「搜尋」相關受到法律保護之專利或商標[4]。

　　執行或清理「產品清單」有雙重目的：首先，產品清單之產生是絕對可以減低侵害到其他公司或企業仍然受到法律保護的智慧財產，如專利或商標；如此則可以使自己公司避免遭到強迫

---

[3]　同前註。

[4]　Sands, Taylor and Wood v. Quaker Oats Co. 18 U.S.P.Q. 2d (BNA) 1457 (N.D. 111 1990), rev'd on other grounds, 24 U.S.P.Q. 2d 1001 (7th Cir. 1992).

式地捲入一件有可能是相當長時間及昂貴的侵權行為的訴訟案件中。其次，產品清單的產生，可以降低競爭對手向法院指控自己公司做出一件「故意侵權」（Willful Infringement）的行為（其有可能被加倍乃至於三倍的「實際損失」[5]）。因為有些法院，特別是在美國一些工業大州的法院，在法院判例上會要求任何一家公司之免除侵害到其他公司之智慧財產權益者，有一種必要的、肯定的、作為「搜尋」的義務，為決定一家公司是否有侵害到其他公司權益之決定性標準。產品清單之產生可以作為該項義務已經善盡之證明。

三、對於智慧財產計畫之檢視

　　任何一家公司或企業對於「智慧財產投資組合」（Intellectual Property Portfolio）的管理，有一項重要的環節必須要做，就是要能夠有一個正式對投資組合的檢視宣示。這是因為當市場狀況改變時，公司或企業自然會設定新的目標與策略，以因應市場需求的改變。如此一來，公司或企業的智慧財產投資組合，便有必要做出調整，以回應公司或企業所設定之目標，以便能夠對公司或企業未來的經營及智慧財產的投資組合，做出最大的保護。正式的「智慧財產計畫檢視」（Intellectual Property Program Review）是一種檢視作業的方式，來確保一家公司或企業的「智慧財產計畫」（Intellectual Property Program）已經能夠順應市場的需要及配合公司或企業的新目標及管理政策。此一正式的檢視計畫作業是一個定期性檢視公司或企業的智慧財產投資組合，用來決定公司或企業的產品以及公司或企業的「內部秘

---

[5]　在美國為三倍之實際損失，見35 U.S.C 284 (1954).

密」（Internal Secret）是否有受到足夠的保護。

　　更進一步來說，「智慧財產計畫檢視」具有四重的目標：（一）這種檢視計畫強迫公司或企業基於定期性的基礎，對公司或企業本身的「智慧財產投資組合」做一個評估；（二）這種檢視計畫可以讓公司或企業對於公司或企業經營目標，配合市場的實際需要做定期性的檢查，以調整公司或企業的「智慧財產投資組合」；（三）這種檢視計畫的執行可以讓公司或企業對於現在的「智慧財產投資組合」保護，做一個更切實際的評估；（四）這種檢視計畫的執行提供公司或企業相關部門的主管及員工，有一個正式聚會的機會和場合，來對公司或企業的智慧財產投資組合與公司或企業的產品間的協調與統籌規劃，做出一個比較具有正式效力的討論與計畫。

　　對比較大型的公司或企業，前述的「智慧財產計畫檢視」，可以經由以下兩種會議的方式來進行較爲妥適：（一）中高階層主管之非正式會議（Roundtable Meeting for Higher Level Management）；（二）生產管理階層之定期生產會議（Routine Product Meeting for the Product Management Level）。對於中型的公司或企業，前述的計畫檢視工作所要達成的目的及評估公司或企業的智慧財產投資組合，是否須要調整或變更，可以成立一個「檢視委員會」（Reviewing Committee），定期集會來檢查及評估公司或企業的智慧財產投資組合及保護措施之完善與否。而對於小型的公司或企業，成立一個類似「智慧財產保護小組」（Intellectual Property Protection Team），進行定期性之檢視及集會討論、研究，並提出執行或改善計畫，即已足夠。然而，對於一個中型或大型的公司或企業所必須執行的中高階層主管之非正式會議，及生產管理階層之定期生產會議，則有必要再做進一

步的研究。

（一）中高階層主管之非正式會議[6]

　　成立及召開中高階層主管之非正式會議的目標，除了前面所述要求檢視及評估公司或企業的智慧財產投資組合，更重要的目標乃是要針對公司或企業的經營管理與公司或企業的智慧財產保護方面，設計保護策略。因此，一般智慧財產管理專家或學者建議對於這種「非正式會議」（Roundtable Meeting）最好以三個月一次，也就是以季為單位，來評估公司或企業在全國或全球的「智慧財產保護策略」（Protection Strategy of Intellectual Property）。在這樣的情形下，學者專家們建議有必要成立一個「智慧財產委員會」（Intellectual Property Committee）來參加這個「非正式會議」。而且「智慧財產委員會」的成員，至少應涵蓋公司或企業之智慧財產法律首席顧問，以及公司或企業的其他部門的副首長。

　　至於在「非正式會議」，前面所述的「智慧財產委員會」，應該要針對下列問題做出分析、研判，並予以討論且正式地做出報告，以便下次會議時加以檢討：

　　1.針對智慧財產權之保護及智慧財產投資組合之問題，研擬及改進公司或企業的政策、策略以及保護之執行程序。

　　2.公司或企業所擁有之智慧財產在當前的國內及國外市場所占有之地位，以及保護是否足夠周延的分析及研判。

　　3.本公司或企業之產品，包含智慧財產產品在未來國內及國外市場之機會。

---

[6]　見前揭註2，第244頁。

4. 關於本公司或企業所有之智慧財產授權情形之分析及研判。

5. 關於本公司或企業所研發之智慧財產與其他公司或企業之合資經營、生產之分析及研判。

以上這些問題，應該仔細謹慎地討論、分析以及研判，切不可漫不經心或輕忽大意。針對個別問題，經過分析及研判後，都應該分別做出總結報告，以便任何一位與會者在會議結束時，對於公司或企業的近程、中程及長期的智慧財產投資組合目標及智慧財產保護方案，有一個共同的認識與瞭解。如此，公司或企業的各部門對於智慧財產方面的投資與保護等做法及目標，能夠齊一步伐，統一步調，不致流於空談而不切實際。

另外，有很多智慧財產的產品或結晶，之所以被一些公司或企業未能好好把握而喪失機會，其主要關鍵即是由於在公司或企業的上層主管各部門的負責人與公司或企業之主管研發部門、市場開發部門的執行人員，尤其是公司或企業所推出一些特別計畫方案的主導人員之間，彼此的溝通管道不良或根本欠缺溝通管道，或者是對於公司或企業有關智慧財產投資組合及保護措施的政策，認識不清或是宣導不周而造成誤解。換句話說，這樣情形的產生，一方面是由於各部門的主管人員與執行人員之間，對於公司或企業的產品研發及市場拓展的目標，有所誤解所致；另一方面則是由於公司或企業的上層各部門政策決定主管人員，對於公司或企業的智慧財產目標，缺乏清楚的認識以及統一的瞭解。更進一步地說，是由於上層的管理部門與下層「計畫階層」（Project Level）的執行人員之間，對於公司或企業所開發出來的智慧財產產品或結晶，無法在各方面齊一步伐、統一步調，所造成的不幸，也是不應該及不必要的結果。

　　要避免不幸及不必要的結果發生，就應該找出解決的辦法，學者專家們建議，讓高階政策決定人及管理階層的主管們去參加所謂的「非正式會議」，才能夠對公司或企業的智慧財產投資組合及保護計畫方案，做出同意的決定。如此一來，公司或企業的上層管理部門的負責人與「計畫階層」的執行人員間，就不致產生誤會或誤解。另一個被推薦的方法是讓「計畫階層」的人員，有機會定期性地參加前述的「非正式會議」，這樣可以讓這些人瞭解到公司或企業的高階負責人珍惜「計畫階層」的人員，以及在追求研發智慧財產及保護智慧財產方面所做的努力，使得這些人在努力工作之餘，有受到尊重之感。反過來說，「計畫階層」的人員參加「非正式會議」可以提供給上層的政策決定人或管理部門主管，有機會去檢視下層「計畫階層」的執行人對整個公司或企業在智慧財產組合的研發及保護方面的努力。如此一來，公司或企業各個部門以及主管與員工，即能免去不必要之誤會或誤解，而能同心協力、齊一步伐為公司的經營及發展而努力。當然，這裡要順便一提的是，「計畫階層」的執行人，不必在每一次「非正式會議」都去參加，可以採派代表的方式或是大家輪流參加，這樣才不致影響公司或企業研發及生產的工作。

（二）生產管理階層之定期生產會議[7]

　　公司或企業的生產管理階層所進行的「定期生產會議」（Routine Product Meeting），通常都會涵蓋公司或企業中各部門的代表，尤其是正在執行公司或企業特別企劃案的實際執行人員，必須盡量能夠參與這種「定期生產會議」。可對公司或企

---

[7]　同前註，第246頁。

業的智慧財產投資組合及保護方案，提出具體與執行及生產有關的問題，表達意見、提出看法，並能做出具體的解決方案。這一類的會議在性質上有相當大的涵蓋範圍，可以從「無限制主題的自由討論」（Brainstorming）（其目的在引導問題的出現、提出看法、分析與問題相關之資訊，企圖產生新觀念、或刺激創造性思想等）來解決公司或企業生產或經營的新方向，到針對個別案例之「解決問題」（Trouble-storming）之議題，用以為公司或企業在生產或經營上，特別是有關智慧財產投資組合與保護方案方面，來矯正公司或企業正在呈現或以往既有的一些問題。無庸置疑地，在這些會議上讓公司或企業生產管理階層的實際執行人員來參與這類會議；特別是有關公司或企業的任何智慧財產相關問題上，能夠讓站在公司或企業第一線上的基層員工或其代表，貢獻其智慧、提供意見並能有機會表達給上層政策決定人與管理階層的主管們做出珍貴的參考，以修正公司或企業在相關問題上的決策與做法。舉例來說，對於保護公司或企業研發出來的新科技或是新產品的商標，其重要性其實並不亞於對產品訂定價格或是針對特定「消費者族群」（Consumer Group）策劃市場行銷。如果欠缺保護或保護不夠周延，任何一家公司或企業所設計或創作出來的相當不錯的產品，即使是在良好的市場規劃情形下，將很難在市場競爭，例如：遇到「不付出成本仿冒之生產者」（Copycat Producer）。更實際地來說，任職於公司或企業的智慧財產部門或法律部門的智慧財產法律代表或法律顧問應該盡可能地參加每一次的「生產管理階層之定期生產會議」，以他們在智慧財產投資組合及保護專案方面的專業知識，在這些會議中做出最好的分析判斷，以供執行人員在執行各項特別企劃案時，有適切的標準可作為依歸。

參、智慧財產之管理策略

　　智慧財產之研發與運用，早就成為企業國際化以及公司提升競爭力的主要武器；而智慧財產管理策略更是可以作為公司或企業有效累積本身無形資產的良方。因為在今天企業競爭日劇的時代，企業界能夠經營發展的，早已不再是傳統企業所著重產品本身的品質或生產技術的水準。相反地，有效的管理公司或企業的內部資源，特別是在智慧財產方面的管理更是公司或企業所能夠依賴生存發展的重要關鍵。更進一步地說，公司或企業透過對智慧財產的管理策略的有效運用，可以更有效地運用公司或企業的有限資源，一方面為企業創造更多的財富，另一方面又能減少不必要的支出；更重要的是，對公司或企業的智慧財產投資組合及投資方案，確實做有效的管理策略之運作，並且加強保護措施。如此，就可以為公司或企業規劃出更有效率的生存競爭環境及永續發展之途徑。而所謂的「智慧財產權管理策略」（Management Strategy of the Intellectual Property Right），主要是公司或企業為了能夠有效地掌握其本身所擁有的智慧財產之無形資產，並進而善加利用、保護與管理，使其能夠增加公司或企業的競爭力，並同時減少公司或企業在經營方面的風險，所採取之具體措施。然而，完整的智慧財產管理策略，應該涵蓋哪些重要的措施呢？這或許可以是個人言言殊的答案。因此，僅提出以下方面供作參考：

一、人員之培訓管理

　　我們不必高談什麼「中興以人才為本」的論調，毋庸諱言地，公司或企業員工在素質提升方面，是絕對對公司或企業的經

營與發展有正面的影響。誇張一點地說，員工素質的提升是公司或企業經營與發展不可或缺的要素。特別是對員工在智慧財產方面之專業知識的輔導與教育，更不可忽視，而必須做出有計畫、長期予以完整的教育訓練，期盼將公司或企業的無形資產化為公司或企業競爭的主要利器。這是在公司或企業的全體人員方面，所必須具備的基本專業素養。對於公司或企業個別部門的員工，亦應加強其部門掌握事務的專業知識之教育訓練與技術輔導。例如：對於管理決策人員，應該加強其市場情報的分析以及有關風險承擔及市場經營策略規劃等課程之研究；對於技術執行人員則應該加強其技術方面的訓練與指導，特別是在專利權、商標權及營業秘密權方面。至於公司或企業其他部門的人員，亦應針對其工作範圍內所涉及的專業事務，在知識及技術方面予以適當的教育訓練。表4-1為針對公司或企業各部門相關人員之分類表及建議培訓課程表，提供參考[8]。

　　至於一般人員的管理，對於可能接觸公司或企業的智慧財產權益方面，特別是有關於營業秘密及專利、商標方面的人員以及任何與公司或企業有經營發展關係或有任何特別企劃的對造，均應最好以契約訂明雙方之權利、義務及相關責任。對於公司或企業之掌管特定營業秘密、專利或商標之負責人，亦最好簽訂特別契約或於原聘僱契約上加上特別保密條款及違約責任。其次，對於接觸公司或企業相關秘密最直接的人員管理方面[9]：首先應加強宣導教育工作，告知有企業內部的機密範圍及管理措施等，並且透過聘僱契約或工作規則嚴格要求員工保密義務。此外，為避

---

[8]　科技法律中心，智慧財產權教戰守則，台北，資訊工業策進會，1998年，第49頁。
[9]　同前註，第56頁。

表4-1　人才分類及培訓課程表

部門（人員）	建議課程
新進人員	・專利權簡介 ・企業內部智慧財產權制度介紹
技術人員	・國內外專利制度介紹 ・企業內部相關技術介紹（找資深研發人員負責） ・專利說明書之閱讀（企業有相當數量之發明時，可進一步培養撰寫說明書之員工） ・專利資訊之運用與管理（檢索課程則視企業研發的程度及範圍，適當開辦相關課程）
市場部門	・企業產品與競爭產品間專利技術差異實例分析 ・相關契約實例解說
法務人員	・國內外專利制度之研究 ・專利相關契約研究 ・專利糾紛案例因應策略研究
經理人員	・企業內技術現況與市場技術趨勢 ・智慧財產權最新動態（具體案例解說） ・專利申請策略、授權事務、智財權價值評估及稽核等管理課程

免新進員工使用到前雇主的營業秘密而使公司涉入糾紛，最好在聘僱契約中也訂明員工在未經授權下，不得使用他人的營業秘密或智慧財產，否則應自負其責的約定。

二、資訊之蒐集與管理

由於科技的進步，電腦的普遍使用，個人隱私、企業界科技上或營業上的秘密，均有隨時被資訊業者或是被公司或企業競爭對手所蒐集、儲存與使用之可能。因為科學之進步與提升，使得電腦使用之有效管理及法律規定之完備，成為不可或缺的兩個環

節。其實二者間係處於相輔相成之關係，但是法律體系建立之完備，並非公司或企業所能掌握與控制。因此，這些僅能從公司或企業的角度，就技術層面予以分析。

　　如果僅就單純的技術層面來考量，對於公司或企業所具有的智慧財產投資組合及智慧保護方案；特別是在公司或企業的專利及營業秘密方面的保護，如果能夠對於電腦資訊之保護方法與範圍加以確立，對資訊處理作業過程建立有效管理體系，再加上對於資訊事業從業員工倫理予以訓練與培養，相信對公司或企業智慧財產權的保護，應可期待能夠達成最低程度的要求，以及員工對於資訊之蒐集及管理也有起碼的訓練與培養。茲就針對上述揭示之三項原則，說明如下[10]：

（一）確立電腦資訊之保護方法與範圍

　　隨著科學技術不斷革新以及工商業之益形蓬勃發展，在電腦技術的領域，近來亦呈現下列三個角色：1.電腦資訊體系益形高度化、複雜化；2.大量電腦資訊呈現集中化；3.為所謂「線上系統」（Online System）之終端機裝配之普遍化，使得與電腦主機相隔遙遠之地或亦得形成一直接資訊聯絡網。基於上述電腦資訊體系發展的方向，以及各機關行號甚至於個人更形普遍地使用電腦等事實，若電腦資訊一旦失其保護環節，將對絕對多數人及公司或企業之經營與發展造成相當之損害。因此，近年來不論公司或企業、政府機關行號以及電腦資訊業者，對於電腦資訊之保護態度，一掃過去狹隘消極之保護方法，進而為積極、廣義之保護，亦即在過去，所謂電腦資訊之保護，僅以被列入機密之資

---

[10] 資訊立法研究，行政院研究發展考核委員會，台北，行政院研究發展考核委員會，1995年，第45頁。

料──犯罪之對象，方才屬之；但是，目前採積極態度，則為「不論係故意或過失，電腦業者就電腦資訊應防止以不正當之手段、方法或本於就未在預期之內的突發『事件』（Event）予以適當地保護，或不當地洩露，一旦造成他人損害者即應速謀求補救之道」。基於此，被列入保護之電腦資訊，其範圍也比以往廣泛得多。

（二）建立嚴格之資訊處理作業管理體系

如果就資訊處理而言，電腦自動化資訊處理體系與原來人工資訊體系相互比較之下，前者具有下列七個特色：1.所有之資料，因係依磁帶或磁碟加以輸入，故無法如一般人工處理之文件可以隨時閱讀；2.各種資料磁帶或磁碟統一納入電腦操作予以保管；3.得以迅速從眾多之磁帶、磁碟中查得其中所載之公司或企業業務或智慧財產相關資料；4.磁帶、磁碟或具體化之公司或業務相關資料之複製甚為容易、快速；5.公司或企業相關部門之業務及主管或負責人之資料一旦顯現之後，其作為特殊用途而將之另予編輯組合，亦甚為容易、快速；6.從事於電腦資訊處理必須配合眾多相關部門之人員及事務，包括業務主管人員、電腦、程式（設計）、磁帶或磁碟、技術人員（包括系統設計者、程式程計者、機械操作員）等五大部分；7.磁帶、磁碟紀錄之閱讀必以電腦及程式設計員、機械操作員為之。

正由於電腦資訊處理，有以上七點特性，因此資訊之處理，尤其是關於公司或企業之業務及智慧財產相關權益之保護，自可以此特性為基礎而為之，關於其具體進行之方法如下：

1.嚴格實施業務分級分層負責制度：其方法在我們全部之作業過程分為數部分，每位工作員僅止於就其中之一部分予以擔

任，例如程式設計者不使從事機械之操作，機械操作員不使擔任程式設計；程式設計員若被許爲從事機械操作者，應僅限就其中之特定部分爲之。爲達到此目的，在實際工作業務監督管理，則應建立有效的分層負責之體系。

2. 磁帶、磁碟應與機械分別獨立保管，並建立嚴格之監核體制：具體言之，程式之管理、磁帶、磁碟之管理、電腦之使用與管理等，均應分別建立專人管理，且對於磁帶、磁碟之管理應賦予圖書館管理員之一般權責，以便將來有追蹤之依據。

3. 嚴格實施管制規則：在這方面嚴格建立進出電腦室之號證、登錄制度，同時由於目前電腦之操作已有使用一定身分證明卡片或暗號卡片才能運轉之技術，自可容易要求非工作人員不操作機械之目標。另外，關於磁碟、磁帶以及程式之取出、使用，除應建立嚴格登記制度以利追蹤之外，尙有實施借出、使用之特定許可制度，此制度之實施，自易增加這方面之管制效果。

4. 建立資料防盜之管制系統：如前面所述，儘管機械之操作，在技術上已有暗號或卡片制度，但爲使資料絕對安全並有效管制資料之目的，應在技術上，於電腦本體及終端機上另行建立其他管制制度，亦即對於程式、磁帶、磁碟之借出與送還備一詳細登錄卡，並責由一單人管理，如此，對於合法之資料使用或複製應有詳細之紀錄，自可達到揭發盜用資料之效果，另外在終端機也要有因應電腦特性之特別管制方法，如此方更能收管制效果。

（三）強化電腦從業員工作倫理之培養

科學技術應屬於具中性性格之工具，善用之者，對於人類自有莫大益處，然非法惡用則不免貽害大發，因此對於使用該工具

之從業員，培養其職業倫理自屬絕對必要，醫師、藥劑師、護士及一般教師，在社會上之所以夙享地位，其長久以來工作倫理之培養，工作使命感之鞭策自居絕對之因素，電腦為一新興事業，而且運用面早已深入我們生活領域之各個層面，工作人員工作倫理之具備與否自與絕大多數人之利害發生絕對關聯，因此，如何強化電腦從業人員之工作倫理，亦是我們探討公司或企業對於智慧財產投資組合及智慧財產權保護上的重要環節。

　　無庸諱言地，資訊是現代化社會中公司或企業生存競爭的必需要件，特別是在重視新穎性的專利權當中，是否擁有相關的資訊，尤其是公司或企業是否能夠取得優勢或避開糾紛的關鍵環節[11]。掌握技術的最新動態需要不斷地涉取各方面的資訊；而確認公司或企業開發出來的產品或技術是否具備新穎性、已獲得專利權；甚至產品有無侵害他人的專利權，更需要對於資訊的蒐集與管理要有相當的瞭解。一般而言，資訊的管理，乃是在資訊蒐集之後，如何對所掌有之資訊加以研判、分類、運用等方面。而公司或企業所應蒐集的相關資訊，至少應包括[12]法令規章等大環境的資訊、公司或企業競爭對手動態的資訊，以及相關技術發展等經常性的追蹤蒐集。此等資訊蒐集完成之後，應該加以整理歸類，再分發或告知公司或企業內各相關單位使用。當公司或企業面對個案時，也應有能力針對情況需求，再調閱出相關資料或擴大蒐集範圍，進而加以分析，並找出應對策略[13]。

---

[11] 同前註，第48頁。
[12] 同前註。
[13] 同前註，第49頁。

三、制度之建立與管理

　　在公司或企業對於智慧財產管理策略方面，除了前述對於人員之培訓及資訊的蒐集外，公司或企業對管理制度之建立，切不可忽略。其原因爲何，理由至少不應少於下列三點[14]：

（一）爲**趨勢**所逼建立智慧財產管理制度

　　智慧財產權管理制度是近年來大家所關注的公司內部管理制度之一。當智慧財產權從初時的防禦武器轉換到商場上攻擊性的戰略工具後，就公司營運管理，如何適切地管理公司內部所擁有的無實體智慧財產，也不再是一個管理理論上的時髦新名詞，其將成爲企業存亡所依的重要財產管理制度。

（二）爲公司追求最大利潤建立智慧財產管理制度

　　許多人第一次聽到「智慧財產管理制度」時都會浮現一個共同疑問：爲什麼要有智慧財產管理制度？或許得到最常見的回應就是「因爲它很重要！」但相信許多資訊經理人不會滿意這樣空泛的答案。

　　事實上，對一個公司來說，建立一套制度的最基本需求就是對有限的資源做最大的運用。進一步說，任何制度的設立都是爲公司追求最大的利潤。當然，智慧財產管理制度也是相同的。智慧財產管制度並非只是一套公司內智慧財產權法規的遵循原則，更不是在公司內部建立一套保護智慧財產權的司法審查制度。智慧財產管理制度之所以重要，是因爲它存在的最大意義是能爲公司節省成本、保障公司的資產，且進一步地爲公司追求最大的利潤。

---

[14] 同前揭註8，第32-33頁。

　　智慧財產管理制度與財務管理、人事管理等企業制度最大的不同處在於，智慧財產管理制度是一套將公司的無形資產加以有形化，並且配合法律制度的運作，為公司的市場利潤取得長期的、合法的、獨占的保障。因此，智慧財產管理制度必須是對於公司的營運目標、市場策略、產品的研發規劃、現行法律環境的配合等因素加以充分分析融合後，所建立的一套為公司追求利潤成長的管理制度。

（三）為使無形資產之價值最大化建立智慧財產管理制度

　　智慧財產管理制度必須包含一套完整的權利化工具評估流程與公司相關的智慧財產保護制度與政策。除上開權利化工具選擇評估流程外，在公司內樹立一套明確且必要的相關管理程序及政策，除了可防止公司因員工的行為侵犯他人的智慧財產權事件外，也可以使員工更加瞭解保障公司智慧財產的必要性。

　　至於智慧財產管理制度之建立，成功與否，似乎取決於至少下列六個因素[15]：1.正確的智慧財產權觀念；2.健全的智慧財產制度、法律與執行辦法；3.智慧財產權利益的合理歸屬與分配；4.自行研發創造的技術創新能力；5.良好的管理機構與人才；6.完整的國內外資訊系統。然而，公司或企業究竟要如何建立一個良好且健全的智慧財產管理制度呢？首先，如果以一個中小型公司或企業來看，至少要能夠做到以下兩點[16]：

---

[15] 黃俊英、劉江彬合著，智慧財產權的法律與管理，台北，華泰文化事業有限公司，1998年，序文頁摘要。

[16] 見前揭註8，第50-51頁。

1. 工作記錄簿

　　為完整保存研發的過程，並且成為重要的研發證據，企業應要求研發人員定期記錄研發過程的種種發現及數據等資料，然後定期由上級主管審閱內容並由專責單位保管。工作記錄簿應是整冊裝訂非活頁式，無法插頁也不可以任意撕去。員工做工作記錄時應注意不要使用鉛筆，而是以可永久保存字跡的書寫工具為之。另外，工作記錄簿應填寫日期連續記載，不要有剪貼塗改空白等情形出現。遇重要的發現時，應找兩人以上可以瞭解記錄內容的人加以簽名見證。由於工作記錄可能涉及重要的研發機密，因此也應禁止其他人借閱或影印。對於新人領用記錄簿及離職歸還等，也都應加以記錄並且妥善管理。

2. 獎勵發明創作辦法

　　在企業的經營中，追求最大利潤一向是企業主的重要目標，只是這樣的目標非常需要員工的配合。因為員工為落實企業各種運作的第一線，而這正是企業經營中應該經常去克服的，因此員工的各種建議及提案實不容忽視。尤其在企業研發產品或技術中，員工的許多創意或想法，往往能突破經營上的若干問題，或可直接減少不必要的支出或可積極改善效率增加收入，凡此更與企業的經營目標息息相關。有時企業尚可將新穎實用的點子申請專利權，屆時可獲取更大的競爭優勢或利潤。因此現代企業努力發掘員工的各種發明創意，也成為經營成功的重要因素之一。

　　至於如何發掘員工的各種發明創意？透過專人經常性地發掘固然是一種方式，但能引發員工主動提出更屬上策。目前很多企業都訂定相關辦法，對於員工主動提案經採用者將頒發若干獎

金。如果提案具有新穎實用等專利的要件，經公司權責單位決定提出專利申請者，尚有各階段獎金。例如：決定提出申請時給予獎金鼓勵；獲准專利時再給予更高金額的獎金；該專利權如具體帶給公司收入時再有若干比例分派給該員工。當然，對於決定提出專利申請的提案，員工有義務協助完成相關的文件及事務。

企業在推廣智慧財產管理初期，為積極累積智慧結晶，應策略性地多提出專利申請。待企業已累積相當數量的專利權，而員工也有提案的興趣及習慣後，再進一步篩選水準級以上的創作申請專利。至於如何篩選？一般可由創作的優良性、實用性及價值性等觀點一一分析，如果綜合結果趨於優勢，自然頗適於提出專利申請。

其次，如果以一個大型公司或企業要建立一個良好而健全的智慧財產管理制度，則至少應建立下列八大制度方為妥善，茲分別說明如下[17]：

1. 員工管理制度

對於進用新進人員時，在面試階段中就必須建立起僱用前的宣示制度，除了使這位未來的工作夥伴能夠充分瞭解公司的智慧財產保護政策外，也應該讓這位同仁知悉相關的規定與所要簽署的文件內容與意義。而若是以挖角方式所進用的員工，公司更必須有相當的自我防護的制度，以避免捲入不必要的法律糾紛，因此須有適當的文件簽署表明公司及這位員工尊重他公司的智慧財產權。

在新進員工訓練階段中，必須一再地揭示公司的智慧財產保

---

[17] 同前註，第40-43頁。

護與管理措施，並且對員工施以適當的基本法律教育。當然，除了新進期間的訓練外，在職員工的訓練課程也必須包含前述這些內容。另外員工工作手冊中，也同樣可以明確揭示前述的政策與制度。

當然，員工僱用契約中也必須涵蓋相關的條款，例如：權利歸屬的約定、保密條款、競業禁止條款等。對於離職員工的管理更不能忽視，必須防止離職員工將公司的智慧財產加以洩漏或是帶走。

2. 實驗室管理制度

實驗室的管理制度是智慧財產權方面的重點，主要是以證明權利的存在與證明未侵害他人的權利為制度設計的重點。當然，營業秘密的維護也經常是實驗室管理的重心。所以，必須要求相關的技術研發人員切實記錄工作記錄簿以及工作進度。當然，工時記錄也是一項非常重要的證明文件資料。除此之外，為了維護秘密性，公司對於人員進出研發區域必須切實地做到記載與管制。最後，對於這些紀錄文件也必須以有系統的資料分類管理系統加以歸檔，或是以秘密資料保護。

3. 安全管理制度

公司的安全管理制度必須針對公司內部的設施、設備的使用以及機密文件的管理為設計重點。在機器設備的使用限制上，對於影印機及網路的使用必須提高警覺。因為許多公司的無形資產流失，常與影印的便利性有絕對關聯，因此對於電腦設備與公司內部網路的管理更不能掉以輕心。在機密文件的管理方面，除了限制接觸的人員外，資料分級制度與教育員工為公司把關也是影

響制度成敗的關鍵所在。

4. 公關管理制度

在公關管理制度方面，對於公司產品的型錄、廣告等高著作
敏感的文件加以管理。因此對這些文件的製作與發送也必須特別
留意。除此之外，新技術產品的展示及新產品市場測試都與專利
權的取得與公司營業秘密的維護有密切的關係。

5. 與他公司互動關係管理制度

這部分主要是以營業秘密的維護、侵權訴訟的防止等為制度
設計的出發點。對於許多與其他公司的互動關係中，尤其是合作
關係的建立，如何維護自己公司的智慧財產權以及避免未來捲
入不必要的侵權糾紛，都是必須注意的，因此保密的文件絕不可
缺。在提供他公司所有文件資料時，必須設有嚴格文件機密等級
審查以及標示制度。相對地，對於他公司的機密或商機也必須注
意不予侵犯。

6. 智慧財產權法律諮詢制度

這個制度必須使公司內部的智慧財產管理人員有一個固定的
外在法律諮詢管道，以確保決策的正確性；另一方面，也必須使
公司內部的其他員工明瞭相關法律庶務諮詢的管道與程序，以使
管理制度得以正確地執行。

7. 提案制度

由於公司無形資產的最大生產源來自於員工，所以必須設計
一套具有實效的員工提案獎勵制度，使員工將應屬於公司的智慧

財產，透過這個程序加以實現。

8.建立智慧財產權利化審核制度

　　就商業上與法律的觀點來看，所有存在於公司或企業內之無形資產，諸如資訊、資料、知識等，不論最後的形態為何，最初皆是以「專技」（Know-how）的形態出現，但是對於這些內容千差萬別的「專技」，要分別用什麼樣的法律保障工具加以保護，則必須仰賴一套公司內部的評估流程，方可克竟其功。建立這套評估流程的最重要目的就在於為公司或企業所具有現時或潛在市場價值的技術、資訊等「專技」尋找一個最佳的法律屏障及棲身之所。藉著現行相關法律的規定，企圖使公司或企業的無形資產，能夠得到最大的保障，以及發揮最高的功效。

　　對於權利化工具的選擇評估流程，雖然依照法律權利的保護範圍與特質，必須依序從：(1)是否要權利化？(2)是否以營業秘密保護？(3)是否以專利權保護？(4)是否以著作權保護？(5)是否以商標權保護？以這樣的順序作為檢查的步驟，最為縝密與完整。重要的是，這套評估流程，並非是單向的；它必須是一個循環性的檢查流程，不僅是各個不同的工具間必須有交互檢查，同時在進行完一項步驟後，仍然必須時時地回過頭去再次評估已檢查過的權利化工具是否仍然可行。公司或企業內部的無形資產，在經過上述流程反覆檢查評估後，應可確保所選擇的保護工具，將使這項資產的價值能夠發揮至最大。

四、部門之規劃與管理

　　公司或企業管理智慧財產權時應注意的事務相當多，而涉及這些事務的部門也相當廣，從接觸新進員工的人事部門、法務部

門到研發部門、市場部門、電腦部門等，幾乎都有其應司的職責。因此如何做好統籌的工作及其間分工關係如何，皆是落實智慧財產管理制度的關鍵。企業設置一專責單位統籌智慧財產相關事務固然是很好的規劃，只是該單位隸屬的層級高低，也深深影響到事務的推動及成效。茲以一專責智慧財產單位隸屬於各層級之優劣點簡表如表4-2[18]：

表4-2　部門規劃與管理表

隸屬層級	優點	缺點
直屬決策層 （如總經理室）	・較易掌握企業的決策 ・較易推動有關的制度	・研發現場的資訊較難掌握 ・需多方協調研發部門
隸屬於研發部門 （如技術服務部）	・易實施與研發密切聯繫的智權管理 ・易瞭解專業技術知識及其動向	・無法直接掌握決策，難針對企業整體做管理 ・有關資訊不易直接傳給決策層
於行政體系下 （如設置法務室）	・利於實施訂定契約、排除侵權、訴訟程序及有關之業務交涉	・不易掌握研發動向、專業知識及有關建言 ・無法直接掌握決策，難針對企業整體做管理

　　由表4-2可知，智慧財產專責單位設置於企業各層級均有其優劣點，惟企業可視自身的規模及短中長期目標，機動調整該單位的任務及編組以達最佳效果。其次，各相關單位也有應搭配推動的相關措施，茲列舉如下[19]：

---

[18] 同前註，第57頁。
[19] 同前註。

（一）人事部門

從新進員工報到開始，就應詳細解說聘僱契約中有關員工智慧財產權益歸屬的約定，介紹企業內有關的智慧財產權管理措施，並且對相關的工作規則清楚說明。另外，員工在職期間接觸過的專案或訓練，以及各種創作也應加以記錄存檔，以為將來員工與企業有任何爭議的重要參考。

（二）研發部門

由於研發部的智慧財產成果占企業相當大的比例，因此為好好掌握員工的智慧財產結晶避免不當流失，平時應做好管制工作。例如：門禁管制、資料管制、設備管制、踐行工作記錄簿之撰寫等。另有關技術及智慧財產權新知等課程，更應好好規劃。

（三）資訊部門

現今企業的許多重要資訊都已透過電腦來處理，而使用電腦又容易引起資料的流失及不法拷貝等問題，因此資訊部門除了規劃讓公司在電腦化運作更加順暢外，對於使用電腦軟體的合法性及資料流通的安全性也應注意。除了透過技術管制員工自由存取企業重要資料外，平時也要調查企業內使用軟體及所儲存資料的情形。嚴格禁止員工攜帶非法軟體至企業內使用，以免企業牽連受罰並吃上刑責。

（四）業務部門

業務部門是企業對外的第一線，對於市場的最新資訊較能掌握。因此凡業務中涉及商標使用、技術資料及簽約等事宜，均應會簽各相關部門，以使企業能適時接受較新的市場及技術動向，並且規劃相對應的策略。再者，業務上往來客戶的有關資料常為

企業的重要機密資料，業務部也應嚴加管制及維護，以免因員工異動或疏忽造成市場流失的結果。

　　至於企業內部之其他部門，與智慧財產權的管理也都息息相關，企業主除應持續加強有關的教育宣導工作外，也需針對各部的特性逐一規劃出應推動的若干措施。

肆、智慧財產管理制度之建立

一、智慧財產管理制度之建議模式

（一）管理組織部門之布建

　　私人企業對智慧財產之管理，在組織與業務上，因為彼此之間性質不同、行業不一，規模亦有差異，因此，各公司或企業之法務部門，其結構、任務、人事，自有其相當不同。而最重要的共通性，則不外乎要有具體之管理組織，來實現智慧財產管理制度之建立。一般而言，管理組織之規模與分析如下[20]：

　　一般較具規模的私人公司，均設有法務部門（Legal Department），由副總裁兼首席法律顧問擔任主管。法務部門，有如公司的內部法律事務所，提供法律意見，掌管與公司業務有關之各種法律問題，如公司法相關事務、草擬租賃契約、僱用契約、合約磋商、訴訟代理，並與外界律師事務合作處理保障公司權益的問題。

　　高科技公司法務部門的重要任務之一，為智慧財產的管理。除自己處理有關智慧財產權的申請、登記、授權、保護、仿冒抄襲之訴等相關業務外，同時僱用外界法律事務所協助處理專門性

---

[20] 見前揭註15，第65頁。

的事務。

　　法務部門，因公司事務、性質不同，其組織結構、人數也大不相同，由三、五人至數十人或甚至數百人不等。內部部門之劃分，有以地區為主，有以法律業務內容為主（如登記、授權、訴訟），有以國內或國際為主，有以公司業務內容為主（如化學、醫藥、食品），彼此之間的差異極大。以電腦業為例，硬體公司特別注重專利法，軟體公司則以著作權法為重。大致上，智慧財產權的申請，如專利申請手續由外界專門的律師事務所處理，著作權與商標的登記，也大多如此。法律部門，以契約之擬定、授權之磋商、仿冒抄襲之防止、同業間之結盟等為主要職責。

（二）對員工智慧財產教育訓練之實施

　　若干企業實施智慧財產管理因顧慮到員工反應，對勞資關係造成不利的影響，其實施內容有所保留或不願明白告知員工應負的義務，結果事後不但容易遭致員工批評，甚至造成公司與員工間之糾紛[21]。因此公司對於新進員工報到前，即應給予充分時間仔細閱讀契約內容，俟員工報到時，再針對契約內容之權利義務給予明確解說，尤其是智慧財產權的歸屬、保密義務、禁止競業條款等，並同時配合公司智慧財產管理的基本介紹，相信這已經是為公司建立智慧財產管理工作踏出了第一步[22]。當然，對現有員工依不同的工作領域仍應不斷實施智慧財產權相關的教育訓練，例如每年至少實施一次智慧財產權講座，從中可使員工接受較新的資訊、法令或相關案例，以及公司新增加的相關規定；行銷部門針對商標使用、授權、契約擬定等，研發部門如專利、著

---

[21] 見前揭註8，第309頁。
[22] 同前註。

作權及專門技術等，分別實施與工作相關之訓練，從員工因工作上的需求，來給予適當的訓練，這也是員工所樂意參與。最後，對於離職員工，在實施離職懇談時，再重告知該員工於離職後所應負之義務，如保密責任、智慧財產權的保護義務、禁止競業等相關規定，除了保障公司利益及公司同仁之心血外，其實最終是保護離職員工將來不致因個人之疏忽，而使個人甚至新到職公司蒙受不必要的損失 [23]。

（三）落實智慧財產管理政策

有了組織分工及部門之配置後，尚須有明確可行之管理政策方可竟事功。管理政策似乎可從提升智慧財產質量、健全申請、加強維護、健全運用、落實檢索、加強教育、改善獎勵、重視人員到適時修訂政策著手。茲分析如下 [24]：

1.提升智慧財產之質量

(1) 建立專利案數之目標管理制度，以增加專利數量

① 以人力及經費等為基礎，預設每一單位每年之專利數。

② 以研究計畫為單位，預設每一計畫之專利數。不能取得專利之計畫將優先考慮剔除。

(2) 建立客觀之申請專利評審標準，以提升專利品質

每一專利申請案均須先經過各單位內部之評審手續，評審通過者，方得提出申請。這種做法一可提升申請案之品質，二可避免浪費申請之時間、金錢，評審時需考慮之項目如表4-3：

---

[23] 同前註。
[24] 同前註，第337-343頁。

表4-3　專利申請評審標準表

評審項目＼評審結果＼處理方式	申請專利	列為Know-how
新穎性	有	略有
進步性	有	略有
實用性	有	略有
經濟價值	有	略有
生命週期	長	短
發現侵害之難易	易	難
迴避本技術之難易	難	易
從產品還原瞭解本技術之難易	易	難

2. 健全智慧財產權之申請

(1) 簡化申請之程序

　　申請國內外專利之作業流程（圖4-1），主要在簡化申請之程序，避免不必要之上級簽署，以增進效率。專利申請完全以通過主管部門（中心）之評審委員會之評核爲原則，而評審委員會之成員由各主管部門（中心主任）指派主任委員一名及遴選單位內資深有經驗有專長之工程師或研究員以上之人員所組成。

(2) 建立適當之申請原則

　　① 國內申請以自辦爲原則：以爭取時效，累積經驗，避免洩密。

　　② 國外申請以委辦爲原則：避免因語文、法令之障礙，影響智慧財產權之取得。但同一地區委辦之代理人以不逾二位爲原則。

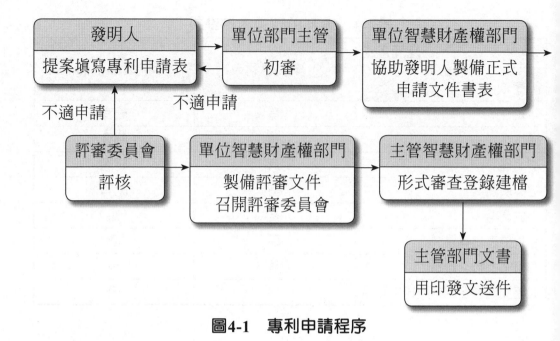

圖4-1　專利申請程序

③ 向中國申請之策略：自1994年6月1日起，去除政治上之顧慮後，擴大開放申請中國智慧財產權。

④ 審查國內專利從寬，國外從嚴：因為國外申請費較國內昂貴三倍以上，故做如此考量。

3.加強智慧財產權之維護

(1) 專利年費積繳與否定期評估

因國外之維護費用較國內昂貴二倍以上，故國內從寬審查，國外從嚴。

(2) 明定歸屬

合作開發及受託開發新技術契約中明定智慧財產權歸屬，以杜糾紛。若係共有智慧財產者，爭取單獨實施及授權他人實施之

權利。

(3) 落實保密措施

① 新進研究及發展（R&D）部門員工簽訂其未違反對原雇主競業禁止之義務，亦不得使用原雇主之機密資料之聘約。特殊個案更向原雇主查證上情。

② 離職研究及發展（R&D）員工對公司特別具有保密、競業禁止之義務者，另書面通知新雇主。

③ 論文、成果等發表需經妥當審查，以免洩密。

④ 落實研究記錄簿之使用及查閱。

(4) 以不斷提升技術水準，替代積極主動取締侵權

因為：①積極主動取締代價甚大；②技術生命週期短暫；③提升技術是公司之本務。

4. 健全智慧財產權之運用

(1) 確實做到技術移轉與專利授權分別計價

所研發出來之技術成果，主要就是以移轉廠商為目的。也正因為如此，縱使該項技術中有專利存在，也沒有錙銖計較地予以分開計價，而是以包裹方式全以技術形態移轉給廠商。這種做法，忽略了專利之存在價值，日後有必要予以更正。

(2) 建立客觀之授權計價標準

專利授權與技術移轉既需分別計價，但應如何計價？確係相當主觀的問題，宜由相關技術主管協同市場人員，參酌下列因素訂定之：

① 客戶之需求程度。

② 獨占或非獨占性授權。

③ 有無智慧財產權之保障。

④ 技術之可能獲利情形。

⑤ 技術之替代性。

⑥ 技術之層次或進步性。

⑦ 技術之成熟度（是否已達商品化之程度）。

⑧ 技術之成本。

(3) 在授權契約中，不承擔技術侵權之無限責任

因為獨立研究之技術縱使經過事前之專利檢索，仍難免會有侵害他人專利權之情形發生。因此原則上：

① 不保證使用本公司單位之技術不會侵害他人智慧財產權。

② 不承諾負責瑕疵擔保責任。

(4) 商標授權──原則禁止，例外許可

① HOUSE MARK：禁止授權。

② PET NAME：一般商品商標。若能確保廠商產品品質與本單位相同者，可考慮授權。

(5) 落實智慧財產權之檢索

① 研究計畫執行前、中進行檢索：以瞭解技術現況，吸收他人經驗，修正研究計畫，避免重複投資。

② 專利申請或技術授權前進行檢索：以爭取時效，避免浪費，減免民、刑事責任。

③ 商標使用進行檢索並註冊之：避免無意之侵害情事發生。

(6) 加強智慧財產權之教育

① 對不同性質之員工，施以不同內容之教育。

A.全部人員：應具備智慧財產之基本知識，以使其能重視智慧財產為目標；研究及發展部門人員：應具備智慧財產之常識，以使其能瞭解何種技術得申請智慧財產權外，並以具備撰寫專利說明書之初步能力為目標。

B.主管人員：應具備智慧財產之基本知識，並瞭解公司智慧財產管理政策，以使其具督導智慧財產產出及有關活動之能力為目標。

C.智慧財產專業人員：應具備智慧財產之知識，以使其具處理智慧財產業務之能力為目標。

② 定期持續進行智慧財產權教育。

③ 陞任主管人員以具備智慧財產權基本知識為要件。

(7) 改善智慧財產權之獎勵制度

① 專利提案者給予獎勵：不論其提案是否通過評審與否。

② 使公司獲得智慧財產者給予獎勵：不論公司因而取得智慧財產權與否。

③ 運用各種獎勵方式：獎金、獎牌、獎狀、考績、資助參賽。

（四）明確規範智慧財產之業務

為妥善保護公司之智慧財產權，鼓勵專利、著作等產生，似應依循下列步驟，推行智慧財產權之義務[25]：

---

[25] 同前註，第324-327頁。

1.員工聘僱合約之簽訂

員工於就職之日，即簽署聘僱合約，內容除含一般勞資條件條款外，尚包含智慧財產權之歸屬、營業秘密之保密義務、他人智慧財產權之保護等有關智慧財產權之規定，期能保護公司內部之重要技術外，亦同時尊重他人之智慧財產權。為避免公司因聘任新進人員，反遭受其前任雇主提出侵害智慧財產權之追訴，對於新進人員特要求填具「告知約定聲明書」，詳列其於職前所擁有之專利、著作權、專門技術，及是否有對他人負法令或契約上不得使用或洩露某項特定技術內容之約定及其細目，並保證自受僱時，不再使用前述受限之智慧財產權，以保障公司之權益。

2.獎勵研發之風氣

公司自創立時起，即投注大量心血致力於產品之研發及應用，準此，公司亦期待員工不斷開發可申請專利保護之各種新發明及新設計，為達此效果，公司頒布「創新發明獎勵辦法」以激勵員工致力於產品之研發技術提升，員工所提出之專利申請案只要經部門主管同意並提交智慧財產管理委員會審核，即發給獎金以資鼓勵，若提出之申請案經決議向外申請保護者，再給予定額之獎金，依申請之個別結果，適度給予員工獎勵，以期勉員工能盡力研發，為公司貢獻心力。對著作、商標及其他能在公司營運上有創新或能增進公司之產能者，亦依該法給予適當之獎勵。

3.智慧財產權之申請

凡員工於職務上產生新構想時，即可向法務部門提出是否具有專利性的初步辨視，法務部門在和提出構想的人員溝通後，若認為構想具專利性，並會在提出人員之協助下草擬一份構想書，

以便提交給該人員之部門主管，請求確認技術內容是否可行，再循公司發明獎勵辦法逐級呈報至智慧財產管理委員會，經決議申請專利的案件，法務部門再出面協調事務所申請作業。而因市場之要求，有申請商標之必要時，法務部門將先行查詢是否有不得註冊之情形，並蒐集相關資料呈交智慧財產管理委員會決議，委員會於評估後即將決議結果交由法務部門進行，法務部門依決議內容即行提出智慧財產權之註冊申請或結案。至於著作權登錄之案件，因我國採著作創作主義，隨即進行著作權登錄作業。

4. 智慧財產權觀念之推廣

　　依聘僱合約之簽訂，員工職務上之發明、專利等智慧財產權係歸屬於公司所有，然公司一旦取得智慧財產權時，若無明確之管理方針以維護智慧財產權，則縱使價值再高之智慧財產權亦是英雄無用武之地，自申請專利、商標、著作權之時起，即定時登錄前述智慧財產權之動態，並提交智慧財產管理委員會決議專利、商標案如何運用及是否續行之議題，此外，密切注意業界之動態，定期至中標局做商標及專利查詢之工作，蒐集相關產業界之資訊，除確實尊重他人之智慧財產權外，並提防有心人士侵害公司之智慧財產權。

5. 智慧財產權觀念之研習

　　定期於公司內部舉辦智慧財產權之研討會，強化員工對智慧財產權之認識，內容除專利、商標、著作權法規之介紹外，實務之運作亦多有著墨，尤其明白告知員工侵害智慧財產權之態樣，讓員工知所防禦，亦同時介紹可專利之要件，使員工瞭解所產生之構想、發明，是否已符合專利之要件。凡此，莫不希望藉由理

論之探討將智慧財產權之觀念深植人心。

6.非法軟體之禁止使用

為防止員工任意攜帶未經授權之電腦軟體，並安裝於公司之設施造成公司損害，特要求各級主管負責督促所屬部門，嚴格管制各部門之電腦軟體有無非法之情事，並明令違反約定之員工，所應擔負之法律責任，以維公司之形象。

7.員工離職面談

為防止員工離職時攜帶公司之機密資訊至別家競業廠商，危及公司之權益，公司於員工離職時，特重申保密義務之要求及禁止競業之告知，明確告知員工於離職後尚須遵守之義務及義務存續之年限，以期離職員工意識到保密義務之重要性，並確實遵守義務，尊重公司之權益。有鑑於資訊業挖角之風氣日益興盛，而優秀之專業工程人員培植十分不易，若因員工之離職導致營業秘密之流失，更是公司難以彌補之損失，故於聘僱合約中明訂員工離職後二年不得到與公司產製相同或類似產品之競業廠商，以確實保障公司之權益及維護營業秘密，並於員工離職時，再次重申此意念，期許員工遵守此一協議之規定。

二、智慧財產管理制度之未來發展評估

過去二十年，各國科技開發與移轉的策略產生了重大的變化。這些變化，超過任何一個立法、行政命令或公司政策的範圍，同時也影響了每個行業對科技變動所採取的態度。

這些變化大致可歸納為八項，每一項都影響智慧財產及其管理：（一）製造技術轉移到服務技術；（二）尋找重大突破轉變

到持續對現有技術的改良；（三）新產品與新服務到新程序與新系統；（四）獨立內部研究開發到共同外部研發開發；（五）從企業研究開發到企業、政府、大學（即日本的產、官、學）的合作研究開發；（六）民間技術的研究開發到國務研究開發的擴散；（七）開發新技術到技術引進；（八）國內技術開發到國際層面的開發。其中較重要的有六項，分析如下 [26]：

（一）服務技術

　　傳統的研究開發，以化學、航空、電氣、汽車及機械為主，目前新的技術則注重電腦、通訊、微波、電腦軟體、自動取款機、快遞郵件等。服務技術所牽涉的智慧財產權問題比較複雜，保護也比較困難。電腦軟體的著作權保護、積體電路的保護方式、網際網路（Internet）的法律保護，都曾引起熱烈的爭論。美、日兩國在1980年代都修改著作權法，並新訂保護積體電路光罩的法律，但問題仍然沒有完全解決。

　　著作權法對電腦軟體的保護範圍，法院的解釋逐漸擴張，已有引起反彈的趨勢。1980年間，訴訟迭起，各大電腦公司無不牽涉其中，無可否認的是這種情形，在21世紀恐將繼續。

（二）改良技術

　　1950年代以來技術重大突破的情形，已趨緩和。對於現有技術的改良，美國許多大企業的技術開發部門，興趣仍然不大。日本公司則利用歐美開發的技術，加以研究改良而獲利頗豐。

　　改良的技術與新開發的技術，對智慧財產的所有權及保護產生不小的衝擊。新技術的所有權相當明確，而改良技術在所有權

---

[26] 同前註，第75-78頁。

的主張及侵害的防衛，都比較困難。

　　1980年末期，低溫超導體的發現、新動物的專利、基因工程的發展、網路的使用及電腦的改良，在1990年代將更蓬勃，智慧財產權的保護與管理將更受重視，生物的專利問題，也更會引起法律、宗教、倫理的爭論。

（三）外部共同研究開發

　　美國在近十餘年來，對共同研究計畫及成立聯合研究中心，極為重視。電力、電子、半導體及製造科學等，紛紛成立聯合研究所。其中最大原因有三：1.研究開發的經費昂貴；2.新的科技愈來愈複雜；3.日本企業合作研究成功的先例。

　　這三種原因在21世紀仍然會繼續存在，外部合作研究開發勢必繼續盛行。新技術開發成功，利潤驚人，對共同研究鼓勵甚大。

　　智慧財產權的一些基本問題，因合作研究必須重新考量。所有權的歸屬、利益衝突問題、營業秘密，顯然已經不是公司內部問題。不公平競爭反托拉斯法上的考慮，也必須重新再加檢討。

（四）產、官、學合作

　　美、日兩國對產、官、學合作的方式，透過立法與行政政策積極推動，效果相當良好。在美國最常見的例子是，由國家基金會及私人企業贊助，設立在大學工學院的工程或科技研究中心。日本則透過政府支持的財團法人，將學界與企業界打成一片。

　　政府與學術機構的研究成果，透過技術移轉，快速達到商業運用的目的。此種安排三方面利益均霑，節省人力物力，充分使用技術發明，拓展企業的眼界與領域。在可預見的未來，這種方式將更發揚光大。

　　這種合作方式，對智慧財產的管理是一種挑戰。其一，三方面各有自己的傳統、研究環境、規則及智慧財產的管理方法；其二，研究發明之三方面權益的分配相當困難，三方的貢獻如何論功行賞，智慧財產如何分配，並無單一簡便的解決方法。

（五）技術引進

　　日本一向注重技術引進，美國直到最近幾年才開始轉變方向，注意國外的新技術之輸入。過去政府的科技政策，大學理工教育及公司研究開發的經營，以自己開發，自己應用，求取科技的自給自足，並向國外輸出。

　　自從日本、歐洲在科技發展上與美國並駕齊驅後，美國各界對國外，尤其日本的科技訊息，甚感興趣。美國已瞭解，無法在科技的領域獨霸全球，也同時理解技術引進之重要性。

　　在科技的理論與基礎研究，或許美國大致上仍占領先地位，但對新技科的應用，歐、日已迎頭趕上，有些領域已超前。技術的輸入，恐怕是美國將來必須走的途徑。技術輸入使美國在智慧財產權的地位，由賣方變為買方。兩者對智慧財產權要求保護的立場與程度，大不相同。將來若輸入比輸出為多，則對智慧財產法的立法與管理趨勢必有變動。

（六）科技國際化

　　科技國際化與智慧財產權法國際化將是無法頑抗的趨勢。美國一位公司總裁對全球性創新環境的描述最為傳神：「高速運輸在一天內把人或貨物送到地球另一端，通訊幾乎不必花費時間，我們的車來自歐洲、日本、或韓國，我們用的電腦是新加坡和台灣的零件在墨西哥裝配，我們競爭的對象是西德、日本或巴西的公司，我們從事技術開發的實驗室在瑞士、加拿大等世界各角

落，我們的許多資金來自外國。」

　　目前通訊網路的使用，虛擬空間（Cyberspace）、Internet、電子資料交換（EDI）、電子郵件（E-mail）等技術，是科技國際化最具體的實例，在概念與實質上都無法以國界來衡量與區隔。

　　在這種情形下，科技開發是國際性的活動，開發成果是國際性的產品，而智慧財產法及管理方式也勢必漸漸走上國際化的路。世界智慧財產組織（WIPO）及關稅暨貿易總協定（GATT），對智慧財產權法的統一工作一直在進行；世界貿易組織（WTO）的成立，也正式因應這種趨勢。

　　各國之間，因科技發展的程度不一，對智慧財產權的規範無法完全一致。但是，只要在國際貿易存在一天，智慧財產權法的比較研究就必須予以適當重視。

伍、智慧財產之管理與使用的指導原理

　　由於世界貿易組織這些年來成功的運作加上網際網路發展所帶來的數位化時代，提升了世人對於數位化財產及知識資產之多樣化以及它們本身均具有重要的「經濟價值」，可以豐富社會大眾的生活品質。在當下的數位化環境，各國政府與企業已經注意到智慧財產的保護及知識資產管理及使用的重要性。以下是管理智慧財產及使用知識資產所不能忽視的基本原理：一、瞭解電腦網路對於智慧財產及知識資產之重要性；二、承認智慧財產及知識資產以多樣化形式的呈現；三、應用所有可供管理智慧財產及知識資產之工具；四、承認智慧財產及知識資產之「短暫性」（Transitory）價值；五、使用「非傳統」（Non-traditional）商

業模型；六、承認不同的「資產」（Assets）具有不同的價值；七、容納資產之「公開使用」（Open Access）及廣泛的合作；八、用不同的散布模型加以實驗；九、瞭解對於智慧財產及知識資產的全球化作用；以及十、瞭解對於智慧財產及知識資產之使用者被賦予「權力」（Empowerment）之趨勢。以下分別加以說明[27]：

一、瞭解電腦網路對於智慧財產及知識資產之重要性

　　由於電腦網路科技的擴張及其應用之推廣，在20世紀末，相當急速的影響到了知識、知識資產以及智慧財產的創建、散布、使用。以這樣的方式來成長，使得所有的網路使用者成為資訊的創建者以及消費者。至於數位化媒體內容的使用者和其他各種不同形式的智慧資產利用者，也一樣地在網路使用之同時，一併成為智慧財產權權利之創建者而各自成為智慧財產的權利人。從事實的層面來看，網路時代的來臨形成了一股「網絡運動」（Network Movement），使政府機關、公司企業及一般社會大眾能夠很快地瞭解或「欣賞」（Appreciate）各種不同形態的「智慧資產」（Intellectual Assets）的「經濟價值」（Economic Value）。當然，由於網際網路的使用以及它擴張效力的結果，對於相關「知識資產」（Knowledge-based Assets）的經濟價值，透過網路使用的機制，確實大有增加。

　　這種類型的「直接連結」（Direct Link）電腦網路與智慧資產，是一個相當重要的原理。這個原理顯然將有可能在可預見的

---

[27] Jeffrey H. Motsuura, Managing Intellectual Assets in the Digital Age (MA: Artech House, Inc., 2003), p. 185.

未來變得更為「重要」（Critical）而處於樞紐的地位。任何一個謹慎行事的「開發者」（Developer）、散布者或智慧資產之使用者，他們勢必會瞭解到在網際網路與智慧資產之間「聯結」的價值。當然，他們也會瞭解到全球電腦網路的使用以及使用人數的增加，必然會增加實質的經濟價值。所有網際網路的提供者以及智慧資產的消費者（即使用人）遲早都必然會承認：廣泛使用電腦網路會大大地增加智慧資產的經濟價值；但是也必然會對智慧資產的管理造成比較大的挑戰。

在網際網路的連線體制下，知識資產的供應者應該要使用一個妥當的策略，來決定進入市場的時間點以及決定要進入哪裡的市場。智慧資產的供應者必須要有效地管理他們的資產，特別是在什麼時候來「釋放」（Release）他們的智慧資產以及在哪裡「釋放」他們的智慧資產。

二、承認智慧財產及知識資產以多樣化形式的呈現

在以往，學界與業界人士討論到「智慧財產」的相關議題時，大概都會將注意力放在傳統上所認知到的專利、商標以及著作權上面去。也只有那些資產已被基本的智慧財產法制所認可而承認的資產，才被認定是真正以知識為基礎的「知識資產」。到今天，雖然會繼續注意到傳統的智慧財產權利的保護，但是我們也會瞭解到，在目前科技的帶領下，有許多種不同形式的知識、專業知識（Know-how）等知識資產，雖然不能滿足基本的智慧財產保護的構成要件，但是它們也都具有重要的「經濟價值」。在今天以科技為主的知識經濟時代，我們大致上都會承認：許許多多的「智慧資產」都存有重要的經濟價值。在未來我們更容易發現，不同於傳統的智慧財產，知識資產的價值會遠遠地超過我

們所想像得到的應有價值。

在網際網路所創造出來的環境下，需要有完整的法制原理與規範，應用在智慧資產的管理與知識資產的使用上面。在過去，我們習以為常地會將傳統的智慧財產法制規範，適用在「線上內容」的規範上。到今天我們必須要承認在網際網路所形成的環境之下，有效的管理智慧資產，需要真正多樣化廣泛之法律原則與原理的應用。當然，在未來智慧財產法仍然會在智慧資產的使用與管理方面扮演一個主要與核心的角色，但是我們也會瞭解到許多其他的法律原則或法律概念，例如從反托拉斯法到侵權行為法等，也必然會扮演起不可或缺的角色。我們當然也應該要瞭解到：不同形式的智慧財產與知識資產，必須要以不同的方式或方法來加以管理，否則便會有捉襟見肘窮於應付之困境出現，而不能有效地管理智慧財產與使用知識資產。

或許在科技飛越進步的今天，我們要指出智慧資產之最重要的關鍵因素是「人」。人是智慧資產的來源，而且值得被包含在所有的智慧資產之中。就因為如此，我們認為有效的智慧資產管理是建立在有效的「人力資源管理」（Management of Human Resource）上。在未來的競爭世界環境之下，勝利者必然是屬於能夠有效管理及使用最具有「威力」的智慧資產者。

三、運用所有可供管理智慧財產及使用知識資產之工具

20世紀末科技發展的結果，透過「全球資訊網」所建構起來的網際網路的「虛擬世界」（Cyber World）或稱「網際空間」（Cyber Space），影響了傳統智慧財產權的法制規範至鉅；也因此讓學界與業界人士，注意到對於智慧財產與知識資產的管理，必須要使用所有可供運用的管理工具，做全面性的完全

掌握，方能達成有效管理的目的。舉例來說，那些「管理工具」
（Management Tools）包括：法律權利的運用、數位權利管理技
術（Digital Rights Management Technology）的使用，以及對於
「智慧資產」的開發者及使用者的使用「經濟誘因」（Economic Incentive）。以上這三種工具同時使用，能夠讓「智慧資產」
的所有人（指權利人），對其「資產」的接觸者或使用者做「有
效的掌控」（Effective Control）。

　　隨著科技的進步，智慧資產所有人用來保護他們資產的法律
權利範圍，也在逐漸地增加當中。除了傳統的專利、商標與著作
權的法律權利保護外，新的「法律概念」（Legal Concept）如
資料庫所有人的權利、反網域名稱搶註規則（Anti-cybersquat-
ting Rule）等，正在循序的增加之中，使得智慧資產的所有人可
以運用的管理工具也同時擴增中；各種不同的財產法律及商業法
律原理，例如：反托拉斯法、資訊安全法、擔保交易法及商業交
易法也逐漸應運而生，且同時能夠使用在智慧資產的保護與管理
方面，來確保所有人的權利。有效的智慧財產或資產的管理，除
了要瞭解這些不同法律權利之外，更要有一個真誠意願，在適當
的時候妥適地來執行這些權利。

　　智慧資產的開發者，一般來講，會仰賴「數位權利管理技
術」（例如加密制度）來保護資訊內容的散布，不致受到「駭
客」（Hacker）的入侵。這些管理技術的使用可以讓智慧資產的
所有人，完全掌握他們的權利，而能有效管理他們的智慧資產。
另一方面，經濟誘因也會多多少少達到智慧資產之使用不受侵害
的目的。

四、承認智慧財產及知識資產之競爭利益

　　智慧資產之開發者應該要能承認他們的智慧資產，其「商業價值」（Commercial Value）是有限的。在過去，一般人大都視智慧財產爲靜態的資產。就因爲如此的認定，智慧資產的保護以及「剝削」（Exploit）都被當作是可以成爲長期掌握的財產。但在網際網路的環境之下，甚至可以不誇張地指出：在可預見的未來也是一樣，智慧資產的價值遠比過去來得更爲短暫，而僅呈現出過渡性價值或短暫性價值。在現代科技環境之下，知識的快速散布以及智慧資產的普及，使得任何創新或研發的結果，很快就被「複製」（Duplicate）以及修正或改良。在這樣的環境背景下，具有價值的資訊與「創意內容」（Creative Content）經由市場的力量，會迅速地在各地「移動」。可以這麼說，要來禁止創意與知識的「流通」是愈來愈困難。結果就是一個新的資訊和資產，很快地就會被它所獲得而可以「整合」（Integrate）到更新的「產品」上面去。所以我們可以這麼說，在當下以及在可預見的未來，對於智慧資產的競爭，將會是愈來愈尖銳。這是可以理解的。也就是說，任何的「競爭利益」（Competitive Advantage）如果是來自於新的知識（知識經濟的基礎）或智慧型的創意活動，便不會維持像以前那麼久。對於任何智慧資產的建設性或防禦性的做法，在未來都會變得愈來愈困難。結果就是在未來，任何一個成功的知識資產的開發者，將會屬於那些將他們的企業經營植基於創意活動建立起來的「競爭利益」，且是以「短期利益」作爲前提之下的人。

五、使用「非傳統」商業模型

　　智慧財產的利用，長久以來都是由傳統的「授權契約」（Licensing Agreement）的方式，由使用人付出「權利金」（Royalty）給權利人以換取使用「智慧財產」的權利。目前「授權」仍然是一個重要的「商業模型」（Commercial Model），來爲「智慧資產」的開發者獲取其所應得之代價。但是在未來，使用「替代」（Alternative）利用策略，將會逐漸增加它的重要性。至少以「直接授權」來收取「權利金」的方式，在網路軟體逐漸自由化的時代已迫在眉睫之際，開放「原始碼」（Source Code）的趨勢是難以避免的。

　　因爲軟體產業的蓬勃發展，造成了「商業模型」的利用，脫離傳統以「授權契約」爲主的桎梏，開啓了「非傳統商業模型」（Non-traditioned Commercial Model）的時代。而且從趨勢分析的角度來切入，產業界與學界人士非常清楚，開放原始碼將必然成爲整體「軟體市場」（Software Marketplace）的重要組成分子。開放原始碼的做法乃是基於接受不同於直接授權的經濟利益，作爲使用人使用權獲得的補償。以這樣的方式來補償智慧資產開發者的智慧創意激盪的代價；如此一來，就說明爲什麼「非傳統商業模型」在未來軟體網路風行的時代，將在智慧資產市場上逐漸占有重要的一席之地。

　　開放原始碼模型，本身將會與其他所有可能的「替代性經濟策略」（Alternative Economic Strategies）在未來的智慧資產管理上面，繼續共同扮演重要的角色。智慧資產的所有者也必然會繼續「試驗」（Experiment）許許多多的商業模型及「企業策略」（Business Strategies），來充分利用他們在智慧資產

方面的實力。我們也可以瞭解到：商業模型及經濟策略的「多樣化」運作，將會對智慧資產的「線上市場」（Online Marketplace），注入一股新的生命活水。

六、承認不同的資產具有不同之價值

　　一般人均會同意並非所有的智慧財產均會有相同的經濟價值。有效的智慧資產管理，就必須要瞭解不同的智慧財產，有不同的經濟價值；因此，對於不同的智慧資產管理，就應該使用不同的管理做法。也就是說，對於最具有經濟價值的智慧資產，應該盡量使用最有效的管理做法；對於最不具經濟價值的智慧資產，就必須把它們當作是「消費品」（Consumer Product）來對待，它們的所有人就應該以最具創意的方式來使用它們，用以「最大化」（Maximum）它們的「總價值」（Total Value）。這類做法的例子，包括「線上內容」（Online Content）的提供者（即智慧資產之所有人），在讓他們的「內容」被廣泛使用時，不必收取使用費；但是，如果他們所提供的「內容」愈是有價值，就應該收取愈高的使用費。

　　而智慧資產的所有人經常犯共通的毛病，就是這些所有人將他們的所有智慧資產，均視為有價值的資產，也因此就用非常具有「侵略性」或「壓迫性」（Aggressively）的「管理措施」（Management Measures），來限制使用者對於他們智慧資產的使用。總括來說，這樣的做法，所使用的資產管理策略並非是「最大化」的管理做法；相反地，它放棄了比較不具資產價值的「創意使用」（Creative Use）所能創造出來的「潛在價值」（Potential Value），在此同時也增加「管理成本」（Manage Cost）。這樣一來，就不是追求「智慧資產」經濟價值「最大

化」的有效智慧資產管理策略。然而，這也是智慧資產所有人在管理策略上面的通病。

七、容納資產之公開使用及廣泛之合作

在科技飛越發展的今天，我們可以瞭解到在可預見的未來，產業界方面會逐漸增加對於智慧資產的開發者與使用者間的通力合作。最近這些年，我們見到了開放原始碼軟體發展程序，點對點（Peer-to-Peer）傳輸軟體、資料交換系統（File-Swapping System）以及散布計算網路（Distributed Computing Network），這一切均說明了現在有一個對知識資產開放使用的趨勢正在展開出來，而且短期間內還不會止息。在這樣的大環境下，我們可以見到的是智慧資產「分享使用」（Sharing Access）的時代已經來臨。傳統的做法，對於那樣的「使用」（Access）一直限制於「使用權」（Rights of Use）而未延伸至「修正權」（Rights of Modification）。這裡所說「修正權」乃是指修正原始碼的權利，以及從原始碼建立「衍生著作」（Derivative Work）之權。在未來對於修正權的開放，將會賦予更廣泛之機會，這就會允許對於先前之智慧資產開發者比較少的控制。

更進一步來審視，智慧資產的發展將會隨著時間的流程而展現出更加強調「互動式程序」（Interactive Process）的重要性。在未來，許多的智慧資產在開發的過程中，會隨著開發的進展而同時散布，這樣的現象僅僅受限於原先的開發者與之後的使用者間的互動而已。如此的開發作業流程，當然是不至於取代傳統制度的獨立研創及「掌控式的散布」（Controlled Distribution）。然而，我們卻可以注意到，在未來開發者與使用者間的「通力

合作」（Collaborative）發展程序作業，將會成為對於傳統程序作業的一個重要的補充者，因為「通力合作」式的發展程序作業，會比傳統式的程序作業在開發與散布「創意作品」（Creative Work）來得更為有實際上的效益。所以在當前鼓勵智慧資產通力合作的發展作業上，我們可以看到「市場力量」（Market Force）比政府的管制做法來得更為有效；而且在未來智慧資產的開發上，扮演了關鍵性的角色。

八、用不同的散布模型加以實驗

20世紀末網路科技的突飛猛進，創造了網路時代的來臨。影響之所及，乃是「數位網路」（Digital Network）的急速擴張，以及對於「線上內容」的多樣化使用。這樣的結果是戲劇化式地改變智慧資產的散布模式。音樂界以及其他的「媒體產業」（Media Industry）當下正面臨著如何處理正在增加中的——透過網際網路方式，散布線上音樂及線上內容的使用等棘手問題。

到目前為止，沒有人能夠有效掌握著新出現的數位媒體散布程序的作業。但是有一點可以清楚地瞭解，那就是新的程序作業，需要參與這項程序作業的各種不同之參加者，採取不同的行動及技術。在數位媒體散布上的所有參加者，均必須具有創意及彈性，來確保他們所使用的「散布模型」（Distribution Model），能夠充分增加散布智慧資產程序作業價值，這樣才能在實質上增加智慧資產的經濟效益，以及本身的附加價值。

在網路科技的進步下，資訊的散布比以往的任何時間都要來得快速與有效。這樣的情形，使得音樂產業界的錄音錄影業者，及媒體業者下的印刷出版者及媒體內容提供者等資訊媒體，必須要使用不同的做法或不同的「散布模型」（Distribution Model），來因應媒體資訊方面的智慧財產管理之必要。如果那些未能採取不同面向的「散布模型」之「實驗」，會在未來碰到比現在更嚴重的風險，那就是他們的資訊管理模型，在智慧財產的有效管理上，變得落伍而不能適應新的需求，讓他們本身被時代所淘汰，或者說他們會被數位資產管理機制邊緣化。

九、瞭解智慧財產及知識資產的全球化作用

在今天我們會看到智慧財產及知識資產具有全球化的本質。世界各地的單一個人及組織團體，在今天這樣的科技時代都是智慧資產的積極創造開發者及使用者。全世界的業界及學界人士均逐漸地認識及承認，在各國經濟發展的過程中，智慧資產的經濟價值以及它們在當下的知識經濟架構內，所扮演不可或缺的角色。

就今天的情形來看，不可否認的是美國是世界各國之中，最清楚瞭解到智慧資產享有最「無限」的經濟價值潛力。在可預見的未來，肯定會有更多的國家，瞭解到智慧資產在各國經濟發展中，所扮演的樞紐角色，以及它們所代表的「無限」經濟價值。而會鼓勵各國朝這方面去發展經濟，以及順著這樣的趨勢在其國內進行有效的管理與使用智慧資產。這種擴張性對於智慧資產重要性的承認，毫無避免地必然會對這些資產價值有重大的增加，以及也必然會增加這些資產在市場上的競爭力；而這樣的市場不僅是包括本國市場，更同時包括國際市場。

在未來，最成功的智慧資產的創造者（即開發者）及使用者，必然會承認整個世界都是智慧資產的潛在市場。他們將會重視全球化他們智慧資產的價值，而且他們也都瞭解這個世界會供給智慧資產的來源讓他們使用，當然也包括人力資源在內。他們

也會承認，智慧資產的「全球市場」（Global Marketplace）在未來的日子裡，競爭將會變得愈來愈尖銳，成功的智慧資產開發者必然是屬於那些有能力維持改革創新的人，以及那些對於科技的進步及市場改變做出迅速反應的人。承認智慧資產的全球化必然是科技進步的未來走向，而能夠確確實實地面對這樣的趨勢，在「策略」上提出因應之道的智慧資產開發者，才是最後的成功者。

十、評估網路使用者被賦予之權利

　　網絡化的環境給予網際網路使用者一定程度的權力，例如針對「數位內容」提供給使用者較以往更大的接觸使用權及掌握權。就知識資產的使用者而言，他們所使用的資料以及他們使用知識資產的方式，有比以往更大的選擇權力。隨著網際網路的進步，在未來網際網路會更加擴大也會更有「力量」，線上內容的使用者將會比過去更具有彈性，也更具有選擇的權力。同時，數位內容使用者將會有更多的機會與數位內容的開發者，建立更直接的關係，而不必仰賴任何「中間媒介者」（Intermediary）。智慧資產的開發者與使用者雙方都應該承認這樣的發展趨勢，而且也應該進一步地認知到，針對智慧資產的掌握者，將會是屬於這些資產的消費者。

　　伴隨著智慧資產的使用者被賦予與「使用」關聯性的權力，對於線上內容的使用者而言，他們也會有逐漸增加的壓力，必須去瞭解以及遵守資產開發者的「合法權利」（Legitimate Rights）。也就是說，智慧資產所有人的權利，以及資產開發者的商業義務將會繼續的存在。當智慧資產的使用者，在未來獲得比以往更大的使用權時，他們也將有更重的遵守義務。而此等使

用者的另一個身分就是智慧資產之消費者。有關他們使用智慧資產之權利及義務，有必要透過「教育」的方式，讓他們去瞭解使用的權利必然伴隨著使用的義務。所幸，對於消費者的教育，將會比一般人所預料還來得更容易。因為內容散布機制，像開放原始碼及點對點軟體的開發者般普及化，將會使得智慧資產的內容開發與內容使用者的界限，愈來愈模糊而難以明顯地加以區隔。

　　電腦軟體以及網路科技快速的進步，使得智慧資產開放系統的建制，促進了智慧資產的開發者與使用者在線上內容的發展上通力合作。在這樣的合作背景下，內容的使用者往往就成了內容的開發者。在數位資產的發展方面，廣泛的開發者與使用者的通力合作，事實上將會使得更多的人成為「內容創造者」（Content Creator）。而在這樣的大環境下，線上內容的發展及內容使用方面擴大的結果，將會比較容易「教導」所有體制下的參與者之權利與義務。在未來我們將比今天更有效地平衡開發者與消費者的權利，這將是不難預見的。

本　論

第五章 智慧財產權之國內法制規範

壹、智慧財產權法制化之必要性

不可否認地，任何一個國家對「智慧財產權法」的保護，都是居於各該國「國內法」（Domestic Law）的「範疇」（Realm）。由各國的立法機構，爲了適應各該國相關人士、利益團體及相關業者的推動及需要下，再經過正當的立法程序制定相關的法律，以對各類「智慧財產權法」的權利人之相關權益加以法律上的保障。而各國本身相關的「智慧財產權法」（Intellectual Property Law）也只有在各國管轄地域內，才能直接受到自身所制定相關「智慧財產權法」，如：專利法、商標法等對著作權人、專利權人及商標權人之權益，予以法律上的保障。也因此，「智慧財產權」之法制規範得以建立，能使社會大眾蒙受其利，也才能使各國文明得以進步，文化得以發展。

所謂的「國際法」，一般來說僅是指「國際公法」（Public International Law），不包括「國際私法」（Private International Law）。

因爲就基本內容與實際情形來看，根據傳統理論所謂的「國際私法」，指的是各國國內法的一部分，與其他各國立法機關所制定之國內法，無所差異。「國際公法」則不然，它才是眞正夠資格被稱爲「國際法」。因爲「國際法」並不是由各個國家經由正當的立法程序所制定而成「名」爲「國際法」之法律。基本上，按照傳統法學理論的說法，「國際公法」大體上是建立在「國際條約」（International Treaty）及「國際習慣」（International Rules）的基礎上，再加上各國法院在重大的相關國際性司

法案例上的判決，及各國法學專家有關「國際公法」的學說及理論，如此才形成整個「國際公法」的法律體系。

　　而在「智慧財產權」領域的相對應法律體制——「智慧財產法」規範有關「資訊」（Information）方面的「精神財產權」（Intellectual Property Right），多半會具有重要的「國際層面」（International Dimension）存在。其中主要原因是各國在相關的「智慧財產」上對其本身國民的權利保護，通常會以簽訂「多邊國際公約」（Multilateral International Treaty）或者簽訂「雙邊國際協定」（Bilateral International Treaty）的方式來完成，基本性質上應該都算是「國際公法」組成的一部分。而且事實上此等「國際公法」或條約中有關對外國人權利保護的相關原則，如「國民待遇原則」（National Treatment Principle）、「非歧視性對待原則」（Non-Discriminatory Treatment Principle）、「互惠原則」（Reciprocal Principle）等，基本上來說都是「國際公法」的幾項主要原則。僅僅是在實際的適用執行上，必須要透過各國相關的法律以「國內法」的立法方式，來實現其在各國管轄地區內的法律上效力。

　　追本溯源，從西方國家在百餘年前開始注意到「智慧財產權」法律上的權利保障時，在某些西方國家彼此間，針對某些特定的「智慧財產權」就雙方相互間的保護問題，開始以簽訂「雙邊協定」（Bilateral Agreement）的方式，完成相互間對特定「智慧財產權」的法律保護，自彼時開始，各國對「智慧財產權」的法律保護開始法制化，「智慧財產權」的法制規範即與「國際公法」結上了不解之緣。也就是說各國對「智慧財產權」之保護，在各該國司法管轄地區內，自然是屬於「國內法」的範疇；但是一旦要將保護領域擴大到「國內」以外的地區，就牽涉

到「國際公約」或「國際協定」的簽署，而在法律的適用及執行方面，也就是屬於「國際公法」的範疇。

　　再從另外一個角度來分析，為什麼在當下的世界大環境中，各國對「智慧財產權」的法律保護，會牽涉到這麼深入的「國際性界面」（International Involvement）？研究這個問題的學者專家還不少，然而不論是從哪一角度來分析這個問題，它的答案都應該脫離不了這三個理由：首先，從國際貿易的觀點來看，「世界貿易」（World Trade）的「組成元素」（Component Element）已經從傳統農業產品、手工藝品以及製造業產品，變成精細電子業產品、資訊業產品等以及更重要的「智慧財產產品」（Product of Intellectual Property）。各國彼此間的貿易往來，其貿易單元中的主要成分——「智慧財產產品」所占各國的進出口貿易額，已經達到了相當可觀的數量。

　　而在各類不同的「智慧財產產品」當中，又以相關的「資訊產品」（Informational Products）為最。而此等「資訊產品」的「經濟價值」（Economic Value）也因為新的科學、技術的突飛猛進而水漲船高地增大其「附加價值」（Added-Value）。新科技在「半導體晶片」（Semi-Conductor Chip）、「電腦軟體」（Computer Software）以及「生物科技」（Bio-Technology）方面日新月異的發展，更同時大大擴張了「智慧財產產品」的涵蓋範圍。在經濟及貿易的實務上，此類「資訊產品」，不論是傳統觀念上所認知的，抑或是新型科技所發展出來的，都已經成為各國每家公司（不論公營、民營、或公私合營）最具價值的「公司資產」（Company Asset）。同樣的情形，不但「資訊產品」在「開發中國家」（Developing Countries）成為極受重視的「公司資產」，也成為其進步發展的原動力；即使是在「已開發國

家」（Developed Countries），亦是各國相當炙手可熱累積財富的基石。舉例而言，經濟情況不甚佳的美國，在支付其「貿易赤字」（Trade Deficits）方面，也莫不以「資訊產品」計算成它的「支付能力」（Payment Capability）。

其次，從「國際合作」（International Cooperation）的觀點來看，世界性的經貿行為已經變得比以往任何時候都要來得「相互依賴」（Inter-dependent）。目前的「國際社會」已經不再有任何單一國家能夠像歷史上的英國或美國那樣對世界上的經貿行為具有獨領風騷的領導力或支配力。那樣的單一國家在歷史上某一個時期可以風光獨享的時代，已經成為過去，永遠地成為過去，成為永遠的歷史，永難回頭。因此，在現實的需要與考量下，世界各國不得不開始承認：國家間「相互依賴」的時代已經來臨，且極力往「國際合作」的方向去推動與發展。就在這樣的國際大環境下，各國同時將注意力放在「智慧財產」的創造開發與法律保護方面。於是各類「智慧財產權」的「國際合作」與「國際安排」（International Arrangement）的「國際公約」陸續被簽訂；另一方面，「多邊的」或「雙邊的」「國際公約」其會員國也都一直在增加中。國際間對「國際合作」的認識，倒是有志一同，大大地發揮「國際合作」的精神，使「智慧財產權」的法律在「國際公約」方面有相當大的成果與國際法方面的效力。

最後，就「資訊科技」（Informational Technology）的發展而言，由於最新的科技陸續發展的結果，尤其是「電腦資訊」（Computer Information）的神速發展，任何方面或領域的資訊取得、運用、散布或儲存等都較以往快速、方便，可謂是「不可同日而語」。但是相關的「電腦資訊」科技如此快速發展的結

果，反而使得這類「智慧財產權」權利人的權益易受侵害。其創作或發明或新型產品或科技秘密等均未能在法律上受到充分的保障。換句話說，資訊等科技發展的神速，固然開發與創造了科技方面的「智慧財產產品」，但同時，科技的發展也使得未經合法「授權」（Authorization）的使用、處分他人「智慧財產產品」的技術、方法或方式，比以前更為快速而且有效；因此直接或間接造成侵害合法權利人之「智慧財產產品」的合法權益，進而「降低」（Undermine）此等「智慧財產產品」的經濟價值。長此以往，則減少了這些「智慧財產權」創造者的創造企圖與投資者的投資意願。

　　上述這些對「智慧財產權」權利人之權利侵害，在大多數情形下，都是發生在「第三世界」（The Third Worlds）的國家或「開發中國家」[1]。這些情形之所以會發生在這些國家，其最基本之理由就是這些「資訊科技」不發達、「智慧財產權」意識落後的國家，在彼等國家謀求短時間「經濟發展」（Economic Development）的成果，其中最快速、有效的捷徑，即是「降低」（Lower）或「放鬆」（Relax）對「智慧財產」的法律保護標準，以不論是合法或「非法」（Illegal）的方式，剽竊或仿冒西方科技發達國家的創作、發明、科技秘密、生產方式等「資訊科技」時代下相關「資訊科技」或「資訊產品」（Informational Products）。

　　「開發中國家」為了促進快速的「經濟發展」之「國家目標」（National Goal），與「已開發國家」中的「智慧財產權」權利人在法律上的合法權利，使應受到保護或實現的目標有明顯

---

[1] 所謂「第三世界」或「開發中國家」乃政治經濟學上的名詞用語。

的牴觸或衝突。這樣的情形一再發生的結果，促使了西方科技發達國家的政府、人民及相關「利益團體」（Interest Group），在國際間大力推動與敦促簽訂「國際公約」，試圖建立國際間應一致遵守保護「智慧財產權」的「統一標準」（Unified Standard）以及建立全球性相關「智慧財產權」的國際機構，來主導世界各國對「智慧財產權」的「國際保護」（International Protection），以確實完成「智慧財產權」權利人國內與國外之法律保護其權利或真正地、完整地實現其法律上的權利。「世界智慧財產組織」就是在這樣的情形下成立起來的國際性組織，而成為目前世界上會員國最多、最重要且最具權威性之國際性保護或發展「智慧財產」的組織。

　　總而言之，各國「智慧財產權」之法制規範與國際法的基本關係是建立在「國際公法」及「國際組織」架構下，也只有在這樣的架構下，各國「智慧財產」的法制規範才能夠真正落實保護各國「智慧財產產品」在法律上所賦予的權益。而種種公約如：伯恩公約（Berne Convention for the Protection of Literary and Artistic Works）、巴黎公約（Paris Convention for the Protection of Industrial Property）、馬德里協定（Madrid Agreement Concerning the International Registration of Marks）等也相應而生，確實發揮了它們成立的目的。

貳、智慧財產權之法律體系

　　基本上，「智慧財產權」係人類運用精神智慧所發明或創作之產物或作品為標的之權利。例如，任何電腦公司均有權阻止其他公司或個人在未獲得其「授權」（License）或同意之前，抄

襲其所製作之電腦程式，或其他廠商販賣或仿冒其電腦程式等。任天堂（Nintendo）也有權對未經其「授權」或同意即仿冒其產品之廠商進行訴訟，以防止其「智慧財產產品」（Product of Intellectual Property）遭受不當之侵害。此等「智慧財產權」之權利人，唯有透過相關的法律能提供的保護功能，才能使他們的發明或創作等「智慧財產產品」合法地防止他人仿冒或剽竊等不當之侵害。他們的「智慧財產產品」才能在法律的保護下，獲得適當的保障。而法律所保護的人類智慧所創作或發明之物，才是「智慧財產」法律體系所要保護的標的。

　　隨著「智慧財產權」包含的領域逐漸擴大，相關保護「智慧財產權」的法律也逐漸增加，其結果是受到相關「智慧財產」法律體系所涵蓋的「智慧財產權」權利人之權利，自然能夠受到完善的法律保護。此種對「智慧財產權」保護的發展趨勢，最明顯的代表，可從GATT（General Agreement on Tariff and Trade）八個回合的談判發展所顯現出來。在前七個回合[2]談判中之主要議題是有關各關稅之減讓，而到了第八回的「烏拉圭回合」談判時，很顯然地，「與貿易有關之智慧財產權協定」（Trade Related Aspect of Intellectual Property Rights, TRIPs）成為「協商」（Negotiation）的主要議題。

　　根據1993年12月15日所通過的「與貿易有關之智慧財產權協定」條文，「關稅暨貿易總協定」的各盟約國均同意將「巴黎公約」與「伯恩公約」所保護之「智慧財產權」範圍，進一步予以擴大。其結果是在「烏拉圭回合多邊貿易談判最終議定

---

[2]　蔡宏明、梁憲初合著，GATT與WTO之規範，台北，五南圖書出版股份有限公司，1995年，第22頁。

書」（Final Act of Embodying the Results of the Uruguay Round of Multilateral Trade Negotiations）中明確規定，所謂的「智慧財產權」包括：一、著作權及相關權利；二、商標；三、產地標示；四、工業設計；五、專利；六、積體電路電路布局；七、未公開資料之保護；八、與契約授權有關之反競爭行為之防制。這是目前國際間對「智慧財產權」涵蓋範圍的一般認知。這種擴大「智慧財產權」保護範圍的趨勢，也可以從我國對「智慧財產權」保護範圍的擴增現象得到佐證。以往，我國與世界上絕大多數的國家一樣，在「保護智慧財產權」的相關法規上，僅有最基本的著作權法、專利法及商標法。但是這些年來，由於我國科技發展及經濟快速成長，相關產業發展的結果，必須要有法律的保護，才能繼續發揚與開展；同時，我國最大的貿易國——美國，由於國內長期經濟的衰退與蕭條，使國內「貿易保護主義者」（Trade Protectionist）的氣焰相當高漲，對美國政府頻頻施壓；結果產生出國會制定的各類保護主義意味濃厚的「貿易法案」（Trade Act），而「三〇一條款」（Section 301 Provision）就在這樣的情形之下，應運而生。

　　尤其是「1988年綜合貿易暨競爭法案」（Omnibus Trade and Competitiveness Act of 1988）在原來的「三〇一條款」中加入了「超級三〇一條款」（Super 301 Provision）及「特別三〇一條款」（Special 301 Provision），賦予美國總統及行政當局在「保護智慧財產權」的美國權利人有了極大的彈性運用「行政資源」（Administrative Resources），可以對美國的「貿易夥伴」（Trade Partners）運用相關的「三〇一條款」要求其「開放市場」（Opening Market）及加強保護外國人的「智慧財產權」。在美國運用「三〇一條款」的威力下，我國不得不與

美國展開「中美智慧財產權談判」（Sino-American Intellectual Property Negotiation）。而年年談判的結果，我國不得不對美國讓步並做出多方面的承諾。這承諾中最重要的就是根據「關稅暨貿易總協定」的幾項基本原則如「國民待遇」（National Treatment）、「平等互惠原則」（Reciprocal Principle）等，不但對著作權法、專利法及商標法等做了適度修正，還同時對「電腦軟體」（Computer Software）給予著作權法上的保護，制定營業秘密法、積體電路電路布局保護法及個人資料保護法等，使我國對「智慧財產權」的保護程度，也幾乎擠進西方高度發展國家之標準。目前我國對「智慧財產權」的保護種類及範圍與國際間之保護，可以用圖5-1加以表示。

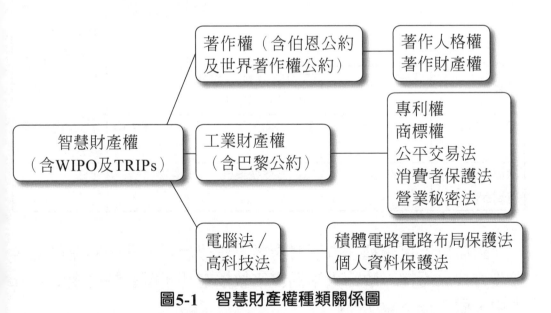

圖5-1　智慧財產權種類關係圖

　　對「智慧財產權」的一般認知是，在法律性質的分類上屬於「無體財產權」的範圍，有些人稱為「智慧財產權」。它的法律意義是，人類運用智慧所創造出來的產物及精神活動所創造出來

的成果。如前所述，由於科技愈發達，文明愈進步，如果「智慧
財產權」細分起來可以是琳琅滿目。但與社會大眾及產業界有密
切關係的，一般學者均同意以著作權、專利權、商標權及營業秘
密權為主要的四種。西方學者在討論「智慧財產權」的相關問題
時，也以此四種為討論主題。近年中外學者亦將「積體電路電路
布局之保護」一併納入討論的範疇。這幾種「智慧財產權」權利
內容及規範之法律體系，可以表5-1表示。

表5-1　智慧財產權種類法律體系表

	保護標的	保護要件	保護制度	保護期間
著作權法	觀念之表達方法	原創性、固定性	創作完成	終身加五十年
專利法	新發明	新穎、實用、非顯見性	註冊主義	發明：二十年 新型：十二年 新式樣：十年
商標法	商譽	特別顯著性、繼續使用及指定產地		
營業秘密法	資訊及專技	新商業價值及秘密	秘密產生直到不受保護	永久直到洩密或公開
積體電路電路布局保護法	電路布局	原創及非普遍性	註冊主義	十年

　　對於以上這幾種「智慧財產權」法律體系彼此間的關係及其
保護方式之選擇，政治大學馮震宇教授在「了解智慧財產權」一
書中，做了以下說明[3]：
　　不過，究竟這幾種「智慧財產權」相互之間有什麼關係呢？

---

[3]　馮震宇，了解智慧財產，台北，永然文化出版有限公司，2002年，第23-24頁。

我們又如何運用這些法律所保護的權利呢？原則上，從產品之點子或創意階段，一直到商品化的市場行銷階段，都與「智慧財產權」密切相關。由於法律並沒有規定發明創作人只能申請一種「智慧財產權法」的保護，因此，只要符合法律所保護的要件，發明創作人最好視階段的不同，分別尋求或運用不同的「智慧財產權法」保護，才可以充分保護自己的權利。就以半導體晶片（IC）開發過程各階段為例，就很清楚地瞭解階段性保護的重要性……因此，「智慧財產權」的保護，是一種全面性的保護，並沒有只能申請一種的限制。但是，究竟要採取何種的保護，就要看個案來決定了。由於沒有申請上的限制，若發生「智慧財產權」的競合問題時，就會招致很多的困擾。例如，許多漫畫造型，像米老鼠、唐老鴨等，除了可以受到著作權保護外，這些漫畫造型，如果具有特別顯著性，也可以作為商標登記；而這些創新造型若適於美感，也可以在相同或近似的造型尚未見於刊物或公開使用之，申請設計專利。如果這三種不同的權利分屬三人所有，就會天下大亂。所以，在申請保護時，就必須詳加計畫。為了防止此種情形，相關的「智慧財產法」也都有特別規定。

　　另外，值得一提的是，對於「智慧財產權」應該如何方能取得法律上的保護，馮震宇教授亦做了如下的解說[4]：在辛勤創作有了智慧結晶之後，發明創作之人就有了其「智慧財產權」，但是這種未經法律承認的「智慧財產權」不能受到法律的保護，他人也仍然可以加以抄襲仿冒。為了保護自身的「智慧財產權」不受他人侵害，除了不得公開的營業秘密（公開了就不是秘密了）之外，發明創作之人就必須踐行法律所規定的程序，才能得到法

---

[4]　同前註，第25頁。

律之保障。一般而言，這種法定的程序，就是主管機關所負責的
註冊登記與審查程序。原則上，「智慧財產權法」並未強迫發明
人或創作人必須在某一時間或在某一特別的國家註冊或登記，因
此註冊登記與否，全在於發明人或創作人自身而已，也就是說，
「智慧財產權法」是採取所謂的自願註冊或登記主義。若「智慧
財產權人」未在某一國家註冊或登記「智慧財產權」，除非有所
謂的互惠保護情形，否則就無法在該國受到保護。

參、智慧財產權之法律內涵

一、對於文化創作之保護──著作權法

如前所述，「智慧財產」是人類運用智慧所創造出來的產物
與精神活動所創作出來的成果。而人類運用智慧所創造出來的產
物，大體上來說，是指除了上開著作權及其相關權利所涵蓋之精
神創作成果以外的一切發明、發現，產業上新型及其他科技上的
創造或發明的產物。換句話說，人類運用智慧在科技上的創造或
發明，毫無疑問地，是人類「智慧財產」的一部分，多半屬於科
學及技術層面的創造。另一方面，「智慧財產」也同時是指人類
精神創作的產物。而人類在文學、藝術或科學等領域中，由於精
神活動所產生的成果，多半屬於文學及藝術層面創作。無論是在
科學及技術方面的創造，或是在文學及藝術方面的創作，它們對
整體人類科技的進步及社會文化的發展，都是息息相關且具實質
貢獻。

世界各國在近數十年來，為了鼓勵人們盡量利用智慧來創造
產物及精神活動來創作成果，使整個社會能夠不斷進步，國家能
夠持續發展。各國多半會對這些創造產物及創作成果予以保護，

其採取的保護方式，通常是透過相關法律的制定，賦予創造者或創作者一項直接具有相當時期以內的「排他性專屬權」（Exclusive Rights）。例如：著作權法賦予著作權人終生再加五十年的權利期間可以獨享其創作成果的權益。在此期間內，可以禁止他人在未經其同意前，擅自使用、收益或處分其創作成果的權利。專利權及商標權等其他「智慧財產權」之權利人，各國也都立法賦予其類似的權利──「排他性專屬權」。

　　更進一步來說，有關「文化創新」（Cultural Creations）所保護之對象，無庸諱言地，均是屬文化層面的精神創作產物或精神活動成果。因此與人類社會文化生活及國家文化發展，有相當的互動關係存在。而這一類有關精神創作的精神活動，自屬人類社會文化活動的一部分，這是毫無問題的。重要的是，這類以精神活動為主的文化活動，在法律上得到相當的保護後，才能夠確實地、直接地保障創造者及創作人的權利，鼓勵他們繼續從事創造或創作的工作，給予他們創造的結晶或創作的成果，更間接促進整個國家文化長遠的發展。

　　對於「文化創作」之保護，著作權與著作鄰接權被涵蓋在內，當無疑義。有關「文化創作」的另一新興「智慧財產權」領域──工業設計（Industrial Design）（有些學者將其稱為「工商設計」），是否應將之獨立歸類，抑或如目前我國及其他些許國家將其歸屬於專利法之範疇，而以專利法當中之「新式樣」專利來保護與規範？這是見仁見智的問題。不過基本上，「工業設計」係針對物品外觀之設計而言，法律上賦予設計人對其所為之設計所做法律上之保護。雖然在實際的應用上，工業設計的法律保護對象，多半會被應用到工商業上（此即為何有些學者稱其為「工商設計」），與商品之生產、製造、銷售有直接或間接之市

場經濟關係。然而無論如何,「工業設計」與專利法所保護之科技創新,應無實質的直接關係。關於此點,台大法律系謝銘洋教授在「智慧財產權之基礎理論」一書中,即指出:「工業設計係對於物品之外觀設計所為之保護,工業設計所保護之對象雖然多被應用在產業上,亦即由產業生產、製造、銷售,而與產業有密切之關係,然而基本上工業設計與技術之創新並無直接之關係,工業設計所要保護者為物品之形狀、花紋或色彩上之創新,強調物品之外觀給人之感覺,屬於與人類之感官有關之創作,與社會上流行趨勢有密切關係,並構成社會文化重要之部分,因此可以說工業設計之保護在本質上係屬於文化性的。就此一重要之特徵而言,其與著作權均同屬於與文化創作有關之智慧財產權。[5]」另外,他又提出:「從法律體系之觀點而言,將新式樣之保護併入專利法中之規範方式並不妥當,因為工業設計在本質上係屬於文化性,其與以技術上之創新為出發點之發明或新型,在本質上截然不同。是以許多國家,特別是重視法律體系之大陸法系國家,對於工業設計之保護係以單獨立法之方式加以規範,而不將其併入其他法律之內。[6]」因此,從謝銘洋教授的論點可知,工業設計從智慧財產之法律體系角度來看,它已成為社會文化的重要部分,在本質上屬於「文化性」,應無疑義。

(一)著作權法之宗旨

　　所謂「立法宗旨」,乃是指制定法律之目的。之所以要在條文中明示「立法宗旨」乃是為了使一般社會大眾明白其法律定位之所在,同時可以作為執法者之指引。在世界各國中首次明文

---

[5] 謝銘洋,智慧財產之基礎理論,台北,翰蘆圖書公司,1995年,第14頁。
[6] 同前註,第26頁。

列有著作權法立法宗旨者，應可回溯至1709年英國之「安妮法案」（Statute of Ann），該法中略謂：「印刷人等……常未經著作人、著作權所有人同意，擅自翻印彼等書籍……爲防止此種業務行爲，並爲鼓勵學人努力著述有價值書籍……特制定本法案……。」其立法宗旨，應爲「禁止盜印、鼓勵良性創作」[7]。

我國早期在制定法律時，欠缺擬定立法宗旨的概念。因此，早期所制定之各類法律，在立法宗旨方面多半付諸闕如。在政府遷台以後，此類情況已大有改善。尤其是近年來在美國強大壓力下，要求我國必須在保護「智慧財產權」上面詳加立法，否則便將以「三〇一條款」對我國制裁。在此情形下，我國政府不是制定新法，就是大幅的修正舊法。然而，不論是制定新法也好，抑或是修正舊法也好，均仿照英美法系之立法例，制定各相關法律之立法宗旨，或是所謂的立法目的。我國著作權法也不例外，於1985年大幅修正時，即予增列。開宗明義列於第1條，明揭「爲保障著作人著作權益、調和社會公共利益、促進國家文化發展」爲著作權立法三大宗旨。

（二）著作權法之意義

著作權一詞，國際一般把它稱作Copyright，我國著作權法學者施文高先生認爲著作權具有下列兩種意義[8]：客觀上著作權乃特別法創設之權利（Legal Institution）；主觀上著作權乃歸屬於創作該著作之人。沒錯，以國內法的角度來看，著作權法是民法的特別法，以保護著作權人權利之私權爲主。惟以國際法的角度來審視，則上述二種意義均應概括，不可偏廢。因爲各國在制

---

[7] 施文高，比較著作權法制，台北，三民書局，1993年，第98頁。
[8] 施文高，國際著作權法制析論，台北，三民書局，1985年，第7頁。

定其本國之著作權法時，固然以其本國之法律體系爲基準，但也必須配合其固有文化及社會環境等因素加以考量；然現今因爲「智慧財產權」之保護，僅於各國疆界爲限是絕對不夠的，因此從國際角度來看，必然兼顧主觀的意義與客觀的意義才是。

　　由於著作權具有強烈的屬地主義性質，施文高先生對此認爲著作權具有下列各種著作權屬地主義之基本觀念[9]：

　　1.同一著作之著作權得同時在各國領域內獨立存續。故甲國法定期間屆滿可能在乙國仍存續中。甲國法律保護之著作，不影響乙國保障相同之著作。

　　2.同一著作在各國之著作權獨立存在。

　　3.著作權之保障以著作源流國領域爲限。

　　4.每一個國家得以法律規定著作權之條件、範圍與存續期間，但通常對外國法不生拘束力。

　　5.尙無任何國際法可能拘束各國必須接受並保障發行或源流於其國境以外著作之著作權。

（三）著作權法之保護要件

　　著作權法之保護要件有：1.須爲具有「原創性」之著作；2.須爲具有「固定性」之著作；3.須爲具有「可理解性」之著作；4.須爲文學、科學、藝術或其他學術範圍之創作；5.須非不得爲著作權標的之著作。茲分別說明如下：

1.須為具有「原創性」之著作

　　所謂「原創性」係指著作在本質上須爲作者之「獨立創作」

---

[9] 同前註，第10-11頁。

（Independent Creation），且必須具有相當程度之創意。此處所要求之「原創性」為世界各國著作權法保護作者權益之共同要求；惟各國對「原創性」要求之程度不一。一般來說，原創性在解釋上有廣義與狹義之別。廣義之原創性係指「原始性」（Originality）及「創造性」（Creativity）解釋上均須滿足。狹義之「原創性」則僅須具有「創造性」即可。就美國著作權法的規定來看：「著作權之保護存在於……固定在表達的實體媒介之上，而因此可以直接或透過機器的幫忙，讓人感知、重製、或其他方法傳播該著作。」（A work of authorship must be fixed in a tangible medium of expression from which it can be perceived, re-produced, or otherwise communicated, either directly or with the aid of machine.[10]）所以就條文解釋，所謂的「原創性」應該是已經包含了「原始性」與「創造性」。僅是在個別案例上法院傾向將「原創性」分開來抽絲剝繭地加以說明而已。

2.須為具有「固定性」之著作

此「固定性」（Fixation）之要求，並未明文規定於我國著作權法中；但是如依世界上多數國家之規範及著作權之本質來看，任何著作為了方便使用人之「利用」，均必須以任何一種方式「固定」其創作之內容，亦姑且不論其「固定」時間之久暫與

---

[10] 美國著作權法第102(a)條：Copyright protection subsists, in accordance with this title, in origi-nal works of authorship fixed in any tangible medium of expression, now known or later devel-oped, from which they can be perceived, reproduced, or otherwise communicated, either directly or with the aid of a machine or device. Works of authorship include the following categories: (1) literary works; (2)musical works, including any accompanying words; (3)romantic works, includ-ing any accompanying music; (4)pantomimes and choreographic works; (5)pictorial, graphic, and sculptural works; (6)motion pictures and other audiovisual works; (7)sound recordings; and (8)architectural works.

否，它勢必要能夠被「固定」下來，方能被人「感知」、「重製」等。再從美國著作權法的規定來看，除了前面所論及之條文外，另外亦規定：「……必須是要由著作人授權，將其著作放入重製物或錄音片，且足以恆久到或穩定到能夠讓他人感知、重製或以其他任何方法傳播其內容而非暫時性者。」（The fixing must be under the authority of the author and the embodiment in a copy or phonorecord is sufficiently permanent or stable to permit it to be perceived, reproduced, or otherwise communicated for a period of more than transitory duration...[11]）依此而論，著作固定之形態不必加以限制，不論是以文字、數字、符號、聲音或圖形均可，只要能夠直接或由機器、設備感知其存在即可。其次，關於固定時間之久暫亦不做硬性規定，只要能夠「恆久」到讓他人感知其「存在」、或恆久到能夠讓人「重製」或「傳播」爲已足。

3. 須爲具有「可理解性」之著作

此「理解性」（Understandable）之要求，亦未明文規定於我國著作權法中；但是如果從世界上多數的著作權法規範的精神及立法意旨來看，均可推知此爲「理所當然」之要求，不必多論。再者，各國著作權法均明白指出：著作權法所要表達的是觀念或構想之表達，而非觀念或構想之本身。而且如果從著作之文

---

[11] 美國著作權法第101條：A work is "fixed" in a tangible medium of expression when its embodiment in a copy or phonorecord, by or under the authority of the author, is sufficiently permanent or stable to permit it to be perceived, reproduced, or otherwise, communicated for a period of mote than transitory duration. A work consisting of sounds, images, or both, that are being transmitted, is "fixed" for purposes of this title if a fixation of the work is being made simultaneously with its transmission.

化傳承使命來看，著作之內容必須是要能夠讓他人不論是否直接
或透過機器、設備去瞭解它所傳播之感情、思想、意識形態或
其他之任何「意念」。如此，對著作之要求必須具備「可理解
性」，才可以被「理解」。

4.須為文學、科學、藝術或其他學術範圍內之創作

　　此一保護要件之訂定乃是依循「伯恩公約」（Berne Convention）、「世界著作權公約」（Universal Copyright Convention）及美國與日本大多數國家之立法例，或多或少地將著作權
法所意圖保護之著作，依其性質加以歸類。我國著作權法也順
應世界上大多數國家之立法例而予以規範，於第3條之用詞定義
中，明白指出「著作：指屬於文學、科學、藝術或其他學術範圍
之創作」[12]。但是這裡有幾個問題似乎值得斟酌研究：首先，此
處之著作，不論所指類別為何，它必須是創作，然而我國現行著
作權法，對於「創作」一詞卻未加以定義，似有未妥[13]。其次，
此處之著作被限定為文學、科學、藝術或其他學術範圍之創作。
從字面上的文字解釋，似乎必須是「學術範圍」之創作，方有資
格受到著作權之保護，問題是「學術範圍」之限制是否有此必
要？同時又要如何對「學術範圍」加以定義呢？最後，這裡所論
之文學、科學、藝術所涵蓋之範圍，當然在解釋上似乎以最廣義
之解釋來適用，方為妥當。

5.須非不得為著作權標的之著作

　　前項四項要件之規定，可以將它們視為著作權保護之積極要

---

[12] 著作權法第3條第1款。
[13] 筆者試加定義為：具有獨立見解之感情、思想及意識型態等之表達形式。

件，而此處所指之規定，可以把它視爲著作權保護之消極要件。何以要列入消極要件，也是基於實務上考量，或是基於社會大衆的利益，或是基於有助文化傳承之完成在著作權法中有下列五種類型之著作不予以著作權法之保護[14]：(1)憲法、法律、命令或公文；(2)中央或地方機關就前款著作做成之翻譯物或編輯物；(3)標語及通用之符號、名詞、公式、數表、表格、簿冊或時曆；(4)單純爲傳達事實之新聞報導所做成之語文著作；(5)依法令舉行之各類考試試題及其備用試題。惟所須注意者有下列幾點：

　　(1)法律或命令解釋上應從廣義：法律不論其定名爲法、律、條例、通則，命令不論其定名爲規程、規則、總則、辦法、綱要、標準或準則，均涵蓋在內；(2)國家之法律或命令以外，條約、公約、各種地方自治之法規、公立學校之規則、公營事業機關之內部規則，亦包括在內；(3)公文乃指依公文程式條例所做成之公文，不論其種類爲何，也包含法院之判決書及行政機關做成之行政文書、通知書在內；(4)本條所謂之憲法、法律、命令或公文，在解釋上是包含本國與外國之憲法、法律、命令或公文，及其草案在內；(5)本條所謂依法令舉行之各類考試試題，在實務上僅指依「本國法律或命令」所舉行之考試試題，不包括依「外國法律或命令」所舉行之考試試題。

二、對於科技發明之保障——專利法

　　我國研究專利法之前輩甯育豐博士在「工業財產權法論」之

---

[14] 著作權法第9條。

序文中，即毫不諱言地指出「專利有『技術之鑰』之稱」[15]。而我國科技領航者李國鼎資政也曾說：「專利制度始終是國家促進科技發展中最重要之一環。[16]」足見科技發明與專利間密切的互動關係。要使科技發明能日新月異，必須要能夠建立一套良好的「專利制度」（Patent System），而要使科技發明的成果受到保障，以促使科技發明人繼續創造發明，更需要制定完備的專利法。這都是顯而易見的道理，無庸多言。

　　台灣大學法律系前輩曾陳明汝教授亦在「專利商標法選論」一書中論及：「美國之所以在國際社會居領導地位，此乃由於其『富強』所致。而其所以富強，則應歸功於科技進步、工業發展及經濟繁榮。而鼓勵發明、刺激投資、促使科技進步之原動力，則為健全完美之專利制度。美國專利商標局負責執行美國專利法及商標法，以促進國家經濟繁榮。其所扮演之最重要角色，厥為專利申請之審查及專利保護之授與。此外，該局亦負責蒐集及傳播獲准專利之技術情報……。[17]」

　　我國學者何連國在「專利商標著作權仿冒之研究」一書中，開宗明義地做了最佳說明[18]：「戰後之日本何以工業發展會如此迅速，實有賴於其專利制度、有賴於其政府民間（廠商）重視腦力之開發、重視發明。吾人可以說沒有良好的專利制度及鼓勵研究發明的國家，其工業必然落後而淪為抄襲或揀別人不要的技術之境地。而有良好專利制度之國家，由於政府以公權力保護發明者之發明，使他人不得仿冒，欲使用他人專利必須付出代價購買

---

[15] 甯育豐，工業財產權法論，台北，台海商務印書館，1973年，序文頁。
[16] 李國鼎，專利制度與科技發展，標準與工業財產，第1卷第2期，第2-4頁。
[17] 曾陳明汝，專利商標法選論，自版，1983年，第285頁。
[18] 何連國，專利商標著作權仿冒之研究，台北，三民書局，1991年修訂版，第1頁。

或自行開發。在購買他人專利中，發明人即得到代價及重視，而使其願意再去繼續研究發明創造更好的技術。對未取得新技術之廠商而言，其如仍繼續生產舊產品，必遭新產品之打擊而滯銷，致使企業走向滅亡之命運，而在國家法律保護發明之情況下，又不能仿冒，只好另想辦法，再研究比他人技術更好之技術，以降低成本、提高品質、增進功效或尋求代替品來取勝於他人。如此不斷地更新，永無止境地改進，即可推動科技之發展。」

　　由以上諸位學者專家的證言，不難瞭解專利制度之建立或專利法制定對促進科技發明的重要性。更不用說在國家致力於「現代化」的過程中，專利制度及專利法所扮演之角色是何等重要。

（一）專利法之宗旨

　　如前所述，我國舊時立法，多半未論及所謂之立法目的或立法宗旨，直到政府遷台以來，與美國發展出密切之經貿關係。然而，當我國榮登亞洲四小龍之同時，美國的經濟情況卻是在開倒車。在國內經濟蕭條之時，很自然地，美國開始對其「貿易夥伴」（Trade Partner）運用「三○一條款」的威力，要求必須對美國「開放市場」（Open Market）；更重要的是要求各國加強保護美國「智慧財產」權利人之權利。其方式是要求各國制定更多的「智慧財產」相關法律，或是對其原有之相關法律做相當大幅度的修正。

　　我國的專利法，原本對所謂的專利法立法目的或宗旨，未有明文規定，一直到1993年12月28日所修正通過的專利法才正式地在第1條仿照英美法系立法例制定了立法宗旨。我國現行專利法第1條規定：「為鼓勵、保護、利用發明、新型及設計之創作，以促進產業發展，特制定本法。」對此，大法官謝銘洋曾做

更透徹的說明。他一針見血地指出[19]，「……由此可見專利法之規範目的一方面在於保障發明人與創作人之權益，另一方面藉此種保障讓更多人願意投入發明創作，使技術水準得以提升，產業得以發展進步。可以說前者對於私人權益之保障屬於一種誘因，其最終極之目標則在於促進整體社會之進步與發展。因此專利法所要保護之法益雖然包括個人利益與公共利益，然而個人利益受到保護之要件、程度與範圍卻往往基於公共利益之考慮而受到一些限制……。」然而不論怎麼說，專利法最終立法宗旨乃是在於促進國家產業之發展，這是無庸置疑的。為了實現此項立法宗旨，專利法乃採取下列三項措施：1.鼓勵發明與創作；2.保護發明與創作；3.利用發明、新型及設計之創作。凡此種種均是為了要實現專利法的立法宗旨──「促進產業發展」。

（二）專利法之意義

一般來說，著作權著重於精神需求之保障，「作者」之著作，只要是自己獨立之創作，縱然與他人之著作雷同，仍可獲得著作權法之保障。專利權則與著作權在此方面大異其趣。其主要之原因，乃是專利權有強烈之排他性。而且專利權除了規定必須自己創作或發明外，更要求其「技術發明」在其相關領域內要能夠證明其「技術領先」；也就是說必須在相關領域內「技術」必須有「先占性」。舉例來說，某甲在時間上領先其他人就其技術或發明主張並且獲專利權之授予，則某甲以外之任何其他人相同的技術或發明，縱屬獨立自創，因其在時間上於其相關領域內，不具「先占性」，而無法取得專利權。故可做結論：「專利權不

---

[19] 謝銘洋，智慧財產權與公平交易法之關係──以專利權為中心，台大法學論叢，第24卷第2期，第531頁。

允許相同之權利標的同時存在」。何連國先生在「專利法規及實務」一書中，對「專利」做了一個相當貼切的定義[20]：「專利者，在產業界中，某特定人公開其創作之秘密，以換取某項物品或製造方法之獨占特權，他人不得仿效之謂。」其實，專利法之真諦，一言以蔽之，即是政府之產業發展政策為了能夠促使產業技術的進步以及經濟發展的提升，一方面賦予創作人或發明人在特定期間獨享其發明或創作之經濟利益的成果，作為發明、新型及設計之創作的獎勵；他方面，則要求發明人或創作人必須要公開其發明或創作之新技術，以使社會發展及相關產業能得悉其發明成果或技術創新，以便能夠做適時且有效之利用，以完成促進國家產業進步之最後目的。

（三）專利法之保護要件

專利法所規範之專利權，毫無疑問地，是一種具有支配權、排他權及絕對權性質之無體財產權。它雖然是屬於私權之一種，但是因為必須經過專利主管機關審查申請者之發明或創作是否合於專利要件，經審查確定之後，始以國家行政處分之方式賦予之權利；因此，與一般之私權未盡相同。

世界上大多數的國家將「專利」區分為發明專利、新型專利與設計專利三種[21]。而美國之專利法將前二者稱為實用專利，而另有所謂之「設計專利」。然而不論將種類如何區分，其規範之要件則有下列三種：新穎性（Novelty）、實用性（Utility）、非顯而易知性（Non-obviousness）。茲分別說明如下：

---

[20] 何連國，專利法規及實務，自版，1982年，第一篇第一章第一節。
[21] 專利法第2條。

1. 新穎性

　　對於任何發明或技術上、思想上之「高度創作」能否申請專利保護之問題，在專利法上把它稱作「專利性」（Patent-ability）──能否獲得專利法保護之資格或能力。而新穎性則是「專利性」的第一要件。在世界各國當中美國專利法對於專利之保護要件，規範比其他國家完備。但是針對「新穎性」的要求，美國專利法也僅是做概念性名詞之說明，要求發明與發現必須具有「新穎性」[22]，而對於不具備「新穎性」之要件者，僅做例示性之規範[23]。總括來說，對於「新穎性」之瞭解可以從下面說明得知[24]：所謂新穎，指發明內容之技術創作，尚未成為先前技術而言；若其已為社會一般人所共知，成為社會共有物，而仍

---

[22] 美國專利法第101條：Whoever invents or discovers any new and useful process, machine manufacture, or composition of matter, or any new and useful improvement thereof, may obtain a patent therefor, subject to the conditions and requirements of this title.

[23] 美國專利法第102條：A person shall be entitled to a patent unless (a)the invention was known or used by others in this country, or patented or described in a printed publication in this or a foreign country, before the invention thereof by the applicant for patent, or (b)the invention was patented or described in a printed publication in this or a foreign country or in public use or on sale in this country, more than one year prior to the date of the application for patent in the United States, or (c)he has abandoned the invention, or (d)the invention was first patented or caused to be patented, or was the subject of an inventor's certificate, by the applicant or his legal representatives or assigns in a foreign country prior to the date of the application for patent in this country on an application for patent or inventor's certificate filed more than twelve months before the filing of the application in the United States, or (e)the invention was described in a patented on an application for patent by another filed in the United States before the invention thereof by the applicant for patent, or on an international applicant by another who has fulfilled the requirements of paragraphs (1), (2), and (4)of section 371(c) of this title before the invention thereof by the applicant for patent, or(f)he did not himself invent the subject matter sought to be patented, or (g) before the applicant's invention thereof the invention was made in this country by another who had not abandoned, suppressed, or concealed it. In determining priority of invention there shall be considered not only the respective dates of conception and reduction to practice of the invention, but also the reasonable diligence of one who was first to conceive last to reduce to practice, from a time prior to conception by the other.

[24] 康炎村，工業所有權法論，台北，五南圖書出版股份有限公司，1987年，第197頁。

賦予專利，使特定人獨占，即與專利制度期以發展產業之本旨不合。發明之新穎性，乃為准予專利之要件，而非發明之構成要件，故其是否新穎，應於申請時為其判斷之標準。所以發明之時雖屬新穎，但申請時已非新穎者，仍無新穎性。此因發明之准予專利，係為促進產業之發展，若發明人於發明後，秘藏其發明而不公開，對於產業之發達既無助益，自無加以保護之必要。簡單地說，新穎性應該指的是前所未有之技術上或思想上之未有者。故凡有下列情事者，皆可視為具有「新穎性」[25]：(1)能以舊手段解決新困難者；(2)能以新手段解決舊困難者；(3)能以新手段解決新困難者；(4)能以未曾作為解決困難之舊手段解決舊困難者。

　　另針對新穎性之認定，我國專利法有特別指出某些情事之存在者，不合乎新穎性之要求。

　　(1) 發明專利

　　凡可供產業上利用之發明，無下列情事之一者，得依本法申請取得發明專利[26]：

　　① 申請前已見於刊物或已公開使用者。但因研究、實驗而發表或使用，於發表或使用之日起六個月內申請專利者，不在此限。

　　② 有相同之發明或新型申請在先並經核准專利者。

　　③ 申請前已陳列於展覽會者。但陳列於政府主辦或認可之展覽會，於展覽之日起六個月內申請專利者，不在此限。

　　發明係運用申請前既有之技術或知識，而為熟習該項技術者

---

[25] 見前揭註20，第62頁。
[26] 專利法第20條。

所能輕易完成時，雖無前項所列情事，仍不得依本法申請取得發明專利。下列各款不予發明專利[27]：

① 動、植物新品種。但植物新品種育成方法不在此限。

② 人體或動物疾病之診斷、治療或手段方法。

③ 科學原理或數學方法。

④ 遊戲及運動之規則或方法。

⑤ 其他必須藉助於人類推理力、記憶力始能執行之方法或計畫。

⑥ 發明妨害公共秩序、善良風俗或衛生者。

(2) 新型專利

凡可供產業上利用之新型，無下列情事之一者，得依本法申請取得新型專利[28]：

① 申請前已見於刊物或已公開使用者。但因研究、實驗而發表或使用，於發表或使用之日起六個月內申請新型專利者，不在此限。

② 有相同之發明或新型申請在先並經核准專利者。

③ 申請前已陳列於展覽會者。但陳列於政府主辦或認可之展覽會，於展覽之日起六個月內申請專利者，不在此限。

新型係運用申請前既有之技術或知識，而為熟習該項技術者所能輕易完成且未能增進功效時，雖無前項所列情事，仍不得依本法申請取得新型專利。

下列物品不予新型專利[29]：

---

[27] 專利法第21條。
[28] 專利法第98條。
[29] 專利法第99條。

　　① 妨害公共秩序、善良風俗或衛生者。

　　② 相同或近似於黨旗、國旗、軍旗、國徽、勳章之形狀者。

(3) 設計專利

　　凡設計無下列情事之一者，得依本法申請取得設計專利[30]：

　　① 申請前有相當或近似之設計，已見於刊物或已公開使用者。

　　② 有相同或近似之設計，申請在先並經核准專利者。

　　設計係熟習該項技術者易於思及之創作者，雖無前項所列情事，仍不得依本法申請取得設計專利。

　　近似之設計屬同一人者，得申請為聯合設計專利，不受前二項之限制。

　　同一人不得就與聯合設計近似之設計申請為聯合設計專利。下列各款不予設計之物品專利[31]：

　　① 純功能性設計之物品造形。

　　② 純藝術創作或美術工藝品。

　　③ 積體電路電路布局及電子電路布局。物品妨害公共秩序、善良風俗或衛生者。

　　④ 物品相同或近似於黨旗、國旗、國父遺像、國徽、軍旗、印信、勳章者。

2. 實用性

　　所謂實用性，當然是指對於社會大眾有益者而言。美國專利

---

[30] 專利法第107條。
[31] 專利法第108條。

法所規定賦予發明之專利保護之積極要件即為新穎與實用（New and Useful）[32]。而所謂實用，顧名思義應該是要能夠在產業上有利用之價值者。當然此處之實用，不必凌駕於所有現存其他有用的發明上，僅須目前能夠提供特殊利益價值之發明，即合乎此實用之要件。關於專利保護要件之實用性，可由以下說明瞭解[33]：

發明須合於實用，且達於產業上實施之程度，始能謂有產業上之實用性，亦即有產業上之利用價值。由於專利制度旨在於促進產業之發達，自須具有產業上之利用價值；若僅能作為學術或實驗的發明，不合於實用，自不能作為專利之對象。所謂產業，一般指生產而言，工業、礦業、農業、林業、漁業、水產業、畜牧業等均屬產業。所謂產業上利用價值之「利用」，係指實施之意，故僅為物品新用途之發現，尚屬不可；必須利用自然法則的思想可發生一定效果，而能實施者為必要。

至於新型之創作，依專利法規定：「設計，指對物品之全部或部分之形狀、花紋、色彩或其結合，透過視覺訴求之創作。」其僅須合於實用，即得受專利法之保護，與發明尚須具有產業上利用價值者不同。凡具有產業上利用價值之創作，必定合於實用，而合於實用之創作，則未必有產業上利用價值。故新型之合於實用，係其創作具有使物品之使用能力提高之效能，亦即新型之創作，必須較原有物品之形狀構造或裝置增加其效能，否則不能謂為新型[34]。

另外，設計之創作，依我國專利法規定：「稱新式樣者，謂

[32] 專利法第101條。
[33] 見前揭註24，第204-205頁。
[34] 同前註，第205頁。

對物品之形狀、花紋、色彩，或其結合之創作。」是新式樣以通過視覺使能發生美感為要件，不以具有實用性為必要；新式樣所表現於物品外部之形象，足以引起觀看者發生特殊之審美感亦即趣味感為已足，不一定須具有高尚優美之美感性。此項美感，以就該新式樣所表現之物品本身感受為限，不包括物品本身所具有之地理、歷史或其他因素所感受之趣味感在內。且新式樣係有形之思想上創作，故新式樣之適於美感，係指物品之形狀、花紋或色彩而言，此與發明與新型重在實用性者，有所不同[35]。

總而言之，專利所必須具備之實用性，最基本的即是必須要有產業上的利用價值，也就是必須要符合以下三點基本要求[36]：

(1) 所謂具有產業上利用價值，指產業上可以予以利用，並發生功效，如無產業上之利用價值對於技術並無使之進步，不能予以專利。

(2) 不合實用者，為無利用價值。實用，乃使用上有實際之效果、利益者而言。如理論上有實用，實際上並無實用，或構造繁雜，易生故障，或方法繁雜，不生效果，或花費過大，有欠經濟者均是。

(3) 尚未達到產業上實施階段，為無利用價值。發明目的是在解決產業技術之問題，若所發明者為產業尚未實施階段者，自無利用價值可言，不應予以專利。

3. 非顯而易知性

毫無疑問，發明可作為申請專利之對象，但是如果僅具有新

---

[35] 同前註，第206頁。
[36] 見前揭註20，第65頁。

穎性與實用性，似仍有不足，依各國專利法之通例，例如美國專利法即仍要求必須具有所謂的「非顯而易知性」[37]。我國專利法亦以「新發明」作為申請專利之必需條件，所以發明仍須具備有「非顯而易知性」之必要條件。所謂「非顯而易知性」即是近來一般學者所稱之「進步性」，此即申請專利之項目如果對於一般專於此項技術者為顯著者，即不得獲准專利。

　　如果習用技術、知識，在申請時已公知、公用或已見於刊物之技術或知識，為一般具有該技術經驗者，所容易仿效者，則運用此項習用之技術知識之發明，即未能增進功效，自屬顯而易見，欠缺進步性，不符准予專利之要件。至於首先創作合於實用性之新型，如運用申請前之習用技術、知識，顯而易知未能增進功效者，依據專利法亦無進步性，仍不得申請專利。此種新型，不為習用技藝之轉用，顯而易知未能增進功效，自無給予專利權加以保護之必要。新型之進步性程度，較諸發明為低，其比發明為低次之創作，得以新型申請專利。且與新式樣之重在美感度，而審美無所謂進步性之觀念者，有所不同。故設計並無進步性之規定。

三、對於經濟安全之保證──商標法

　　在所有相關「智慧財產權」領域中，與工、商、產業界實質上有最密切關係的，應是所謂的「商標法」。因為「商標」在

---

[37] 美國專利法第103條：A patent may not be obtained though the invention is not identically disclosed or described as set forth in section 102 of this title, if the differences between the subject matter sought to be patented and the prior art are such that the subject matter as a whole would have been obvious sat the time the invention was made to a person having ordinary skill in the art to which said subject matter pertains. Patentability shall not be negative by the matter in which the invention was made.

工、商、產業界的經營運作的同時，它不但表彰產品的來源、產品的品質（所謂的「商譽」），另一方面「商標」更具有廣告的功能，並能代表企業形象與聲望。以上種種均是工、商、產業界在經營運作時一項相當有商業價值的「無形資產」（Intangible Assets）。因為一旦某一企業之「商標」被消費大眾所接受或認同，而成為代表某種特殊意義的「商標」，那麼該特定「商標」，必然有助於該企業所生產出來之產品的銷售，也必然更能提升該企業在消費大眾心目中的形象與聲望。如此，必然能大大擴增該企業所生產之商品的市場行銷量。因此，雖然「智慧財產權」的其他領域，如著作權、專利權、營業秘密權等，均與商品之銷售或多或少有些關聯性，但是實際上的商品市場行銷或打開新市場等均與「商標」是否能在消費者心目中獲得認同或認可，有極大的相關性。

進一步來說，縱使有極優良的創作或發明，如果欠缺良好的「商標」以建立商品的「信譽」，仍然無法取得消費大眾的認可或認同。如此一來，自然會影響該商品的行銷成果。再者對於「商標」的註冊、許可與管制等也應該建立起一套有效的法律制度，尤其是對於「商標」的混淆或仿冒更應該嚴加督導與管制，因為這些都影響到一個社會的交易秩序以及國家的經濟安全，可以說對於「商標」這個問題，應該小心處理，它與國家民生息息相關。況且在當今工商社會複雜的交易情形下，文化的發展與文化的創新，更有賴於「商標制度」的確實建立與實施。換句話說，「商標制度」應是工、商、產業界所為之各種行銷的「遊戲規則」（Game Rules）的基礎標竿。此等「遊戲規則」一定要確實建立，才能夠使工、商、產業界在從事各種商業競爭時，有「遊戲規則」可資遵行。對於「商標制度」的建立，必須要注意

到商標的申請註冊、標章種類、商標專用權之許可、撤銷、商標
侵害之救濟等確實加以規範。若此，方能維持交易之秩序，確保
經濟之安全。

（一）商標法之宗旨

前面已論及，我國法律制定仿大陸法系模式，鮮少在立法目
的或立法宗旨制定時，有明文列入。商標法如同前面所述之著作
權法及專利法一樣，在舊制時期，對於立法目的或立法宗旨，無
明文規定，直到修正商標法時，才將立法目的或立法宗旨明文列
入。按照商標法第1條規定，為保障商標權、證明標章權、團體
標章權、團體商標權及消費者利益，維護市場公平競爭，促進工
商企業正常發展，特制定本法。從商標法第1條字面上的文意來
看，商標法制定之宗旨，毫無疑問地，是在促進工商企業之正常
發展。而其直接目的或短期目標就是為了保障商標專用權及消費
者之利益。也就是說，為達成促進工商企業之正常發展，以保障
商標專用權人之商標專用權及一般社會大眾之消費者權益（多半
指經濟上之利益）為直接目的或者稱之為誘因，來實現商標法之
立法宗旨。

（二）商標法之意義

就「商標」之定義來說，美國「商標法」（Lanham Act）
規定：一個製造者或商人為了表彰自己商品或服務，將任何文
字、圖形、名稱、符號或式樣使用在商品上之行銷，以有別於他
人之商品或服務[38]。我國學者李茂堂在「商標法之理論與實務」

---

[38] 39 15 U.S.C. 1052 No trademark by which the goods of the applicant be distinguished from the goods of others shall be refused registration on the principal register on account of its nature un-

less it - (a)Consists of or comprises immoral, deceptive, or scandalous matter; or matter which may disparage or falsely suggest a connection with persons, living or dead, institutions, beliefs, or national symbols, or bring them into contempt, or disrepute; or a geographical indication which, when used on or in connection with wines or spirits, identifies a place other than the origin of the goods and is first used on or in connection with wines or spirits by the applicant on or after one year after the date on which the WTO Agreement (as defined in section 2(9)of the Uruguay Round Agreements Act) enters into force with respect to the United States. (b)Consists of or comprises the flag or coat of arms or other insignia of the United States, or of any State or municipality, or of any foreign nation, or any simulation thereof. (c)Consists of or comprises a name, portrait, or signature identifying a particular living individual except by his written consent, or the name, signature, or portrait of a deceased President of the United States during the life of his widow, if any, except by the written consent of the widow. (d)Consists of or comprises a mark which so resembles a mark registered in the Patent and Trademark Office, or a mark or trade name previously used in the United States by another and not abandoned, as to be likely, when used on or in connection with the goods of the applicant, to cause confusion, or to cause mistake, or to deceive: Provided, That if the Commissioner determines that confusion, mistake, or deception is not likely to result from the continued use by more than one person of the same or similar marks under conditions and limitations as to the mode or place of use of the marks or the goods on or in connection with which such marks are used, concurrent registrations may be issued to such persons when they have become entitled to use such marks as a result of their concurrent lawful use in commerce prior to (1)the earliest of the filing dates of the applications pending or of any registration issued under this Act; (2)July 5, 1947, in the case of registrations previously issued under the Act of March 3, 1881, or February 20, 1905, and continuing in full force and effect on that date; or (3)July 5, 1947, in the case of applications filed under the Act of February 20, 1905, and registered after July 5, 1947.Use prior to the filing date of any pending application or a registration shall not be required when the owner of such application or registration consents to the grant of a concurrent registration to the applicant. Concurrent registrations may also be issued by the Commissioner when a court of competent jurisdiction has finally determined that more than one person is entitled to use the same or similar marks in commerce. In issuing concurrent registrations, the Commissioner shall prescribe conditions and limitations as to the mode or place of use of the mark or the goods on or in connection with which such mark is registered to the respective persons. (e)Consists of a mark which (1)when used on or in connection with the goods of the applicant is merely descriptive or deceptively mis-descriptive of them, (2)when used on or in connection with the goods of the applicant is primarily geographically descriptive of them, except as indications of regional origin may be registrable under section 4, (3)when used on or in connect on with the goods of the applicant is primarily geographically deceptively mis-descriptive of them, or (4)is primarily merely a surname. (f)Except as expressly excluded in paragraphs (a), (b), (c), and (d) and (e)(3)of this section, nothing herein shall prevent the registration of a mark used by the applicant which has become distinctive of the applicant's goods in commerce. The Commissioner may accept as prima facie evidence that the mark has become distinctive, as used on or in connection with the applicant's goods in commerce, proof

一書中，將「商標」定義如下：「爲表彰自己所生產、製造、加工、揀選、批售或經紀之商品，以具有顏色及特別顯著之文字或圖形、記號或其聯合式，依商標法規定申請註冊，使用於商品或其包裝或容器之上，行銷市面或外銷之『標記』。[39]」

我國現行商標法第2條即規定：「欲取得商標權、證明標章權、團體標章權或團體商標權者，應依本法申請註冊。[40]」因此，任何人欲專用商標者，應依我國商標法之相關規定，申請註冊。而申請註冊專用商標者，依商標法第29條第3項及其他相關之規定，必須具備下列三項要件：1.特別顯著性；2.必須具有使用該商標之意思；3.指定該商標圖樣所適用的商品[41]。如此，方可依照商標法之規定，申請註冊。

再者，對於商標法，一般人應具有以下五點基本認識：

1. 商標爲表彰自己商品之標記。
2. 商標應爲指定之文字、圖形、記號或其聯合式所構成。
3. 商標應具有「特別顯著性」。
4. 商標須使用於商品或其包容器上行銷市面或外銷。
5. 商標應經註冊，始有專用權。

基本上來說，「商標」之所以受到法律上的保護，並非因爲商標使用人完成任何精神上之創作，而是因爲商標使用人欲使該

---

of substantially exclusive and continuous use thereof as a mark by the applicant in commerce for the five years before the date on which the claim of distinctiveness is made. Nothing in this section shall prevent the registration of a mark which, when used on or in connection with the goods of the applicant, is primarily geographically deceptively mis-descriptive of them, and which became distinctive of the applicant's goods in commerce before the date of the enactment of the North American Free Trade Agreement Implementation Act.

[39] 李茂堂，商標法之理論與實務，自刊，1978年，第4頁。
[40] 商標法第2條。
[41] 商標法第29條第3項。

特定「商標」用來表彰其營業上之某種特定商品。該「商標」之使用，可使消費大眾對某種特定商品有所認知，才是商標法建立「商標制度」之主要用意。同時在維持交易秩序上也才有其特別之功能。

（三）商標法之保護要件

商標之保護基本上根據我國商標法之規定，「凡因表彰自己營業之商品，確具使用意思，欲專用商標者，應依本法申請註冊。[42]」之後始得受到保護。

因此，所謂的商標就是一種表彰自己營業範圍內所生產、製造、加工、揀選、批售或經濟之商品圖樣，此圖樣所用之文字、圖形、記號或其聯合式也應足以使一般商品購買人認識其為表彰之標識，並得藉此與他人之商品相區別[43]。所以申請商標註冊應具備1.特別顯著性；2.必須具有使用該商標之意思；3.指定該商標圖樣所適用的商品[44]，才可依照商標法的規定註冊。

1.積極要件

(1) 特別顯著性

要獲得商標法的保護，世界各國公認的最重要條件即是所謂的「特別顯著」；學說上一般稱之為「特別顯著性」（Distinctiveness）或者稱之為識別力。

必能夠使自己之商品與他人之商品相區別，以免與他人商品發生混同誤認之虞，謂之特別顯著。商標之顯著性，猶如專利之

---

[42] 商標法第2條。
[43] 商標法第5條第1項。
[44] 商標法第29條第3項及相關規定。

新穎性[45]。有顯著性之商標，始能獲准註冊；有新穎性之創作，方可獲准專利。其無特別顯著之商標，如誤為核准之審定，在公告期間，構成異議之原因；倘在公告期滿註冊之後，亦構成評定之理由[46]。

　　何謂「無特別顯著」，商標法未設專條列舉，但依通常學者之瞭解：商品習慣上通用之標章，以及表示商品之說明或商品本身習慣上通用之名稱、形狀、品質、公用等記述之標章，則為攸關有無特別顯著之規定；惟無標誌性標章，根本不是商標，自毋庸查明其是否為習慣上所適用。例如以鞋幫形狀註冊於鞋類商品，是其適例。此外舉凡被普遍使用之姓名或名稱，及單純而普遍無任何特徵之標章，或在交易上不能辨識自己與他人商品之異者，均應認為無特別顯著性[47]。

　(2) 須以有商品之存在或預期使用之必要

　　商標乃商品之標誌，使用商標之目的，在於表示商品之出處及保證商品之品質，因此商標乃屬於商品之形象。在採使用主義之國家，如無商品之存在，而先使用於商品上取得普通法之權利者，即不得註冊為商標；但採註冊主義之我國，預期將來之特定時間內，有商品之存在，而有使用商標之必要者，目前縱無商標之存在，亦得先申請註冊，僅於註冊後無正當事由迄未使用或繼續停止使用已滿三年者，商標主管機關應依職權或利害關係人之申請，撤銷其已註冊之商標專用權[48]。所謂商標之使用，係指將商標用於商品或其包裝、容器，行銷國內市場或外銷者；其將商

---

[45] 見前揭註20，第27頁。
[46] 商標法第48條、第49條。
[47] 商標法第37條。
[48] 商標法第55條。

標於電視、新聞紙類廣告或參加展覽會展示以促銷其商品，或以商標外文部分用於外銷商品者，亦視爲使用；足見我國雖允許先行申請註冊商標，惟申請商標註冊，即應指定使用商標之商品類別及商品名稱，以申請書向商標主管機關爲之[49]。

2. 消極要件

關於商標法保護規範之消極要件，即所謂不得申請商標註冊之情事，我國商標法亦有明文規定[50]，商標圖樣有下列事情之一者，不得申請註冊：

(1) 相同或近似於中華民國國旗、國徽、國璽、軍旗、軍徽、印信、勳章或外國國旗者。

(2) 相同於國父或國家元首之肖像或姓名者。

(3) 相同或近似於紅十字章或其他國內或國際著名組織名稱、徽章、標章者。

(4) 相同或近似於正字標記或其他國內外同性質驗證標記者。

(5) 妨害公共秩序或善良風俗者。

(6) 使公眾誤認誤信其商品之性質、品質或產地之虞者。

(7) 相同或近似於他人著名之商標或標章，有致公眾混淆誤認之虞者，但申請人係由商標或標章之所有人或授權人之同意申請註冊者，不在此限。

(8) 相同或近似於同一商品習慣上通用標章者。

(9) 相同或近似於中華民國政府機關或展覽性質集會之標章

---

[49] 商標法第19條。
[50] 商標法第29條。

或所發給之褒獎牌狀者。

(10) 凡文字、圖形、記號、顏色組合或其聯合式，係表示申請註冊商標所使用商品之形狀、品質、功用、通用名稱或其他說明者。但有第5條第2項規定之情事而非通用名稱者，不在此限。

(11) 有他人之肖像、法人及其他團體或全國著名之商號名稱、藝名、筆名、字號、未得其承諾者。但商號或法人營業範圍內之商品，與申請人註冊之商標所指定之商品非同一或類似者，不在此限。

(12) 相同或近似於他人同一商品或類似商品之註冊商標者。

(13) 以他人註冊商標作為自己商標之一部分，而使用於同一商品或類似商品者。

(14) 相同或近似於他人先使用於同一商品或類似商品之商標，而申請人因與該他人間具有契約、地緣、業務往來或其他關係，知悉他人商標存在者。但得該他人同意者，不在此限。

四、對於營業秩序之保持——營業秘密法

將營業秘密視為智慧財產權的一種，乃是因為營業秘密也可以用來保護研究發展。但是，營業秘密有下列不同於智慧財產權的性格[51]：

（一）營業秘密持有人對於資訊的壟斷，是持有人努力造成的事實狀態，不是法律賦予的獨占權利，所以一旦壟斷的事實被打破，法律除了可以處罰違反保密義務人外，無法如智慧財產權

---

[51] 戴學文，營業秘密保護大趨勢，台北，中小企業聯合輔導中心，1993年，第150-151頁。

般排除侵害，回復到原有的壟斷狀態。

（二）營業秘密的經濟價值是無庸置疑的，也可以成爲買賣或授權的客體。在進行這些商業活動時，營業秘密包含的專門技術或商業資訊等，可以透過投入與產生的比較，估算其代表的價值，需求的一方不會有取得這些技術或資訊以便合法化的壓力，所以營業秘密可以被導入市場供需原則的運作，求得雙方均可接受的價格。

（三）法律對營業秘密的保護，旨在確保保密義務被履行及當事人的信賴關係，營業秘密下的技術與資訊並不是直接受保護的對象，這些技術與資訊只是上述保護下的間接利益而已，不像智慧財產權本身即是法律保護的客體。

（四）相對於智慧財產權，以專利爲例，營業秘密的效力仍無法相提並論；對於同一種技術，持有人以營業秘密加以保護時，若同時也有人申請並取得專利，前者根本無法與後者對抗，甚至會因專利的申請而導致其喪失賴以存在的機密性。

固然，我們可以選擇將研究發展的成果，以營業秘密的方式加以保護，雖然我們不能期待營業秘密制度在激勵創造發明上扮演積極的角色；但是，至少在社會上公司企業經營之程序上可以扮演秩序維護者的角色。

至於營業秘密與智慧財產權之間的關係，我們可以說明如下[52]：

1. 互補關係

營業秘密觀念下的資訊只須是工商業相關資訊，範圍非常廣

[52] 同前註，第151-152頁。

泛，而智慧財產權底下保護的客體均不盡相同，而且有資格限
制，如專利保護「概念」、著作權保護「表達」等，產業的相關
資訊不一定找得到適當的智慧財產權保護，但大致上都不受營業
秘密觀念的排斥。

　　相對地，營業秘密對資訊必須保持機密性的要求，不一定適
合每一種資訊的性質，尤其是對有公開需要的資訊而言，例如：
報章的論著、消費產品的造形設計、半導體的線路等。這時，資
訊持有人最好尋求其他適當的智慧財產權保護。

2. 時序關係

　　資訊在取得或申請智慧財產權之前，往往有不得公開的限制
或顧慮，例如：著作人雖然於著作完成時同時取得著作權，但在
著作尚未完成前，以及技術資訊於提出專利申請前，均不得先行
公開，這些尚未完成的著作和未提出專利申請的技術資訊，都可
以用營業秘密加以保護。

3. 競合關係

　　工商資訊只要不帶有公開的要求，就可能成為營業秘密觀念
下的資訊，所以部分智慧財產權保護下的資訊，也有可能同時獲
得營業秘密的保護。專利下的資訊，由於申請過程中被要求公開
至可供實施的狀態，所以已不可能同時接受營業秘密的保護，而
智慧財產權會發生與營業秘密規範同一資訊的競合關係，主要是
在著作權的情形。由於大多數國家對著作權採「創作主義」，即
著作一經完成，著作人自然取得著作權，無須另行提出申請。而
「登記主義」國家的做法，對著作的揭露也僅要求部分，在申請
程序上不至於被全然公開，這些都提供了營業秘密規範所需的重

要條件。

（一）營業秘密法之宗旨

營業秘密是一種商業上或技術上的資訊性的秘密。原則上應該是由原始持有者，盡力以法律所允許之方式或在其範圍內，使用資訊管理之方法來維持其私密性質。但是營業秘密又何以應該受到保護，似乎可以歸納成下列三個理由[53]：

1.基於資訊自由的理念

表達的自由（Freedom of Expression）是憲法所保障的基本人權，這種自由當然包括公開資訊及不公開資訊的自由，所以營業秘密與一般公開資訊，都是建立在資訊自由的理念上，原則上都不應受到干涉或限制。

另一方面，知的權利是指政府對政治事務，除了少數如國防安全等有關資訊之外，人民有權知道，相對地，政府有予以公開的義務；這是基於監督政府的考慮，並非可以據此要求他人公開資訊。即使是政府掌理的資訊，若涉及與個人有關的權益，如專利申請案、稅捐資料等，主管機關仍然必須為這些人保密；可見，主張知的權利並不成為攻擊營業秘密的理由。

2.具有法律保護的可能性

原則上，資訊如果一經公開，被公眾知悉或取得，自然成為公共使用（Public Domain）的資訊，任何人均得使用，不得主張獨占或任何排他性權利。

所以，除了專利、晶片布局等特別規定的智慧財產權，或法

---

[53] 同前註，第25-27頁。

律特別規定具有產業價值的「專門技術」（Know-how）之外，公開的資訊是不具有被法律保護的可能性。

營業秘密是原始持有人刻意防止資訊被公眾知悉或取得，避免外流為公共使用，以便造成獨占的事實；這種事實上獨占的地位，只要原始持有人繼續將資訊與外界隔開，便可保持下去。因而，營業秘密即具有被法律保護的可能性。

3. 法律保護的價值

營業秘密具有法律保護的價值，可以從下面兩個角度說明：

(1) 對商業道德的尊重

營業秘密是原始持有人投注金錢精力所得的資訊，藉以維持競爭上的優勢地位。如果像員工一類的特定人，可以違背資訊原始持有人的意思，隨意侵害，甚至用來與原始持有人競爭，卻不被禁止，則社會秩序賴以維持的公平競爭原則，乃至於最基本的信賴關係，無疑破壞殆盡。

(2) 對創作發明的激勵

除了專利、著作權等智慧財產權之外，資訊的創作發明人也可以選擇以營業秘密的方式，對資訊予以事實上的「獨占」，這種保護不失為對創作發明的一種激勵（Incentive），也是營業秘密之所以被人認定為智慧財產權之主要原因之一。

因此，基於以上所述之理由，我們必須要制定營業秘密法，以達成下列三個願景[54]：

---

[54] 同前註，第175-176頁。

1. 符合世界通行的標準

當營業秘密成為財產的符號，投入經濟活動時，透過商業與技術的交流，營業秘密無可避免地必須形成一套定制，而且各國的觀點應會趨於一致，否則營業秘密一旦出了國界便無法保護，秩序將無以建立。一旦我國的規定有所缺漏或背道而馳，屆時將免不了國際談判的壓力。所以，在建立制度時，必須盡可能歸納什麼是時勢所趨，並多加參酌。

2. 引導產業相對策略的建立

建立營業秘密制度的目的不僅在維繫商業道德，也在於保護資訊，由此便可產生重要的競爭策略。

然而，在保護營業秘密的法律政策尚未建立前，產業必然會無所依循，無從建立相對的產業策略。具體來說，在我們的營業秘密法律制度完成前，大多數的產業業者可能只知利用見諸於既有規定的名目，如專利、著作權等，形成一套保護資訊與技術的策略，無法將營業秘密的保護納入策略中，這種策略毋寧是相當吃虧的。隨著法律制度的建立，這種不完整的策略必須跟隨調整。

那麼，這套制度的建立應當有助於產業形成新的競爭策略，至少政府也應設法讓產業瞭解這一層意義。

3. 全盤性整理相關的法律制度

營業秘密案件往往涉及民事與刑事等實體法及訴訟法上的問題，因營業秘密性質特殊之故，若不加以獨立考慮，將不足以給予保護。所以，無論修法或立法，我們都必須針對所有的相關法規加以整理，建立一套完整而有系統的制度。

　　所以，我國營業秘密法第1條前段即開宗明義地指出：「為保障營業秘密，維護產業倫理與競爭秩序，調和社會公眾利益，特制定本法。[55]」

（二）營業秘密法之意義

　　在營業秘密法尚未通過之前，企業界，尤其是競爭激烈的高科技產業，就已經瞭解到，除了一般專利、商標、著作權之外，營業秘密也是企業邁向永續經營之鑰，不可忽視。是故除採取各種的保密措施外，許多公司都與員工簽下了競業禁止條款，以有效保護其營業秘密[56]。

　　不過，除了員工跳槽因素會使營業秘密喪失之外，事實上，還有其他許多的原因會使辛苦保存的營業秘密隨之喪失，例如員工不滿或因疏忽，而將含有營業秘密之文件資料丟棄，公司或個人因追求聲譽或業績，而在宣傳、廣告或展貿會等場合不經意地透露，或是研究人員將研究成果投稿於專業刊物，或因進行技術移轉或授權活動而洩漏，或因上下游廠商之疏失而透露相關的原材料與生產力法，或為產業間諜刺探等，不一而足。由於可能喪失的情況眾多，但往往都是因為人為因素，例如不知或疏忽而喪失，因此，企業界更要特別注意營業秘密的保護，不但要使營業秘密能夠明確，也要建立制度，以防止因為員工個人因素或其他疏失，而使營業秘密喪失[57]。

　　在營業秘密法公布實施之後，營業秘密的保護更成為保護企業智慧創作不可或缺的一種措施，因此，在可預見的將來，與營

---

[55] 營業秘密法第1條。
[56] 見前揭註3，第163頁。
[57] 同前註，第164頁。

業秘密有關的爭議案件，必將逐漸增加。另一方面，在政府強調提升我國競爭力，並致力建設台灣成爲「亞太營運中心」或「科技島」的努力下，企業的競爭力就成爲政府施政成敗的關鍵之一，而企業競爭力的維持，則有很重要的一部分必須靠營業秘密來維繫。

不過，以營業秘密法來保護具有經濟價值之機密資訊有其優點，但是亦不可避免地會有一些缺失，例如欲保持秘密，就須要採取必要的保密措施，故會花費大量人力與金錢；營業秘密之制度並無對世的效力，故無法防止他人以獨立創作之方式，爲相同之發明創作以及利用；再加上通說認爲，營業秘密並無法對抗還原工程，因此，除非是屬於方法發明之類的創作（如製程等），否則於商品上市後，隨時有被人發現其內涵之營業秘密而加以利用的危險[58]。

因此，擁有機密資訊之企業或個人於決定應如何保護其秘密時，就必須評估其秘密是否值得以營業秘密或是其他智慧財產權加以保護；若可以用營業秘密有效地保護其機密，就應該建立必要且適當的制度，透過教育與說明，使公司內部人員與外部人員都能知悉哪些資訊或秘密爲營業秘密，並配合採取重要的保密措施，以防止人爲疏失，方能配合所需，確實保護營業秘密[59]。

根據營業秘密法第2條之規定，「本法所稱營業秘密，係指方法、技術、製程、配方、程式、設計或其他可用於生產、銷售或經營之資訊，而符合左列要件者：一、非一般涉及該類資訊之人所知者。二、因其秘密性而具有實際或潛在之經濟價值者。

---

[58] 同前註，第165頁。
[59] 同前註，第165頁。

三、所有人已採取適當之保密措施者。」依條文規定觀之，要符合我國營業秘密法所保護的營業秘密，就必須具備下列三個要件[60]：1.非周知性（新穎性或秘密性），也就是並非一般涉及該類資訊之人所知，而具有相當的秘密性；2.經濟價值性，也就是此種秘密資訊必須具有相當的現在或潛在經濟價值；3.已採取適當之保密措施。

　　法界通說認為，要評估一種資訊是否已經成為法律所保護的營業秘密時，應就下列六種要件加以整體評估，並以此作為將營業秘密分類，或採取不同保證措施之依據[61]：

　　1.該資訊在企業外為人所知之程度。若在該公司以外知悉該資訊之人愈多，則該資訊愈不可能符合營業秘密之要件，自然較不容易獲得營業秘密法規的保護。若已經廣為人知，則當然不能成為營業秘密。

　　2.該資訊在企業內部為員工或其他相關人員所知悉之程度。若知悉該資訊的員工或其他人士愈多，該資訊能受到營業秘密保護的可能性愈低；相對地，若知悉的人愈少，則該資訊能受到保護的可能性也愈高。

　　3.企業維護該資訊秘密性的保護程度。一般而言，企業為保護資訊之秘密性所採取的保護措施愈嚴密，則該資訊就愈有可能成為受法律保護的營業秘密。

　　4.該資訊對企業或其競爭者之重要性。該資訊對企業或其競爭者的價值愈高，則該資訊屬於營業秘密的可能性就愈高；若該資訊對企業或其競爭者並無特殊之價值，則其不屬於營業秘密的

[60] 同前註，第165頁。
[61] 同前註，第166-167頁。

可能性也愈高。

　　5. 企業為開發或獲得該資訊所支出之時間、努力與金錢。若企業為該資訊投資大量的時間、資源與金錢，則該資訊屬於營業秘密的機密就相對增加；若該資訊係屬於輕易即可獲得，不須支出特別的時間、努力或金錢，則該資訊也相對不易成為營業秘密。

　　6. 該資訊能為他人獲得或複製的難易程度。若該資訊極容易為他人所取得或是複製，則該資訊能成為營業秘密的機會相對地減少；若該資訊不易為他人所輕易地取得或複製，則該資訊能成為營業秘密的機會也相對增加。

（三）營業秘密法之保護要件

　　一般學者認為要獲得營業秘密法之保護有三要件[62]：

1. 秘密性

　　營業秘密之所以應予保護，乃在其為秘密之資訊，而使所有人取得經濟上之利益，因此秘密性之要件，尤其重要。此所謂秘密性，非絕對性，而為相對性，該資訊只有一定必須知悉之人之範圍為限。且所有人主觀上須將該資訊視為秘密，客觀上有盡一切必要之努力以維持其秘密性，該資訊始受保護。既然所有人都不將其視為珍貴之財產予以保護，而任意告訴第三人，焉能禁止他人使用？當然亦失去以法律保護之必要。至於何謂必要之努力，可參考美國實務見解，不應過於嚴苛，尚應參酌所有人之資力、資訊之價值、侵害人之不正手段，依據個案予以認定。此要

---

[62] 徐玉玲，營業祕密的保護，台北，三民書局，1993年，第38-39頁。

件為美、日、德三國所共通。

2. 價值性

在德、日，有關營業秘密之價值性要件，僅以營業秘密與所有人正當之經濟利益為必要，而美國侵權行為法編整則以「予所有人取得競爭上之優勢」為必要，因此，須已使用於商業上，始知悉是否能夠取得競爭上之優勢，其定義較狹。本文認為採德、日之見解為宜，俾使發展中之發明，亦受保護，以擴大保護之範圍。又統一營業秘密法則以「實質或潛在之價值」為要件，其意義應在正當之經濟利益內，但其文字較易發生解釋上之爭議，不若德、日之規定來得適宜；至於所謂正當之經濟利益，應指合法之資訊，至於違法之資訊，自不受保護。如何評量其經濟利益，應綜合評量所有人取得該資訊所花費之時間、人力、經費或該資訊是否能使所有人取得競爭上之優劣等情事判斷之。

3. 非周知性

此要件為美、日、德三國均具有之要件，惟其名稱及意義稍有不同。在日本稱「非公知」，其意義係指一般人所不知之資訊，如為公共所知之資訊，即無保護之價值，乃限定一定範圍之人為公開之對象，包括相對性營業秘密之含義；在美國則稱「新穎性」，係認為已為公共所知之構想，則不能允許任何人獨占使用，而其新穎性係指比一般普通之知識，有些許進步之資訊，不如專利法上之新穎性那樣嚴格，其新穎性之意義，亦在於證明其非周知；而德國則稱「未經公開」，其意義係指屬於一定保有秘密權限之人知悉，而非外界周知，亦有相對性秘密之涵義。本文認為應將相對性秘密之涵義歸入秘密性之要件，以免在文義上產

生混淆，其意義係指所有人以一定範圍之人為公開營業秘密法之
對象，著重其行為人之主觀意思。而美、日、德三國在此要件，
只有非眾所周知之意義為一致，準此，本文認為，非周知之意
義，應指非眾所周知之資訊，蓋以眾所周知之資訊，應為公共所
有，不許私人獨占。

又美國統一營業秘密法上有「不易於取得」之要件，其意義
乃指如資訊易於為他人所取得，則不許私人獨占，解釋上，似可
包括於本要件。蓋以易於公眾取得之資訊，亦應屬於公共所有之
資訊，不允許私人獨占使用。因此，綜而言之，非周知之要件，
其意義應指非眾所周知即非公眾易於取得之資訊。

我國營業秘密法所規範之保護要件規定如下[63]：本法所稱營
業秘密，係指方法、技術、製程、配方、程序、設計或其他可用
於生產、銷售或經營之資訊，而符合所列要件者：

(1) 非一般涉及該類資訊之人所知者。

(2) 因其秘密性而具有實際或潛在之經濟價值。

(3) 所有人已採取合理之保密措施者。

由此可見，我國法所規範之營業秘密構成要件，應該有下列
三者，茲分別說明如下[64]：

1. 非周知性

與其他智慧財產權相同，要成為營業秘密的特質之一，就是
該資訊具有非周知性，也就是新穎性的特色。如果該等資訊已經
為人所知悉，法律就沒有再加以保護之必要。不過，營業秘密的

---

[63] 營業秘密法第2條。
[64] 見前揭註3，第101-105頁。

新穎性與專利法所要求的新穎性仍有所不同。專利法所要求的是「絕對新穎性」，也就是指發明創作在申請專利前從未公開，因而從未被公眾所知或使用過。一旦在國內外刊物上公開、或是因公開使用，而使不特定多數人得知其使用之狀態，都將會使創作發明之新穎性喪失，無法獲准專利。但是營業秘密法所要求的新穎性則為「非一般涉及該類資訊之人所知者」，即符合新穎性之要求。

2. 經濟價值性

在此資訊時代，各種資訊極為眾多，但是能夠成為未來營業秘密法所保護的營業秘密，則必須要備具有經濟價值性，也就是該資訊必須具有商業價值性。不過，有爭議者則在於僅具備有潛在經濟價值的資訊是否亦可獲得營業秘密法的保護？對此問題，美國統一營業秘密法就規定，凡是具有獨立經濟價值，不論具有真正經濟價值或是潛在經濟價值者，均可成為營業秘密而獲得法律保障。我國營業秘密法第2條第2款則規定，「因其秘密性而具有實際或潛在之經濟價值者」，即可成為營業秘密。因此，只要對秘密持有人具有商業經濟價值，雖然持有人並無行銷之計畫，或該資訊仍在研究發展或是實驗室階段，尚未加以商業化推廣，均可以成為營業秘密，受到法律之保護。此種對具有潛在商業價值之資訊亦加以保護之原則，將可使營業秘密與專利、著作與商標等智慧財產權產生互補之效果，更能有效地保護研發成果。

3. 秘密性與適當保密措施

原則上，既然稱為秘密，就表示該資訊只能有少數人知悉，

且未洩漏，才可以稱之爲秘密，故已爲大衆所公知或業界一般知悉之事務就無法成爲秘密。

　　另外，營業秘密一旦爲他人所知悉，就會使營業秘密喪失。也就是說，營業秘密之取得與維持，都要靠秘密之維持。是故，秘密性可說是營業秘密最重要的要件之一。根據營業秘密法之規定，所有人必須「已採取適當的保密措施」，以防止秘密洩漏，才可能使其握有的秘密資訊成爲受法律所保護之營業秘密。這些方法，除了在公司內部對人、對事所採取之各種安全措施之外，也包括以保密協定、競業禁止條款等契約方式所做之保密措施。

　　而對營業秘密的維持影響最大的，就是營業秘密要具有秘密性，且營業秘密所有人能繼續維持其秘密性，使該資訊不致洩漏而爲他人所知。原則上，既然稱爲秘密，就表示該資訊只能有少數特定人知悉，故已爲大衆所知或業界一般知悉之資訊就無法成爲營業秘密。

　　相對地，原先具有秘密性的營業秘密一旦洩漏而爲他人所知悉，就會使營業秘密喪失。也就是說，營業秘密之取得與維持，都要靠秘密之維持。是故，秘密性可說是營業秘密最重要的要件之一。根據營業秘密法之規定，所有人必須「已採取適當的保密措施」，以防止秘密洩漏，才可能使其握有的秘密資訊成爲受法律所保護之營業秘密。若未採取適當的保密措施，而使秘密資訊爲外人或員工不當取得，就當然無法再行主張營業秘密之權利。

第六章　智慧財產法之國際法制規範

壹、緒論

「智慧財產」觀念之形成，必然在人類社會文明，已經具有相當程度的發展，以及相當可觀的基礎後，才逐漸衍生出「權益」的概念。對於「智慧財產權」的法律保護，其觀念之形成及保護制度之建立，在時間上及社會發展的程度上就更加延後了。然而，無論如何，「智慧財產權」法制的形成及建立，必然是在「實體財產權」制度建立之後，二者間的意義及內涵自然是有相當程度差異。

無可諱言的是，17世紀以來產業革命的發生，代表一個重要的分水嶺。到了19世紀的國際社會，才明顯注意到智慧財產權、保護制度建立的重要性；也因而有各種智慧財產權公約的召開，例如：伯恩公約、巴黎公約等通過，讓各國在著作權及工業財產權制度的建立及保護的標準，有一個共同而統一的規範可以依循。

到了20世紀末，因為科技的進步，特別是網路科技所帶來的影響，更是帶動智慧財產權保護與管理風潮的注重；像營業秘密法、積體電路電路布局保護法在科技先進國家的美國及歐盟國家，紛紛開始制定，且建立各國自己的保護制度及管理規範，其他國家如日本、韓國、新加坡也起而效尤。我國的起步較晚，而且這方面的法律規範，也有所不足，使實務界及產業界人士常常在遇到這方面的問題時，不知要如何處理。

隨著「全球化」時代的來臨，各國在經濟方面的永續發展，在許多方面與層次上，不得不仰賴智慧財產權制度的建立與管理

方面的規範。在這樣的情形下，就有必要對國際社會的智慧財產權法制進行瞭解，才能跟上全球化的腳步。

貳、國際公約之規範

一、巴黎公約

（一）公約締結之背景

在19世紀以前，因為沒有任何對於智慧財產（特別是在專利權與商標權方面）保護之國際公約的召開與成立，而且各國因為進步與發展的程度有所不同，所以要在世界各國獲得「工業財產權」（Industrial Property Rights）（歐洲大陸法系國家自工業革命後，傳統上，各國習慣將有關專利權與商標權統稱為工業財產權）的保護是相當困難的。尤其是在關於專利的申請方面，為了要避免在某一國家「公開」（Publication）其「發明」（Invention）而摧毀了在其他國家針對其相同的發明，申請各該國家專利所必須具備之「新穎性」（Novelty）要件之發生；每一個專利申請人必須要在所有申請專利的國家，大約是同時申請。若非如此，則必然會發生某些申請時間在後的國家，對於其專利因為欠缺「新穎性」而遭致拒絕的命運。由於實際上各國都會有以上的現實問題發生之可能性，因此，自然在國際社會形成一股消弭上述困難的強烈企圖。

除了上述的實際因素必須要考量之外，有愈來愈多的國家在19世紀後半期，分別各自發展出本身對於「發明」的保護制度。其結果就像其他領域的法律一樣，同樣在國際社會乃至於全文明世界內產生了要將各國的「工業財產權」相關法律予以「一致化」（Harmonization）或「和諧化」的願望。其中主要原因

乃是因爲在國際社會裡，國際貿易的力量，逐步增強以及科技發展的國際化傾向，比以往更爲顯著，使得各國呼籲專利與商標領域的國際保護有急切需要「一致化」的共同標準，以免造成國際社會對於專利與商標的保護有不同標準，形成不公平的現象。這是各國在邁向經濟發展的過程中，企圖盡量避免發生的事。

　　此外，當奧匈帝國政府在1873年於維也納舉辦國際發明博覽會時，更特別突顯出各國對於外國發明缺乏足夠的保護；因爲在當時所欲參加者，都因爲對於提供展示的外國發明未能給予充分的法律保護，而對該展示會表現出興趣缺缺，導致下面兩項發展[1]：1.制定了一項特別的奧地利法律，給予所有外國參展者所提供的發明、商標以及「工業設計」（Industrial Design）暫時性的法律保護；2.「專利改革維也納公會」（Congress of Vienna Patent Reform）亦在同（1873）年召開。該次「專利改革會議」的成就，是通過了幾項決議：建立了幾項有效實用的專利制度，所應奠定的基本原則，以及促使各國政府盡快形成對於專利保護的國際共識。1878年在巴黎召開「工業財產國際公會」（International Congress on Industrial Property），其決議要求會員國之一的政府盡速召開一次國際（外交）會議來決定在工業財產領域內制定「統一立法」（Uniform Legislation）的基礎工作。與會各國均認爲有必要制定國際間對於工業財產保護之共同規範，於是各國乃正式成立起草委員會，在法國即準備完成一份最後的草案，建議國際社會針對工業財產權的保護方面，成立一個「保護工業財產國際同盟」（International Union for the

---

[1] Marshall A. Leaffer ed., International Treaties on Intellectual Property (Washington D.C.: The Bureau of National Affairs, Inc., 1990), pp. 17-19.

Protection of Industrial Property）。之後法國政府將此完成之草案，送交各國政府進行研究，同時並附上邀請函，邀請各國參加1880年在巴黎的會議，其在本質上涵蓋了今天「巴黎公約」中，許多主要條款的實質精神與內容。

　　於1883年3月23日，一個新的外交會議又再次在巴黎召開，其結果是完成了保護工業財產的巴黎公約，正式被通過並獲得了11個國家的簽署。這11個國家是比利時、巴西、薩爾瓦多、法國、瓜地馬拉、義大利、荷蘭、葡萄牙、賽爾維亞、西班牙以及瑞士。而在次年7月7日該公約正式生效時，又有英國、威尼斯、厄瓜多三個國家表示願意遵守巴黎公約之規範，使得巴黎公約之會員國成為擁有14個簽署國的公約。到了19世紀末，巴黎公約的會員國就已成長到19個會員國。但是在關於會員國數目的大幅成長方面，則必須要等到第二次世界大戰之後，才有顯著的增加。

　　巴黎公約自從在1883年正式通過成立之後，其修正及演變的歷史，大概可以說明如下[2]：關於公約修正的國際會議有1886年的羅馬會議、1890年與1981年的馬德里會議、1897年與1990年的布魯塞爾會議、1911年的華盛頓會議、1925年的海牙會議、1934年的倫敦會議、1958年的里斯本會議，以及1967年的斯德哥爾摩會議；而最後一次的修正會議包括四次會期：第一次會期於1980年在日內瓦舉行、第二次會期於1981年在奈洛比舉行、第三次會期於1982年在日內瓦舉行、第四次會期於1984年2月至3月在日內瓦舉行。這麼多次的修正公約會議，主要是從1990年之布魯塞爾會議開始至1911年的華盛頓會議，其最後的

---

[2]　同前註。

決議都成為巴黎公約所採納的修正條文；除了已失效的布魯塞爾修正會議及華盛頓修正會議之決議外，至今都仍是現行巴黎公約的主要條文，有其公約上的效力；雖然目前世界上的絕大多數國家都是1967年斯德哥爾摩會議決議的公約簽署國。

（二）公約之規範範疇及基本原則

1. 公約規範之範疇

　　巴黎公約之條文可以將其劃分為四大範疇。第一大範疇包含實質法律的規範；它對所有的會員國的保護，賦予所謂的「國民待遇權」（The Right of National Treatment）基本權；第二大範疇建立了另外一個基本權，稱之為「優先權」（The Right of Priority）；第三大範疇界定公約的一些「共同規則」（The Common Rules），使得實體法能夠包含下列兩者之一：

　　(1) 一些規則建立自然人以及「法律實體」（Legal Entity）的權利與義務。

　　(2) 一些規則要求或允許會員國在遵守這些規則之下，制定相關的國內立法作為配套。

　　最後，第四大範疇是關於公約「行政架構」（Administrative Framework）的建立，其目的乃是要來執行公約的規定，以及包含公約最後的定案。

2. 公約之基本原則

(1) 國民待遇原則

　　巴黎公約第2條與第3條是對國民待遇原則加以規範與說明的主要條文。國民待遇原則又稱統一原則，意指關於工業財產的

保護，巴黎公約每一會員國均應該給予公約其他會員國各該國
法律現在或將來相同的保護，就如同它給予它自己國民的保護一
樣；其權利如果受到損害時，應同樣享有司法上之救濟[3]，此乃
國內外國人平等原則之法典化，為巴黎公約之首要基本原則。對
於非會員國國民工業財產之保護，如果他們是居住在會員國境內
（即在會員國內有住所）或他們在那些國家內有「眞實而有效」
（Real and Effective）之工業或商業之建立，那麼會員國國民所
享有之保護亦應同時賦予前述非會員國國民相同之保護[4]。易言
之，巴黎公約所保護者，如果在合乎前述二條件者，則不以保護
會員國之國民為限。對於會員國國民之保護與非會員國國民之保
護，二者間所不同者，為非會員國國民主張國民待遇之保護其工
業財產權利時，必須要先建立在會員國領域內有「住所」（Do-
micile），或者是在會員國領域內建立有「眞實而有效」之工業
或商業上之營業。

此國民待遇原則被納入巴黎公約規範，因此成為工業財產權
國際保護制度之「基石」（Cornerstone）；它不僅保證對外國
人工業財產之權利予以保護，而且也保證外國人之權益不致被任
何國家以任何的方式遭受歧視。如果該國民待遇原則沒有被納入
巴黎公約或成為公約法則的一部分，那麼，在實務上任何一個國

---

[3] 巴黎公約第2條第1款：(1)Nationals of any country of the Union shall, as regards the protec-
tion of industrial property, enjoy in all the other countries of the Union the advantages that their
respective laws now grant, or may hereafter grant, to nationals; all without prejudice to the rights
specially provided for by this Convention Consequently, they shall have the same protection as
the latter, and the same legal remedy against any infringement of their rights, provided that the
conditions and formalities imposed upon nationals are complied with.

[4] 巴黎公約第3條：Nationals of countries outside the Union who are domiciled or who have real
and effective industrial or commercial establishments in the territory of one of the countries of
the Union shall be treated in the same manner as nationals of the countries of the Union.

家的國民，他們的發明、商標以及其他相關的智慧財產權利，便會經常抑或甚至不可能在本國以外的其他國家，獲得足夠的法律保護。關於國民待遇原則的適用，「世界智慧財產組織」（WIPO）有如下說明[5]：「國民待遇法則」（National Treatment Rule）首先適用在所有會員國之國民；而所謂的國民，包括自然人及「法律實體」（Legal Entity）。相對於「法律實體」，要舉出爲任何人以作爲任何一個特定國家的國民特質，是非常難以做決定的。一般來說，沒有任何國家把所謂的「國籍」賦予任何「法律實體」像賦予自然人一樣，當然毫無疑問地，一個會員國家所擁有的企業或者依據各該國家「公法」（Public Law）所設置的實體，會被視爲是各該會員國所謂的「國民」。更進一步來說，依據會員國的「私法」（Private Law）所建立的「法律實體」，通常會被認定爲那個國家的「國民」；而且如果那個「法律實體」將它實際營業的總部，設在另一個會員國境內，它們也會被認爲是「總部所在國」（Headquarter Country）的國民。

再者，國民待遇法則依據公約的規定適用到各個不同國家所給予其本身所有國民的利益[6]。它的意旨即是說某一特定會員國的「本國法」（National Law）適用在該國的國民，必須也同時適用到其他會員國的國民。就這方面而言，國民待遇法則除去了任何歧視，乃至於不利於其他會員國的國民。更進一步說，這就是指任何「保護的互惠」（Reciprocity of Protection）之要求

---

[5] World Intellectual Property Organization ed., Introduction to Intellectual Property: Theory and Practice.
[6] 見前揭註3。

是被排除在外的。舉例來說[7]，任何一個會員國比另外一個會員國的賦予專利保護期間來得長，則專利保護期間較長的會員國，不能依據「互惠原則」要求保護期間較短的會員國，給予在其境內國民較長的保護期間；在這樣的情形下，兩國國民依據「國民待遇法則」的規定，專利保護期間必須適用時間較短之國家規定。此原則（即國民待遇原則）不但適用在「制定法」（Codified Law）上，也同時適用在法院的實務上，以及各國的政府行政機關及專利事務局（Patent Affairs Office），就如同適用在各國的國民一樣，雖然說依據「國民待遇法則」要求將會員國之本國法對於工業財產之規範，適用在其他會員國的國民身上（如上述）；但是這並不是防止該國民請求享有巴黎公約特別指出的更加「優惠的權益」（Beneficial Rights）。這些「優惠權益」是「明白保留的」（Expressly Reserved）；「國民待遇法則」的適用，必須不致侵害到那些「明白保留的」特定權益。

　　關於「國民待遇法則」的例外，公約第2條第3項亦有明白之規範：一個國家的本國法關於司法程序、行政程序、管轄權以及代表的必要是明白保留的[8]。這是指為了實現司法或行政程序的目的，某些加諸於外國人的特別條件，僅僅是程序性質的要求，也可以對巴黎公約會員國的那些外國人提起請求。一個明顯的例子就是要求外國人預先存放一筆金額，作為提起訴訟支出之保證金，另一個例子就是各國的國內法大多會明文規定，要求

---

[7]　見前揭註5。

[8]　巴黎公約第2條第3款：(3)The provisions of the laws of each of the countries of the Union relating to judicial and administrative procedure and to jurisdiction, and to the designation of an address for service or the appointment of an agent, which may be required by the laws on industrial property are expressly reserved.

外國人在尋求其工業財產權益法律保護的國家，指定一個地址作為法律文件往來的送達地址，或是任命一個具有法律授權的代理人。此種「代理人任命」的情形，是各國常見的加諸於外國人一般性的特別要求，而且也是國民待遇法則所允許適用的例外情形。

　　此外，前面論及關於國民待遇法則的適用，亦延伸到對巴黎公約非會員國國民在內。唯獨對於他們的適用必須合乎所謂「設定住所」或在該會員國領域內建立有工業或商業的營業，這種附加的條件，在該公約第3條有明文規定。所幸，所謂「設定住所」，就通常的情形而論，並不以嚴格的法律意義來解釋該項要求。就第3條的文字意義及條文的精神來看，一個人如果在某個會員國領域內，或多或少地永久性居住在某一個特定地點，雖然沒有在該國擁有法律上的居住地，他仍然可以被認定為合於「設定住所」的要件。換句話說，以法律意義的「住所」來區分，是僅具有「居所」，已經滿足公約第3條之要求。當然「法律實體」是以它們的總部所在地作為所謂的「設定住所」為所在地之情形。

　　如果說，實際上真的沒有「設定住所」，仍然可以依具在某特定會員國領域所建立之工業或商業之營業為基礎，而有權享有國民待遇的機會；只要它能滿足公約約文之規定即可。因為公約之約文對於非會員國國民，在會員國領域內建立工業或商業之營業有所限定。就是公約第3條所明白指出的──營業必須是真正有效的[9]。換句話說，工業或商業之營業，其建立必須是實在的、發揮功能的工、商業活動，若只是租用郵政信箱或辦公室而沒有實際上的營業活動，是不夠的。

---

[9]　見前揭註3。

(2) 優先權原則

巴黎公約關於「優先權」（The Right of Priority）的規範原則是規定於公約第4條。第4條所規範之優先權乃是指一個假定的申請者在巴黎公約下之任一會員國，基於一個正常的申請程序，提出一項工業財產權益之申請，該相同的申請者（或其權益的繼續者）在一特定的期間內（對於工業式樣及商標者為六個月，對於專利與實用新型為十二個月），可以向所有其他會員國，提起申請保護其智慧財產。然後，這些後申請的均可以被認定像是首次（或早先）申請的同天所提出之。換句話說，針對有關這些時間在後的申請——對於同一發明在第一次申請日期之後所有提出的申請——均以其第一次之申請日為其申請日，可享有與第一次申請一樣待遇的「優先權地位」（Priority Status）。一般來講，容易損害到申請者的權益或他發明之專利性能力，雖然行為完成在第一次申請日期之後，也同樣享有「優先權地位」[10]。

事實上，從公約第4條可以看得出來，優先權的規範提供了打算向許多國家尋求工業財產權保護的相當實際的利益。對於這些申請者而言，他們不必同時向本國及外國提出所有的申請保護；因為他們可以自由選擇在第一次申請保護其工業財產權的六

---

[10] 巴黎公約第4條：The right of Priority means that, on the basis of a regular application for an industrial property right filed by a given applicant in one of the member countries, the same applicant (or its or his successor in title) may, within a specified period of time (6 or 12 month), apply for protection in all the other member countries. These later applicant will then be regarded as if they had been filed on the same day as the first (or earlier) application. In other word, these later applications enjoy a priority status with respect to all applications relating to the same invention filed after the date of the first application. They also enjoy a priority status with respect to all acts accomplished after that date which would normally be apt to destroy the rights of the applicant or the patentability of his invention.

個月（工業式樣與商標）或十二個月（專利與實用新型）內來決定向哪些國家提出申請保護，只要在時間規定內完成所有申請請求保護者，均可以享受優先權的地位，而可以享有回溯第一次提出申請日期保護之計算[11]，這樣的寬限期間可以使申請者能夠在六個月或十二個月的期間內，以正常而謹慎的態度，採取必要的步驟使申請者之工業財產權或發明等，得以順利地在各國獲得適當的法律保證。直接了當地說，享有優先權的權利受益人就是那些依據「國民待遇原則」所得以受惠的人，在巴黎公約的任一會員國提起請求保護其發明，申請專利或其工業財產權保護之人。

　　優先權之精義即在於享有優先權之申請人，只需就其相同之工業財產權在巴黎公約之任何一會員國內提出申請，只要能夠在六個月或十二個月的規定期間內完成，即可使用第一次提出申請之日期為申請日，作為其權利開始受法律保護之始期，因此，我們可以從反面解釋「優先權」之實現，就是說第二次申請雖然或許是原申請之改良申請，仍然是不須要以第二次申請之日為「優先權」之基礎。這其中的原因是很清楚的，任何一個國家都不會允許針對同一項「工業財產權益」，如發明，主張連續不斷地毫無終止地接續申請。因為這樣一來，就有可能造成對同一工業財產權延長相當長的保護期間。這樣的投機行為是各國法律所不鼓勵也不容許的。因此，才有這樣的公約規範，冀盼各會員國能奉行不悖，一律遵守；如此，各國在實際的申請案例上能有一個客觀而且公平的原則作為圭臬。

　　「優先權」也可以由第一個申請人的「權益繼受人」（Successor in Title）來提出請求或主張「優先權」之行使。而且「優

---

[11] 同前註。

先權」也可以不須在第一次申請之同時，轉讓給「權利繼受人」。這樣一來，可以由原申請人在不同的國家，將「優先權」轉讓給不同的「權利繼受人」，這是公約將各國行之有年的實際做法加以「法制化」（Codification）的結果，使各國得以將實務上的慣例，取得國際公約的法源依據。更可以讓各國在實務上將「優先權」的權益，發揮得淋漓盡致，能夠讓公約的會員國在做法上能夠有統一的規範。

　　在申請人主張「優先權」之適用時，實務上有一點必須要注意，就是在第一次申請工業財產權（如發明等）保護後，繼續在其他國家申請相同的保護而主張「優先權」時，必須是針對同一個發明或同一項智慧之申請方可[12]。換句話說，首次申請與其後所有的申請，如果要主張「優先權」之適用時，其先後申請之主體必須是一樣的。具體來說，必須是相同或同一的發明、實用、新型、工業設計或商標，方能合乎申請「優先權」適用之先決條件。當然，申請者可以在第一次就其發明所申請之專利當作「優先權」之基礎，作為「實用新型」的註冊；反之亦可。同樣的道理在「實用新型」與「工業設計」之間，保護形式的雙向改變，也同樣適用。

　　再者，首次申請保護必須是依據正當程序，按照正規作業手續來完成申請之工作[13]，如此方能具備其後的要求「優先權」之適用。任何的「申請之提起」（Filing）即是指在任何一個國家依其國內法提起之正規國內申請，這就是要求「優先權」適用之有效的法定基礎。所謂「正規國內申請」（Regular National Fil-

---

[12] 同前註。
[13] 同前註。

ing）就是指在任何一個國家依其國內法所完成的申請，足以證明或建立其申請之「日期」。而此處所謂之「國內申請」其意義更涵蓋了與各該國家建立有雙邊或多邊條約關係之巴黎公約會員國在內，如此使得「國內申請」的範疇能夠不侷限於申請人之本國（國籍國），也可以經由與本國因為條約關係之建立，而合於巴黎公約的「優先權」適用之要求。另外，更重要的一點是針對首次申請的「撤回」（Withdraw）、放棄（Abandonment）或拒絕，並不影響其作為之後所有申請保護之「優先權」基礎。「優先權」甚至於可以一直維持到即使是首次申請的「工業財產權」業已不復存在。

　　其次，我們再來看「優先權」的效果。有關「優先權」的效果，在公約第4條亦指明得相當清楚。簡單地說，主張「優先權」的結果是時間在後的，在另外一個公約會員國所提出的「正規申請」會被視為取得首次申請的「優先權」地位；藉由「優先權」的關係，在首次提出申請法律保護與之後提出申請之間所謂的「優先權期間」（Priority Period）所完成的所有行為，均不能損害到之後提出申請之主體（如發明、實用新型、工業設計與商標）之權益[14]，我們可以更進一步以具體的實例來說明以上所論的「優先權」效果。就是說，在「優先權期間」，針對同一發明的專利申請，如果有一第三人提出，即使他的提出申請早於任何原先「提出首次申請者」在其他國家提出之申請，該第三人也不致會給予優先權之適用。同樣的情形，在「優先權期間」針對「之後申請」（Later Application）的主體如「發明」之「公開使用」（Public Use）或「公告周知」（Publication），將不致

---

[14] 同前註。

損害到此特定發明之「專利性」（Patentability）或「新穎性」（Novelty）。爲了獲得「優先權」適用之地位，所謂的「公告周知」不論是由申請者或發明者自己，抑或是由第三人所爲，並不存在任何實際上的重要性。

至於說「優先權期間」要給予多久的問題，就必須視該工業財產權之種類，其權益有所不同。例如說，對於「發明」所申請之專利及「實用新型」，它們「優先權期間」爲十二個月，而對工業設計及商標之「優先權期間」則爲六個月，在考量各種不同工業財產權之「優先權期間」長短問題方面，巴黎公約主要須斟酌的因素是申請者與任何第三人之間的「衝突利益」（Conflicting Interests），現行巴黎公約對於「優先權期間」之規範，似乎是在尋求突顯各方相關利害關係人彼此之間，具備足夠的「衝突利益」之均衡而已 15。

另外，被公約所認可之「優先權」允許所謂的「多重優先權」（Multiple Priorities）及「部分優先權」（Partial Priorities）16。因此。「之後申請」保護者，不但可以主張任何一個「之前申請」（Earlier Application）的「優先權」，而且也可以將數個「之前申請」的幾個「優先權」，結合在一起計算；當然這裡之所以會有數個「優先權」之存在，乃是因爲「之前申請」涵蓋數個不同「主題」（Subject Matter）或種類的工業財產權之故。更進一步來說，在「之後申請」之情形，主張「優先權」的要素可以將未主張「優先權」之要素，結合起來一起來考量，但是不論怎麼說，在所有這些情形之下，對於「之後申

---

15 見前揭註5，第366-364頁。
16 同前註。

請」是否給予「優先權」適用之地位，必須合於「發明完整性」
（Unity of Invention）之要求 [17]。這些所有可能性的出現，正好
反映出實際的需要，經常發生的情形是往往在首次提出申請「優
先權」適用之後，針對原先所提出申請之發明或任何一件工業財
產，申請人或發明者本人會加以改善、改良或增加更廣泛之實用
或更大之價值，然後在「原申請國」（Country of Origin）提出
更進一步之申請。在這種情形下，當另外一個巴黎公約會員國於
「優先期間」屆滿之前提出申請，那就是有實際的需要，來將所
有「之前申請」各種不同的「發明」或其他「工業財產權益」結
合起來一起計算。這種方式的結合計算，如果是面對來自於不同
會員國「多重優先權」的情形，就更是有可能的了。

(3) 工業財產權之獨立與屬地原則主義

　　關於工業財產權利之獨立原則與屬地主義原則被巴黎公約所
採納爲基本原則，可以從公約之精神及條文之規範來發掘出其原
則之確定與適用。關於工業財產中專利權之獨立原則，可見證於
公約第4條之2第1項規定，各會員國之國民，在其他會員國內所
申請之專利，應與在他國取得同一發明之專利，互爲獨立，而不
問該他國是否爲巴黎公約之會員國 [18]。對於其權利之存續期間、
無效及撤銷等亦互不影響 [19]。至於商標權之獨立原則即可由公約

---

[17] 同前註。

[18] 巴黎公約第4條A項第1款與第2款：(1)Any person who has duly filed an application for a pat-
ent, or for the registration of a utility model, or of an industrial design, or of a trademark, in one
of the countries of the Union, or his successor in title, shall enjoy, for the purpose of filing in the
other countries, a right of priority during the periods hereinafter fixed. (2)Any filing that is equiv-
alent to a regular national filing under the domestic legislation of any country of the Union or un-
der bilateral or multilateral treaties concluded between countries of the Union shall be recognized
as giving rise to the right of priority.

[19] 同前註。

第6條發現。例如，對於商標之申請及註冊之條件，應由各會員國依各國國內法之規定決定之[20]；然而會員國之國民，存在一個其他會員國所爲之商標註冊的申請，不得以其未在原申請國（國籍國或母國）申請、註冊或延展而予以拒絕或使其註冊無效[21]。凡是在任一會員國所註冊之商標與在其他會員國，包括原申請國（國籍國或母國）在內所註冊之商標，應視爲互相獨立[22]。

其次，由公約之整體精神觀察，工業財產權（主要係指專利權與商標權）之取得，乃採所謂的「屬地主義」。也就是說，針對專利之發明人、商標之所有人，以及實用新型或新式樣之設計人，如果要在任何公約會員國內，受到各國專利權或商標權等工業財產權相關權益之保護，均應依相關各國國內法向各該國之主管機關，申請註冊或登記，方始受到各該國相關法律的保護（此爲「註冊主義」）；而在他國所取得之專利權或商標權，如未能在各該國國內另行完成申請註冊或登記，則並不當然受到各該國相關法律保護。以上即爲所謂的工業財產權之「屬地主義」。

固然，工業財產權之保護，在國際社會，迄今爲止，仍然大多是採取「屬地主義」。然而在歐洲聯盟國家，過去因爲「歐洲共同市場」發展的結果，採取屬地主義而必須完成申請註冊登記之手續，使得申請人增加許多或許是「不必要」的時間與精力的

---

[20] 巴黎公約第6條第1款：(1)The conditions for the filing and registration of trademarks shall be determined in each country of the Union by its domestic legislation.

[21] 巴黎公約第6條第2款：(2)However an application for the registration of a mark filed by a national of a country of the Union in any country of the Union may not be refused, nor may a registration be invalidated, on the ground that filing, registration, or renewal, has not been effected in the country of origin.

[22] 巴黎公約第6條第3款：(3)A mark duly registered in a country of the Union shall be regarded as independent of marks registered in the other countries of the Union, including the country of origin.

浪費，而且也同時增加各國主管機關作業上的麻煩與不必要之困擾。為此，國際社會才有在專利與商標方面的多國註冊之「超國家註冊」（Super-National Registration）觀念產生，因而有「多國商標註冊」（Multi-National Trademark Registration）、「超國家商標註冊」（Super-National Trademark Registration）以及「專利國際註冊」（Patent International Registration）等國際性條約之簽訂，企圖透過國際合作的方式來達成以一次註冊而能獲得多國保護之效果。茲將多國商標註冊、超國家商標註冊、專利國際註冊（含「專利合作公約」（Patent Cooperation Treaty）及「歐洲專利公約」（European Patent Convention））等分別研析如下[23]：

① 多國商標註冊

多國商標註冊，係由依條約成立之國際關係（International Agency）受理，並由該機構通知欲受保護之締約國，使註冊商標在各該境內受其商標法之保護。因之，該有關國家之商標法乃同時適用於該國註冊之商標與多國註冊之商標兩種類型。擁有22個會員國之1891年馬德里公約，即已確立一項簡化之程序，凡締約國國民，得在其本國申請商標註冊，然後經由商標局通知在日內瓦之國際事務局，將其註冊事項通知其他被指定欲受保護之會員國。惟後者得於一年以內宣布不予保護，如無此項宣布，則應給予該註冊商標以國內法之保護。1973年6月12日在維也納之商標註冊條約（Trademark Registration Treaty）於同年12月31日經美國、英國、西德、義大利、匈牙利、聖馬利諾、摩那哥、奧國、丹麥、芬蘭、挪威、葡萄牙、羅馬尼亞、瑞典等國簽署。

---

[23] 曾陳明汝，專利商標法選論，台北，台大法學叢刊編輯委員會，1983年，第16-19頁。

該條約受世界智慧財產組織（WIPO）所管理，並將於至少五個簽訂國提存批准書後六個月生效，依該條約之規定，凡締約國國民，在日內瓦國際事務局申請商標國際註冊者，得經由WIPO通知被指定之其他締約國，如在十五個月內未被拒絕，即將受各該國之法律的保護。其國際註冊日（The Date of the International Registration）即被視為在被指定之締約國之申請日（Application Filing Date）。且此一國際註冊，每十年尚得申請延長，並對被指定欲受其保護之國家亦為有效。

② **超國家商標註冊**

超國家商標註冊亦由國際機構核准與管理，且在每一締約國內均有其效力。然而，此一類型之商標註冊則完全取代一國商標註冊（National Trademark Registration），其效力並非依締約國之國內法，而係依條約本身來決定。

巴黎公約雖已有九十幾年之歷史，然而超國家商標註冊觀念，則為晚近發展之現象。迄今已有兩項條約採取此一新的註冊類型。

A.比盧荷公約（Benelux Convention）：該公約規定，凡在荷蘭海牙註冊之商標，即當然包括比利時、荷蘭和盧森堡三國。該公約草案於1953年提出，由於該三個國家之商標法難於達成協調，故遲於1971年1月1日始發生效力。

B.非馬公約（African & Malagasy Convention）：自1964年1月1日開始，凡在喀麥隆註冊之商標，可在13個中非國家受到保護，包括馬拉加西、塞內加爾、剛果、加彭、查德、中非共和國、象牙海岸、達荷美、上伏塔、尼日、喀麥隆、多哥和茅利塔尼亞等國。

以上兩條約之締約國均不適用一國註冊，完全以超國家註冊

取代之。

③ 專利國際註冊

A.專利合作公約：為了避免各國專利局重複工作，美國於1966年建議設立一項國際專利合作之機構。世界智慧財產組織（WIPO之前身，BIRPI）遂與法國、西德、日本、蘇聯、英國和美國等六個專利申請案最多之國家商議，於1967年完成專利合作公約草案，包括69個條文。1970年6月19日，該項採取專利國際註冊之條約，終於在華盛頓經阿根廷、奧國、比利時、巴西、加拿大、象牙海岸、丹麥、芬蘭、法國、英國、匈牙利、伊蘭、愛爾蘭、以色列、義大利、日本、盧森堡、馬達加斯加、摩那哥、挪威、荷蘭、菲律賓、阿聯共和國、羅馬尼亞、梵蒂岡、塞內加爾、瑞典、瑞士、敘利亞、多哥、蘇聯、美國、南斯拉夫等35國簽署。

該公約規定，專利申請人得在其有居所或住所之國家的專利局提出國際註冊申請，並指定欲受保護之國家。此一國際註冊之申請，具有國內專利申請之效力。且此種專利國際註冊，可免去國內審查程序，因而減輕國內審查人員之負擔。因為專利國際註冊必須經「海牙國際專利機構」（Institute International des Brevets de La Haye）或被正式認可之專利局為文件之研究，並提供足以影響發明之新穎性與可專利性之文件。

專利合作公約亦只規定一些較重要之原則。各國對於上述國際初審（Lexeme Preliminaries International）後以至於是否核准國內的專利（National Patent），仍可以依照其原有之程序進行。該條約最主要之優點為申請人在猶豫期間考慮其是否指定該受其他締約國之保護，其國際申請日（International Application Filing Date）即被視為國內申請日（National Application Filing

Date）。

　　B.歐洲專利公約：西歐國家由於經濟體制比較接近，早就努力促使一項歐洲專利之申請能夠獲得多國專利之保護，故自1949年開始，即已有建立一歐洲專利制度之決定。然而因若干政治問題與技術工作，致使歐洲專利公約需要較長時間之努力，故遲至1973年6月30日始在盧森堡舉行政府間會議，確立了歐洲專利制度，由21個國家參與，就歐洲專利公約草案達成協議。該公約包括174個條文，並將依此公約在慕尼黑設立一個歐洲專利組織（European Patent Organization），由歐洲專利局負責受理專利之申請、審查與核准等事宜。此一專利之申請得以英文、法文或德文為之，而各國仍保有其專利法。歐洲專利之獲准，即可在被指定國家受到各該國法律之保護。換言之，歐洲專利制度將與各國專利法並存，且盡量使後者不受到影響。

（三）公約之共通原則

　　巴黎公約確立了若干共通原則，凡締約國均有遵守之義務，其較重要者為[24]：

　　1.在不同同盟國取得之專利權，彼此獨立：在一國授與專利權者，不能拘束他國亦須給予相同之保護。專利權在一國發生撤銷或無效之情事，對於他國取得之同一專利權毫無影響（第4條）。此即專利獨立原則之採納。

　　2.發明者有要求將其姓名記載於專利證書之權（第4條）。此乃對於發明者名譽之尊重與保護。

　　3.任一同盟國均得以法律規定專利權強制讓與之措施，以防

---

[24] 賴源河，貿易保護下之智慧財產權，台北，黎明文化事業股份有限公司，1991年，第102-103頁。

止專利獨占之濫用，例如不實施者即是（第5條A）。惟強制實施權之設定，僅得於專利申請後四年，或獲准專利後三年期間未予實施，且又無正當理由者為限。

　　4. 商標註冊之要件，依各同盟國國內法規定。故同盟國國民，在任一同盟國申請商標註冊或延展。凡在一同盟國合法註冊之商標，與在其他同盟國，包括在原屬國註冊之商標互無影響（第6條）。此即本於商標獨立之原則。

　　5. 同盟國國民在原屬國合法註冊之商標，得依其申請，在其他同盟國照原樣受到保護（第6條）。該商標如侵犯他人之既得權，或其顯著性喪失，或違反公序良俗，以及有欺罔公眾之虞者，均不在此限（第6條）。

　　6. 每一同盟國，對於複製、仿造或翻譯之商標，足與該國主管機關認定為夙負盛譽之商標相混淆，而屬於享有本公約之保護者，應拒絕其註冊，或禁止其使用於同一或同類商品之上（第6條b）。

　　7. 同盟國之國旗、國徽或官方標記等，不得作為商標申請註冊（第6條7(1)）。

　　8. 每一個盟國應設立一工業財產局及一提存中心，以便公告商標與專利情報於大眾，並發行定期公報，刊載專利權人姓名、發明內容簡要、註冊商標（第12條）。

　　9. 非法侵及同盟國所保護之商標商號之商品入境，應予扣押。

　　然而，基本上為求更加瞭解仔細與透徹起見，似有必要將公約的相關規定，予以分門別類加以說明[25]：

---

[25] 曾陳明汝，巴黎工業財產權保護同盟公約之研究，台大法學論叢，第13卷第1期，第75-89頁。

1. 有關專利之特別規定

(1) 發明人姓名指定權（或登載權）：專利權為無體財產權之一種，自得與其他財產權一樣自由移轉予他人。然而，發明人之頭銜為榮譽之象徵，屬人格權之一種，應專屬於發明人本身，為不得拋棄，亦不得讓與之權利。故巴黎公約第4條之3，即規定發明人有權使其名銜被記載於專利證書上。此即發明人之姓名指定權（即姓名表示權）。

(2) 禁制品之專利保護：公約第4條之4規定，專利之授與，不得因專利品或依專利方法製成之物品銷售為國內法所禁止或限制且予以拒絕或撤銷。此乃由於同盟國中，有關煙酒鹽等屬國家專賣，或基於衛生或公益之理由，對於限制販賣之物品，不給予專利之保護。然而就專賣制度之廢止，法令之更改而有解禁之可能加以考慮，則拒絕或撤銷其專利並不妥當。

(3) 不受專利權拘束之例外事項：為了維護國際交通之暢達，各國之船舶、航空器、陸上車輛等暫時或偶然進入他國領域內乃為必然之事。此時，該等運輸工具上使用構成專利項目之設計、構造、裝置或其他附屬物，在會員國內並不構成專利權之侵害。

所謂暫時或偶然進入他國領域（Temporarily or Accidentally Enter the Said Country）係指單純由該他國國境經過者而言，即不包括以該他國為出發地或目的地在內。因其僅係暫時或偶然過境，其使用目的在於國際交通之運輸，並無其他實施專利之行為，對專利權人之利益無任何損害，自為專利權之效力所不及。

(4) 製造方法之專利效力：巴黎公約對於物品製造方法專利之保護，擴大其效力範圍，亦即一項物品被輸入某一同盟國，而

該國已有保護該項物品製造方法之專利存在，其專利權人對該輸入物品，享有輸入國法律對其本國製造之物品所賦予製造方法專利之同樣保護。亦即輸入之物品與在國內製造之物品，在法律上當然具有相同之效果。然而，根據獲准專利之製造方法，在外國製造，而輸入、使用、製造、販賣之情況下，均構成製造方法專利之侵害。而被告應負舉證責任，證明其並非依獲准專利之方法所製造之物品。此乃擴大製造方法專利之效力範圍。

(5) 專利之強制授權（Compulsory License）——特許實施：專利法給予專利權人在一定期間內享有製造、販賣或使用之排他專有權，乃在給予發明或創作者以報償，更重要者乃在換取其早日公開發明之內容，避免重複之研究，刺激改良發明，使科技更進步，工業更發達，以造福人類。一方面保護私權，他方面促進公益，此乃專利制度鼓勵發明之本旨，亦為專利法立法精神之所在。從而專利權人負有自己實施或授權實施之義務，如無正當理由又不實施，即構成專利權之濫用，各國法律對之亦有制裁之規定，然亦受有限制。巴黎公約對此亦規定若干限制，希各同盟國遵守。

依該公約第5條之1第1項、第2項規定，任一會員國為防止專利獨占權之行使所可能發生之濫用，例如專利之不實施（Failure to Work），應有權採取立法措施以准許強制實施（Grant of Compulsory Licenses）。然而該項強制實施之准許，亦受有時間上之限制。亦即在提出申請日起滿四年或核准專利後滿三年（以後屆滿者為準）之前，不能為強制實施之核准。且專利權人對其不實施或未充分實施（Insufficient Working）如能提出正當理由，即不構成強制實施之原因。又強制實施係由主管機關所核准，並非獨占授權（Nonexclusive Licensing）亦不得轉授權

（Sublicense），除非與其營業及信譽一併轉移。此外，尙不得爲專利權喪失之規定，除非強制實施之核准亦不足以防止上述之濫用。然而，在第一次強制實施核准後兩年內，概不得提起專利喪失或撤銷專利之程序。

　　以上有關於專利強制授權之規定，對於實用新型亦準用之。至於工業新式樣應受保護，但無論如何，並不因不實施或輸入相當於受保護之物品而失權。蓋工業新式樣專利所保護者，乃在於具有新穎性及趣味性（有裝飾性之美感），與技術性或實用性無關，且其受保護之期間較短，僅著重流行時尙而已。此種新式樣係表現在物品之形狀、花紋和色彩上面，極易被仿倣。爲了加強保護，向很多國家申請專利而受保護；然如在所有註冊之國家均設廠製造、實施，事實上爲不可能。立法上亦無防止不實施之必要，且亦不因其自他同盟國輸入新式樣產品而使其專利權消滅。

2.有關商標之特別規定

　　(1) 商標註冊之條件：商標註冊之申請，其條件由各同盟國國內法定之。因之，同盟國國民，在任一同盟國所爲商標之申請，不得以其未在原屬國（Country of Origin）申請、註冊或更新而予以拒絕或使其註冊無效。而其在一同盟國之註冊將獨立於其在他同盟國之註冊，包括原屬國在內。因之，商標註冊如在一同盟國內失效或撤銷均不影響於在他國註冊之效力。此乃商標權獨立原則之當然結果。

　　(2) 依商標原樣保護之原則：當商標已在原屬國合法註冊後，其他同盟國依其請求（On Request），照原樣（Original Form）接受其申請並給予保護。但其註冊得因於某些特定情形而予以拒絕。例如該商標之註冊將侵害第三人之既得權，或其

「欠缺顯著性」（Devoid of Distinctive Character），或違反公序良俗，尤其足以欺罔公眾（to Deceive the Public）者。又各該國於進行最後註冊前，得令其提供由主管機關出具之原屬國註冊證明，後者無需經過認證。

(3) 商標不使用之制裁：如某一會員國規定註冊之商標有使用之義務，則其商標權之撤銷僅以經過一定期間不使用且無正當理由者為限。

(4) 商標之變換使用：商標專用權人，如將其商標之構成部分加以變換使用，且並不改變該商標在某一會員國內註冊圖樣之顯著性時，則其註冊並不因之而無效，其所享受之保護亦不因而減損，因其不致影響商標之同一性，自不能以不使用為理由而撤銷其商標權。蓋於一國註冊之商標，如欲適合另一國語言上之需要而將商標之構成部分加以變化或加附記乃屬必要。然若已將主要部分加以變換，則應以不使用加以制裁。

(5) 著名商標之保護：商標制度之目的在於保護商標權人之營業信譽及消費者利益，防止不公平競爭，以促進工商企業之正常發展。故對於著名之商標，即使屬於外國人所有，亦應加以保護，以免消費者發生混淆、誤認。故對於相同或近似於著名商標（Well Known Trade-mark）使用於同一商品或同類商品者，均應拒絕或撤銷其註冊。故巴黎公約第6條之2明文規定，會員國主管機關，於該國法律許可時，依職權或據利害關係人之申請，對於複製、仿製或翻譯其所認為著名商標，使用於同一或同類產品，足以構成混淆者，應拒絕或撤銷其註冊並禁止其使用。此一規定並同樣適用於商標之主要部分（Essential Part）構成該等著名商標之複製，或其仿製足以發生混淆（Create Confusion）者。又其撤銷之請求，應自註冊日起至少五年期間內為之。各同

盟國亦得規定禁止使用之請求應於一定期間內為之。

　　(6) 國家與國際組織之章記保護：會員國之國旗、國徽，以及其他監督支配或證明用之官方標記、印章、紋章等乃代表國家之尊嚴及威信，應予尊重。其未經核准而加以模仿，並以之作為商標而使用者，同盟國家應予拒絕註冊並禁止其使用。惟本公約各國應將意欲或將來擬全部或在某種限度欲受保護之國家標記及官方章記、印戳等名單，除國旗外，均應經由「國際事務局」互相送達，並公告周知，始受保護。此一規定亦適用於政府間之國際組織之徽章、旗幟、其他標記、簡稱及名稱等。

　　(7) 服務標章及團體標章之保護：所謂「服務標章」（Service Mark）係為表彰自己之服務業與他人之服務業相區別，而使用於服務業之販賣或廣告之標章。例如廣播業、運輸業、餐旅業、銀行業、保險業、廣告業、美容業、土木建築業等均屬之。「團體標章」（Collective Mark）（集合標章）係指為合作社、協會或其他會員資格之標章。巴黎公約課同盟國以保護該等標章之義務。

3.商號名稱之保護

　　每一同盟國應給予「商號名稱」（Trade-mark）之保護，而不問其是否構成商標之一部分，且無須申請或註冊，即在所有巴黎同盟國家內享受保護。商號乃營業主體之名稱，為了維護國際貿易之安全，以及保護消費者之利益，亦有加以國際保護之必要。故巴黎公約第1條之2即以之列入工業財產權保護之範圍。

4.來源及原產地名稱虛偽標示之取締

　　有關來源之虛偽標示之取締，公約責成各同盟國採取有效措

施，以制裁對於商品之原產地、生產者、製造者、或貿易商身分等直接或間接之虛偽標示。例如禁止進口、實施扣押等是。而對於請求取締之利害關係人之範圍亦加以明文規定，以免同盟各國自由認定，而難期完全保護，依公約第16條之2第2項規定，任何生產者、製造者或貿易商，不論為自然人或法人，從事於此等物品生產、製造或貿易並在被虛偽標示來源之地方或該地區或該國家，或使用該虛偽標示之國家內營業者，無論如何均應視為利害關係人。

　　來源或原產地之虛偽標示屬仿冒之一環，亦為不正競爭之一種，足以妨害工商秩序。且如虛偽標示外國產地，更有欺罔公眾之虞，同時又會使消費者產生崇洋心理，自宜嚴厲加以制裁，以維護交易安全，促進工商企業之正常發展。

5. 不正競爭之取締

　　巴黎公約責成各同盟國對於同盟國國民所受不公平競爭，須提供有效之保護。公約更進一步對不公平競爭之行為加以定義：凡違反工商業上誠信習慣之競爭行為，均構成不公平競爭行為。此外並列舉應予以禁止之不正當競爭行為如下：

　　(1) 凡以任何方法足以構成與競爭者之廠商、商品或工商活動發生混淆之一切行為。

　　(2) 在貿易進行中所為之虛偽傳述，足以發生損害於競爭者之商號、商品或工商活動之信譽者。

　　(3) 在貿易進行中所為之標示或傳述，足以使公眾對於商品性質、製造方法、特徵、適用性或分量誤信者。

　　不正競爭之取締，非商標權一般之保護範圍所及。各工業先進國家，對於商標近似以外之不正競爭行為，均有取締之規定，

以擴大商標之保護。是以英美商標法書籍，多以「Trademark and Unfair Competition」為標題，足見其與商標之保護有密不可分之關係。然不正競爭之取締亦適用於專利權之保護及其他一切商業上之不誠實，即投機取巧之行為，是以各工業先進國家均明文加以取締。例如，德日兩國均制定有「不正競爭防止法」；英國則以判例創設「Action for Passing off」以制裁不正競爭；美國除判例外，聯邦貿易法亦揭露不公平競爭之違法性，商標法第44條H.1，對於不公平競爭亦明文規定加以取締；法國亦成功地藉判例之解釋，運用民法上侵權行為之原理，有效而廣泛地取締不正競爭行為。

6.其他有關行政方面之規定

(1) 專利商標之標示：公約規定，專利權及商標權之保護，並不以其在物品上說明或標示為確認之要件。所謂標示，乃係將專利證書之號數，商標業經註冊之記號、說明等附屬於物品上，以讓不特定之多數人知道其受法律保護之意，具有預防侵害之作用，與權利之取得喪失本無關係。然在權利受到侵害之場合，於提起民刑事訴訟時，對於侵害者之故意或過失之判斷，以及舉證責任之難易等亦有影響。美國專利法第287條即規定，專利人如未在其專利製品上或包裝上為專利之標示者，除能證明其有損害之通知，且其侵害仍繼續存在者外，不得請求損害賠償。

(2) 繳納費用之猶豫期間：各國專利法多規定專利權人應繳納專利年費或專利維持費用。然對此等費用之繳納，公約規定應准予至少六個月之「寬限期」（a Period of Grace）。但國內法亦得規定加徵「滯納費」（Payment of Surcharge），同盟國亦有權規定回復因未繳納費用而失效之專利權。至於商標權之存

續，無須繳納年費，故公約之規定，不適用於商標。

(3) 專門機構之設立：公約責成同盟國應設立工業財產專門機構，俾將專利及商標事項通知大眾。此機構並應出版官方定期刊物，登載專利權人姓名、簡述發明專利之內容及註冊商標之複製品。

（四）公約之行政架構與相關規範

1. 公約之組織

巴黎公約之參加國稱為會員國，會員國因為簽署公約之緣故自然就組成了保護工業財產之「同盟」。藉由「同盟」關係的建立，巴黎公約締結之意義顯然是超越了簡單建立國際公約的權利與義務關係。它同時也建立了一個附設必要機關來達到其成立目的，所需完成的特定工作之實體，而在國際法上擁有「法律實體」之地位。此「同盟」組成一個單一「行政體」（Administrative Entity）以及公約各種不同決議批准之法案，彼此之間的「行政聯結」（Administrative Link）。按照這樣「同盟」之概念，一個國家只要經由同意加入並遵守巴黎公約「斯德哥爾摩法案」（Stockholm Act）的規範，亦即1967年修正之巴黎公約，即可成為巴黎公約的會員國、「同盟」的一分子，與所有其他會員國一樣必須遵守公約之規範且受公約之拘束。甚至對於那些尚未承諾「斯德哥爾摩法案」的國家，只要是「同盟」的一員，即使未對「斯德哥爾摩法案」做出承諾，也必須適用「斯德哥爾摩法案」的規定[26]。而且那些國家必須要認知到，公約的會員

---

[26] 巴黎公約第27條第3款：Countries outside the Union which become party to this Act shall apply it with respect to any country of the Union not party to this Act or which, although party to

國即使尚未適用「斯德哥爾摩法案」的規定；由於它們與公約之間的關係，可以適用公約早先所決議通過的一些其他法案，如：1958年里斯本法案（巴黎公約里斯本修正會議）、1934年倫敦法案（巴黎公約的倫敦修正會議）以及1925年海牙法案（巴黎公約的海牙修正會議）等。

　　「同盟」由三個行政機關所組成的：(1)大會（The Assembly）；(2)執行委員會（The Executive Committee）；(3)世界智慧財產組織國際局（The International Bureau of WIPO）[27]。關於大會之規範見諸於巴黎公約第13條。而公約關於大會之重要規定如下[28]：大會由所有會員國所組成而至少應受「斯德哥爾摩

---

this Act, has made a declaration pursuant to, Article 20(1)(b)(i). Such countries recognize that the said country of the Union may apply, in its relations with them, the provisions of the most recent Act to which it is party.

[27] 巴黎公約第13、14、15條。

[28] 巴黎公約第13條：(1)(a)The Union shall have an Assembly consisting of those countries of the Union which are bound by Articles 13 to 17.(b)The Government of each country shall be represented by one delegate, who may be assisted by alternate delegates, advisors, and experts. (c) The expenses of each delegation shall be borne by the Government which has appointed it. (2)(a) The Assembly shall: (i)deal with all matters concerning the maintenance and development of the Union and the implementation of this; (ii)give directions Convention; concerning the preparation for conferences of revision to the International Bureau of Intellectual Property (hereinafter designated as "the International Bureau") referred to in the Convention establishing the world Intellectual Property Organization (hereinafter designated as "the Organization", due account being taken of any comments made by those countries of the Union which are, not bound by Articles 13 to 17; (iii)review and approve the reports and activities of the Director General of the Organization concerning the Union, and give him all necessary instruction concerning matters within the competence of the Union; (iv)elect the members of the Executive Committee of the Assembly; (v)review and approve the reports and activities of its Executive Committee, and give instructions to such Committee; (vi)determine the program and adopt the triennial budget of the Union, and approve its final accounts; (vii)adopt the financial regulations of the Union; (viii) establish such committees of experts and working groups as it deems appropriate to achieve the objectives of the Union; (ix)determine which countries not members of the Union and which intergovernmental and international non-governmental organizations shall be admitted to its meetings as observers; (x)adopt amendments to Articles 13 to 17; (xi)take any other appropriate action designed to further the objectives of the Union; (xii)perform such other functions as are appropriate

法案」「行政條款」的拘束。大會是「同盟」的首要「權責機構」（Governing Body），它擁有所有的政策決定權及掌控權，它的日常工作是處理所有有關「同盟」的維持與發展工作，以及關於公約的執行工作。特別是它可以對修正公約會議的準備工

under this Convention; (xiii)subject to its acceptance, exercise such rights as are given to it in the Convention establishing the Organization. (b)With reaped to matters which are of interest also to other Unions administered by the Organization, the Assembly shall make its decisions after having heard the advice of the Coordination Committee of the Organization. (3)(a)Subject to the provisions of subparagraph (b), a delegate may represent one country only. (b)Countries of the Union grouped under the terms of a special agreement in a common office possessing for each of them the character of a special national service of industrial property as referred to in Article 12 may be jointly represented during discussions by one of their number. (4)(a)Each country member of the Assembly shall have one vote. (b)One-half of the countries members of the Assembly shall constitute a quorum. (c)Notwithstanding the provisions of subparagraph (b), if in any session, the number of countries represented is less than one-half but equal to or more than one-third of the countries members of the Assembly, the Assembly may make decisions but, with the exception of decisions concerning its own procedure, all such decisions shall take effect only if the conditions set forth hereinafter are fulfilled. The International Bureau shall communicate the said decisions to the countries members of the Assembly which were not represented and shall invite them to express in writing their vote or abstention within a period of three months form the date of the communication. If, at the expiration of this period, the number of countries having thus expressed their vote or abstention attains the number of countries which was lacking for attaining the quorum in the session itself, such decisions shall take effect provided that at the same time the required majority still obtains. (d)Subject to the provisions of Article 17(2), the decisions of the Assembly shall require two-thirds of the votes cast. (e)Abstentions shall not be considered as votes. (5)(a)Subject to the provisions of subparagraph (b), a delegate may vote in the name of one country only. (b)The countries of the Union referred to in paragraph (3)(b) shall, as a general rule, endeavor to send their own delegations to the sessions of the Assembly, If, however, for exceptional reasons, any such country cannot send its own delegation, it may give to the delegation of another such country the power to vote in its name, provided that each delegation may vote by proxy for one country only. Such power to vote shall be granted in a document signed by the Head of State or the competent Minister. (6)Countries of the Union not members of the Assembly shall be admitted to the meetings of the latter as observers. (7)(a)The Assembly shall meet once in every third calendar year in ordinary session upon convocation by the Director General and, in the absence of exceptional circumstances, during the same period and at the same place as the General Assembly of the Organization. (b)The Assembly shall meet in extraordinary session upon convocation by the Director General, at the request of the Executive Committee or at the request of one-fourth of the countries members of the Assembly. (8)The Assembly shall adopt its own rules of procedure.

作給予指示；有權檢視批准世界智慧財產組織理事長的報告與活動；以及給予理事長有關同盟資格與能力相關事務的訓示。它更可以決定同盟的活動計畫、採納同盟的每半年預算，以及批准同盟的最後財務會計。除此之外，巴黎公約的大會與世界智慧財產組織的會員大會共同舉行；每兩年在一般會期中召開一次。

此外，巴黎公約第14條對於執行委員會有所規範。公約關於執行委員會的重要規定如下[29]：執行委員會隸屬於大會，它是

---

[29] 巴黎公約第14條：(1)The assembly shall have an Executive Committee. (2)(a) The Executive Committee shall consist of countries elected by the Assembly from among countries members of the Assembly. Furthermore, the country on whose territory the Organization has its headquarters shall, subject to the provision of Article 16(7)(b), have an ex officio seat on the Committee. (b) The Government of each country member of the Executive Committee shall be represented by one delegate, who may be assisted by alternate delegates, advisors, and experts. (c)The expenses of each delegation shall be borne by the Government which has appointed it. (3)The number of countries members of the Executive Committee shall correspond to one fourth of the number of countries members of the Assembly. In establishing the number of seats to be filled, remainders after division by four shall be disregarded. (4)In electing the members of the Executive Committee, the Assembly shall have due regard to an equitable geographical distribution and to the need for countries party to the Special Agreements established in relation with the Union to he among the countries constituting the Executive Committee. (5)(a)Each member of the Executive Committee shall serve from the close of the session of the Assembly which elected it to the close of the next ordinary session of the assembly. (b)Members of the Executive Committee may be reelected, but only up to a maximum of two-thirds of such members. (c)The Assembly shall establish the details of the rules governing the election and possible re-election of the members of the Executive Committee. (6)(a)The Executive Committee shall: (i)prepare the draft agenda of the Assembly; (ii)submit proposals to the assembly in respect of the draft program and triennial budget of the Union prepared by the Director General; (iii)approve, within the limits of the program and the triennial budget, the specific yearly budgets and programs prepared by the Director General; (iv)submit, with appropriate comments, to the assembly the periodical report of the Director General and the yearly audit reports on the accounts; (v)take all necessary measure, to ensure the execution of the program of the Union by the Director General, in accordance with the decisions of the assembly and having regard to circumstances arising between two ordinary sessions of the Assembly; (vi)perform such other functions as are allocated to it under this Convention. (b)With respect to matters which are of interest also to other Unions administered by the Organization, the Executive committee shall make its decisions after having heard the advice of the Coordination Committee of the Organization. (7)(a)The Executive Committee shall meet once a year in ordinary session upon convocation by the Director General, preferably during the

由大會四分之一的會員國所組成；在注意到地理分布的均衡原則
下，由大會選出，任期爲介於兩個正常會期之間。除此之外，執
行委員會與世界智慧財產組織的「協調委員會」（Coordination
Committee）共同舉行會議；在會期中每年召開一次。執行委員
會是同盟中較小的職權機構，它是介於正常的兩個會期中，具有
處理那些所有須要執行的功能。由於大會是一個龐大的機構，因
此，它爲大會的會議來做準備工作，以及採取所有必要的措施，
確保大會通過的計畫之實施。

　　最後，巴黎公約第15條對於前面所述及國際局有所規範。
公約關於國際局的重要規定如下[30]：世界智慧財產組織的國際局

---

same period and at the same place as the Coordination Committee of the Organization. (b)The
Executive Committee shall meet in extraordinary session upon convocation by the Director Gen-
eral, either on his own initiative, or at the request of its Chairman or one-fourth of its members.
(8)(a)Each country member of the Executive Committee shall have one vote. (b)One-half of the
members of the Executive Committee shall constitute a quorum. (c)Decisions shall be made by a
simple majority of the votes cast. (d)Abstentions shall not be considered as votes. (e)A delegate
may represent, and vote in the name of, one country only. (9)Countries of the Union not members
of the Executive Committee shall be admitted to its meetings as observers. (10)The Executive
Committee shall adopt its own rules of procedure.

[30] 巴黎公約第15條：(1)(a)Administrative tasks concerning the Union shall be performed by the
International Bureau, which is a continuation of the Bureau of the Union united with the Bureau
of the Union established by the International Convention for the Protection of Literary and Ar-
tistic Works. (b)In particular, the International Bureau shall provide the secretariat of the various
organs of the Union. (c)The Director General of the Organization shall be the chief executive of
the Union and shall represent the Union. (2)The International Bureau shall assemble and publish
information concerning the protection of industrial property, Each country of the Union shall
promptly communicate to the International Bureau all new laws and official texts concerning the
protection of industrial property. Furthermore, it shall furnish the International Bureau with all
the publications of its industrial property service of direct concern to the protection of industrial
property which the International Bureau may find useful in its work. (3)The International Bureau
shall publish a monthly periodical. (4)The International Bureau shall, on request, furnish any
country of the Union with information on matters concerning the protection of industrial proper-
ty. (5)The International Bureau shall conduct studies, and shall provide services, designed to fa-
cilitate the protection of industrial property. (6)Director General and any staff member designated
by him shall participate, without the right to vote, in all meetings of the Assembly, the Executive

是同盟的行政機關。它執行所有有關同盟的行政工作；而且它也提供同盟的各種不同機構的秘書業務。它的首長——世界智慧財產組織「理事長」（Director General of the WIPO）是同盟的「行政首長」（Chief Executive）。

2. 公約之財政[31]

巴黎公約對於財務方面的條款，規範於公約第16條。公約

Committee, and any other committee of experts or working group. The Director General, or a staff member designated by him, shall be ex officio secretary of these bodies. (7)(a)The International Bureau shall, in accordance with the directions of the Assembly and in cooperation with the Executive Committee, make the preparations for the conferences of revision of the provisions of the Convention other than Articles 13 to 17.(b)The International Bureau may consult with intergovernmental and international non governmental organizations concerning preparations for conferences of revision. (c)The Director General and persons designated by him shall take part, without the right to vote, in the discussions at these conferences. (8)The International Bureau shall carry out any other tasks assigned to it.

[31] 巴黎公約第16條：(1)(a)The Union shall have a budget. (b)The budget of the Union shall include the income and expenses proper to the Union, its contribution to the budget of expenses common to Unions, and, where applicable, the sum made available to the budget of the Conference of the Organization. (c)Expenses not attributable exclusively to the Union but also to one or more other Unions administered by the Organization shall be considered as expenses common to the Unions. The share of the Union in such common expenses shall be in proportion to the interest the Union has in them. (2)The budget of the Union shall be established with due regard to the requirements of coordination with the budgets of the other Unions administered by the Organization. (3)The budget of the Union shall be financed form the following sources: (i)contributions of the countries of the Union; (ii)fees and charges due for services rendered by the International Bureau in relation to the Union; (iii)sale of, or royalties on, the publications of the International Bureau concerning the Union; (iv)gifts, bequests, and subventions; (v)rents, interests, and other miscellaneous income. (4)(a)For the purpose of establishing its contribution towards the budget, each country of the Union shall belong to a class, and shall pay its annual contributions on the basis of a number of units fixed as follows:

Class I	25
Class II	20
Class III	19
Class IV	10
Class V	5
Class VI	3

關於財政事務方面的重要規定如下：同盟有它自己的預算經費，其來源主要是由會員國的「強制捐獻」（Mandatory Contribution）。這個捐獻是以任何一個假定的預算年所必須的預算總額

Class VII　　1

(b)Unless it has already done so, each country shall indicate, concurrently with depositing its instrument of ratification or accession, the class to which it wishes to belong. Any country may change class. If it chooses a lower class, the country must announce such change to the Assembly at one of its ordinary sessions. Any such change shall take effect at the beginning of the calendar year following the said session. (c)The annual contribution of each country shall be an amount in the same proportion to the total sum to be contributed to the budget of the Union by all countries as the number of its units is to the total of the units of all contributing countries. (d)Contributions shall become due on the first of January of each year. (e)A country which is in arrears in the payment of its contributions may not exercise its right to vote in any of the organs of the Union of which its is a member if the amount of its arrears equals or exceeds the amount of the contributions due from it for the preceding two full years. However, any organ of the Union may allow such a country to continue to exercise its right to vote in that organ if, and as long as, it is satisfied that the delay in payment is due to exceptional and unavoidable circumstances. (f)If the budget is not adopted before the beginning of a new financial period, it shall be at the same level as the budget of the previous year, as provided in the financial regulations. (5)The amount of the fees and charges due for services rendered by the International Bureau in relation to the Union shall be established, and shall be reported to the Assembly and the Executive Committee, by the Director General. (6)(a)The Union shall have a working capital fund which shall be constituted by a single payment made by each country of the Union. If the fund becomes insufficient, the Assembly shall decide to increase it. (b)The amount of the initial payment of each country to the said fund or of its participation in the increase thereof shall be a proportion of the contribution of that country for the year in which the fund is established or the decision to increase it is made. (c) The proportion and the terms of payment shall be fixed by the Assembly on the proposal of the Director General and after it has heard the advice of the Coordination Committee of the Organization. (7)(a)In the headquarters agreement concluded with the country on the territory of which the Organization has its headquarters, it shall be provided that, whenever the working capital fund is insufficient, such country shall grant advances. The amount of these advances and the conditions on which they are granted shall be the subject of separate agreements, in each case, between such country and the Organization. As long as it remains under the obligation to grant advances, such country shall have an ex officio seat on the Executive Committee. (b)The country referred to in subparagraph (a) and the Organization shall each have the right to denounce the obligation to grant advances, by written notification. Denunciation shall take effect three years after the end of the year in which it has been notified. (8)The auditing of the accounts shall be effected by one of the more of the countries of the Union or by external auditors, as provided in the financial regulations. They shall be designated, with their agreement, by the Assembly.

爲標準，而適用一套分級式的單一制度來計算（The contribu-
tions are calculated in applying a class and unit system to the total
sum of contributions needed for a given budgetary year.）。最高
的第一級相當於25個單元，最低的第七級相當於一個單元。每
一個會員國可以自由地決定希望自己屬於哪一級，當然，在其後
也仍可自由變更級數。

3. 修正與修正案

　　巴黎公約對於條款的修正，規範於公約第18條。公約關於
約文之修正或條文之修正案的重要規定如下[32]：第18條建立巴黎
公約的定期修正原則；爲了要改善同盟的制度，採納修正案的設
計，使公約條文必須要提交以做修正。這些修正的處理過程方
式，大約都是由參加會員國政府所任命的代表，以「外交會議」
（Diplomatic Conference）的方式來從事修正；根據公約第18條
第2項，那樣的外交會議必須繼續不斷地，在任何一個會員國家
來舉行。再者，巴黎公約修正會議的預備工作，是由世界智慧財
產組織之國際局根據「大會」的指示與「執行委員會」合作來執
行。在執行那樣的工作時，世界智慧財產組織也可以與其他「政
府間組織」（Intergovernmental Organization）及「國際性非政
府組織」尋求諮商以進行執行的工作。

---

[32] 巴黎公約第18條：(1)This Convention shall be submitted to revision with a view to the intro-
duction of amendments designed to improve the system of the Union. (2)For that purpose, con-
ferences shall be held successively in one of the countries of the Union among the delegates of
the said countries. (3)Amendments to Articles 13 to 17 are governed by the provisions of Article
17.

4. 特別協定

巴黎公約對於「特別協定」（Special Agreement），規範於公於第19條。公約關於「特別協定」的規定如下[33]：巴黎公約的眾多行政條款中最重要的一個，就是關於行政協定之條款，根據第19條之規定，公約各會員國爲了保護工業財產之故，它們彼此之間可以有權分別訂定特別協定。但是，有一個前提必須要遵守，就是那些特別協定不可以與巴黎公約之條款相牴觸。那些特別協定可以用雙邊協定或「多邊條約」（Multilateral Treaty）的方式來完成。如果那些特別協定是以多邊條約的方式來完成者，則可以由世界智慧財產組織之國際局，來做準備及進行的工作，或者這些工作可以由其他「政府間組織」來完成。

5. 成為公約會員國之程序

巴黎公約對於如何加入公約以變成公約同盟的一分子，規範於公約第21條，另外有第22條及第26條之相關規定。公約第21條規定[34]：巴黎公約只要將「加入」之承認書遞存於世界財產組

---

[33] 巴黎公約第19條：It is understood that the countries of the Union reserve the right to make separately between themselves special agreements for the protection of industrial property, in so far as these agreements do not contravene the provisions of this Convention.

[34] 巴黎公約第21條：(1)Any country outside the Union may accede to this Act and thereby become a member of the Union. Instruments of accession shall be deposited with the Director General. (2)(a)With respect to any country outside the Union which deposits its instrument of accession one month or more before the date of entry into force of any provisions of the present Ad, this Act shall enter into force, unless a subsequent date has been indicated in the instrument of accession, on the date upon which date has been indicated in the instrument of accession, on the date upon which provisions first enter into force pursuant to Article 20(2)(a) or (b); provided that; (i)if Articles 1 to 12 do not enter into force on that date, such country shall, during the interim period before the entry into force of such provisions, and in substitution therefor, be bound by Articles 1 to 12 of the Lisbon Ad; (ii)if Articles 13 to 17 do not enter into force on that date, such country shall, during the interim period before the entry into force of such provisions, and in substitution

織之理事長即生效。關於以上述方式「加入」公約的國家，在世界智慧財產組織理事長將該國之「加入書」，通知給所有會員國政府的三個月後，巴黎公約之規範方才開始對該申請加入的國家發生效力。所有申請加入的行為，只須由有意願的國家「單方行為」（Unilateral Action）來完成即可，無須同盟之任何機構來做任何決定。其次，根據公約第22條之規定[35]：加入公約之後，意味著公約中所有的條款便自動地為「加入國」所接受；當然，加入國也自動享有公約所賦予之所有權益。另外，巴黎公約對於會員國如欲「廢止」（Denunciation）公約，亦有所規定。公約對「廢止」之規定說明如下[36]：任何一公約之會員國如果意

therefor, be bound by Articles 13 and 14(3), (4), and (5), of the Lisbon Act. If a country indicates a subsequent date in its instrument of accession, this Act shall enter into force with respect to that country on the date thus indicated. (b)With reaped to any country outside the Union which deposits its instrument of accession on a date which is subsequent to, or precedes by less than one month, the entry into force of one group of Articles of the present Ad, this Act shall, subject to the proviso of subparagraph (a), enter into force three months after the date on which its accession has been notified by the Director General, unless a subsequent date has been indicated in the instrument of accession. In the latter case, this Act shall enter into force with reaped to that country on the date thus indicated. (3)With respect to any country outside the Union which deposits its instrument of accession after the date of entry into force of the present Ad in its entirety, or less than one month before such date, this Ad shall enter into force three months after the date on which its accession has been notified by the Director General, unless a subsequent date has been indicated in the instrument of accession. In the latter case. this Act shall enter into force with respect to that country on the date thus indicated.

[35] 巴黎公約第22條：Subject to the possibilities of exceptions provided for in Articles 20(1)(b) and 28(2)ratification or accession shall automatically entail acceptance of all the clauses and admission to all the advantages of this Act.

[36] 巴黎公約第26條：(1)This Convention shall remain in force without limitation as to time. (2) Any country may denounce this Act by notification addressed to the Director General. Such denunciation shall constitute also denunciation of all earlier Ads and shall affect only the country making it, the Convention remaining in full force and effect as regards the other countries of the Union. (3)Denunciation shall take effected one year after the day on which the Director General has received the notification. (4)The right of denunciation provided by this Article shall not be exercised by any country before the expiration of five years from the date upon which it becomes a member of the Union.

圖「廢止」該公約，可以將「廢止通知書」寄至世界智慧財產組織理事長。在這樣的情形下，「廢止」之效力自理事長接到該「廢止通知書」一年後發生效力。但要注意的是該「廢止權」（Right of Denunciation）在任何一個家成為公約會員國五年以內不得行使[37]。

6. 爭端事件

巴黎公約對於「爭端」之處理與解決，規範於公約第28條。公約對於爭端處理與解決規定如下[38]：同盟中兩個或兩個以上的國家關於公約之解釋或適用所引起之爭端，在未能經由談判解決時，可以由任何一個相關之當事國提交「國際法院」（International Court of Justice）來解決。然而，爭端之當事國當然也可以用任何的其他方式如「國際仲裁」（International Arbitration）來解決彼此之間的爭端。但是，不論怎麼說，在任何情況下，所應注意的是世界智慧財產組織之國際局，在處理公約會員國之間，有關公約之解釋或適用，不得採取任何偏袒立場。而

---

[37] 巴黎公約第26條第4項：The right of denunciation provided by this Article shall not be exercised by any country before the expiration of five years from the date upon which it becomes a member of the Union.

[38] 巴黎公約第28條：(1)Any dispute between two or more countries of the Union concerning the interpretation or application of this Convention, not settled by negotiation, may, by any one of the countries concerned, be brought before the International Court of Justice by application in conformity with the Statute of the Court, unless the countries concerned agree on some other method of settlement The country bringing the dispute before the Court shall inform the International Bureau; the International Bureau shall bring the matter to the attention of the other countries of the Union. (2)Each country may, at the time it signs this Act or deposits its instrument of notification or accession, declare that it does not consider itself bound by the provisions of paragraph (1). With regard to any dispute between such country and any other country of the Union, the provisions of paragraph (1)shall not apply. (3)Any country having made a declaration in accordance with the provisions of paragraph (2)may, at any time, withdraw its declaration by notification addressed to the Director General.

且，任何一個國家在加入爲公約會員國之時，可以公開聲明它不認爲自己應受到前述有關糾紛產生後，提交國際法院去解決公約條文之拘束。最後，截至1996年10月1日爲止，巴黎公約已有139個會員國[39]。

（五）公約之特性

縱觀巴黎公約保護工業財產權所定之範圍爲：專利、實用新型、工業新式樣、商標、服務標準、商號名稱、產地表示或原產地名稱，以及不正當競爭之制止。並規定對於工業財產權一詞的定義，應爲最廣義之解釋，不僅指工業及商業，應及於農業及天然開採業之範圍。又發明專利中，包括依同盟國法令所認許之各種工業上之專利，即輸入專利、改良專利、追加專利及證明書等。可見巴黎公約所定「工業財產權」保護之範圍，遠較一般國家之專利法及商標法所規定者爲廣。

巴黎公約之特性略可以說明如下[40]：雖然巴黎公約有若干共通原則與保護範圍，希望各締約國予以遵守；但締約國對於工業財產權事項，仍保有立法上之自由。每一同盟國，仍得以法律排除某類產品或方法之專利，並得決定是否對於發明之新穎性或可專利性加以審查。關於商標權之取得，究採使用主義抑或註冊主義，註冊之申請應否經審查以及有關程序等，亦得由各同盟國自由決定。換言之，對於工業財產權之國際保護，各國仍得就其本國之觀念與條件來制定法律。

此外，各同盟國彼此間，尚得就工業財產權保護之特殊觀念，以不違反巴黎公約規定爲限，締約特別性之協定。迄今已有

---

[39] 見前揭註5，Chapter 2: The History and Evolution of Intellectual Property.
[40] 見前揭註24，第103-105頁。

12項協定與條約，僅依時間之先後，列舉如次：

1. 馬德里協定

馬德里國際同盟註冊協定於1891年4月14日簽訂，乃根據巴黎同盟而成立之「限定商標同盟」，爲國際同盟國重要協定之一，主要內容有：

(1) 關於人地之適用範圍：地之範圍限於締約國，人除締約國人民外，雖非締約國之人民若適合工業財產權保護者，亦予以保護。

(2) 國際註冊之申請應託由本國行政機關爲之：申請書應註明本國申請日及號碼與申請國際註冊之日期，送給國際局即予註冊。國際註冊的範圍應及於所有締約國，惟實施應受保護區域，由申請人決定，日後亦可申請擴張。

(3) 國際註冊之商標，其移轉得自由爲之。

(4) 國際註冊之效力及於所有締約國，並享有巴黎公約之優先權。

2. 有關取締原產地虛僞表示之馬德里協定，1891年4月14日簽訂。

3. 有關工業設計國際提存之海牙協定，1925年11月6日簽訂。

4. 有關商標註冊之商品及服務之國際分類的尼斯協定，1951年6月15日簽訂。其條文共11條，將商標註冊之商品及服務標章之國際分類分成42類，其中第1至14類爲商品，第35至42類爲服務標章。

5. 有關原產地名稱之保護及其國際註冊之里斯本協定，1958年10月31日簽訂。

6. 確立工業設計國際分類之洛卡諾協定，1968年10月8日簽

訂。

　　7.專利事項合作條約，1970年6月19日簽訂。

　　8.有關專利國際分類之斯特拉斯堡協定，1971年3月24日簽訂。

　　9.商標註冊條約（簡稱TRT），1973年6月12日簽訂。除馬德里協定外，條約受WIPO國際局管理。凡締約國國民，在國際局申請商標註冊者，得經通知其他被指定之締約國，如在十五個月內未被拒絕，即受到各國之保護。其國際註冊日即為被指定國家之申請日。此國際註冊，每十年尚得申請延長，但以被指定欲受保護之國家為有效。

　　10.維也納協定。

　　11.布達佩斯協定。

二、伯恩公約

（一）公約締結之背景

　　追本溯源，國際社會對於著作權之保護，大約是自19世紀中葉，以雙邊條約為基礎的方式，開始企圖對於文學與藝術領域方面的創作者權益，予以法律上的保護。在那個時期各國在彼此間完成了許多相互承認的著作權方面的條約簽訂；但是有所遺憾的是那些條約既不具全面性，亦不具統一性。這種對於全面性與統一性之需求，導致1886年9月9日產生對文學與藝術作品做出保護的「伯恩公約」（The Berne Convention for the Protection of Literary and Artistic Works）。伯恩公約是在著作權領域內歷史最早的保護創作者權益的國際條約。它是開放給國際社會中所有的國家簽署加入。各國的「加入書」（Instrument of Accession）或「批准書」（Instrument of Ratification）必須送交世界智慧財產組織理事長存放或保存。

　　伯恩公約自1886年9月9日正式通過成立之後，其修正及演變，大略說明如下[41]：伯恩公約之「原始約文」（Original Text），自1886年通過後，爲了改善公約對於各國創作者權益之國際保護制度，曾經歷過多次修正。公約之所以必須要進行多次修正或更正，其中原因固然很多，但最主要就在於因爲各國科技進步的結果，使得一般人在使用或利用作者作品之方式或方法，有相當快速的發展。爲了要解決這樣的科技挑戰，公約因而有修正的必要；爲了要承諾科技加速發展，所產生著作權方面新的權益，也使得爲公約既有之權利有必要作適度之修正。第一次主要修正，發生在伯恩公約締結後的二十年，於1908年在柏林進行修正會議。再之後，於1928年在羅馬、1948年在布魯塞爾、1967年在斯德哥爾摩。而最重要也是最近的一次則是在1971年的巴黎。

　　無庸置疑地，伯恩公約之現狀乃是在1971年巴黎召開之修正會議中，正式決議通過而定案的；但是現行伯恩公約絕大多數的約文，大致上在1967年斯德哥爾摩修正會議時即已決議，而成爲所謂的「斯德哥爾摩法案」的一部分。斯德哥爾摩修正會議主要目的乃是因爲要因應一些新興獨立的發展中國家的需要，提供快速科技發展的服務，以及要引進行政與結構上改變之必要而召開。至於說在斯德哥爾摩修正會議，經過與會各國所討論過的給予新興開發中國家相當的「優惠待遇」（Preferential Treatment），於1971年的「巴黎修正會議」（Paris Revision Confer-

---

[41] J.A.L. Sterling, World Copyright Law (London: Sweet and Maxwell Ltd., 1999), pp. 5-7.

ence）又再度被提出討論，也因此獲得新的妥協。更重要的是斯德哥爾摩修正會議所通過的大部分條款，在未能生效的狀態下，繼續地被巴黎修正會議所接受而採納[42]。

伯恩公約成立之宗旨就如同在序言裡明白指出，「為了要盡量有效及統一的方式，來保護作者在其文學與藝術作品上的權益」[43]。公約第1條也更明白地宣示適用公約所有國家為了保護作者在文學與藝術作品上面的權益，組成了同盟[44]。

（二）公約之規範範疇與基本原則

1. 公約之規範範疇

伯恩公約之規範範疇及其重要事項大約說明如下[45]：

(1) 伯恩公約完全在規範著作源流國為外國著作之保護，著作源流國為本國著作則與伯恩公約完全無關（公約第5條第3項）。易言之，只要一會員國對於源自其他會員國之著作保護合於伯恩公約標準，伯恩公約並不在意一會員國如何對待源流國為本國之著作。

(2) 本公約揭示各會員國必須保護著作人人格上之利益及著作財產上之利益，故各會員國對著作人格權及著作財產權二者，不論係採所謂一元論或二元論，均必須對此二類權利加以保護。

---

[42] 同前註。

[43] 伯恩公約序文：The countries of the Union, being equally animated by the desire to protect, in as effective and uniform a manner as possible, the rights of authors in their literary and artistic works.

[44] 伯恩公約第1條：The countries to which this Convention applies constitute a Union for the protection of the rights of authors in their literary and artistic works.

[45] 世界智慧財產組織（WIPO）印行，Guide to the Berne Convention for the Protection of Literary and Artistic Work；陳淑美，若干著作權基本概念與國際著作權公約簡介，資訊法務透析，1997年，第27-48頁。

(3) 本公約所規定著作人格權之保護包括姓名表示權及同一性保持權。所謂「公開發表權」雖1928年羅馬修正會議曾有增訂之意，惟因各國有意見，故最後並未納入。但大陸法系國家著作權法制多已納入此項權能。

(4) 著作財產權包括翻譯權（第8條）、重製權（第9條）、公開演出權（第11條）、播送權（第11條之1）、公開口述權（第11條之2）、改作權（第12條）、製作及放映電影權（第14條）。雖然我國實務上對公開播送、公開演出與公開上映等著作財產權能發生混淆難以釐清之情形，惟公約本身對各種著作財產權權能體系分明，適用上並無困難。

(5) 著作財產權之保護期間

① 著作財產權之保護期間原則上最少為終身加五十年，攝影著作及美術工藝品著作保護期間，則任諸會員國定之，但不得低於二十五年。「終身加五十年」的保護期間係基於「享受三代」之概念，隨著人類壽命之延長，只要此基本概念不變，伯恩公約未來修正延長保護期間並非不可能之事。歐盟早自1993年以指令要求會員國自1995年起將著作權保護期間延長為終身加七十年；美國自1983年即要求我方簽署新IPR協定，將保護期間延長至為終身加七十五年（但為我方所拒），即為一例。

② 著作財產權保護期間是伯恩公約國民待遇原則或TRIPs「最惠國待遇」（MFN）原則之一項重要例外，值得注意。易言之，如果二國保護期間不一致，且著作源流國之保護期間較短時，應以源流國之保護期間計算之；並不生違反國民待遇原則或最惠國待遇原則之問題，例如：德國著作權保護期間為終身加七十年，而我國著作權保護期間為終身加五十年。在我國加入WTO之後，我國某一著作在德國主張著作權保護，則此時德國

給該著作之保護期間為終身加五十年，我方不得以德國對其自己
國民著作給予終身加七十年而認其違反國民待遇原則；亦不得以
德國給予美國人著作終身加七十年保護期間而認其違反MFN原
則。

　　(6) 本公約給予開發中國家二種強制授權之優惠：一為重製
權強制授權；一為翻譯權強制授權。

2.公約之基本原則

　　關於伯恩公約之基本原則，研究其約文內容，基本上應該可
歸納出下列六項原則：(1)互惠原則；(2)國民待遇原則；(3)最低
保護標準原則；(4)首次發行原則；(5)自動保護原則；(6)獨立保
護原則。茲將此等原則分別研析如下[46]。

(1) 互惠原則（The Principle of Reciprocity）

　　互惠原則指甲國對乙國國民提供之保護，以乙國對甲國國民
亦提供相同之保護為前提。此乃著作權國際保護之最基本原則，
我國著作權法第4條即本此原則對於外國人之著作提供保護。

　　此原則在同是公約會員國間亦有適用之必要。緣各會員國間
對於著作權之保護期間規定有所不同，例如德國規定著作權之保
護期間為終身加七十年，英國僅為終身加五十年，德國與英國
人之著作保護期間既有不同，如加入同一公約，該公約又採國民
待遇原則，則顯有適用之結果，對德國人較為不利。故伯恩公約
第7條第8項乃有「期間比較」（Comparison of Term）之設計，
明定「無論何種情形，著作權之保護期間應依請求保護國（The
Country Where Protection is Claimed）法律之支配；但除非該國

---

[46] 羅明通，著作權法論，台北，台英國際商務法律事務所，1998年，第33-34頁。

之法律有特別規定，否則保護之期間不能超過著作源流國（The Country of the Origin of the Work）所定之保護期間。」職是，當德國法院受理英國人民著作權保護之請求時，其保護期間之計算爲終身加五十年，而非採國民待遇之終身加七十年，此即互惠原則之精神所在。

　　互惠有形式之互惠與實質之互惠形式之互惠係指甲國由於乙國保護其國民之著作，而以其國內法之規定保護乙國國民之著作，其保護之方式則採「國民待遇」原則。伯恩公約第5條第1項：「著作人受本公約保障者，就其個別著作，於源流國以外之其他同盟國境內，享有各該同盟國法律現在或將來賦予其本國國民之同等權利，以及本公約特定之權利。」雖係有關國民待遇之規定，但其實亦是會員國間形式之互惠結果。我國著作權法第4條第2款亦是指形式之互惠而言。故英國既已提供我國國民著作之國民待遇之保護（以英國法爲準據法），我國亦提供英國國民國民待遇之著作權保護（以我國爲準據法）。

　　實質之互惠乃指甲國提供乙國國民保護之水平，乃以乙國提供給甲國國民之實質水平爲基準。我國著作權法第4條第1款所稱「在相同之情形下亦予保護且查證屬實爲限」云云，應即指實質互惠而言。國際間之著作權保護應以形式互惠爲原則，但亦有例外，前揭伯恩公約第7條第8項「期間之比較」即是實質互惠之規定。

(2) 國民待遇原則（The Principle of National Treatment）

　　所謂「國民待遇原則」，指一個國家對他國國民之待遇不得低於其給予本國國民之待遇而言。此所謂「不得低於其給予本國國民之待遇」云云，乃要求至少相等於本國國民之待遇，但不禁

止以高於其本國國民之待遇給予其他締約國國民。

目前世界資訊快速流通，幾已無國界之限制，國民待遇原則將使著作權普遍受到保護；從而有助於著作之流通而使他國國民共享人類文明之智慧成果。因此，此成果已爲各國際公約所採用。伯恩公約第5條第1項：「著作人未受本公約保護者，就其個別著作，於源流國以外之其他同盟國境內，享有各該同盟國法律現在或將來賦予其本國國民之同等權利，以及本公約特定之權利。」及TRIPs協定第3條第1項中段之規定：「就智慧財產權之保障而言，每一會員國給予其他會員國國民之待遇不得低於本國國民之待遇。」均是有關國民待遇之實現。1996年12月2日通過之「世界智慧財產組織著作權條約」（The WIPO Copyright Treaty）第3條準用（Apply Mutati Mutandis）第2條至第6條規定之結果，以及「世界智慧財產組織表演人及錄音物條約」（The WIPO Performance and Phonograms Treaty）第4條之明文規定，均使國民待遇原則成爲此二條約重要原則之一。

(3) 最低保護標準原則（The Principle of Minimum Standard of Protection）

如前所述，伯恩公約及TRIPs協定均採取國民待遇原則，因此各國對外國人著作之保護，均以其國內法爲準據法。惟各國之著作權法保護程序有別，例如美國以著作經固著（Fixation）爲保護要件，德國及日本則僅要求客觀可感知之表達即可。此外，各國之著作保護期間亦有不同，故適用之際，在會員國間可能產生極大之差異。爲使各國之保護標準趨於一致，伯恩公約乃規定了最低限度之保護標準；但不禁止同盟國採取較優之保護方式。故伯恩公約第7條第6項明定，會員國得自訂較長之保護期間；

又伯恩公約第2條第2項雖規定著作權需經「以具體形態固著」（Fixed in Some Material Form）始受該公約之保障，但並不反對德國、日本等不以固著爲要件。TRIPs之態度亦同，該協定第1條即開宗明義指出：「會員應實施本協定各條款之規定。會員得（但非義務）提供較本協定更周延廣泛之保護，但不得牴觸本協定」，即指其協定內容爲最低保護標準。

(4) 首次發行原則（The Principle of First Publication）

　　所謂首次發行原則係指一個國家除依互惠原則或條約之規定保護外國人著作外，對於不符合上述規定，但已在該國管轄區域內首次發行者，該國著作權法亦應予以保護而言。

　　伯恩公約第3條第1項除規定同盟國須保護其他同盟國國民之著作（不論發行與否）外，亦應保護在任何同盟國內首次發行之非同盟國國民之著作，即是有關首次發行原則之規定。又所謂發行，依伯恩公約第3條第3項規定，不以在管轄區內重製爲必要，只要能滿足公眾合理需求（to Satisfy the Reasonable Requirement of the Public）即可，故散布或流通可構成發行；在他國已爲首次發行後之三十天內再在同盟國內發行者，依伯恩公約第3條第4項之規定，著作在該同盟國內仍爲同時首次發行。至於雖非同盟國國民，但在同盟國之一有居所者，亦視同該同盟國之國民。

(5) 自動保護原則（The Principle of Automatic Protection）

　　自動保護原則是指著作權之自動保護原則，又稱創作保護主義。係指創作一經完成，無需經過任何註冊或登記手續等形式要件，著作人即依法可以自動享有著作權，而受著作權法之保護。依公約第5條第2款規定：「著作權之享有及行使，不須履

行任何形式要件」（The Enjoyment and Exercise of These Rights Shall not be Subject to any Formality）[47]。此因創作原本即是事實行為，故只需有利用人類智慧來進行創作之事實，法律即應給予適當之保護，註冊或登記僅不過是作為管理之手段，不應是權利發生之要件。

(6) 獨立保護原則（The Principle of Independent Protection）

根據伯恩公約第5條第2款後段之規定：著作權之享有及行使，獨立於其「源流國」（The Country of origin of Work）……著作在其他同盟國內之保護，不以著作源流國已加保護為必要……著作之保護範圍以及救濟之方式應以著作被侵害時其所請求保護國家之國內法律為唯一依據[48]。

（三）公約之共通原則

伯恩公約雖然在1886年正式由國際社會的主要國家正式締結成立。但是成立之後，曾歷經數次重要的修正會議如下[49]：1896年在巴黎修正會議，對伯恩公約原約文及解釋宣言作成追加決議，其修正重點在(1)對非同盟國的著作物，在一定之條件下，也給予保護；(2)明訂翻譯權亦屬著作權保護範圍，其期間

---

[47] 伯恩公約第5條第2款：(2)The enjoyment and the exercise of these rights shall not be subject to any formality; such enjoyment and such exercise shall be independent of the existence of protection in the country of origin of the work. Consequently, apart form the provisions of this Convention, the extent of protection, as well as the means of redress afforded to the author to protect his rights, shall be governed exclusively by the laws of the country where protection is claimed.

[48] 伯恩公約第5條第2款後段：...Such enjoyment and such exercise shall be independent of the exercise of protection in the country of origin of the work. Consequently, apart form the provisions of the Convention the extent of protection, as well as the means of redress afforded to the author to protect his right, shall be governed exclusively by the laws of the country where protection is claimed.

[49] 賀德芬，文化創新與商業契機，台北，月旦出版社，1994年，第378-381頁。

自發行日起算，無論係由著作人自行翻譯，或授權他人翻譯，都經過十年而消滅。1908年柏林修正會議，最重要的進展爲確定著作權的取得，廢除任何形式要件（即採自動保護原則），即使本國法對自己國民要求履行一定的形式要件，但對同盟國著作權人，並不受其拘束，仍可在各同盟國內取得保護；此外，強化翻譯的保護，改爲與其他著作權的期間相同，都以著作人終身並追及死後五十年計算；不過就此點，締約國可以加以保留。1948年布魯塞爾修正會議，對公約又做了全面修正，其重點爲：(1)公約上所列舉的著作權保護主體，爲各會員國所應遵守之最低限度，各國國內法僅可擴大其保護面，但不得少於伯恩公約的規定；(2)保護期間亦以伯恩公約的終身並追及死後五十年爲最低限度的統一規定；(3)修正人格權保護的內容，以配合強制授權的規定；(4)有關公約的解釋在適用上的爭端，交付國際法庭判定。因此，由以上幾次重要修正會議的重點可以發現，伯恩公約之共通原則應有下列四點，茲分別研析如下：

1.最低限度國民待遇原則

　　此爲伯恩公約所最具有之特色，實質上是國民待遇原則的採納，但在實際運作上，又加以最低限度之規定；可謂是爲了融合國際公約中互惠原則及國民待遇原則二者能夠相容的適用，所推敲出來的一項對國民待遇原則附上條件之融合性原則。也就是說，基本上，同盟各國尊重各國國內法之規定，使外國人享有本國國民同樣的地位。然而，既然是以各國國內法爲準則，由於各國國內法有各種不同的規定，致使會員國間極易產生嚴重之差別

待遇[50]：如甲國國內法律落後，甲國國民並不能享有完善的權利保障，透過公約的關係，反而能在乙國享受較高水準如同乙國國民般的待遇。反之，乙國國民在甲國境內所受的保護則不如在其本國。因此，國際社會為了平衡國家間不同之差別待遇，避免其發生，以利所謂「互惠原則」之適用，乃有所謂「最低限度國民待遇原則」之產生，亦就是國際公約如伯恩公約，除了採取國民待遇原則外，亦輔以最低保護標準之原則。是以，伯恩公約對於著作權保護主體及保護期間，明白指明為最低限度的規定；各國著作權之國內法規定，不得低於伯恩公約的規定。以保護期間的修正過程為例[51]，伯恩公約在1886年締結時，即在第2條規定保護期間不得超過其本國的期間。1908年在柏林修正時，採著作權保護期間訂為以著作人終身加五十年計算，同時採最短期間的互惠原則。不過柏林修正案完全擺脫國內法的束縛而獨立存在，以致逼使各國紛紛提高其水準，修改國內法使與其規定齊一。1948年布魯塞爾的修正，也強調終身加五十年的期間是強制規定，締約國須一律遵守，只得有更長的保護，而不能低於此限度。不過對不同標的是否適用不同期間的規定，缺乏說明，易生疑義。到1967年斯德哥爾摩修正時，則保留一般作品的期間，另規定電影、無名或別名著作物、照片、美術著作物之特殊保護期間。同時明訂各得賦予期間較長之保護；但不得超過著作物本國所規定的保護期間。這些規定在1971年羅馬修正時，皆未加變更而沿用至今。

---

[50] 同前註，第395頁。
[51] 同前註，第397頁。

2. 著作翻譯權保護原則

關於翻譯權之保護問題，在伯恩公約締結之前，各國似乎未能發現其重要性及影響力；當然，文明先進之國家確實有所顧及，但是卻因為彼此之觀點南轅北轍，差異極大，一直未能取得協議。關於翻譯權是否應予保護？如何保護？應否有例外？這些問題，各國一直爭論不休，其演變發展與最後的伯恩公約之決定，大約說明如下[52]：

原著翻譯同意權乃伯恩公約所訂基本排他權之一，而此項權利之行使深具實質重要性。伯恩公約在柏林修正會議納入新規則，此一規則迄未稍異：著作人於其著作權存續期間內享有翻譯排他之權。同約第8條明訂：「受本公約保障之文學與工藝著作人於其原著作權存續期間內，享有重製及授權他人翻譯排他之權。」本條文明確表示他締約國著作人欲翻譯，須先獲得原著作所有權人之准許才行；而於資本主義國家，所謂原著作所有權人實則為大出版商，獲得准許必須支付相當版稅。

締約國如欲排斥翻譯權之限制，得聲明保留該條款。即除了開發中國家以外之其他締約國，對1886年伯恩公約（1896年巴黎修正）第5條聲明保留，新加盟國家亦得對該條文聲明保留。凡就該條文提出保留聲明之會員國，本條賦予著作人翻譯同意權即受相當限制：原著首次發行後十年內如未發行當地語文翻譯版本，則受公約保障之翻釋同意權自動消失。

不過，依前述公約規定聲明保留之國家，應適用實質互惠原則，他同盟國得以相對等方法限制保障該國著作之翻譯同意權。即一國聲明排斥公約關於翻譯權之保障規定，他同盟國對以該國

---

[52] 施文高，國際著作權法制新論（上），台北，三民書局，1985年，第90-91頁。

為源流之著作亦採相對實質互惠。

3. 著作人格權保護原則

對於「著作人格權」（Moral Rights of Authors或Droit Moral）之保護是伯恩公約之一大創舉。雖然對於「著作人格權」之保護，在法國、德國等歐陸國家早已行之有年，也保護的最為完備。但要國際社會公認或對於「著作人格權」保護取得共識，仍要等到伯恩公約之締結，方為塵埃落定[53]。而對於著作人格權保護之進展大約說明如下[54]：

「著作人格權」與保護期間規定關係極為密切。伯恩公約締結之初竟未予規定，迨羅馬會議始接受納入布魯塞爾修正案，現為公約第6條之2。條文中所定著作人格權，係指(1)著作人資格歸屬；(2)著作竄改之禁止（The Right to Claim Authorship and The Right to Forbid Alteration of Work）。所謂「著作竄改之禁止」係指「阻止有損著作人榮譽之竄改」。著作人享有此項權利純係源於人權規定（Jure Convention's）觀點，故其具體救濟途徑，須視保護地國內法以為定。

據斯德哥爾摩會議條文，著作人格權屬於著作人，其保障期間及於死後「至少須延展至經濟權利屆滿」（at Least Until The Expiration of The Economic Rights）。著作人死亡後應由何人或何機構行使此項權利？要視國內法而定。

4. 著作重製權保護原則

國際社會長久以來早已承認重製權屬於著作人所有，此為不

---

[53] 美國一直不願意承認著作人權之規範，故遲至1989年才加入伯恩公約為公約會員國。
[54] 見前揭註52，第89頁。

爭之事實。但是，對於如何保護著作人之重製權，卻一直未能形諸於文字，令人引以爲憾。針對著作人重製權之保護，大約說明如下[55]：

國際公約會員國國內法皆承認，以種種方法製作著作複製物，乃著作人或其受讓人之基本權利，但此項權利之含義，公約條文竟付之闕如，致規範重製權迄今仍以國內法是賴。檢視伯恩公約有關條文，亦僅及於特殊情節；其最初條文只論揭載於期刊之著作而不及其他。隨著科技的發展，尤其重製或傳布資訊之技術日新月異，借助留聲機與播送之「機械重製」（Mechanical Reproduction）（當時係指錄音，謂藉機械之力重製聲音）之規定，遂予明文化。

1948年布魯塞爾修正會議後，科技著作之影印問題漸感重要，迫使伯恩公約不得不爲著作人重製權建立較爲詳實之規則，並界定其例外俾限制新規則之適用。旋於斯德哥爾摩修正會議及1971年修正會議正式形成通則，於第9條第1項規定：「受公約保護之文學與工藝著作等著作人，享有任何方式重製其著作之排他權。」此之重製係指著作附著於任何物質，不論著作物量之多寡，惟約文並未闡釋此一名詞之眞意，而同項第三段謂「任何聲音或影像之紀錄俱屬重製」（Any Sound or Visual Recording Is Considered to Be Reproduction）。

斯德哥爾摩修正會議討論重製權應否納入公約問題，各國爭執不下。嗣於第9條第二段略提數語了事，依該條規定締約國國內法得准許特定情節下重製他人著作，但不得與該著作之「通常利用」發生衝突，並不得妨害著作人權益。根據公約條文構想，

---

[55] 同前註，第94-95頁。

吾人可歸納出以下三點：

(1) 基於通常利用概念，原則上不得排斥重製權（例如使用影印機械工具印刷文學著作，但影印部分內容則並非通常利用）。

(2) 同時，影印供為科學目的或個人使用，不得認為妨害著作人權益。

(3) 若影印而應工商業需要又當別論，但國內法可規定付給相當費用，以資補償。

根據以上三點分析，可知斯德哥爾摩修正會議只界定重製問題之通則，至於例外情節悉委由國內處理。

（四）公約之行政架構與相關規範

關於伯恩公約之行政架構及其相關規範，大約可從其形成、締約之進展歷史及其約文本身，尋求出一個具體的輪廓。因此，其行政架構及相關規範，大約說明分析如下[56]。

伯恩公約第1條開宗明義宣示，締約國共同組成聯盟以保障其文學與工藝著作人之權利。因此，締約國均構成聯盟成員之一。聯盟本身則為國際性行政機構——會員大會及常設行政機構。依公約規定，行政機構業務受瑞士政府監督。行政機構之主要業務包括：蒐集、綜合及出版任何保護著作權之有關資料。行政機構設理事長一人，負責向聯盟會員國提出年度業務報告。行政費用由會員國任擇等級並依其選擇之等級分攤（共劃分為六級），預算案由瑞士行政機構代為編擬並監督其支出。故伯恩聯盟組織與1883年巴黎公約籌組之「保護工業所有權國際聯盟」

---

[56] 同前註，第68-70頁。

（International Union for the Protection of Industrial Property，俗稱巴黎同盟）相同。

　　1887年伯恩公約生效後，瑞士政府旋徵求巴黎公約國家之同意，籌劃兩聯盟會組事宜，1893年合併辦公，改稱「國際保護智產所有權聯合辦公處」（International Joint Office for the Protection of Intellectual Property, BIRPI）。戰後，BIRPI工作質與量發展極為迅速，不但會員國數字增加，活動項目亦相當頻繁，加以新國際組織如聯合教科文組織等參與智慧財產活動——尤其著作權方面，BIRPI遂與此類組織發生密切關係。

　　前述各種趨勢皆迫切需要改變組織形態。1967年組成「世界智產所有權組織」乃此種求變之結果。緣1948年布魯塞爾修正伯恩公約會議，接受義大利代表建議，由12個聯盟會員國組成常設委員會，該委員會代表每三年改選三分之一。其最初業務僅為籌劃伯恩公約修約事宜，嗣後因應實際需要而漸次擴充服務項目。

　　1962年為進一步商討伯恩、巴黎兩大同盟有關事宜而組成「聯盟協調委員會」（Inter-Union Coordinating Committee），該委員會係由兩大聯盟常設委員會成員組織，為現代國際智慧財產所有權組織之前身。

　　伯恩同盟機構方面，1967年斯德哥爾摩外交會議導致重大改組。新組織架構與現代多數專門性國際組織類似——由大會（Assembly）、執行委員會（Executive Committee）及國際局（International Bureau）等三個主要部門組成。

　　大會包括全體締約國代表，為伯恩聯盟最高決策機構，掌理聯盟主要行政管理事務：聯盟之擴展、公約之適用、修約事宜、推選執行委員會會員並監督其業務、修正聯盟計畫及預算案（公

約第22條第2項）。大會每三年召開常會一次。

執行委員會成員由大會推選，額數等於大會代表人數四分之一（即大會每四位代表選舉一人），主要職掌：監督聯盟例常行政事務，代替大會起草各種計畫及預算案、編擬大會議程。執行委員會每年召開常會一次，大會推選執行委員會成員，應考慮區域分配之平等（公約第23條第4項）。

伯恩聯盟實際行政事務由國際局執行，其前身為「聯盟辦事處」（Union's Office）。國際局主掌聯盟各機關秘書性職權。依斯德哥爾摩修正案，該局業務包括：1.編擬及出版保護著作權資料；2.發行月刊；3.應聯盟會員國請求，提供各種保護著作權資料；4.就有關保障事項辦理研究及提供協助（公約第24條）聯盟主要官員為世界智產所有權組織設置之秘書長。

截至1998年5月31日，伯恩公約計有131個會員國[57]。

（五）公約之特性

1.保護之基礎

根據公約第1條規定，加入公約的參加國即為組成伯恩同盟保護作者權利之同盟。就如公約明文「指出」（Stipulate）的規定，同盟的國家負有執行作者在文學與藝術作品上的權利義務。廣泛來說，上述保護義務之完成或實現，應該是以下列兩種方式之一來行使[58]：(1)公約會成為會員國國內法的一部分（例如：比利時與希臘）；(2)因為公約的強制要求，針對公約所賦予權利人之權利，如果會員國尚未承認者（尚未成為會員國之國內法

---

[57] 見前揭註41，第803頁。
[58] 同前註，第457頁。

時），會員國必須要制定適當之立法，使公約能確實於會員國內實現（例如：英國與美國）。這種形式上之權利實現程序，是針對公約所賦予作者應該享有某些權利是公約會員國的責任，來確保那些權利在個別會員國個別制定適當之法律來實現。

如果任何一個會員國被指控，它尚未提供公約所賦予作者權利之保護，那是違背公約規定會員國所應履行之義務。如此的紛爭可以根據公約條款之規定，提交國際法院審理[59]。但所幸，截至目前為止，上述公約之規定，也僅止於宣示性之規範，沒有任何公約會員國之間的紛爭是以上述方式解決的。

2. 保護之架構

(1) 約文之架構

伯恩公約第1條至第19條即在規範公約的實質權義事務；也就是伯恩公約的建立、被保護作品的描述與說明、被保護者的描述與說明、保護的要件、保障的權益、公約的限制、例外與適用，以及第20條規範同盟國彼此之間的「特別協定」（Special Agreement）。第21條所載之「特別條款」是有關於開發中國家

---

[59] 伯恩公約第33條：(1)Any dispute between two or more countries of the Union concerning the interpretation or application of this Convention, not settled by negotiation, may, by any one of the countries concerned, be brought before the International Court of justice by application in conformity with the Statute of the Court, unless the countries concerned agree on some other method of settlement. The country bringing the dispute before the Court shall inform the International Bureau; the international Bureau shall bring the matter to the attention of the other countries of the Union. (2)Each country may, at the time it signs this and or deposits its instrument of ratification or accession, declare that it does not consider itself bound by the provisions of paragraph (1). With regard to any dispute between such country and any other country of the Union, the provisions of paragraph (1)shall not apply. (3)Any country having made a declaration in accordance with the provisions of paragraph (2)may, at any time, withdraw its declaration by notification addressed to the Director General.

待遇及相關規範的問題，已經被包含在1971年公約之附錄中。
第22條至第25條是處理有關公約各行政機關的行政事務問題，
例如有關大會、執行委員會、與國際局的行政事務，以及相關
同盟的預算問題。至於公約第26條至第38條則是公約一般正式
之事務，例如有關公約的修正、公約的批准以及加入之問題，
公約各次修正會議決議的適用問題，以及其他的「過渡條款」
（Transitional Provisions）。

(2) 司法之架構

根據伯恩公約，著作受到保護之受益人是作者以及法律上的
權利繼承人[60]。文學與藝術的作品是公約所要保護的主題[61]。保
護的準則是以國籍及出版地為標準[62]。保護的基本原則適用國民
待遇及公約之權利[63]。而有關著作人格權之「同一性質保持權」

---

[60] 伯恩公約第1條、第2條第2款、第3條、第4條。

[61] 見前揭註44。

[62] 伯恩公約第3條：(1)The protection of this Convention shall apply to: (a)authors who are nation-als of one of the countries of the Union, for their works, whether published or not; (b)authors who are not nationals of one of the countries of the Union, for their work first published in one of those countries, or simultaneously in a country outside the Union and in a country of the Union. (2)Authors who are not nationals of one of the countries of the Union but who have their habitual residence in one of them shall, for the purposes of this Convention, be assimilated to nationals of that country. (3)The expression "published works" means works published with the consent of their authors, whatever may be the means of manufacture of the copies, provided that the avail-ability of such copies has been such as to satisfy the reasonable requirements of the public, hav-ing regard to the nature of the work. The performance of a dramatic, dramatic-musical, cinemato-graphic or musical work, the public recitation of a literary work, the communication by wire or the broadcasting of literary or artistic works, the exhibition of a work of art and the construction of a work of architecture shall not constitute publication. (4)A work shall be considered as having been published simultaneously in several countries if it has been published in two or more coun-tries within 30 days of its first publication.

[63] 伯恩公約第5條：(1)Authors shall enjoy, in respect of works for which they are protected under this Convention, in countries of the Union other than the country of origin, the rights which their respective laws do now or may hereafter grant to their nationals, as well as the rights specially

（Moral Rights of Integrity）以及姓名表示權（Moral Rights of Attribution）之保障亦受到公約之規範 [64]。另外，其他經濟上的權利，如重製權、公開發表權、公開播送權、公開演出權以及改作權等亦受到公約之保障 [65]。同時，對於相關權利亦有限制與例

---

[64] 伯恩公約第6bis條：granted by this Convention. (2)The enjoyment and the exercise of these rights shall not be subject to any formality; such enjoyment and such exercise shall be independent of the existence of protection in the country of origin of the work. Consequently, apart form the provisions of this Convention, the extent of protection, as well as the means of redress afforded to the author to protect his rights, shall be governed exclusively be the laws of the country where protection is claimed. (3)Protection in the country of origin is governed by domestic law. However, when the author is not a national of the country of origin of the work for which he is protected under this Convention, he shall enjoy in that country the same rights as national authors. (4)The country of origin shall be considered to be: (a)in the case of works first published in a country of the Union, that country; in the case of works published simultaneously in several countries of the Union which grant different terms of protection, the country whose legislation grants the shortest term of protection; (b)in the case of works published simultaneously in a country outside the Union and in a country of the Union, the latter country; (c)in the case of unpublished works or of works first published in a country outside the Union, without simultaneous publication in a country of the Union, the country of the Union of which the author is a national, provided that: (i)when these are cinematographic works the maker of which has his headquarters or his habitual residence in a country of the Union, the country of origin shall be that country, and (ii)when these are works of architecture erected in a country of the Union or other artistic works incorporated in a building or other structure located in a country of the Union, the country of origin shall be that country.

[64] 伯恩公約第6bis條：(1)Independently of the author's economic rights, and even after the transfer of the said rights, the author shall have the right to claim authorship of the work and to object to any distortion, mutilation or other modification of, or other derogatory action in relation to, the said work, which would be prejudicial to his honor or reputation. (2)The rights granted to the author in accordance with the preceding paragraph shall, after his death, be maintained, at least until the expiry of the economic rights, and shall be exercisable by the persons or institutions authorized by the legislation of the country where protection is claimed. However, those countries whose legislation, at the moment of their ratification of or accession to this Act, does not provide for the protection after the death of the author of all the rights set out in the preceding paragraph may provide that some of these rights may, after his death, cease to be maintained. (3)The means of redress for safeguarding the rights granted by this Article shall be governed by the legislation of the country where protection is claimed.

[65] 伯恩公約第1條、第2bis條、第8條、第10條、第10bis條、第11條、第11bis條、第11ter條、第12條、第14條、第14ter條。

外之規定[66]。而且對於權利之享有與行使，是不必受到形式條件之拘束[67]。再者，對於著作人著作的一般保護期間是固定的——作者的終生再追及死後五十年[68]。此外，對於要如何才構成著作權利的侵害，或者權利的救濟、處罰以及執行，在公約中並沒有特別加以規定。

3. 保護之標準

對於傳統的作者以及其作品的保護，按照公約的規範，我們大約可以找出三個保護之標準：(1)形式之標準（Criterion of Form）；(2)內容之標準（Criterion of Content）；(3)地位之標準（Criterion of Status）。可分析說明如下：

(1) 形式之標準

伯恩公約對於一件作品之保護，並未要求必須滿足任何形式的要件。也就是說，為了要獲得公約之保護，「一件作品不必一定要以具體的形態固定在實質上的媒介物上」（A Work Does Not Have to be Fixed in "Material Form"）。但是，同盟國家被允許對作品做一般性之規定，或者對於特定類別的作品，除非它們必須能夠以具體的形態固定在某一定的媒介物上，否則不給予著作權之保護[69]。

---

[66] 伯恩公約第9條第2款、第11bis條第2款與第13條。

[67] 伯恩公約第5條第2款：The enjoyment and the exercise of these rights shall not be subject to any formality; such enjoyment and such exercise shall be independent of the existence of protection in the country of origin of the work. Consequently, apart form the provisions of this Convention, the extent of protection, as well as the means of redress afforded to the author to protect his rights, shall be governed exclusively be the laws of the country where protection is claimed.

[68] 伯恩公約第7條第1款：The term of protection granted by this Convention shall be the life of the author and 50 years after his death.

[69] 伯恩公約第2條第2款：Union Countries are permitted to prescribe that works in general or any

(2) 內容之標準

伯恩公約對於規範「內容之標準」是非常廣泛。因為有關於能夠受到保護的作品，雖然在公約第2條，有列舉出一些作品，但是那樣的表列僅僅是例示性的範例，而且不具專有性、不具排他性（Non-exclusive）；每一件作品的產生，只要是屬於文學、科學以及藝術的領域，不論它的表達模式或形式，都落入公約所要保護的範疇內[70]。

(3) 地位之標準

要滿足國籍或出版地要求之條件就是所謂的「地位之標準」。這個標準對適用伯恩公約而言，具有「基本上的重要性」（Fundamental Importance）。這要怎麼說呢？因為並非所有的作者都受到公約的保護，也並非所有的作品均受到公約的保護。為了要獲得公約的保護，一個作者就必須要能夠證明他滿足所謂的「地位之標準」，就是指必須因為他的國籍或是作品的首次發行或同時發行的地點在公約會員國境內，當然，一旦作者的作品是受到保護的作品，那麼該作品之作者某些權利自然是受到公約的保護。至於說作者所能夠享有的傳統上著作權的權利，除了在著作之源流國所主張者外，則僅能夠在公約的同盟國家內所主張。

其次，依照伯恩公約之規定，受保護之著作人，僅適用下列之情形：①同盟國國民之著作，不論業已發行與否；②非同盟國

---

specified categories of works shall not be protected unless they have been fixed in some material form.

[70] 伯恩公約第1條：Every production on the literary, scientific and artistic domain whatever may be the mode or form of its expression falls to be protected by the Convention.

國民，但其著作首次發行於同盟國之一的領土以內，或同時首次發行於同盟國及非同盟國領土以內[71]。另外，三十天以內一著作於二個以上國家首次發行者，該著作即為同時在各該國發行。

三、世界著作權公約

（一）公約締結之背景

國際社會的先進國家於1886年締結伯恩公約之後，發現唯獨在科技發展及出版文化發達而逐步趨於世界領先地位之美國，卻一直未能也不願加入伯恩公約成為會員國，推究其原因固然很多，但是主要不外以下因素：依照美國法律的規定，任何出版物，均應註記出版之通知以及「保護期間」（Term of Protection），直接的說就是五十六年。但是，依照伯恩公約規定，添附戳記（符號）之「通知」（Notice）作為形式要件，是不被允許賦予著作權保護之條件，且美國著作權法賦予作者著作權保護期間為五十六年，此項規定與伯恩公約賦予著作權人著作保護期間之最低限度要求——作者終生再加五十年之規定，不相吻合。而美國國會、學者以及法界人士，基於各個不同原因，並不贊同伯恩公約不必附添戳記（符號）之出版「通知」，以及順從伯恩公約對於保護期間的規定。當然，另外伯恩公約對於有關著作「人格權」（Moral Right）規範的保護規定，也變成阻礙美國加入伯恩公約之意願。因為作為一個資本主義的國家，美國對於著作權人之保護，仍然側重經濟權益層面。在其著作權法中

---

[71] 伯恩公約第3條第1款：The protection of this Convention shall apply to: (a)authors who are nationals of one of the countries of the Union, for their works, whether published or not; (b)authors who are not nationals of one of the countries of the Union, for their work first published in one of those countries, or simultaneously in a country outside the Union and in a country of the Union.

對於著作權人之「人格權」保護，仍然是付之闕如，並無任何明文規定。其對於「人格權」之保護仍低於英美普通法（Common Law）之規範，依契約之違反、侵權行為、誹謗，以及隱私權之侵害及不正競爭之法律原則來解決，與大陸法系國家如德、法之著重著作人格權大有不同。

　　在第二次世界大戰之後「聯合國教育科學文化組織」（United Nations Educational Scientific and Cultural Organization, UNESCO）開始主動發起完成一項國際公約之締結。意圖反映出「盟約國」（Contracting States）的一般願望，就是希望能夠確保對於作者作品有效保護的國際性公約的成立；而在同時，又不必強制可能加入的「盟約國」依照伯恩公約的規定作為加入國之申請條件。換句話說，對於那些國家（特別是「開發中國家」）之著作權法規範，低於伯恩公約之規範者，也不必將之排除在外。這樣一來，美國與「開發中國家」即不致因為對於著作權法保護之觀點與認知不同，造成不必要的困擾，而難以成為會員國或盟約國。

　　經過「聯合國教育科學文化組織」之多方努力下，終於在1952年於巴黎簽訂了所謂的「世界著作權公約」（Universal Copyright Convention, UCC），又被稱作「萬國著作權公約」。該公約在其宗旨中要求每一個「盟約國」必須能夠對於作者以及其他著作權所有人之權利，提供足夠和有效的保護[72]。並且要求：1.任何締約國對於他締約國之國民及首次發行於該他締約國

---

[72] 世界著作權公約第1條：Each Contracting State undertakes to provide for the adequate and effective operation of the rights of authors and other copyright proprietors in literary, scientific, and artistic works, including writings, musical, dramatic and cinematographic works, and paintings, engravings and sculpture.

之已發行著作給予其本國國民同等及依本公約所賦予之特定保
障；2.任何締約國應給予他締約國國民之未發行著作以本國國民
同等及依本公約所賦予之特定保障；及3.締約國為達成本公約所
保障之目的，對其領域內之任何居民得依其本國法給予國民待
遇[73]。

　　如此一來，美國原先所堅持之立場，就被包容在「世界著作
權公約」之規範內，而不再有如以往之相衝突之處。因為「公
約」認定如果在已出版的作品上附有任何「通知」的戳記，即已
滿足公約所要求之形式要件[74]。其次，關於著作權保護期間之規
定，依「世界著作權公約」之規範，由締約國以國內法訂定之；
而且依該「公約」之規定，所受保障之著作，其著作權存續期
間不得少於著作人終生及死後二十五年[75]。但任何締約國於本公

---

[73] 世界著作權公約第2條：(1)Published works of nationals of any Contracting State and Works first published in that State shall enjoy in each other Contracting State the same protection as that other State accords to works of its nationals first published in its own territory, as well as the protection specially granted by this Convention. (2)Unpublished works of nationals of each Contracting State shall enjoy in each other Contracting State the same protection as that other State accords to unpublished works of its own nationals, as well as the protection specially granted by this Convention. (3)For the purposes of this Convention any Contracting State may, by domestic legislation, assimilate to its own nationals any person domiciled in that State.

[74] 世界著作權公約第3條第1款：Any Contracting State which, under its domestic law, requires as a condition of copyright, compliance with formalities such as deposit, registration notice, notarial certificates, payment of fees or manufacture or publication in that Contraction state, shall regard these requirements as satisfied with respect to all works protected in accordance with this Convention and first published outside its territory and the author of which is not one of its nationals, if from the time of the first publication all the copies of the work published with the authority of the author or other copyright proprietor bear the symbol (c) accompanied by the name of the copyright proprietor and the year of first publication placed in such manner and location as to give reasonable notice of claim of copyright.

[75] 世界著作權公約第4條第1款及第2款：1.The duration of protection of a work shall be governed, in accordance with the provisions of Article II and this Article, by the law of the Contracting State in which protection is claimed. 2.The term of protection for works protected under this Convention shall not be less than life of the author and twenty-five years after his death. Howev-

約在該國生效之日，業已將若干著作存續之期間，依首次發行日期而限制其期間者，得維持此項例外規定，並得擴充至其他類著作，但是此類著作自首次發行日起算，至少仍不得少於二十五年。以有關美國對著作權保護期間的立場，也與「世界著作權公約」之規範不相衝突；於是美國乃在1955年同意加入成為「世界著作權公約」之會員國。

　　「世界著作權公約」於1971年在巴黎做過一次重大的修正，擴大會員國賦予權利保護之義務。最後，就會員國加入的多少而論，「世界著作權公約」有顯著的成效。除了前述的美國在1955年加入外，蘇聯在1973年加入，而且中國也在1992年加入了；此外，許多伯恩公約之會員國，也多半加入「世界著作權公約」。「世界著作權公約」至今將近有100個會員國（實際上是98個），但今天我們或許不得不承認「世界著作權公約」的未來發展將會很有限，因為在「世界貿易組織」（World Trade Organization, WTO）時代的來臨，其對於國際社會的智慧財產保障，附有「與貿易有關之智慧財產權協定」（Agreement on Trade Related Aspects of Intellectual Property Rights, TRIPs）。今後，國際社會的大多數國家均會陸陸續續加入「世界貿易組織」成為其會員國。如此一來[76]，各「世界貿易組織」之會員國，就自然必須服膺「與貿易有關之智慧財產權協定」之規範。

---

er any Contracting state which, on the effective date of this Convention in that State, has limited this term for certain classes of works to a period computed form the first publication of the work, shall be entitled to maintain these exceptions and to extend them to other classes of works. For all these classes the term of protection shall not be less than 25 years from the date of first publication.

[76] 世界貿易組織至1998年5月已有132個會員國。

（二）公約之規範範疇與主要內容

「世界著作權公約」對於著作之保護原則有三：

1.已發行著作（Published Works）：任何締約國應給予他締約國國民及首次發行於該他締約國之著作以其本國國民同等及依本公約賦予之特定保障（當地國民待遇）。

2.未發行著作（Unpublished Work）：任何締約國應給予他締約國之著作以本國國民同等及依本公約賦予之特定保障。

3.締約國為達成本公約保障之目的，對其領域內任何居民得依其本國法給予內國民待遇。

那「世界著作權公約」對於著作之保護規定之要件如下：

1.締約國依其國內法，需以樣品送存、登記、標記、公證文件、繳納登記費、製作條款或發行等形式手續（Formalities），為取得該國著作權保障之要件者，則凡：依本公約所有應受保障之著作，縱使首次發行於外國之外國人著作，其於適當位置刊有(c)符號、著作人姓名、出版年份者，則應認為已滿足該國法定手續而予以保障。

2.前項規定不得排除：締約國就其境內首次發行之著作或其本國人不論發行於何地之著作，得以國內法規定其著作權之形式手續或其他條件。

3.第1項規定不得排除：締約國得以國內法規定著作權司法救濟程序。諸如：當事人須透過該國律師、向法院或行政機關送存涉案之著作樣本。但縱未滿足上述司法程序，其著作權仍屬有效，且司法程序對任何其他締約國國民，不得有差別待遇[77]。

---

[77] 世界著作權公約第2條：1.Published works of nationals of any Contracting State and works first published in that state shall enjoy in each other Contracting State the same protection as that other State accords to works of its nationals first published in its own territory, as well as the

4.締約國對他締約國國民未發行之著作，應規定無須履行形式手續即予法律保障。

5.如締約國國內法著作權保障期間採雙期制，其第一期間比本公約第4條所訂最短期間為長者，則其第二期以後之保障規定，不受本公約第1項之限制[78]。

「世界著作權公約」在實質上不同於「伯恩公約」的大都採強制規定，而是尊重各國的國內法，但與「伯恩公約」有衝突時，仍以「伯恩公約」為優先，僅居於輔佐的地位。其主要規定

---

protection specially granted by this Convention. 2.Unpublished works of nationals of each Contracting State shall enjoy in each other Contracting State the same protection as that other state accords to unpublished works of its own nationals, as well as the protection specially granted by this Convention. 3.For the purposes of this Convention any Contracting State may, by domestic legislation, assimilate to its own nationals any person domiciled in that State.

[78] 世界著作權公約第3條：1.Any Contracting State which, under its domestic law, requires as a condition of copyright, compliance with formalities such as deposit, registration, notice, notarial certificates, payment of fees or manufacture of publication in that contracting State, shall regard these requirements as satisfied with respect to all works protected in accordance with this Convention and first published outside its territory and the author of which is not one of its nationals, if from the time of the first publication all the copies of the work published with the authority of the author or other copyright proprietor bear the symbol (c) accompanied by the name of the copyright proprietor and the year of first publication placed in such manner and location as to give reasonable notice of claim of copyright. 2.The provisions of paragraph 1 shall not preclude any Contracting State form requiring formalities or other condition for the acquisition and enjoyment of copyright in respect of works first published in its territory or works of its nationals wherever published. 3.The provisions of paragraph 1 shall not preclude any Contracting state from providing that a person seeking judicial relief must, in bringing the action, comply with procedural requirements, such as that the complainant must appear through domestic counsel or that the complaint must deposit with the court or an administrative office, or both, a copy of the work involved in the litigation; provided that failure to comply with such requirements shall not affect the validity of the copyright, nor shall any such requirement be imposed upon a natural of another Contracting state in which protection is claimed. 4.In each Contracting state there shall be legal means of protecting without formalities the unpublished works of nationals of other Contracting states. 5.If a Contracting State grants protection for more than one term of copyright and the first term is for a period longer than one of the minimum periods prescribed in Article IV, such State shall not be required to comply with the provisions of paragraph 1 of this Article in respect of the second or any subsequent term if copyright.

如下 [79]：

1. 關於著作權保護之範圍採概括方式，僅約略於第1條規定包括文學、科學、藝術（包括寫作、音樂、戲劇、電影著作物及繪畫、版畫、雕刻等）著作物，都爲保護標的。

2. 採本國國民待遇，締約國國民已出版或尚未出版的作品，以及首次發行在該國出版的作品，在其他各締約國中均受各該國家給予本國國民作品的同等保護。

3. 折衷「伯恩公約」的完全無方式主義，凡在本國以外領域發行，以第一次發行時印刊有(c)標記、著作權人姓名及第一次發行年代者，即視爲已整合國內法的要求。此項規定，完全針對美國國內法繁瑣的形式程序而定，既尊重國內法的規定，又簡化其條件。

4. 「世界著作權公約」保護期間，以締約國法令爲準，但不得短於著作人之終身追及其死亡後二十五年。美國在1971年施行新著作權法前，係採二十八年爲一期，再延長二十八年的辦法，且自第一次發行日起算，並不採「伯恩公約」及一般國際上的規定，自創作時起終身計算。協調之間的衝突，「世界著作權公約」亦許可締約國予以保留，但最低限度不得短於自發行日起算二十五年。對於攝影作品或實用美術作品，各國可規定較短期限，但不得少於十年。

5. 翻譯權做特殊的規定，是「世界著作權公約」1971年修正的最大特色。「世界著作權公約」爲扶助開發中國家，並使其樂於參加著作權的國際公約，在翻譯權上做了最大幅度的修正，放寬其條件，加強強制授權的利用，使開發中國家便於利用。

---

[79] 見前揭註49，第382-383頁。

　　翻譯他人作品，原則上應取得著作權人的同意。但「世界著作權公約」第5條規定凡文字寫作，自第一次發行屆滿七年，著作人獲得其授權有翻譯權之人，對於該作品始終未翻譯成該締約國之語言時，該締約國國民得經由該國主管機關取得非排他性之許可，支付國內水準的報酬，以該國語言翻譯並發行翻譯本[80]。另一情形，發行雖未滿七年，但如已向權利人依法請求授權而被拒絕，或經相當努力都未能與權利人聯繫上時，可給予公平且合乎國際標準的補償金，俟屆滿七年作品取得翻譯權的程序，要求強制授權[81]。

　　此等翻譯作品都需要刊印原著作名稱及作者姓名，以示對原著作者的尊重。既為了締約國國內文化上的需求，才放寬翻譯權的限制，翻譯作品當然不能轉銷至其他國家圖利，除非另一輸入國的語言相同，而其國內法又無禁止的規定始可。此外，亦可贈送給海外僑民作為研究、教育之用[82]。聯合國承認的開發中國家於加入「世界著作權公約」後，得通知「聯合國教育科學文化組織」之事務局長，在前十年的期間內，就翻譯權能以三年取代一般國家適用的七年，提前取得翻譯的強制授權，甚至該國語言並非其他已開發締約國所通用者，時間更可縮短為一年[83]。

（三）公約之行政程序規範及相關規定

　　根據「世界著作權公約」之規定，一個「政府間委員會」（Intergovernmental Committee）必須予以設置，其目的在於：

---

[80] 同前註，第384頁。
[81] 同前註。
[82] 同前註。
[83] 同前註。

　　1. 爲執行下列各款事務

　　(1) 本公約之適用與執行等有關問題之研擬。

　　(2) 籌備定期修正本公約有關事項。

　　(3) 有關其他國際著作權保障問題之研擬（與聯合國教育科學文化組織、國際保障文學、工藝著作聯盟及美洲國家組織等有關機構合作）。

　　(4) 締約國報告公約各項活動。

　　2. 委員會由本公約締約國及純屬1952年公約之締約國合計18國代表共同組成。

　　3. 委員會代表之選任，應顧及區域、人口、語文及發展階段等因素，力求國家利益之平衡。

　　4. 聯合國教育科學文化組織理事長、世界智慧財產組織理事長及美洲國家組織秘書長，或上述各人之代表，得以諮詢顧問的身分出席委員會群[84]。

　　其次，爲了解決「公約」第11條所衍生出來的相關問題，特別附帶有下列決議：

---

[84] 世界著作權公約第11條：1.An Intergovernmental Committee is hereby established with the following duties: (a)to study the problems concerning the application and operation of the Universal Copyright Convention; (b)to make preparation for periodic revisions of this convention; (c)to study any other problems concerning the international protection of copyright, in co-operation with the various interested international organizations, such as the United Nation Education Scientific and Cultural Organization, the International Union for the protection of Literary and Artistic Works and Organization of American States; (d)to inform State party to the Universal Copyright Convention as to its activities. 2.The Committee shall consist of the representatives of 18 State party to this Convention or only to the 1952 convention. 3.The Committee shall be selected with due consideration to a fair balance of national interests on the basis of geographical location, population, languages and state of development 4.The Director-General of the United Nations Educational, Scientific and Cultural Organization, the Director-General of the World Intellectual Property Organization and the Secretary-General of the Organization of American States, or their representatives, may attend meetings of the Committee in an advisory capacity.

　　1. 委員會原始成員應包括1952年公約第11條所定原有12個會員國政府代表，經由本決議，增列阿爾及利亞、澳大利亞、日本、墨西哥、塞內加爾、南斯拉夫等國政府代表。

　　2. 非1952年公約之締約國，並於本公約生效後之委員會首次常會前尚未加入本公約之國家，應依公約第11條第2、3項規定，得選擇由其他國家代替。

　　3. 本公約一經生效，則第1項所定之委員會，應即認為已依第11條規定成立。

　　4. 本公約生效後一年內應舉行常會，此後每次常會之間隔不得逾二年。

　　5. 委員會得推選主席一人，副主席二人，並依據下列原則制定組織章程（Rules of Procedure）：

　　(1) 代表任期六年，每兩年改選三分之一。委員會相互「諒解」（Understanding），三分之一首屆代表於委員會第二屆常會完畢時任滿（本公約生效）；另三分之一代表於第三屆常會結束任滿；餘三分之一代表當於第四屆常會結束任滿。

　　(2) 規程規定屆滿缺額之遞補、選任之適格、選舉程序，均應以代表資格之繼續行使及輪流代表、第11條第3項所定之顧慮為基準[85]。

---

[85] 世界著作權公約第11條之決議：Resolution Concerning Article XI The Conference for Revision of the Universal Copyright Convention. Having considered the problems relating to the Intergovernmental Committee provided for in Article XI of this Convention, to which this resolution is annexed. Resolves that, 1.At its inception, the Committee shall include representatives of the twelve State members of the Intergovernmental Committee established under Article XI of the 1952 Convention and the resolution annexed to it, and, in addition, representatives of the following States: Algeria, Australia, Japan, Mexico, Senegal and Yugoslavia. 2.Any States that are not party to the 1952 Convention and have not acceded to this Convention before the fire ordinary session of the Committee following the entry into force of this Convention shall be replaced

　　再者，對於「世界著作權公約」之修正，「公約」規定如下：無論何時「政府間委員會」如認為有必要或者在本公約至少10個以上會員國之請求時，得召開修正會議[86]。而各會員國對於「世界著作權公約」之解釋或適用等發生爭議時，「公約」的規範如下：

　　締約國間關於本公約之解釋或適用等爭議，其不能以談判解決者，除非當事國協議以其他方式，應即提交國際法院決定[87]。

　　最後，關於「公約」之會員國，如欲退出「公約」，其規定程序如下：

---

by other Sates to be selected by the Committee at its first ordinary session in conformity with the provisions of Article XI(2)and (3). 3.As soon as this Convention comes into force the Committee as provided for in paragraph 1 shall be deemed to be constituted in accordance with Article XI of this Convention. 4.A session of the Committee shall take place within one year after the coming into force of this Convention; thereafter the Committee shall meet in ordinary session at intervals of not more than two years. 5.The Committee shall elect its Chairman and Two Vice-chairman. It shall establish its Rule of Procedure having regard to the following principle: (a)The normal duration of the term of office of the members represented on the Committee shall be six years with one-third retiring every two years, it being however understood that, of the original term of office, one-third shall expire at the end of the Committee's second ordinary session which will follow the entry into force of this Convention, a further third at the end of its third ordinary session, and the remaining third at the end of its fourth ordinary session; (b)The rule governing the procedure whereby the Committee shall fill vacancies, the order in which terms of membership expire, eligibility for re-election, and election procedure, shall be based upon a balancing of the needs for continuity of membership and rotation of representation, as well as the consideration set out in Article XI(3). Expresses the wish that the United Nations Educational, Scientific and Cultural Organization provide its Secretariat, in faith where of the undersigned, having deposit their respective full powers, have signed this Convention, done at Paris, this twenty-fourth day of July 1971, in a single copy.

[86] 世界著作權公約第12條：The Intergovernmental Committee shall convene a conference for revision whenever it deems necessary, or at the request of at least 10 States party to this Convention.

[87] 世界著作權公約第15條：A dispute between two or more Contracting States concerning the interpretation or application of this Convention, not settled by negotiation, shall, unless the States concerned agree on some other method of settlement, be brought before international Court of Justice for determination by.

1.締約國得以本身名義或以宗主身分代表其依第13條通知之國家領域，以退出通知送達理事長。上述通知對1952年公約亦構成退出效力。

2.前項退出通知送達十二個月後生效[88]。

（四）公約之特性

國際上第二個主要著作多邊公約，應推「世界著作權公約」，該公約截至1998年元旦共有98個會員國，締約之初僅有12國簽字。社會主義會員國計有：匈牙利、捷克、南斯拉夫及古巴等四國。

「世界著作權公約」一如伯恩公約，任何國家均得宣布加入。伯恩公約雖設有種種限制，但並不排斥會員國享受有限度之保留權。「世界著作權公約」則完全不許會員國保留[89]。申請加入之國家，必須將規定文件送存聯合國教育科學文化組織行政長。「世界著作權公約」於1971年通過巴黎修正案，規定：12個會員國送存批准、接受或加入文件滿三個月，修正案即開始生效[90]。本條另一重要意義乃規定原為1952年公約會員國而未批准1971年修正案與批准修正案會員國間之關係。

依1971年巴黎修正案第9條規定，一國遞送批准、接受或加

---

[88] 世界著作權公約第14條：1.Any Contracting state may denounce this Convention in its own name or on behalf of all or any of the countries or territories with respect to which a notification has been given under Article XIII. The Denunciation shall be made by notification addressed to the Director-General. Such denunciation shall also constitute denunciation of the 1952 Convention. 2.Such denunciation shall operate only in respect of the State or of the country or territory on whose behalf it was made and shall not take effect until 12 months after the date of receipt of the notification.

[89] 世界著作權公約第20條。

[90] 1971年巴黎修正案第9條第1款。

入文件滿三個月，公約即對該國生效，並產生下列效力：若該國原非1952年公約（日內瓦條文）締約國，則當然取得締約國資格（視同加入日內瓦條文）[91]。同時，1971年修正案生效後，任何國家不得只參加1952年條文，此項規定之目的在使公約一般性條文普遍適用於全體締約國，俾便修正案逐漸取代舊約條文。

　　此處應特別加以注意者為：1971年修正案生效前送存文件者，該國可於修正案生效後對1952年舊約條文附加條件。其次，如同伯恩公約，「世界著作權公約」締約國應採取必要措施，得依各國憲法實現公約內容；締約國應於遞送文件時諒解，適當調整其國內法以履行公約條件。「世界著作權公約」締約國仍享有另行締結多邊或雙邊條約之權，如遇各該條約規定事項與公約發生牴觸時，公約具有優先適用效力[92]，但美洲國家享有例外規定：美洲國家原先簽訂之條約需以「世界著作權公約」優先適用，如簽訂於加入公約之後者始享有修先適用權[93]。另據公約第15條規定，除締約國同意另謀解決之道外，凡公約之解釋與適用等爭議，應該送常設國際法院解決。

　　1971年巴黎外交會議修正「世界著作權公約」，關於第17條曾通過附屬宣言。國際社會通稱該宣言為「關於伯恩公約保障規定」。此項規定旨在拘束會員國，不得因參加世界公約而脫離伯恩公約，但據巴黎修正案直言原文稱：為適應開發中國家依其國內文教發展情況調整著作權保障標準之暫時需要而為權宜之計[94]。

---

[91] 同前註。
[92] 世界著作權公約第10、19條。
[93] 世界著作權公約第18條。
[94] 見前揭註52，第67頁。

附屬宣言(b)項明訂，締約國如依聯合國大會慣例歸類為開發中國家，並退出伯恩公約時，曾向教育科學文化組織送存通知，則公約保障條款於十年內不得適用（此期間得延長）[95]。

（五）世界著作權公約與伯恩公約之關聯與比較

「世界著作權公約」與「伯恩公約」之關聯，在「世界著作權公約」中有明文規定如下：

1. 本公約不得以任何方式影響伯恩公約之規定或由公約設置聯盟會員資格。

2. 關於前條之適用，以宣言附加於本條，該宣言乃本公約對受1951年1月1日伯恩公約拘束國家之主要依據；嗣後受同公約拘束之國家亦同。凡簽字於本公約之上述國家，亦簽字於該宣言，其批准、接受或加入，應包括該宣言及本公約在內[96]。

而對於「世界著作權公約」第17條所做「關聯」之指示性說明，又附加一項宣言如下：

國際保護文學、工藝著作聯盟會員（以下簡稱伯恩聯盟）並簽字於本公約之國家，為加強彼此之聯盟關係，並避免世界與伯恩兩大著作權公約之衝突。深悉若干國家須依其個別文化、社會、經濟等發展階段，調整其著作權保障水準之暫時需要，共同

---

[95] 伯恩公約保障規定(b)項。

[96] 世界著作權公約第17條：1.This Convention shall not in any way affect the provisions or the Berne Convention for the protection of Literary and Artistic Works or membership in the Union created by that Convention. 2.In application of the foregoing paragraph, a declaration has been annexed to the present Article. This declaration is an integral part of this Convention for the State bound by the Berne Convention on 1 January 1951, or which have or may become bound to it at a later date. The signature of this Convention by such States shall also constitute signature of the said declaration, and ratification, acceptance or accession by such States shall include the declaration, as well as this Convention.

協議並接受下述宣言條款：

　　1.除(b)款另有規定外，依據伯恩公約著作國籍源流制之規定，凡已退出1951年1月1日伯恩聯盟國家源流之著作，不受世界著作權公約及伯恩公約之保障。

　　2.依聯合國大會慣例認定為開發中國家並已退出伯恩聯盟之締約國，即以通知送存教育科學文化組織理事長，自認為開發中國家，得依本公約第5條之2規定，不適用前款規定。

　　3.依伯恩公約規定，受著作源流制保障之著作，則聯盟國間之關係，不適用世界著作權公約[97]。

　　另外，本公約之目的在於降低伯恩公約之保護標準，拉近與美國法之差距，以便使美國及拉丁美洲國家同意加入，故本公約並不限制會員國對於著作有一定程度之形式要求，但為了緩和形

---

[97] 世界著作權公約第17條之宣言：Appendix Declaration relating to Article XVII The States which arm members of the International Union for the Protection of Literary and Artistic Works (hereinafter called "the Berne Union") and which are signatories to this Convention Desiring to reinforce their mutual relations on the basis of the said Union and to avoid any conflict which might result form the co-existence of the Berne Convention and the Universal Copyright Convention. Recognizing the temporary need of some States to adjust their level of copyright protection in accordance with their stage of cultural, social and economic development, have by common agreement, accepted the terms of the following declaration: (a)Except as provided by paragraph (b), works which, according to the Berne Convention, have as their county of origin a country which has withdrawn form the Berne Union after 1 January 1951, shall not be protected by the Universal Copyright Convention in the countries of the Berne Union; (b)Where a Contracting State id regarding as a developing country in conformity with the established practice of the General Assembly of the United Nations, and has deposit with the Director-General of the United Nations Educational, Scientific and Cultural Organization, at the tree of its withdrawal form the Berne Union, a notification to the effect that is regards itself as a developing country, the provisions of paragraph (a) shall not be applicable as long as such State may avail itself of the exceptions provided for by this Convention in accordance with Article Vbis; (c)The Universal Copyright Convention shall not be applicable to the relationships among countries of the Berne Union in so far as it relates to the protection of works having as their country of origin, within the meaning of the Berne Convention, a country of the Berne Union.

式要件（例如註冊及繳存著作）之不便，本公約對於著作權之保護採取較低之形式保護要件標準，以拉進與伯恩公約不以形式為保護要件之距離，故與伯恩公約比較，其最大不同點有三[98]：

1.著作僅需印有著作權標記、著作人姓名及首次發行（First Publication）年度，即受著作權保護，不以註冊及繳存著作為保護要件（公約第3條第1項）。

2.著作權保護期間由各國自訂，但不得少於著作完成後著作人終身加死亡後二十五年（公約第4條）。

3.會員國可經國內立法，健全強制授權制度（或稱法定許諾制）以限制著作權人之排他翻譯權，亦即外文著作自首次發行之日起算滿七年後，如原著作人仍未發行會員國當地通用語文譯本時，可經由立法向本國主管機關請准「非排他授權」（Non-exclusive License），以翻譯並發行該翻譯著作（公約第5條第2項）。

本公約之締約國當然受本公約之拘束，但因本公約之會員國甚多同時為伯恩公約之聯盟國，為釐清兩者之關係，本公約第17條特別規定，在伯恩公約聯盟國之間優先適用伯恩公約，不受世界著作權公約成立之影響。

參、國際組織之規範

一、世界智慧財產組織

（一）世界智慧財產組織之演變

世界智慧財產組織（WIPO）是聯合國體系下16個專門機

---

[98] 見前揭註46，第26頁。

構中一個特殊性質的組織。「建立世界智慧財產組織公約」（Convention Establishing the World Intellectual Property Organization）是在1967年7月由51個國家在斯德哥爾摩所簽訂的「斯德哥爾摩公約」，在獲得巴黎同盟的10個會員國和伯恩同盟的七個會員國批准之後，於1970年4月26日正式生效；於是「世界智慧財產組織」正式生效，以日內瓦為總部之地址，它是聯合國所有專門機構中技術性最強的機構之一[99]。但是，如果論及「世界智慧財產組織」之起，就不得不回顧到1883年3月20日，在巴黎簽訂之「保護工業財產公約」（The Paris Convention for the Protection of Industrial Property）所成立過的一個「巴黎保護工業財產同盟」，以及1886年在伯恩簽訂之「保護文學藝術作品公約」（The Berne Convention for the Protection of Literary and Artistic Works）所成立過的一個「伯恩保護文學藝術作品同盟」。

之後的演變與進展，大約說明如下[100]：前述的兩個公約首先建立了「國際秘書處」（International Secretariat），二者均置於瑞士聯邦政府監督之下來運作。而且有少數行政官員是有必要來執行兩個公約在伯恩公約的行政工作。起初是有兩個秘書處（一個負責工業財產權，而另一個則負責著作權）；來分別執行個別公約的行政工作。到了1893年兩個秘書處結合在一起成為一個聯合秘書處。「世界智慧財產組織」的名稱演變，也是在它幾十年的歷史中經歷許多次的變更。目前這個名稱之前一個名稱，是以法文字的幾個字字頭語之名稱，以中文而言即是所

<hr>

[99] 梁西，國際組織法，台北，志一出版社，1996年，第393-394頁。
[100] 見前揭註5，第27頁。

謂的「保護智慧財產聯合國際局」（United International Bureau for the Protection of Intellectual Property, BIRPI），這個「聯合國際局」即是「世界智慧財產組織」之前身。而前述巴黎同盟及伯恩同盟則成為「世界智慧財產組織」的組成部分，於1960年前述的「保護智慧財產聯合國際局」則從伯恩遷移至日內瓦，至1974年12月，「世界智慧財產組織」即成為聯合國下的一個「專門機構」（Specialized Agency）。

（二）世界智慧財產組織之架構

　　關於「世界智慧財產組織」之架構，說明如下[101]：在組織上，係聯合國組織系統中16個專門機構之一，總部設於日內瓦。其職責為透過國際合作以促進全世界智慧財產組織之保護，並負責各聯盟之行政管理。組織之活動大部分為協助開發中國家之工業財產科技移轉，其聯盟依多邊條約成立處理有關智慧財產法律及行政工作。巴黎公約或伯恩公約，或聯合國任何一專門機構，均可申請加入WIPO。截至1998年5月31日止，WIPO及同盟之會員已有170個國家。

　　WIPO為各聯盟之行政聯繫中心，設有下列機構：

1. 大會（General Assembly）

　　大會每三年召開一次，為WIPO最高監督及決策執行機構。大會成員大部分為巴黎及伯恩聯盟之同盟國組成。負責三年一次之計畫及預算，並負責組織之決策事項。

---

[101] 見前揭註24，第107-108頁。

2. 協議會（Conference）

協議會由所有會員國組成，亦每三年舉行一次，其工作為涵括所有在智慧財產領域被共同關心之事項，尤其是策劃及督導開發中國家每三年一次之合作技術性之協助計畫。

3. 協調委員會（Coordination Committee）

協調委員會由巴黎與伯恩聯盟執行委員會之委員國組成，其職責為：

(1) 大會會期外最高決策及管理機構。

(2) 依大會所訂三年計畫及預算，做一年之計畫及預算。

(3) 處理聯盟間之一切事務，尤其有關計畫及預算方面之事務。

(4) 就所轄事務向大會報告。

4. 國際局（International Bureau）

國際局為世界智慧財產組織以及其他各同盟，尤其是巴黎同盟與伯恩同盟之秘書處。因為各同盟之管理，實際上係委由世界智慧財產組織統籌辦理。國際局乃受各會員國之控制。在世界智慧財產組織下為大會及聯合會，在其他同盟之下則為同盟之議會及代表會。

國際局設局長一人，綜理事務，副局長二人或二人以上協助局長。局長由大會任命，任期六年以上，得連任，其任期與條件，均由大會決定。國際局之任務為：

(1) 準備各機構之會議、起草策劃工作報告及文件，並將各國會議之決議案通知有利害關係者。

(2) 執行為加強有關智慧財產權之會員國間的國際合作計

畫。例如該局著手專利合作條約之實施、有關國際商標註冊之馬德里協定之修正，以及確保衛星傳播信號措施之研究等是。

(3) 協助開發中國家促進工業化之任務。甚至為其起草模範法律，訓練所需人才，供給必要之文獻與技術等。

(4) 定期發行英文及法文刊物，以報導世界智慧財產組織及其他同盟之會員國加入情形、國際會議、國內立法之修正、局務狀態，以及有關智慧財產權理論與實務之論著。

（三）世界智慧財產組織之目的與職掌

根據1967年7月14日斯德哥爾摩公約第3條規定，該組織之目的有二：一為藉各國之合作，透過全世界，以促進智慧財產之保護，必要時，並與其他國際組織合作；二為確保各同盟間之行政合作。

為了實現上述之目的，該組織在不違反同盟之自治原則下，各機構行使下列職權：

1. 採取透過全世界以加強智慧財產權保護之措施，並促成各國有關智慧財產權方面之國內立法的協調。

2. 確保巴黎同盟及其他有關之特別同盟與伯恩同盟之行政職務。

3. 得接受承擔履行促進智慧財產權保護之國際義務與其管理。

4. 鼓勵締結有關促進智慧財產權保護之國際條約。

5. 對於智慧財產權申請方面之法律與技術援助提供合作。

6. 蒐集與傳播有關智慧財產權保護之情報，實行與鼓勵此一部門之研究，並將其成果予以發表。

7. 設置便利智慧財產權國際保護之機構，必要時，尚從事於

智慧財產權之國際註冊，並發行有關註冊事項之指示。

8.採取其他適當措施，促進智慧財產權之國際保護（參照建立世界智慧財產組織公約第4條之規定）。

（四）世界智慧財產組織之發展合作計畫

世界智慧財產組織之成立宗旨為：經由各國間之合作並與其他有關國際組織作適當之配合，以促進在全世界之範圍內保護智慧財產；確保同盟成員間的行政合作[102]其主要活動從其約文及實際情形，大約可以包括下列各項[103]：

協調各國在有關智慧財產方面的立法措施，並鼓勵簽訂新的國際協定；蒐集和傳播有關知識產權的情報，並公布有關方面的成果；給發展中國家以法律援助與技術援助，並為成員國間的其他要求提供服務，該組織還負責辦理國際註冊手續，並在其活動中力求確保各國在執行各種國際協定方面的合作。這些協定所涉及的事項關係到：保護商標、工業設計、貨物及勞務的分類，保護原產地名稱、文學藝術作品、表演者、唱片生產者、廣播組織，以及作物新品種等各方面。

實際上，如果從世界智慧財產組織之成立緣由來看，我們不難理解，它主要目的之一即在於要協助「發展中國家」的經濟繁榮與社會發展，而此處世界智慧財產組織所要進行之「發展合作計畫」（Development Cooperation Program），就是要完成上述開發中國家以智慧財產權觀念之認識、權利之保護措施與制度之

---

[102] 建立世界財產組織公約第3條：The objective of the Organization are: (i)to promote the protection of intellectual property throughout the world through cooperation among States and, where appropriate, in collaboration with any other international organization, (ii)to ensure administrative cooperation among the Unions.
[103] 同前註。

建立爲核心，以促進各該國家之經濟繁榮與社會發展。而這裡之用語——發展合作，乃是使用在聯合國各機構中，用來表示對發展中國家的「支援」（Aid）或「協助」（Assistance），甚至更專業的「法律－技術協助」（Legal-technical Assistance）。當然，在這裡我們應該要問：世界智慧財產組織在以智慧財產來發展開發中國家的經濟，其主要目標爲何？達到什麼樣的標準？以及可以扮演什麼樣的角色？面對以上這些問題，如果直接了當地說，成立「智慧財產組織」就是要在每一個「發展中國家」內，以及在那個特定國家的國際關係上，促進對於智慧財產的尊重；因爲經驗顯示，唯有對智慧財產權的尊重，方能使國家的創造力在科技發明以及文學與藝術的領域，大大地增強。更進一步來說，事實上，要如此，則僅有伴隨著對投資者以及文學與藝術作品的作者加以保護，才有可能實現增強國家之創造力；當然，那些保護如果能擴展到那些已經預備投資在國家創造活動的投資者身上，就更有可能實現[104]。

　　「發展合作計畫」的主要目的就是要在「發展中國家」之內對於智慧財產的領域，在發展進步的過程中，提供特別的貢獻；因此而需要考量「多重活動」（Multiple Activity）的整個範疇。那是無庸贅言的，各個「開發中國家」其工業化的程度，以及科技發明力與文學藝術的創造力方面，彼此之間有相當大的差異。它們當中有許多國家在智慧財產領域方面，缺乏專業人士與技術人員。它們當中也有許多國家亟須制定智慧財產權保護法律，以配合它們本身國家發展的目標。以上所論及的「開發中國家」所面臨的需要及問題，就是「世界智慧財產組織」的「開發

---

[104] 見前揭註5，第32-33頁。

合作計畫」設定的主要目標，也就是亟需要完成的工作，因為以上這些「發展合作計畫」就是要幫助「開發中國家」來因應它們發展的目標，經由發展人力資源，建制合乎國際標準的相關國內法，來建立各該國家的智慧財產保護制度，對各該國家的智慧財產保護制度設法改善，以完成各該國現代化之工程。

協助完成「開發中國家」現代化的工程，是一個國家刻不容緩的大事。在這方面，「世界智慧財產組織」有確實進行與努力投入。以1994年至1995年「世界智慧財產組織」的預算分配來看，下列是「世界智慧財產組織」針對「開發中國家」發展的目標所要完成的工作[105]：

1. 發展人力資源。

2. 提供幫助以制定或改善全國性或地區性之立法，並且使其能夠有效執行。

3. 鼓勵遵守世界智慧財產組織所運作之國際條約。

4. 提供幫助以制定或改善政府或其他機構，對於全國或地區性立法之運作以及有效執行。

5. 鼓勵地方性之發明活動和對發明之商業利用，以及鼓勵地方性之創作性藝術活動與對其結果之利用。

6. 發展對於智慧財產法律之教學與研究，並且特別著重使用那些法律來發展經濟。

7. 發展智慧財產律師及其代理人之職業。

8. 促進立法者彼此之間在智慧財產領域交換經驗與資訊。

9. 促進司法界人士彼此之間，對於智慧財產保護方面交換經驗與資訊。

---

[105] 同前註，第33-34頁。

　　10.提供包含在專利文件中接觸與使用技術的資訊，特別是為了要擴散及累積科技之目的。

　　11.經由「授權契約」（Licensing Contract）的方式，提供當地受保護的外國科技。

　　12.提供對地方性企業智慧財產權利的管理與利用。

　　13.提供對於世界智慧財產組織下之「發展合作永久委員會」（Permanent Committees for Development Cooperation）之諮商服務。

　　14.提供對於「世界智慧財產組織」某些會議的參加服務。

　　至於說「世界智慧財產組織」對於「開發中國家」有關工業財產之合作計畫工作，「世界智慧財產組織」設定有下列七個目標意圖達成[106]：

　　1.對於政府官員、民營企業的代表如律師、智慧財產權代理人之訓練。

　　2.對於智慧財產法律之草擬或修正，提供法律意見及協助之工作。

　　3.建立或加強智慧財產組織之活動、功能及機構之功能。

　　4.促進開發中國家所固有之創作及發明活動。

　　5.使用包含在專利文件中之科技資訊。

　　6.建立立法者及司法機關之智慧財產計畫。

　　7.促進開發中國家企業在智慧財產保護方面的警覺性。

---

[106] 同前註，第34頁。

（五）世界智慧財產組織著作權條約

1.條約締結之背景

當國際社會陸陸續續決議並締結了幾個有關智慧財產權利保護的國際公約，如巴黎公約、伯恩公約，以及建立世界智慧財產組織公約之後，對於這些公約適用的範疇以及相關約文之解釋等問題，仍然有待解決。除此之外，1980年代至1990年代初期，科技迅速發展的結果，造成迫切需要解決利用電子傳輸等新科技方法所帶來的相關智慧財產保護的問題。於是在1991年及1992年，世界智慧財產組織便主動出面召開「專家委員會」（Committee of Experts）企圖解決以上問題，這個委員會被賦予對於伯恩公約草擬一個宣言草案，以及另一個國際公約來保護表演人及錄音物製作人之權利。其後，在世界智慧財產組織的熱心運作下，之後演變與發展可以簡略作說明[107]：世界智慧財產組織於1996年12月2日至同年12月20日在瑞士日內瓦召開「關於著作權與鄰接權相關問題之外交會議」（Diplomatic Conference on Certain Copyright and Neighboring Rights Questions），討論數位科技及網路時代著作權及鄰接權之保護問題。會議結果，將原「有關文學及藝術著作保護之特定問題條約」（The Treaty on Certain Questions Concerning the Protection of Literary and Artistic Works）草案修正通過為「智慧財產組織著作權條約」，及將「保護表演人及錄音物製作人權利之條約」（The Treaty for the Protection of the Rights of Performers and producers of Phonograms）草案修正通過為「世界智慧財產組織表演及錄音物條

---

[107] 見前揭註46，第31頁。

約」。該兩條約自通過時起至1997年12月31日起，開放供各方簽署，並將於30個締約國向世界智慧財產組織理事長提交批准或加入文件三個月後生效。

2. 條約之規範與基本要求

有關「世界智慧財產組織著作權條約」（WIPO 1996 Copyright Treaty）分析說明如下[108]：

(1) 釐清與伯恩公約之關係：按世界智慧財產組織著作權條約並非伯恩公約之修正案，亦無意影響伯恩公約會員國間基於該公約所享受及負擔之權利義務，而係伯恩公約以外為該公約之第20條所容認之獨立條約。因此，縱非伯恩公約之會員國亦得簽署。但從本條約討論之過程可瞭解，國際社會所認不具國家地位之主體，縱使為獨立關稅領域而得為世界貿易組織之會員國，仍不得加入本條約。

(2) 與世界貿易組織下與貿易有關之智慧財產（TRIPs）同，明文將電腦程序以文學著作保護之：將選擇或編排有創意之資料庫予以保護；對視聽著作與錄音物賦予出租權，且視聽著作享有得不賦予出租權之特性。此外，亦參照世界智慧財產組織第13條規定，設一般性合理使用條文。

(3) 明文增訂散布權：本條係WIPO著作權條約中相當重要之條文，說明如下

① 一般所認定之散布指任何將著作重製物之「所有權」或「占有」移轉之行為。散布權指著作財產權人有權利決定其享有

---

108 陳淑美，若干著作權基本概念與國際著作權公約簡介，資訊法務透析，1997年，第39-42頁。

著作財產權之著作重製物要如何透過「所有權」或「占有」移轉之方式，來加以散布。

② 伯恩公約除第14條隨電影著作之散布外，本身並未有一般性散布權之規定，而世界智慧財產組織僅規範電腦程序、視聽著作及錄音物之出租權（第11條及第14條）。但部分國家仍有散布權之規定。我國著作權法則未規定散布權，僅規定散布權中之出租權。

③ 本條約第6條第1項明文就所有著作類別賦予散布權，此一規定使保護更進一步擴張，但值得重視者，此處之散布限於將著作重製物之「占有」移轉之情形。故除屬第7條出租之情形外，出借之行為並不在本條散布權之範圍內。

④ 本條約第6條第2項之規定對「耗盡原則」之處理態度——即任由各國國內法規定之。各國或可根本不規定耗盡原則（即給予最完整之散布權），或可規定耗盡原則在一定條件下適用之。此與世界智慧財產組織法第6條之處理方式是一致的。

(4) 增訂公開傳輸權（Right of Transmission）。本條係針對網際網路互動式傳輸衍生出著作權問題所特別增設之條文，相當重要，說明如下：

① 按伯恩公約本身雖已有若干所謂向公眾傳達著作之權利，包括第11條第1項第2款（將戲劇、音樂劇與音樂著作之演出再向公眾傳達）；第11條之1第1項第1款及第2款（將包含著作之廣播再以任何無線或有線方式向公眾傳達）；第11條之2第1項第2款（將文學著作之朗誦再向公眾傳達）；第14條第1項第2款（將納入電影著作中之著作以公開演出或有線方法向公眾傳達）；第14條之1第1項（電影著作比照第14條所享有之權利）。惟依據起草小組之觀點，上述規定「支離破碎」，且有以

下不足之處：

A.並非所有著作類別均被賦予對公眾傳達之權利。最明顯者為語文著作，包括電腦程序著作，即被排除在外。而語文著作，包括電腦程序著作，正是網路上最受關切之事項。此外，攝影著作、圖型著作與美術著作亦均被排除在外。

B.上述伯恩公約之規定各國解釋亦可能有所歧異。

因此，本條約決定加以補充與澄清，而有本條之規定。

② 「在不損及伯恩公約第十一條第一項第二款、第十一條之一第一項、第十四條第一項第二款及第十四條之一第一項規定之情形下，文學與藝術著作之作者應享有專有權利，授權將其著作以有線或無線方式（by Wire or Wireless Means）向公眾傳達，包括將其作品向公眾提供（Making Available to the Public），使公眾中之成員在其個人選定之時間及地點獲得此等著作（The Public May Access These Works from a Place and at a Time Individually Chosen by Them）。」根據起草小組準備之立法說明，若干重點如下：

A.本條對「所有著作類別」均賦予對公眾傳輸權。

B.在討論之過程中，亦有國家主張應使用「Transmission」一詞代替「Communication」，惟為與伯恩公約中已使用「Transmission」用詞區隔，最高決定使用「Communication」一詞，但無論如何，二者並無不同。又本條所指之「向公眾傳達」，係已隱含傳達者與被傳達之公眾係在不同地方之意。

C.條文中稱「將其著作向公眾提供」（Making Available to the Public）一詞，必也有一個「提供著作」之行為，始足當之；如僅係提供電信連接設備、伺服器或管線設備，並不屬之（What Counts Is The Initial Act of Making The Works Available,

Not The Mere Provision of Server Space, Communication Connec-tions, or Facilities for The Carriage and Routing of Signals）。

　　D.從本條觀察，可知其主要目的即係欲將互動式之傳達方式加以規範。尤其條文後段「公眾中之成員在其個人選定之時間及地點得獲得此等著作」之文字，正足以表現互動式傳輸之特性。

　　(5) 將攝影著作之著作財產權期間延長爲終身加五十年。

　　(6) 規定締約國對於破解他人著作權保護裝置之行爲，應提供充分之法律保護及有效之救濟，加以防制（Obligation Con-cerning Technological Measures）。

　　著作財產權人爲保護自己的著作，防止他人的任意入侵或競爭（例如開發功能相容之著作權商品），俾能對自己之權利做更有效之管理或確保自己之經濟利益，可能會設下某種保護設備或措施，傳統者有衛星節目鎖碼設備及電視遊樂程序（TV Game）之保護裝置；網際網路上之運用則有所謂註冊制度。本條規定締約國對於破壞著作權保護裝置及設施之相關行爲應以適當之法律有效防止。

　　(7) 規定對電子著作權管理資訊應提供充分及有效之法律救濟，以防止破壞行爲（Obligation Concerning Rights Manage-ment Information）。

　　① 按著作財產權人爲有效管理其著作財產權，在其著作重製物上，或每次其著作對外傳達時，會附帶一定資訊之表達，例如：著作名稱、著作人姓名、著作財產權人姓名、使用著作之條件等。以上資訊可能以文字表達，亦可能以數字或數碼表達，只要其係以電子（Electronic）形式出現，即在本條規範範圍之內。

　　② 本條規定對於著作權管理資訊應給予適當、有效之保護

與救濟措施。對於故意之破壞行爲，應課以民事賠償與刑罰制裁；對於過失之破壞行爲則須予民事賠償責任。所謂著作權管理資訊之破壞行爲，包括教唆、使做成、幫助及隱藏以下行爲：

A.未經授權，去除或變更他人之電子著作權管理資訊。

B.明知他人之電子著作權管理資訊已在未經授權之情形下，被去除或變更，而將該著作之原件或重製物加以散布、爲散布而輸入、廣播或對公眾傳達者。

（六）世界智慧財產組織表演及錄音物條約

1. 條約締結之背景

「世界智慧財產組織表演及錄音物條約」（WIPO Performances and Phonograms Treaty, 1996）之締結背景，基本上，它是與「世界智慧財產組織著作權條約」相同。彼此均產生於同一個時代背景，它的產生也是由前述「專家委員會」經過多年努力的結果。本條約乃是在1996年12月20日在日內瓦所通過而採納「世界智慧財產組織之針對某些著作權及鄰接權問題外交會議」（WIPO Diplomatic Conference on Certain Copyright and Neighboring Rights Questions）之決議產生本國際性條約。

2. 條約之規範與基本要求

有關「世界智慧財產組織表演及錄音物條約」之規範及重點說明如下[109]：

(1) WIPO表演及錄音物條約並非任何既存國際公約之修正案，也無意變更任何既存公約之規範（尤其是羅馬公約及伯恩公

---

[109] 同前註，第44-48頁。

約）。本條約企圖規範加以補充解釋。

(2) 重要定義

① 本條約參照羅馬公約，規定表演人（Performers），指演員、歌者、演奏者、舞者，及其他演出、歌唱、傳達、宣達、扮演、詮釋（Interpret），或以其他方法表演文學及藝術創作之人，另特別規定表達民俗（Expression of Folklore）之人亦屬之。

② 錄音物（Phonogram），指聲音（包括表演之聲音或其他之聲音）或聲音之代表（Representation of Sounds）之固著。視聽固著物、聲音及影像之代表（Representation of Sounds and Images）或上述二者中之聲音部分，均非此處所謂之錄音物。

③ 廣播（Broadcasting），指為公眾接收聲音或聲音之影像，或上述二者之代表，經由無線之方式所為之傳輸。經由衛星所為之傳輸亦為「廣播」。經鎖碼（Encrypted）之衛星傳輸、廣播機構（或其授權之人）對公眾提供解碼（Decrypted）之方法者，亦為「廣播」。

④ 表演之向公眾傳達（Communication to the Public of a Performance），或錄音物之向公眾傳達（Communication to the Public of a Phonogram），指藉任何方法，但不包括廣播之方法，將表演或錄音物向公眾傳達。第15條所稱之「向公眾傳達」，包括將固著於錄音物中之聲音或聲音之代表，使公眾可得聽見（Making Audible to the Public）。

(3) 表演人之權利

① 表演人之人格權

獨立於表演人之財產權外，甚至於表演人已死亡後，表演人

應對其有關於聲音之表演，享有姓名表示權；及表演不被扭曲、篡改及其他足以損及其榮譽及名聲行為之權利。

②　**表演人之未經固著之表演財產權**（Economic Rights of Performers in Their Unfixed Performances），**表演人就其未經固著之表演**（不以**聲音表演為限**）**專有以下權利。**

A.予以公開播送及向公眾傳達之權利。但該表演業經公開播送者，不在此限。

B.予以固著之權利（固著權）。

③　**重製權**

本條約規定表演人就其已固著於錄音物之聲音表演，專有得授權他人以任何方法或形式直接或間接重製之權（不論該重製係永久性或暫時性）。此處係參照伯恩公約第9條第1項重製權之規定，而非參照羅馬公約第3條(e)款較不嚴謹之定義。

④　**散布權與耗盡原則**

A.表演人對於已固著於錄音物中之聲音表演之原件或其重製物，專有授權通過買賣或其他權利之移轉，使公眾可取得（Making Available to the Public）之權利。

B.本條第2項規定「耗盡原則」之處理態度即任諸國內法規定之。各國也可以根本不規定耗盡原則（即給最完整之散布權），也可以規定耗盡原則在一定條件下適用之。

⑤　**出租權**

A.表演人對於已將聲音表演固著之錄音物之原件或其重製物，專有授權出租之權利。縱使該原件或重製物先前業經表演人之同意而加以散布。

B.一締約國，於1994年4月15日之前，對於錄音物之出租，已實施一套對於表演人給予適當報酬之制度者，自本公約生效日

起，得維持該制度。

⑥ 將已固著之表演使公眾可得取得之權利（Right of Making Available of Fixed Performances）

本條規定：「表演人對於已固著於錄音物之聲音表演，專有授權以有線或無線之方法，使公眾於個別自行選擇之時間及地點獲得表演之權利。」根據起草小組之說明，本條重點如下：

A.本條為根據歐洲聯盟之提案所設之新增條文。本條權利為表演人非常重要之基本專有權利（This is Fundamental）。易言之，不得被弱化為報酬請求權。

B.本條係專為電子資訊環境所設之規定。蓋抽象之電子或數化位之唱片店（Record Shop）可被比擬為實際上之唱片或CD工廠。唱片或CD工廠之製造、重製或散布功能可輕易地被一個對公眾開放，可直接在線上交貨之唱片及CD資料庫所替代。

C.依據本條文義，涵蓋所有互動式之情況。

D.至於非互動式，但近於互動式（Near to Interactive）之使公眾能取得表演內容之形態（主要為「特定客戶」（Subscription Basis）），因其效果與互動式相同（Service with Similar Effect），亦為本條所涵蓋範圍。

(4) 錄音物製作人之權利

① 重製權

錄音物製作人就其錄音物專有得授權他人以任何方法或形式，直接或間接重製之權（不論該重製係永久性或暫時性）。

此處係參照伯恩公約第9條第1項重製權之規定，而不參照羅馬公約第3條(e)款之定義。餘請參照WIPO著作權條約重製權部分之說明。

② 散布權與耗盡原則

A.錄音物製作人對於錄音物之原件或其重製物，專有授權透過買賣或其他權利之移轉，使公眾可獲得（Making Available to the Public）之權利。

B.本條第2項規定對「耗盡原則」之處理態度，即任諸各國國內法規定之。各國也可以根本不規定耗盡原則（即使給予最完整之散布權），也可以規定耗盡原則在一定條件下適用之。餘請參照WIPO著作權條約第6條第2項之說明。

③ 出租權

A.錄音物製作人對於其錄音物之原件或重製物，專有授權出租之權利。縱使該原件或重製物先前業經其同意而加以散布。

B.締約國於1994年4月15日之前，對於錄音物之出租，已實施一套對於錄音物製作人給予適當報酬之制度者，自本公約生效日起，得維持該制度。

④ 將錄音物使公眾可取得之權（Right of Making Available of Phonograms）

本條規定：「錄音物製作人對於其錄音物，專有授權以有線或無線之方法，使公眾於個別自行選擇之時間及地點獲得錄音物之權利。」其餘請參照表演人部分之說明。

(5) 表演人與錄音物製作人之共同條款

① 廣播及向公眾傳達之報酬請求權（第15條）

A.表演人與錄音物製作人對於將商業用錄音物，或此等錄音物之重製物，為公開播送或將錄音物之重製物，為公開播送或向公眾傳達而所為之直接或間接之使用（Direct or Indirect Use），享有單一之報酬請求權（A Single Equitable Remuneration）。

　　B.前項規定之報酬請求權，締約國得以國內法規定，由表演人或由錄音物製作人或由二者共同行使之。締約國於表演人與錄音製作人間無約定時，得以國內法規定表演人與錄音物製作人如何分配上述單一報酬。

　　② 限制與例外

　　締約國對於表演人及錄音物製作人之保護，得以比照其國內法對文學與藝術保護之規定一樣，規定相同之限制與例外。締約國對於本公約所規定之表演人及錄音物之權利所為之限制與例外應限於特定情形，而與表演及錄音物之正常利用不相衝突，且不致不合理地影響表演人及錄音物製作人之合法利益。

　　③ 科技措施之義務（Obligation Concerning Technological Measures）

　　規定締約國應提供適當之法律保護及有效之救濟，對於表演人或錄音物製作人所設保護權利行使之裝置及設施之破壞行為加以防制。餘請參考WIPO著作權條約第11條之說明。

　　④ 規定破壞電子權利管理資訊之行為應予禁止（Obligation Concerning Rights Management Information）

　　表演人或錄音物製作人為有效管理其權利，在其表演重製物（包括錄音物）上，或每次其表演對外傳達時，會附帶一定資訊之表達，例如：表演或錄音物之名稱、表演人或錄音物製作人之姓名、表演或錄音物財產權人姓名、使用表演或錄音物之條件等。以上資訊可能以文字表達，亦可能以數字或數碼表達，均在本條所規範範圍內。

二、世界貿易組織

（一）世界貿易組織之成立背景

　　眾所周知，從1929年到1930年代全球經濟狀態陷入谷底，有所謂「經濟大恐慌」的來臨，以及之後的全球經濟蕭條期間，國際社會中的經貿大國所採取的因應措施是以保護手段作為對策。各國採取「保護主義」（Protectionism）貿易政策的結果，不但無法解決經濟遲滯蕭條的問題，更對國際貿易造成阻礙與傷害。大約到了二次世界大戰即將結束的時候，美、英兩國注意到了貿易保護主義政策實施的負面結果，以及企圖避免1930年代世界經濟蕭條的重創夢魘再度發生，開始思索戰後世界貿易的規範問題。

　　而國際社會在面臨戰後重建問題時，也開始注意到不受控制的貿易保護主義之負面影響。各國之間開始進行所謂的「雙邊諮商」（Bilateral Consultation）。到了1946年在「聯合國經濟暨社會理事會」（United Nations Economic and Social Council）的贊助主辦下，設立了一個「預備委員會」（Preparatory Committee），針對成立「國際貿易組織」（International Trade Organization, ITO）之事宜進行討論，並草擬該組織之憲章。實際上，「國際貿易組織」是意圖與「世界銀行」（World Bank）即「國際復興與開發銀行」（The international Bank for Reconstruction and Development）及「國際貨幣基金會」（International Monetary Fund）來合組成一個「三邊多國機構」（Trio of Multinational Organization），以推動國際社會的經濟發展。當國際社會正在籌劃「國際貿易組織」的建立時，另外23個國家也開始進行談判一系列的「關稅減讓」（Tariff Concession），亦即設

計一些自由貿易原則來防止彼此之間在從事貿易行為時，採取不必要的「限制措施」（Restrictive Measure）[110]。

在1947年六個月的期間，此23個國家在第一回合的協商下，降低了4萬5,000種商品的關稅，涉及的金額約在100億美金，約占當時世界貿易總額的十分之一。在尋求建立「國際貿易組織」的同時，此等「關稅減讓」的協議以及某些「貿易自由化原則」（Trade Liberalization Principles）就變成了這23個國家於1947年10月30日在日內瓦所簽訂的「關稅暨貿易總協定」（General Agreement on Tariff and Trade, GATT）的主要實質部分。「關稅暨貿易總協定」之創立，其原意並非要使它成為一個完全的獨立法制機構。它的功能是在作為一個實現「國際貿易組織」商業政策條文約定的「臨時措施」（Interim Measure）。但事情的演變未能如先前所期待，雖然到了1948年3月已經有53個國家簽署了「國際貿易組織」憲章，美國國會決定否決「國際貿易組織」的批准。如此一來。「國際貿易組織」就等於是被廢除了，使得「關稅貿易總協定」成了唯一規範國際貿易及世界貿易自由化的組織架構[111]。

「關稅暨貿易總協定」成立之使命乃是在於意圖掌控與推動國際貿易的自由化，特別是對傳統貿易之下的貨物與商品方面，以逐步消除「關稅障礙」為最終目的。而貿易自由化進程之實踐，則是要讓「關稅暨貿易總協定」之「盟約國」（Contracting Party）彼此間以定期集會為基礎，用回合（Round）談判的方式

---

[110] Konstantinos Adamantopoulos ed., An Anatomy of the World Trade Organization (London: Kluwer Law International Ltd., 1997), p. 1.
[111] 同前註，第2頁。

來完成[112]。

「關稅暨貿易總協定」從成立後一直到1979年爲止，其間總共舉行七回合的「多邊貿易談判」（Multilayered Trade Negotiation），在「關稅減讓」及減少「非關稅貿易障礙」（Non-Tariff Trade Barrier）方面，完成相當多的成果。但到1980年代早期，「關稅暨貿易總協定」的效能已經遠不如1940年代，造成對該協定重大挫折的原因是四千年來國際貿易的性質已遠較從前複雜，而它的重要性與日俱增，國際經濟的全球化已在進行之中，國際投資驟增，而「關稅暨貿易總協定」所未涵蓋的服務愈來愈爲各國重視。而「關稅暨貿易總協定」中有關農業貿易部分漏洞很多，許多國家都藉此爭取本國利益。農業貿易的自由化極少有任何進展，紡織即服裝業不在該協定正規範圍內，各國協商後採用了「多纖維協約」（Multifiber Agreement），它的內容與「關稅暨貿易總協定」的原則並不符合。甚至於「關稅暨貿易總協定」組織體系以及處理各國爭議的系統也引起各會員國深切的關注。

以上的情況及其他因素使會員國深感必須加強努力來健全現有的「關稅暨貿易總協定」，各盟約國乃在1986年9月15日於烏拉圭的「東岬」（Punta, del Este）舉行部長級會議，決定召開新回合之「多邊貿易談判」，此即「烏拉圭回合」（Urugay Round）談判之開始。

之後的幾年中各國繼續磋商，許多發生爭議的問題包括智慧財產權保護、農業貿易、服務業的問題、貨物進入市場所遭遇的阻礙、反傾銷的規則以及建立新的機構，問題都未能獲得解

---

[112] 同前註。

決，主要是由於美國與歐洲國家意見不同所造成。直到1993年12月15日各項爭議才獲得解決。1994年4月15日，125個會員國的政府代表在摩洛哥的麻拉客西（Marrakesh）簽署同意，結束了「烏拉圭回合」[113]。

　　「烏拉圭回合」是「關稅暨貿易總協定」的最後一次回合，是各次回合中成效最多的一次。它的成果如下[114]：根據估計它每年將使全球國民生產淨額增加1,400億美元至2,600億美元，各國國民生產淨額增加的百分比各有不同，例如使日本增加2%，非歐洲同盟的西歐國家（如挪威，冰島等國）增加2.1%，美國增加0.8%（364億美元），增加最少的是經濟最不發達的開發中國家，他們只增加0.6%。在全球貿易方面，每年將增加2,500億至1兆美元，貿易擴充最多的部分，是服裝、鞋類及旅行袋等（60.2%）、紡織品（34.4%）、農產品、森林產品及漁產（20.3%）。

　　1993年12月15日正式完成「烏拉圭回合」的談判，當日由參與談判的盟約國達成一份「最終協議」（Final Act）。該「最終協議」可分為三大部分：1.「最終臨議」本文；2.成立「世界貿易組織協定」；3.12項部長宣言與決定，使「世界貿易組織」之成立有了法源依據。

---

[113] 顏子魁，國際金融及貿易體系新發展，台北，華泰文化事業有限公司，1999年，第357頁。
[114] 同前註。

（二）世界貿易組織之規範範疇及主要功能

1. 世界貿易組織之規範範疇

「建立世界貿易組織協定」（Marrakesh Agreement Establishment the world Trade Organization）除協定本身之外，尚經由附件的方式將範圍擴及多邊貿易協定（MTAs）及複邊貿易協定（PTAs）等（WTO協定第2條）。多邊貿易協定係由商品貿易協定、服務業貿易總協定及附件、與貿易有關之智慧財產權、爭議解決規則及程序處理諒解備忘錄、貿易政策檢討機制等五大項協定所組成；多邊貿易協定具有強制性，所有成員均要接受MTAs中各項協定之約束。WTO協定是採用單一協議方式（Single Undertaking Approach），亦即MTAs中各項協定均要一體接受，方能成為其成員[115]。

複邊貿易協定是由民用航空器協定、政府採購協定、國際乳品協定、牛肉協定等四項協定所組成，PTAs並不具有強制性，僅對接受之成員具拘束力。茲以圖6-1說明各協定間之關聯性[116]：

---

[115] 郭懿美編著，國際貿易法規，智勝文化事業有限公司，1998年，第75頁。
[116] 同前註。

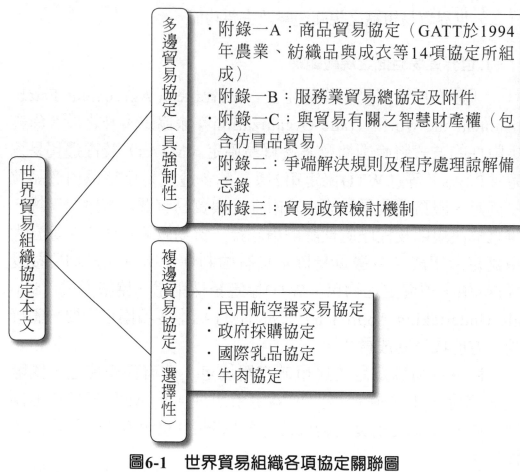

圖6-1　世界貿易組織各項協定關聯圖

2. 世界貿易組織之主要功能

　　「世界貿易組織」最主要的功能，就是要來履行、管理實現從「烏拉圭回合」所談判出來的多邊及複邊貿易協定的結果。為了實現上述目標，「世界貿易組織」將會有下列五種做法[117]：

---

[117] 見前揭註110，第30頁。Functions of the WTO are as follows: The most important function of the WTO is to implement, administer, direct and further the objectives of the Multilateral and Plurilateral Trade Agreements resulting from the Uruguary Round. To achieve these ends

(1) 提供一個「論壇」（Forum），來更進一步進行源起於多邊及複邊協定的貿易自由化談判。

(2) 為了規範及確保會員的遵守規定，以適當的方式來運作新的「爭端解決程序」（Dispute Settlement Procedure）。

(3) 建立以及指導一個「貿易政產核查機制」（Trade Policy Review Mechanism），來研究會員國的貿易政策。

(4) 以立足點平等的地位完完全全地與「國際貨幣基金會」（International Monetary Fund）以及世界銀行來合作，以加深實現經濟政策的制度。

(5) 研究與發行具國際利益的專業性及一般性的經濟報告。

其次，由於世界貿易組織之成立宗旨，在於要透過「世界貿易組織」之完整架構，以確保「馬拉干建立世界貿易組織協定」所涵蓋的各項規範，能夠有效地履行與實踐，該組織的主要功能，應有下列五項[118]：

① 強化WTO協定的履行、管理、運作以及長遠目標之達成。同時並為複邊貿易協定之履行、管理與運作，提供一個架構。

② 提供一論壇給成員，以利成員間多邊貿易關係協商的進行。

③ 掌理爭端解決規則及程序處理諒解備忘錄。

---

the WTO will: provide a "forum" for further trade liberalization negotiations arising form the Multilateral and Plurilateral Agreements; administer the new Dispute Settlement Procedure in such a manner as to regulate and ensure Members' compliance with the agreements; establish and direct a Trade Policy Review Mechanism to study the trade policies of Members; co-operate fully, and on an equal footing, with the International Monetary Fund and the World Bank for the furtherance of economic policy-making; and research and produce both specialized and general economic report of international interest.

[118] 見前揭註115，第76頁。

④ 掌理貿易政檢討機制。

⑤ 適時地與國際貨幣基金組織、國際復興暨發展銀行及其附屬機構密切合作（見協定第3條）。

（三）世界貿易組織之架構

「建立世界貿易組織協定」在第2條及第3條揭示WTO之運作範疇及所期望發揮的功能後，此時需要透過適當組織架構之運作，方能完成前述使命，因此協定第4條即清楚地刻劃出WTO的組織架構、組成要素、彼此間的層級架構、如何進行分工以及個別的功能與職掌。其組織體系如圖6-2[119]：

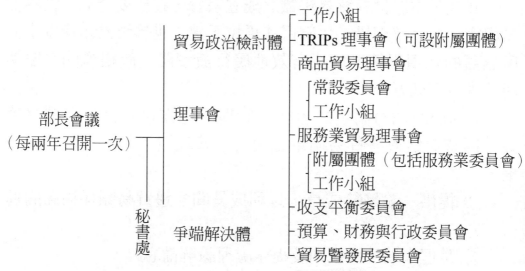

圖6-2　世界貿易組織架構圖

茲簡介該組織架構中，最為重要的機構如下[120]：

---

1. 部長會議（Ministerial Conference）

(1) 成員：由所有會員代表組成，每兩年至少開會一次。

(2) 功能

① 執行WTO的各項功能，對於多邊貿易協定中的任何事務均具決策權，可依成員的請求做成決議。

② 設立貿易暨發展委員會、收支平衡委員會及預算、財務與行政委員會，以履行相關之職責。

③ 任命秘書長並訂定其權利與義務。

2. 理事會（General Council）

(1) 成員：由所有會員代表組成，將視實際需要召開會議。

(2) 功能

① 部長會議休會時，由理事會代為執行其職權。

② 制定理事會、貿易暨發展委員會、收支平衡委員會及預算委員會的議事程序與規定。

③ 可視實際需要召集爭端解決體及貿易政策檢討體，以履行相關職責。

④ 監督商品貿易理事會、服務業貿易理事會及與貿易有關之智慧財產權理事會之運作。

⑤ 經票決後，豁免成員對WTO協定及多邊貿易協定之義務。

3. 秘書處（Secretariat）

秘書處是由秘書長（Director-General）所掌理，有關成員則由秘書長任命。秘書處的功能、職掌，在WTO協定中並未明確載明，僅說明秘書長必須依據部長會議所採認的規則來決定幕

僚人員的職掌，但如依一般慣例，秘書處應是負責WTO的日常行政業務。

4.其他

除上述三類主要組織外，WTO尚設有商品貿易、服務業貿易及TRIPs理事會（見協定第4條第5項），分別監督WTO協定附錄一A商品貿易協定、附錄一B服務業貿易總協定及附件、附錄一C與貿易有關之智慧財產權等協定之運作。WTO協定中，附錄二爭端解決規則及程序處理諒解備忘錄及附錄三貿易政策檢討機制，亦分別設有爭端解決體（見爭端解決規則及程序處理諒解備忘錄第2條）及貿易政策檢討體（TPRB）（見貿易政策檢討機制第3條），故多邊貿易協定亦設有相關團體，以執行該協定之運作（見WTO協定第4條第8項），並在WTO架構下運作，且定期向理事會報告。故WTO協定所涵蓋的各項協定，均有相關團體予以分工，以監督管理各協定之運作。

（四）世界貿易組織之決策運作

「世界貿易組織」之決定與運作，大致如下[121]：

1.決策之通則（見協定第9條第1項）

原則上沿襲GATT之共識決（Consensus），但當決議無法達成時，除另有規定外，將採取多數決：每一會員均擁有一票。

2.須經四分之三以上多數通過（見協定第9條第2、3項）

(1)協定詮釋案之採認：對WTO協定附件中涵蓋之各理事

---

[121] 同前註，第79頁。

會，所提出對各相關協定的詮釋案，均須由部長會議或理事會進行票決，方能予以採認。

　　(2) 豁免的決議：成員對WTO協定及多邊貿易協定義務之豁免，須經由理事會通過；理事會且須於九十天期限內以共識方式達成協議，若期限內無法達成，則須經票決通過。

3. 對WTO協定及多邊貿易協定之修正（見協定第10條）

　　(1) 修正案之提出

　　① 會員：可提出WTO協定及多邊貿易協定之修正案。

　　② 各有關理事會：監督附件一所列各協定運作之委員會，可在業務範圍內提出所掌理的協定案。

　　(2) 受理機關：部長會議。

　　(3) 修正案之採認：依修正案性質上的不同，原則上須分別由全體成員四分之三或三分之二決議接受後，方能生效；如果涉及成員權利義務之改變，則可在四分之三成員同意後退出WTO，或是在部長會議的決議下保留其會籍。

4. 各項協定之詳細修正過程

　　(1) 附件一的修正：有關商品貿易協定、服務業貿易總協定、TRIPs等協定之修正過程。

　　(2) 附件二、三之修正：附件二修正案之採認，須以共識決方式做成決議，並於部長會議通過後，即對所有成員生效。附件三修正案在部長會議通過後，亦對所有成員生效。

（五）世界貿易組織與關稅暨貿易總協定之比較

　　世界貿易組織與關稅暨貿易總協定，基本上存在著下列六項

差異[122]：

1.涵蓋範圍及功能

　　WTO係為執行烏拉圭回合協議及決議所設立之「共同組織架構」（Common Institutional Framework），其涵蓋範圍不僅包括回合談判後修正之GATT（GATT 1994）及其他相關法律文件，同時亦涵蓋服務業、與貿易有關之智慧財產權和貿易政策檢討機制等新領域，其範圍及功能較原有之GATT（GATT 1947）擴大許多。

2.法律地位

　　GATT僅係一過渡性的國際性協定，並不具備嚴謹之國際組織應有的完整條件，而WTO則具備國際組織之法人地位。

3.決策方式

　　GATT以往在做決策時，除入會申請、賦予豁免及修正條文等案外，傳統上很少付諸投票表決，而係採取共識決之方式。在WTO架構下，原則上雖仍沿襲GATT共識決的方式，惟在決策無法達成共識時，則可改以投票表決之方式為之。一般案件僅需簡單多數即可做成決定，惟重大案件仍需三分之二或四分之三的多數同意。

4.組織架構

　　WTO有明確的執行架構，並藉由層級關係明確的各相關機

---

[122] 同前註，第81-82頁。

構，以監督執行、管理各項協定，不似GATT之組織架構是運作後因業務之需求而逐漸形成的。

5. WTO設有貿易政策檢討機制

WTO可對各成員之貿易政策與措施做全面性的定期檢討，以促使各成員的貿易政策透明化，而檢討的次數則依成員貿易量占全球貿易的比重而定。

6. WTO統一爭端解決程序

GATT之爭端解決程序是散列於各項東京回合規約及法律文件之中，而各項規約均有個別之爭端解決程序，並未予以統一；WTO成立之後，各項爭端將改由WTO的一般理事會根據爭端解決規則及程序處理諒解備忘錄（Understanding on Rules and Procedures Governing the Settlement of Disputes）統一處理。

總括來說，世界貿易組織並非關稅暨貿易總協定的接替者，它的性質與後者有很大的區別，分述如下[123]：

1. 關稅暨貿易總協定是一組多國的協定，屬於臨時性的組織，只有一個小規模的聯合秘書室。世界貿易組織是一個永久性的機構，它本身頗具有規模的秘書室。

2. 關稅暨貿易總協定雖然存在四十年以上，各會員國視它為一種永遠的承諾，但本質上仍是不固定的協議，世界貿易組織卻是完整而永久性的機構。

3. 關稅暨貿易總協定涵蓋的範圍限於商品，而世界貿易組織協議涵蓋的範圍除商品外，還包括服務業的貿易涉及與智慧財產

---

[123] 見前揭註113，第358-359頁。

權的事項。

4. 關稅暨貿易總協定雖然原則上是一種多國的協議,然而在1980年代國際間產生許多雙邊且具有選擇性的協議,因此,並非全部是多國協定。世界貿易組織的全部協議都是多國性的協議,所有會員國均須遵守。

5. 世界貿易組織在處理各國之間有關貿易的爭執,比過去的關稅暨貿易總協定要迅速、自動化,較少受到集體性的阻礙,因此世界貿易組織對於各項爭執研究後的決議較易付諸實施。

關稅暨貿易總協定的有效期間至1995年底才結束,如此,此項協定的各會員國都有充分的時間加入世界貿易組織,使得關稅暨貿易總協定原先的活動延續然後由世界貿易組織接替。1994年關稅暨貿易總協定的各項協定成為世界貿易組織協議中的一部分,對國際貿易中的商品部分,繼續予以監督與約束。

肆、小結

國際經濟法中的一個重大主題,就是有關「智慧財產」在各國經濟發展中所扮演的角色,以及它的經濟價值在各該國家科技升級中占有的有形價值與無形價值。國際社會中的任何一個國家均不會輕易忽視它的保護與管理。然而每一個國家經濟發展與科技進步的程度,因為自然資源、人力資源與國家政策考量的因素不一樣,在經濟與科技的層面自然會有差異的標準而有不同的表現。這樣的結果是可以理解的。

然同一部著作,同一商標,乃至同一件發明,如果在不同國家所受到的保護標準或程度,會因身處不同國家就有不同待遇,不論在法理上抑或在邏輯上均是說不通的。這樣的結果呈現也不

是智慧財產法制規範之意旨或初衷。這也是「國際智慧財產權法制」之所以受到國際社會學術界與產業界愈發重視的主因之一。各國均在互利互惠的基礎上尋求對同一個「智慧財產」給予相同的保護標準及在法律上的待遇。以上就是在進入21世紀時，國際社會中各國所尋求智慧財產保護的「和諧化」目標。而國際公約的訂定以及雙邊條約的簽訂，就是這一「和諧化」目標的具體做法。各個國際組織如「世界貿易組織」等，也在朝這方面去努力，才有國際會議的召開，訂定一些國際智慧財產法制的基本原則及保護管理的具體做法。這也是本章研析的目的。

第七章　智慧財產權之國際保護：TRIPs規範

壹、智慧財產權國際保護之形成背景

一、智慧財產權之保護

　　有關「智慧財產」的概念，它的形成可以理解是必然在人類社會文明已經有相當程度的發展，而且亦已建立了相當穩固的基礎之後，方才逐漸衍生出來之不同於傳統「財產」的一種法律所建立之財產。至於說「智慧財產權」之概念及其法律保護之形成，以及保護制度之建立，在時間上及各國社會發展的進程上，就更加延後了。然而，無論如何，「智慧財產權」法制的形成與架構，必然是遠遠落後於「有體財產權」建制之後。其意義與內涵自然也不同於「有體財產」之有具體之實質形象，可資追循。如眾所周知，亦是一般社會大眾不會加以否認的是，法律上所認定的「智慧財產權」所要保護的對象，乃是所有人類運用智慧或腦力所開發出來之成果。

　　智慧財產權的保護在傳統上，一向屬於國內經濟法規的範疇。智慧財產權的保護範圍及期間，原則上屬於一國立法主權之政策事項。此等政策可能依不同層次的經濟結構，及經濟的成熟度而有所不同：但近代國際貿易興起，商品及服務產銷流動頻繁，各國的互動關係亦愈加密切。在全球市場中，商品及服務必須跨越不同的法律領域；對智慧財產權保護程度的不同，自足以對國際商品及服務的流通，造成重要的干擾。換言之，一國對智慧財產權低度的保護，將對帶有智慧財產權性質商品或服務的市場進入，構成貿易障礙，亦可能阻礙外國人的直接投資。

　　基本上，在全球化的今天，各國對於智慧財產權之保護，可以說是愈來愈重視，尤其是已開發國家更是如此。對於智慧財產權之保護不遺餘力。這個趨勢是無可避免，也難以迴避。只有能夠掌握關鍵的智慧財產權，並且能夠善加利用及創造收益的一方，才能在國際社會上取得領先之地位，也才能夠在國際社會屹立不搖。如果能夠創造智慧財產權並且善加保護，才可以在國際社會的競爭發展上運用本身所擁有的智慧財產作為競爭的工具或是作為嚇阻競爭對手，這就說明了對於智慧財產保護之重要性。

　　烏拉圭回合談判首度將智慧財產權（IPRs）保護列入多邊談判議程，反映已開發國家之意願及權益，美國認為加強IPRs保護，有利於產品出口大幅增加，可扭轉商品貿易逆差。IPRs有稱為「無體財產權」，但隨著科技的發展，強調研發創新與知識經濟，與IPRs有關之所有權及使用權，其移轉交易為國際貿易重要一環，經由授權談判等手段，商標專利等智慧財產權人可收取授權之權利金，或著作權人之版稅收入等，故擁有較多IPRs之國家，具有較高之科技及經濟水準，IPRs可增加其整體收入[1]。

　　IPRs為工業所有權及著作權之總稱。工業所有權主要指專利權及商標權；而專利權除發明外，尚包括新型及新式樣之專利權；著作權指對文學藝術及科學作品之專屬權；至於對服務標章、商號名稱、產地標示及防止不正當競爭等，亦均為IPRs保護對象。

　　IPRs與國際經濟貿易關係密切，國際社會制定若干保護

---

[1] 陳櫻琴、邱政宗合著，WTO與貿易法，台北，五南圖書出版股份有限公司，2003年，第173頁。

IPRs之公約加以規範。但各國保護及執行標準不一，尤其欠缺處理仿冒品之多邊規範，IPRs常成為國際經貿關係磨擦之原因。GATT烏拉圭回合談判達成「與貿易有關智慧財產權協定」，在WTO架構中與GATT 1994及GATS地位平行。

二、烏拉圭回合前之智慧財產權保護狀態

　　一般而言，所謂的智慧財產權，乃是概括地指舉凡人類運轉用腦力、智慧所開發出來或創造出來的結晶或成果。近百年來，隨著科技的進步，日新月異及突飛猛進造成了源自於個人智力活動成果所形成之國際市場，不斷地擴張之下，再經由技術移轉的做法，讓專利及商標的所有權及使用權的交互運用之下，使得含有智慧財產權的商品，在國際貿易的體系下，所占的比重愈來愈大，因此國際社會紛紛提出對於智慧財產權的統一的法律標準擴大了法律保護範疇。

　　1883年制定的「保護工業產權巴黎公約」首開智慧財產權國際保護的先河；1967年「建立世界智慧財產組織公約」在瑞典斯德哥爾摩簽訂；1970年4月，世界智慧財產組織成立；1974年，其又成為聯合國的一個專門機構，主管工業產權、商標註冊及著作權的國際合作。在此之後，智慧財產權的國際保護得到空前加強，相繼締結了一些地區性的智慧財產權保護條約，一些地區性的智慧財產權保護組織也紛紛建立[2]。

　　現行的智慧財產權國際公約主要有：「保護工業產權巴黎公約」（通稱「巴黎公約」）、「商標國際註冊馬德里協定」（通稱「馬德里協定」）、「專利合作條約」、「保護文學藝述作品

---

[2] 王文先主編，WTO規則與案例，北京，清大出版社，2007年，第293頁。

伯爾尼公約」（通稱「伯爾尼公約」）、「保護表演者、錄音制品制作者與廣播組織公約」（簡稱「羅馬公約」）等[3]。

　　在烏拉圭回合之前，各國對智慧財產權的保護水平不一致，法律規定不相協調；已有的一智慧財產權國際公約所規定義務的實施完全依賴國內法，缺乏有效的國際監督機制。有關人士詳細總結了當時智慧財產權存在的主要問題：有關國際條約中沒有專門保護商業秘密的條款；「巴黎公約」並未對專利的最低保護期限做出規定；已有公約在處理假冒商品方力度不夠；對電腦軟體和錄音制品的國際保護不夠；沒有一個有效的爭端解決機制來理與貿易有關的智慧財產權問題[4]。

三、「與貿易有關之智慧財產權協定」之產生背景

　　從東京回合開始，關於假冒商品貿易問題已經成為談判的內容，美國曾就此提出過一個守則草案，但未能達成協議。1982年11月，關貿總協定首次將假冒商品貿易的議題列入了議程，確定在關貿總協定框架下對假冒商品貿易採取聯合行動是否合適，應採取何種行動。1985年，關貿總協定總理事會設立的專家組得出結論：鑑於假冒商品貿易愈來愈嚴重，應當採取多邊行動。各方的分歧在於：關貿總協定是否為解決這一問題的適當場所。由此形成了發達國家和發展中國家之間意見截然相反的兩種立場[5]。

　　美國、瑞士等作為發達國家的代表，出於自身利益的考慮主張將智慧財產權列入多邊談判的議題。美國甚至揚言，如果不將

---

[3]　同前註。

[4]　同前註。

[5]　同前註，第294頁。

智慧財產權作爲新議題，將拒絕參加關貿協定第八輪談判。發達國家還主張，保護所有智慧財產權的標準應立即著手制定，並且必須納入爭端解決機制[6]。

以印度、巴西、埃及、阿根廷和南斯拉夫爲代表的發展中國家認爲，保護智慧財產權是世界智慧財產組織的義務，智慧財產權的廣泛保護與制止假冒商品貿易是兩個截然不同的問題，應當加以區別。這些國家憂心沖沖，認爲引入跨領域的報復機制會構成對合法貿易的障礙，並且還擔心強化智慧財產權保護會對跨國公司的壟斷起到推波助瀾的作用，特別是形成對藥品和食品價格的控制，使公衆福利受到損失[7]。

直到1986年烏拉圭回合開始時，各國也沒有就是否將智慧財產權納入多邊談判議題達成一致意見。1991年，關貿總協定總幹事提出了烏拉圭回合最後文本草案的框架，其中「與貿易（包括假冒商品貿易在內）有關的智慧財產權協定」基本獲得通過。經過艱苦的談判，1994年4月15日於摩洛哥的馬拉喀什由參加部長會議的各參加方簽署了「與貿易（包括假冒商品貿易在內）有關的智慧財產權協定」。由於該協定毫無疑問地包括假冒商品貿易，因此該協定最後的標題中未包含「假冒商品貿易」這一名稱。TRIPs協定作爲烏拉圭回合談判最後文件的一部分，被列入世界貿易組織協議附錄一的C部分，於1995年7月1日正式生效。該協定的簽署，標誌著世貿組織繼服務貿易之後，又拓展了一個新領域。

客觀地講，TRIPs協定是建立在發達國家智慧財產權保護水

[6] 同前註。
[7] 同前註。

平基礎之上的，相對於發展中國家的經濟發展水平而言，該協定所規定的智慧財產權保護標準和要求是相當苛刻的。接受TRIPs協定，是發展中國家在烏拉圭回合中所做出的主要讓步之一。是什麼原因使得發展中國家要做出這個讓步呢，說明如下[8]：

　　首先，烏拉圭回合一攬子協議中，發展中國家希望得到的一些好處得以實現，比如「紡織品與服裝協議」強化的爭端解決機制等。因而從這個意義上講，接受TRIPs協定實際上是一種交換，是發展中國家同發達國家相妥協的結果。

　　其次，TRIPs協定中關於過渡期的規定，就是為了給發展中國家緩衝期，使其有充分的時間來接受並適應諸項條款的規定，這也是使得發展中國家在接受協定時不致過於為難。

　　最後，許多發展中國家都發展外向型經濟，從1980年代開始大量引進外資，所以，對智慧財產權加強保護是其自身經濟健康發展的需要。

四、「與貿易有關之智慧財產權協定」之形成動力

　　有關智慧財產權的貿易障礙，有別於因關稅或其他傳統的海關行政措施，而產生的貿易障礙，且不在關稅暨貿易總協定一般協定的規範範圍。世界貿易組織將智慧財產權的問題納入多邊貿易體系後，智慧財產權的保護本身不但成為貿易利益的一環，亦同時涉及以貿易手段作為智慧財產權的談判籌碼；與貿易有關之智慧財產權協定（Agreement on Trade-related aspect of Intellectual Property Rights, TRIPs）加強了貿易與智慧財產權的交錯關係。貿易有關之智慧財產權協定改變了貿易的本質，建立了貿易

---

[8]　同前註，第295頁。

與智慧財產權聯結的市場進入模式。貿易之意義不再單純地侷限於貨物跨越國界的流動，而係包括智慧財產權；貿易障礙的觀念亦不在僅限於邊界貿易措施，而係進一步與一國國內規範智慧財產權事項密切相關[9]。

　　在1970年代，智慧財產權的權利取得要件，及執行已成為國際經濟關係的主要議題。在該時期，在「聯合國貿易暨發展會議」（UNCTAD）會主導下，開發中國家尋求建構出得依不同發展及需要程度的智慧財產權體系。在1980年代，工業化國家領導著將智慧財產權體系，朝向更為嚴謹之方向，而較不具有彈性。對智慧財產權予以新的定位，有以下因素[10]：

　　（一）技術已漸被承認為影響競爭力的主要因素，特別是對技術密集商品及服務的生產及貿易。自1970年代以來，工業化國家所投入的研究發展費用呈穩定的增加，私人產業對此方面的支出所占的比例亦漸增加。

　　（二）美國在製造及科技的領導權受到日本及部分國家挑戰，包括新興工業國家。該等國家在消費性電子、微電子、電腦及各種服務業（例如工程及建築）皆為積極的競爭者。就美國而言，此等挑戰係源自於技術與科學系統過於開放，而使其國家模仿美國之發明，具導致仿冒及剽竊盛行。此種認知，加上若干產業的強力遊說（特別是醫藥及半導體產業），使得美國政府在國際智慧財產體系之變革中扮演積極角色；特別是在權利的保護方面，更是如此。

　　（三）工業化國家藉由加強智慧財產權之保護，以加強其在

---

[9] 黃立、李貴英及林彩瑜合著，WTO國際貿易法論，台北，元照出版有限公司，2000年，第223頁。
[10] 同前註，第226頁。

研究、技術創新及工業生產之優勢地位，係符合其利益的。已開
發國家的企業透過全球較嚴格的智慧財產權體系，將可解決其
於何時，及如何使用所發明之產品，因此，已開發國家對更開
放的世界貿易體系施加壓力，將有助其帶有智慧財產權商品之
出口。

　　（四）對已開發國家而言，同時加強智慧財產權及開放的全
球市場，將提供其選擇貿易的範圍，而不需擴散其技術。

　　（五）強力的智慧財產權體系使工業化國家，得協助其企業
彌補其研發的成本，且加強其對研發結果之利用。

　　已開發國家在全球市場中多為技術創造者及提供者，較有機
會接觸有關智慧財產權的產品；相對地，科技產品的進口國，則
接近該等產品的機會較為有限。此易造成二集團在政治上的緊張
關係；若未與創造者取得聯繫時，則無法獲得或取得外國技術，
或無法從較便宜或其他來源進口新的產品及製程[11]。由於智慧財
產權在國際經濟活動中之重要性日增，因不充分及不適當執行智
慧財產權，所造成的貿易扭曲效果亦在增加之中。因此，適當的
保護智慧財產權對自由貿易及健全的經濟發展頗為重要，而此亦
受到國際上的普遍承認。近年來，各國亦將其注意力集中在將智
慧財產權保護納入貿易談判的議程中[12]。

五、「與貿易有關之智慧財產權協定」之概括規範[13]

　　「建立世界貿易組織協定」（The Agreement Establishing

---

[11] 同前註，第225頁。
[12] 同前註。
[13] 拙著，國際貿易法析論——WTO時代之挑戰，台北，翰蘆出版社，2004年，第649-653
頁。

the World Trade Organization）中有關「與貿易有關之智慧財產權協定」認為，各國對於智慧財產權的保護與執行方面，標準有很大的差異。國際社會缺少一項多邊的規則，來處理仿冒品的問題，因而成為國際間經貿關係緊張的起因。於是該協定考慮以其基本原則，處理此一問題的可行性，以及訂定有關國際性智慧財產權的協議，與有效執行此項協議的行動，處理多邊的貿易爭議及過渡時期執行此項協議的安排。此項協議共有三個部分：

（一）奠定一般規則及基本原則：此一部分要各國承諾在實施智慧財產權的保護時，對他國國民一律實施國民待遇，同時也應實施最惠國待遇。凡一國給予任何一國的優惠，必須對所有其他國家的國民給予同等的優惠，甚至此種優惠超過該國本國人民的優惠時也應如此。

（二）對不同的智慧財產權的處理：該協定要求所有的會員國，對於智慧財產權的保護都採取相同而有效的措施。其標準應根據「巴黎工業財產權公約」（Paris Convention on Protection of Industrial Property）及「伯恩公約對文學及藝術作品的保護會議」（Berne Convention for the Protection Literary and Artistic Works）的各項原則，所制定的「世界智慧財產組織」（WIPO）的預定原則。主要是保護著作權，並且增加許多新的標準，用以補救現有各項規則的不足。

關於著作權方面，此項協定對電腦程式與文學作品，都以在伯恩會議中所訂定的標準來處理，而且對於「數位資料庫」（Digital Data Bases）也加以相同的保護。

在現行的國際法原則外再增加了兩項重要的規則：一項是著作權，另一項是與著作權有關的租用權。電腦程式的作者及唱片製作者，有權允許或禁止他們作品作為商業租用。另一類似的情

況是有關電影的著作權，由於廣泛的仿製使製作者的權益蒙受重大的損失。演藝人員的表演在五十年內都禁止非法錄影、複製錄影帶；以及傳播、唱片製作者，亦應該有權在發行後的五十年內禁止唱片的複製。

此項協定明確規定，何種商標或其他標示必須加以保護，也說明原作者所至少能夠享有的權益。在某一特定的國家內，某種商標特別有名就應該得到額外的保護。在協定中說明關於使用某種商標，或其他標示者必須履行的義務、實施保護的條件，以及發給執照與允許文件涵蓋的範圍，例如將外國商標一齊使用是被列入禁止的範圍。

在地區的標示方面，各國必須禁止使用任何易使消費者，對於此項商品出產地發生誤解之標示，此種行為構成不公平競爭。對於酒類及烈酒的產地標示，也必須給予更多的保護，以免使人對其真正產地發生誤解。此種保護有例外的情形，例如某種產品的名稱屬於一般名稱。如有此種情形，必須事先與某一產地商品之有關者商洽：為了建立多邊的酒類商品產地註冊起見，必須做進一步廣泛的商洽。

工業商品的設計也受到十年的保護。受到此項保護的工業產品設計者，應可防止他人仿製、出售及進口此類產品。

在產品的專利方面，所有的各種發明均可得到二十年之保護。其範圍涵蓋產品、處理程序及一切有關之技術。如果有某種發明危害公共秩序，及道德而禁止使用時，不適用專利權之保護。其他對於診斷、復健、外科手術的方法，及出產植物及動物的生物處理過程（微生物及微生物處理過程除外），可不受專利權之保護。此項協定還詳細規定，政府未獲原創造發明者之授權，不得使用此項專利品及其他強制執行專利權之規定。有關處

理程序的專利權，必須涵蓋經由此一程序直接出產之產品。但是在某些特定的情況下，法庭可命危違背專利權之嫌疑犯出庭證明，並未使用此項程序。

關於積體電路的配置設計，各會員國應按照1989年5月，曾經簽署的智慧財產權華盛頓公約中，有關積體電路部分的實施；但也有幾項執行時的條件，即是保護時期至少十年，必須涵蓋對付仿冒配置設計者之條款。對於並非故意的仿冒者可允許在獲知侵犯某一專利權之前，使用及出售既有之股票；在一定的嚴格條件限制下，可強制執行專利權，及政府可使用此種專利權。

凡具有商用價值的交易秘密，及專門知識必須加以保護，以免發生洩漏機密及違背公正商業行為之舉措。凡醫療及農業化學品已經向政府申報之試驗資料，未來將進入市場者必須加以保護，以免受到不公平的商業用途。

此一協定中最後一段是有關契約執照中違反競爭的行為。例如在有關智慧財產權發給的執照及文件中，有構成違背權益或對競爭有不利影響時，各國政府有權採取行動，並在政府之間進行磋商，對於此項侵犯權益，所採取之改善措施，必須符合此項協定中之其他規定。

（三）有關協議之執行：該協定規定各國政府在本國法律範圍內，有義務提供有效保護智慧財產權，及改善侵犯權益之救濟措施。在執行時對於侵犯智慧財產權者，必須採取有效行動予以制止。此項行動必須公平、公正，但不過分複雜及代價過分昂貴；而且不得規定不合理的時限或不當的拖延。當地國對此事所做的最後行政措施，必須經過司法審查；而且在一般情形下必須經過司法的初步裁決。

在民事及行政程序及改善措施中的條文中，必須包括證據、

臨時措施、禁止命令、損害及其改善措施，其中並應列入司法當局，有權下令處理或銷毀仿冒產品之規定。各國政府至少必須對故意違反商標法及剽竊著作權作為商用者，提供刑事訴訟程序及罰則。改善措施中必須包括監禁及罰款，其嚴厲之程序足以制止不法行為之再度發生。此外各國必須設立機構，以便所有權擁有者可獲海關單位之協助，阻止此類仿冒及竊盜之產品進口。

　　有關過渡期間之規定，該協定給「已開發國家」有一年的時間，使立法及行動均能配合該協定的規範；「未開發國家」則有十一年的過渡期間來執行。

　　「開發中國家」目前尚未規定技術專利權者，給予十年的時間設置此種專利權。但是在醫藥方面，它們在轉型期間開始，就接受專利權的申請，但可延至此一時期結束時再予批准。如果在轉型期間就已經批准醫藥及化學品時，開發中國家必須在一定的條件下，始可讓此種產品，享有唯一的行銷權五年，或是專利權獲得批准為止。

六、「與貿易有關之智慧財產權協定」之規範架構

　　TRIPs包括七篇，共73條。主要內容有：一般規定及基本原則；有關IPRs有效性、範圍暨使用之標準；IPRs之執行；IPRs之取得與維持及相關之當事人間程序；爭端之預防及解決；過渡性安排；機構安排：最終條款等，結構如下[14]：

---

[14] 見前揭註1，第174頁。

TRIPs		
第一篇	一般規定及基本原則	第1至8條
第二篇	有關IPRs有效性、範圍暨使用之標準	第9至40條
第三篇	IPRs之執行	第41至61條
第四篇	IPRs之取得與維持及相關之當事人間程序	第62條
第五篇	爭端之預防及解決	第63至64條
第六篇	過渡性安排	第65至67條
第七篇	機構安排：最終條款	第68至73條

　　協定前言指出：為減少對國際貿易之扭曲與阻礙；顧及對IPRs之有效及適當保護之必要性；確保執行IPRs之措施及程序，使其不成為合法貿易之障礙。為實現此等目標，WTO會員國達成共識，IPRs係屬私權，係一國之政策目標，即智慧財產權人擁有之各種權利，乃經由各國法律加以確認，再透過TRIPs解決IPRs之糾紛，尋求共同政策。故有認為TRIPs之實施，可促進IPRs貿易發展國際貿易，使商品貿易、服務貿易、IPRs貿易共同形成國際貿易之重要支柱[15]。

貳、與貿易有關之智慧財產權協定

一、對於智慧財產權保護之一般認知

　　智慧財產權的保護在傳統上，一向屬於國內經濟法規的範疇。智慧財產權的保護範圍及期間，原則上屬於一國立法主權政策事項。此政策可能依不同層次的經濟結構及經濟的成熟度而有

---

[15] 同前註，第175頁。

所不同；但近代國際貿易興起，商品及服務產銷流動頻繁，各國的互動關係亦愈加密切。在全球市場中，商品及服務必須跨越不同的法律領域；對智慧財產權保護程度的不同，自足以對國際商品及服務的流通，造成重要的干擾。換言之，一國對智慧財產權低度的保護，將對帶有智慧財產權性其商品或服務的市場進入，構成貿易障礙，亦可能阻礙外國人的直接投資[16]。

　　有關智慧財產權的貿易障礙，有別於因關稅或其他傳統的海關行政措施而產生的貿易障礙，且不在GATT一般協定的規範範圍。WTO將智慧財產權的問題納入多邊貿易體系後，智慧財產權的保護本身不但成為貿易利益的一環，亦同時涉及以貿易手段作為智慧財產權的談判籌碼。TPIPs協定（Agreement on Trade-related Aspect of Intellectual Property Rights, TRIPs）加強了貿易與智慧財產權的交錯關係。TRIPs改變了貿易的本質，建立了貿易與智慧財產權聯結的市場進入模式。貿易之意義不再單純侷限於貨物跨越國界的流動，而係包括智慧財產權；貿易障礙的觀念亦不在僅限於邊界貿易措施，而係進一步與一國國內規範智慧財產權事項密切相關[17]。

　　開發中國家為縮小落後的差距或趕上已開發國家的發展程度，多注意技術及發明的廣泛使用，而傾向縮小智慧財產權的保護範圍或權利保護期間。在執行相關法規的層次上，亦常因執行機關人力配置不足或無足夠的訓練人員從事執行工作，而不具成效。未充分保護智慧財產權的結果，將對智慧財產權人的正常經濟活動造成直接不利的衝擊。其所導致的仿冒商標、剽竊著作

---

[16] 同前註，第547頁。
[17] 同前註，第547-548頁。

物、侵害智慧財產權商品的製造及行銷等不公平競爭，皆將減損創作人投入發展新產品的誘因及資源配置。再者，爲因應國際貿易之需求，智慧財產權之移轉與授權係今日國際社會外人投資及技術合作最常見之方式。若與外國公司締結技術授權契約時設有不合理的期間限制規定；契約條款完成後保密的義務及他妨礙智慧財產權人運用其合法智慧財產權之措施，亦將阻礙並損及外國人的投資及技術移轉，減少本土技術的發展，最終將對相關國家及世界經濟整體造成不利的影響。另一方面，若各國的智慧財產權體系過度保護智慧財產權，或對外國人的利益進行歧視，或與國際普遍的規則有大幅差異，則需在承認及執行智慧財產權上耗費相當的時間及資金，此亦將扭曲自由貿易。

　　已開發國家在全球市場中多爲技術創造者及提供者，較有機會接觸有關智慧財產權的產品。相對地，科技產品的進口國，則接近該等產品的機會較爲有限。此易造成二集團在政治上的緊張關係。若未與創造者取得聯繫時，則無法獲得或取得外國技術，或無法從較便宜或其他來源進口新的產品及製程。由於智慧財產權在國際經濟活動中之重要性日增，因不充分及不適當執行智慧財產權所造成的貿易扭曲效果亦在增加之中。因此，適當的保護智慧財產權對自由貿易及健全的經濟發展頗爲重要，而此亦受到國際上的普遍承認。

二、「與貿易有關之智慧財產權協定」基本概況

　　「與貿易有關之智慧財產權協定」的達成，是1994年烏拉圭回合的主要成就之一，其代表著WTO的規範範圍從傳統的關稅貿易障礙，擴及至有關智慧財產權的貿易障礙。「與貿易有關之智慧財產權協定」（以下簡稱TRIPs）係國際社會在智慧財產

議題上所達成涉及最廣泛的國際協議，已超出與貿易相關的範疇。其在專利、著作權、商標、工業程設、地理標示、積體電路電路布局及營業秘密上設有最低的標準，並補充了巴黎、伯恩、羅馬、及華盛頓公約個別領域的義務。因此，智慧財產權國際公約所規定的義務不僅適用於其原來的締約國，其亦將適用至TRIPs協定的WTO會員國。TRIPs協定計有73條，包括一般規定及基本原則；關於智慧財產權有效性、範圍暨使用之標準；智慧財產權之執行；智慧財產權之取得與維持及相關當事人間之程序；爭端之預防及解決；過渡性安排；機構性安排；最終條款等七篇。在此新的規範下，多數發展中國家必須修正其法律以採納較高的智慧財產權標準，或擴張其保護範圍至新的領域[18]。

　　在「TRIPs」的引言中，就曾指出「全體成員期望減少國際貿易的扭曲與阻力，考慮到有必要促進對於智慧財產權之充分與有效的保護，保障智慧財產權之執行措施與程序，不至於構成合法貿易之障礙。

三、「與貿易有關之智慧財產權協定」之目標

　　為了達成「引言」中所要完成的目的，有必要制定與下列內容有關之新貿易規則與制裁之措施[19]。

　　（一）1994年「關稅與貿易總協」（The General Agreement on Tariffs and Trades, GATT）的基本原則及相關之智慧財產權的國際協定或公約之基本原則的可適用程度。

　　（二）涉及與貿易有關之智慧財產權之效力、範圍及利用之

---

[18] 同前註。
[19] 見前揭註9，第232頁。

適當標準及原則的規定。

（三）減少國際貿易的扭曲與阻礙。

（四）促進有效及充分保護智慧財產權的需要。

（五）確保執行從智慧財產權的措施與程序本身不致成為合法貿易之障礙。

（六）承認在智慧財產權領域新的規定與規範之必要：包括充分的智慧財產權原則與標準，此包括有效執行之措施、以多邊架構處理仿冒品、爭端解決程序、開發中國家的過渡安排。

此外，TRIPs協定第7條規定：「智慧財產權之保護與執行必須對科技之進步以及對科技之轉移與擴散有所貢獻、對科技知識之生產者與使用者之共同權益有所助益、有益於社會及經濟福祉、並且有助於權利與義務之平衡。」

透過該條款的規定，國際社會已承認一國政府在制定與執行智慧財產權的同時，其所考量的「公共政策」目標一即科技創新的促進以及科技轉移與擴散，此亦為開發中國家主要關切的事項。該規定強調了智慧財產權的保護與執行必須以如此的方式追求，始有利於科技知識的生產者與使用者，而有助於社會及經濟福祉，並使權利義務得以平衡。此等原則性的宣示對TRIPs協定的解釋與適用提供了一重要的架構，並對如何評估一國對智慧財產權的保護與執行是否具有充分性與有效性提供了整體的標準。因此，各會員國在常智慧財產權相關立法時將有所依循[20]。

另外，審視關於智慧財產權各國立法保護的範疇，大致上不外「商品貿易」、「服務貿易」及「技術貿易」三大類別，除此之外，近年來技術先進國家因為網際網路發展的結果，有透過

---

[20] 同前註，第233頁。

「互聯網」所進行的「數位商品」貿易的產生。因此，對於智慧財產權之保護，大體上可以包括「數位商品貿易」在內。

　　再回歸到「與貿易有關之智慧財產權協定」第7條之規定，說明了該協定之總目標如下：智慧財產權之保護與權利之行使，其目的乃在於促進技術的革新、技術之移轉與技術之散布，以有利於社會及經濟福利的方式，促進技術知識的生產者與技術知識的使用者，彼此之互利，並促進權利與義務之平衡。探究其本質，可知該條之目標並不是在於智慧財產權保護的本身，而是在其重點放在技術之提昇與技術貿易進而帶動各國經濟之發展與繁榮。

四、「與貿易有關之智慧財產權協定」之基本原則

　　適用依據規定於「與貿易有關之智慧財產權協定」第8條：

　　（一）成員可在其國內法律及條例之制定或修定中，採取必要之措施以保護大眾之健康及發展，用以增加對其社會經濟與技術發展至關重要之領域中的公益，只要該措施與本協定之規定一致。

　　（二）可採取適當措施以防止權利持有人之濫用智慧財產權，防止借助國際技術移轉中的不合理限制貿易行為或有消極影響之行為，然則該措施必須與本協定的規定一致。

　　此處之「防止濫用」包括下面兩方面：其一是智慧財產權保護的程度與範圍不得有害於社會大眾之利益；其二是權利持有人在行使其權利時，不得採用「限制貿易行為」（即是指不正競爭行為）。註明如下[21]：

---

[21] 見前揭註13，第653-657頁。

（一）最低標準原則

「協定」界定了智慧財產權保護的最低標準——會員國沒有義務在履行它們本國法律之同時，給予比「協定」所要求者，更廣泛之保護。此外，各國所提供之保護，縱使是比「協定」所要求者更廣泛，亦不得與「協定」之條款相牴觸。最後，會員國得在它們本身的法制規範與實務上，自由決定適當的方法來履行「協定」之條文規定。

（二）受惠「國人」原則

首先，「協定」規定一會員國應該依照「協定」的規定待遇，給予其他會員國之國民。本條之規定乃是作為「協定」第3條有關「國民待遇原則」之補充規定。因為「國民待遇原則」要求：「每一個會員國在有關智慧財產權的保護方面，賦予其他會員國國民之待遇，不得低於它給予其本國國民之待遇」。其次，根據「協定」之規定，似乎也將「國民待遇原則」擴張適用到並非明顯地被分類成「智慧財產」的主題事務上，或者適用到一些在執行「智慧財產權」的事件上。這些例子可以包含「協定」第三部分第2項有關民事、行政程序及相關的「救濟」方面的條款，以及涵蓋到有關對於「邊界掌控」（Border Control）貿易侵害的「特別機制」（Special Regime）。

最後，關於「國民」（Nationals）之用語，是被界定於「協定」中條文之「解釋註記」（Explanatory Note），而被視為在世界貿易組織的一個分別的「關稅領域」（Customs Territory）成員的情形。「國民」是意指「個人」（含自然人與法人）居住在「關稅領域」內，或者是在「關稅領域」內，「個人」建立了「真實與有效的」（Real and Effective）工業或商業

之營業。同樣方式的解釋，也被適用在既有之智慧財產條約或協定方面；因為「協定」也指出，在相關的智慧財產權方面，其他會員國之「國民」應該被瞭解為那些合於巴黎公約（1968年）、伯恩公約（1971年）、羅馬公約及「關於積體電路智慧財產條約」（Treaty on Intellectual Property in Respect of Integrated Circuits, IPIC Treaty），受到保護的條件之「國際貿易組織」及「與貿易有關之智慧財產權協定」之所有成員之國民。

（三）既有保護原則

　　所謂「既有保護原則」，乃是指國際社會的既有智慧財產公約之效力。「協定」指出一在「協定」中的第一部分至第四部分的任何規定，不應該損害到會員國在巴黎公約、伯恩公約、羅馬公約及關於積體電路智慧財產權條約下之既有義務。「協定」也同時規範所有會員國，應該遵守巴黎公約基本規範條款，如公約第1條至第12條以及公約第19條之規定。而巴黎公約第1條至第11條即規範了對於保護工業財產之「基本模式」（Basic Norm）；公約第12條強制要求巴黎公約的每一個國家必須要建立一個特別工業財產服務處及中央辦公室，以便向社會大眾傳播專利、實用新型、工業設計及商標的資訊。

（四）國民待遇原則

　　「與貿易有關之智慧財產權協定」融合了一個既有的智慧財產公約的基本原則──國民待遇原則──規定於「協定」第3條。該「協定」第3條規定：世界貿易組織的每一個會員國，在智慧財產權的保護方面，有義務賦予其他會員國「國民」的待遇，不得低於它賦予它自己國民的待遇；除非巴黎公約、伯恩

公約、羅馬公約及有關積體電路智慧財產條約有例外之規定。不論怎麼說，「協定」第3條之國民待遇原則，是經由「協定」第2條之由巴黎公約、伯恩公約及羅馬公約中相關的一般原則中的「一般規範」（General Term）所演化而出之原則。所以實際上，「協定」第3條乃是在執行一個重要的象徵性角色──強調一個長久以來即已存在的智慧財產保護原則的繼續。

　　依照「協定」第3條所承認的延伸了既有的「智慧財產機制」（Intellectual Property Regime）的保護，將國民待遇原則適用到表演人、錄音物的製作人及廣播機構負責人的相關智慧財產權益（所謂的著作鄰接權）上。其次，「保護」這個字彙的意義，用在「協定」第3條，是界定成：「包含任何事件影響到對於智慧財產權之擁有、取得、範圍、維持與執行，以及對於些事件會影響到在『協定』中所特別指出的智慧財產權的使用」。

（五）最惠國待遇原則

　　「最惠國待遇原則」（Most-Favored-Nation Treatment Principle）之成為國際社會在保護智慧財產的基本原則，是自「與貿易有關之智慧財產權協定」之列入於其第4條之規範，才正式成立的。該「協定」第4條規定：「關於智慧財產權的保護，一個會員國所給予任何一個其他會員國國民之任何利益、優惠、特權或豁免，應該立即且無條件地，給予所有其他會員國之國民」。這種將「最惠國待遇」（Most-Favored-Nation）條款加諸於智慧財產公約之中，還是史無前例的創舉。毫無疑問地，這其中的原因可以歸功於「與貿易有關之智慧財產權協定」之涵蓋有國際貿易法之背景。當然，「協定」對於「最惠國待過」之例外，亦有規定。也就是說，會員國所賦予他國國民之任何利益、

優惠、特權或豁免，在下列的四種情況下，「最惠國待遇」並不適用：

1.源起於國際條約對於一般性質的司法互助或法律執行，而並不特別侷限於智慧財產權之保護。

2.根據1971年伯恩公約或羅馬公約條款，支付與授權的待遇是功能性的給予，並非國民待遇，而是在其他國家所給予之待過。

3.關於表演人、錄音物製作人及廣播機構負責人之權利，並非由此「協定」所賦予者。

4.源起於關於智慧財產保護的國際條約，其生效在「建立世界貿易組織協定」之前者；當然是限於那些已通知「與貿易有關之智慧財產權協定」委員會（Council of TRIPs），而並不構成一個獨斷或不正常地歧視其他會員國之國民者。

最後，要順便一提的是「協定」所規定於第5條之國民待遇原則，與最惠國待遇原則乃是因為「協定」第3條與第4條所要求者，而並不適用於那些依據在「世界智慧財產組織」之主管監督下，關於取得或維持智慧財產權利所完成之「多邊條約」（Multilateral Agreement）。

（六）耗盡原則

耗盡原則（Exhaustion Doctrine）乃是指有關智慧財產權利之使用後，權利人之權利即因此而不再存在而言。也就是指智慧財產權權利人在售出一個帶有智慧財產權的產品之後，該智慧財產是否在第一次出售之後即已耗盡而不再存在的問題。這個問題對於「商標所有者」（Trademark Proprietor）而言，是特別重要。世界上大多數的著作權法都規定，一個著作權人得以控制

受保護作品的輸出。衡量具權威性的商標案例指出：「商標所有者」的權利，在第一次銷售其合法的帶有商標之產品之後，其「商標權」即因此銷售行為而耗盡。因此，一個「商標所有者」並不被認為對於帶有商標權產品的「平行輸入」（Parallel Importation），有任何權利予以阻止。這種情形對於「商標所有者」是非常不利的，首先，他無法像「著作權人」一樣，得以控制其所享有之著作權作品之平行輸入。其次，「商標所有者」如果意圖對於不同市場之帶有商標之商品，作不同之價格來出售其商品，則無法如願以償。

縱然情況如此，也雖然有「國際商標協會」（International Trademark Association, INTA）盡了最大的努力；但是「與貿易有關之智慧財產權協定」針對「耗盡原則」的問題之規範，也沒有超越該「協定」第6條的範疇。第6條指出：「在第三條與第四條之下，就爭端解決之目的而言，在本協定之內，沒有什麼可以用來針對智慧財產耗盡之問題。」

（七）技術轉移原則

在「與貿易有關之智慧財產權協定」中對於有關技術轉移方面，也做了幾項原則性的規範。首先「協定」的目標是在「智慧財產權」方面的保護與執行，為了此項目標之達成，在對於智慧財產權的保護與執行上，必須要能夠有助於技術創造的提升、科技的轉移與散布、科技知識的生產與使用者的互惠，及有助於社會與經濟福利的態度，來平衡權利與義務。

（八）公共利益考量原則

除了對於社會經濟及科技發展的政策性目標外，該「協定」允許會員國在制定或修正它們的法律與規定時，必須要採取必要

的措施，以保護公眾的健康與營養。當然，那些措施必須不牴觸
「與貿易有關之智慧財產權協定」。其次，只要是與本「協定」
的條款相一致，也許必須要採取適當的措施，以防止權利所有者
對於智慧財產權之濫用，或者是使用之手段，作出不合理的限
制，而傷害了貿易或者對於技術之國際移轉有負面的影響。

五、「與貿易有關之智慧財產權協定」之規範範圍及使用標準

　　TRIPs第一部分包括各項IPRs有效性、範圍及使用標準，此
即本協定核心部分。協定保護範圍有：著作權及其相關權利、商
標、產地標示、工業設計、專利、積體電路之電路布局、未公開
資訊之保護、與契約授權有關之反競爭行為之防制等八種IPRs
之保護，說明如下[22]：

（一）著作權之保護方面

　　「與貿易有關之智慧財產權協定」（TRIPs）的規範係引用
其他公約之規定，著作權之保護即為其中典型之例子。「與貿
易有關之智慧財產權協定」第9條第1項規定：「會員國應遵守
伯恩公約（1971）第一條至第二十一條，以及該公約附件之規
定。」按伯恩公約第1條、第21條為該公約之實質規定（該公約
第22條以下係規定該公約之修正等非實質問題），而該公約附
件則係規定對開發中國家之特別待遇。是故，在「與貿易有關之
智慧財產權協定」第9條之引用下，基本上伯恩公約之所有實質
規範均已經納入「與貿易有關之智慧財產權協定」之體系（但
「著作人格權」除外）。而伯恩公約就著作權之保護，設有相當

---

[22] 同前註，第662-670頁；見前揭註1，第183-185頁。

之保護水準，故「與貿易有關之智慧財產權協定」以引用之方式，將伯恩公約幾乎全部之實質規範納入「與貿易有關之智慧財產權協定」之內，亦使得「與貿易有關之智慧財產權協定」就著作權之保護，提供了相當水準的保護。

伯恩公約中之重要規定者如下：

1.伯恩公約第3條規定受保護之資格係以會員國之國民為準（若非會員國之國民，必須其著作係首次發行於會員國境內，或係同時在非會員國與會員國境內發行）（第1項）；非會員國之國民但以會員國為其「常居地」（Habitual Residence）者，亦加以保護（第2項）；所謂「已經發行之著作」（Published works）係指經作者同意之發行（第3項）；若在首次發行後三十日內於不同國家發行，視為同時在若干國家發行（第4項）。

2.伯恩公約第5條主要規定作者在非「原著國」（Country of Origin）應享有國民待遇，以及伯恩公約所賦予之待遇（第1項）；此種權利不應受任何形式要件（Formality）之限制（第2項）；作者在「原著國」之保護，受該國法律之規範，但其若非原著國國民，則其應享有與原著國作者相同之待過（第3項）；第4項則對「原著國」加以定義。

3.伯恩公約第6條係規定非伯恩公約會員國，若未對會員國之國民的著作提供適當之保護，則伯恩公約之該會員國得限制其對該非會員國之國民的著作提供保護（但須在該著作首次發行時，其著作人係該非會員國之國民，且該著作人須非會員國之常住居民）。

倘若著作物首次發行之國家保留此種權利，則本公約其他聯盟國不得被要求對此種受特別處理之著作物，提供更廣於首次發

行之國家所提供之保護（第1項）；依照第1項所爲之限制，不
影響著作人在限制前就已經取得之權利（第2項）；依照本條限
制權授予之國家，應將其限制通知WIPO秘書長（第3項）。

　　4.伯恩公約第7條係規定保護之期限，原則上爲終身加上
五十年（the life author and fifty year after his death）（第1
項）；但在電影著作之情形，會員國得規定其期限，爲由在其同
意下公開發表其著作開始起算五十年；若五十年內均未公開，則
由製作後起算五十年爲其保護期限（第2項）；若爲隱名或筆名
著作（Anonymous or Pseudonymous Works），則以其著作合法
公開後五十年爲保護期間，但筆名著作可以毫無疑問地確定作者
身分者，或隱名著作及筆名著作之作者在發布後五十年內表明其
身分者，則其保護期限爲終身加五十年（第3項）；照相著作或
應用藝術著作，若會員國以其爲藝術著作加以保護，則該會員國
得自行決定保護期限，但其期限不得短該著作完作後起算二十年
（第4項）；各種保護期限（包括死亡）之起算點爲次年之1月1
日（the First of January of the Year Following the Death or Such
Event）（第5項）；會員國得授予較前述期限爲長之保護期限
（第6項）；會員國既有之法律依照本公約1921年版而給予較短
之保護期限者，仍得保留其規定（第7項）；著作權之保護期限
係依照要求給予保護之國家的法律定之，但其期限不得超過該著
作原著國所規定之期限（第8項）。

　　5.伯恩公約第7條之1規定，若係「共同著作」（Joint Au-
thorship）之情形，亦應適用前條之規定，但計算死亡日期，應
以最後死亡之作者爲準。

　　6.伯恩公約第8條係規定伯恩公約所保護之著作的作者，應
享有專屬以任何方式重製其著作之權（第1項）；會員國有權允

許他人在特別情形下，重製有著作權之著作；但此種許可，不得與著作權人之「通常利用」（Normal Exploitation）相衝突，並且不至於不合理地妨礙著作人之合法利益（does not Unreasonably Prejudice the Legitimate Interests of the Author）（第2項）；錄音與錄影均爲重製著作物（第3項）。

7.伯恩公約第17條規定，伯恩公約並不妨礙會員國依照其法律或規章，以准許或限制或禁止著作物之流通、出租或展示。

8.第19條聯盟國法律若著作權提供較高水準之保護，本公約不應阻止著作權人依該規定要求較高之保護。

9.第20條規定聯盟國政府所保留之權利，以訂定協定相互授予較本公約更高水準之保護。

10.第21條規定對開發中國家之特殊規定，係載於附件中（主要係規定翻譯即重製之強制授權）。

而在著作人格權方面，我國學者羅昌發有如下之說明：伯恩公約第6條之1係規定著作人格權（Moral Rights）；而其他關於著作權之權能，包括第8條之翻譯權、第9條之重製權、第11條之表演權、第11條之1播送權、第11條之2公開重述（朗誦）權、第12條之改作權、第14條之電影權、第14條之2轉售權利金之權等，則均爲著作財產權。所謂「著作人格權」，係指作者對其著作不但有經濟上之利益，且存有「不可分割之自然權利」（an Inalienable, Natural Rights），此一權利爲文學藝術作者人格之延伸（an Extension of the Artist's Personality）。

伯恩公約第6條之1規定：「作者有權對外主張其爲其作品之作者；若有妨害其榮譽或名聲，作者並有權反對他人將其作品扭曲、使其作品殘缺，或對其作品進行其他修改，具得反對有任何其他方面之損及其作品之行爲。此等權利與作者之其他經濟上

的權利，相互獨立而不相隸屬，且縱使作者已經將其經濟上之權利讓與他人者，亦同。」「依照前項規定所賦予作者之利，在作者死亡後，仍應繼續保留，最少至其經濟上之權利終了為止；且其權利應得由要求保護之當地法律所授權之人或機構加以實施。倘若一國批准本公約或加入本公約之時，其國內法律規定在作者死亡後即為終止。」「本條所規定之權利之保護方式，由實施保護之國家以立法加以規範」。依本條第1項之規定，著作人格權包括兩種權利：其中之一為顯示自己為某著作之作者之權（the Rights to be Known as the Author of the Work），亦即「來源權」（the Right of Paternity）；另一權利則為阻止他人進行使其著作變形之改變之權（the Rights of Integrity）（亦即整體性質權）。

（二）商標權之保護方面

有關「與貿易有關之智慧財產權協定」（TRIPs）對於商標之保護，我國學者羅昌發有如下之說明：「與貿易有關之智慧財產權協定」第16條第1項規定：註冊商標之所有者應享有專享權，以禁止第三人在未得其同意之情形下，在交易之過程中，以相同或類似之標記，使用於與註冊使用之相同或類似之貨品或服務之上；但必須此種使用，有導致混淆之可能者為限。倘若第三人係將相同之商標使用於相同之貨品或服務之上，則推定有造成混淆之可能。以上所述之權利，不應影響已經存在之既有權利；且不應影響會員國以使用作為賦予該等權利之條件。此項係規定商標所有人專用其商標之情形。商標權利人所享有之權利，為禁止他人在未經商標所有人同意下而使用其商標；但專用之範圍僅在於排除他人之使用，有可能造成消費者混淆之情形。依照此條

之規，必須符合下列四要件，權利人始得禁止他人使用。

1.第三人必須係未經同意之使用：商標與其他智慧財產權相同，均得由權利人授權他人加以利用。倘若商標權利人將其商標授權他人使用，則被授權人之使用該商標自不至於構成侵害。

2.第三人必須係使用相同或類似之商標：商標之是否相同，在判斷上並無困難。但在判斷商標是否類似時，則涉及較為困難之事實認定問題。而商標是否類似，與商標之是否易於造成混淆有相當之關聯。另外，商標之是否類似，與商標之類型亦有重要關係。在美國之見解，若商標係使用「描述性用語」，則其屬於「較弱之商標」（Weak Mark）；而若商標係使用「新奇性用語」、「恣意性用語」或「暗示性用語」，則其屬於「較強之商標」（Strong Mark）；較弱之商標由於必須證明已經構成第二層意義，故其主張他人因為使用類似之標記，而侵害其商標之機會較小；而較強之商標則由於已經無須證明第二層意義，故其得以證明他人由於使用類似標記，而侵害其商標之機會較大。在認定商標是否類似時，一般而言必須就其標記之整體加以比較（be Compared in their Entirety）包括就外觀（Appearance）、聲音（Sound）、表面意義之外的涵意（Connotation）及商業印象（Commercial Impression）等均加以比較。通常情形，僅僅在文字上加上字首或宇尾或改變字母，甚難避免被認為類似。另外，商標所使用文字之涵意，在認定其商標之類似性時，亦有可能屬於考慮之因素。由於商標是否類似之判斷，在基本上仍係以消費大眾，對其標記之整體之印象為準，故其與混淆之要件，關係極為密切。

3.第三人所使用之他人商標，必須係使用於相同或類似之貨品或服務之上：貨品或服務之是否相同，不應以廠牌為標準，而

應以是否具有相類似之功能爲標準（例如，某一公司出品之錄影機與其他公司出品之錄影機，在功能上有可能稍有不同，但就本條之目的而言，應屬相同之貨品），相同貨品與相同服務在法律的界定上並不具關鍵地位。蓋若第三人所使用權利人之商標，縱不在於相同貨品或服務上，然若其貨品或服務屬於類似者，仍有可能構成侵害（不過，由於第16條第1項中段規定：「倘若第三人係將相同之商標，使用於相同之貨品或服務之上，則推定有造成混淆之可能」，故貨品或服務是否相同，仍具有相當重要之地位）。

在商標專用權之侵害問題上，所謂類似貨品或服務，基本上應以「通常之注意進行消費之消費者」（on Ordinary Prudent Purchaser），在相同的條件或情形下是否會在購買一項貨品或進行一項服務消費時，誤認其所購買之貨品或服務爲另一種貨品或服務爲準。是故，消費者若欲購買鮪魚罐頭，但其他種類之魚罐頭，如有使消費者誤認之可能時，則其他魚罐頭縱使與鮪魚罐頭在產品之內容上完全不同；就商標權之侵害問題而言，仍有可能被認爲屬於類似貨品。依此，類似貨品或服務之認定，與是否造成混淆之要件，極爲相關。另外，在美國，第三人將權利人之商標，使用於競爭性產品，亦屬侵害商標專用權之一種。不過，產品之「競爭性」與產品之「類似性」，在理論上應有其不同。

4.必須有導致混淆之可能性，但不須實際上導致混淆：依照前述之說明，商標之侵害可以分爲四種類型：

(1) 以相同之商標使用於相同之貨品或服務之上。
(2) 以類似之商標使用於相同之貨品或服務之上。
(3) 以相同之商標使用於類似之貨品或服務之上。
(4) 以類似之商標使用於類似之貨品或服務之上。

　　在上述四種情形之中，構成侵害商標之共同要件為必須有導致混淆之可能性。然而在第一種情形（即以相同之商標使用於相同之貨品或服務之上之情形），商標權人無須另行證明第三人之使用足以導致消費者之混淆，而應以法律推定其當然會造成混淆。在認定混淆之可能性時，前述「貨品或服務之類似性」及「商標之類似性」等均為考慮之因素。除此之外，美國在實務上認為商標屬於「較弱之商標」或「較強之商標」對於是否易於造成混淆，亦有影響。而消費者之注意程度以及行為人之意圖，均為決定之相關因素。蓋就消費者注意之程度而言，若消費者係購買較貴重之物品或服務，原則上應會較為謹慎，故認定造成混淆之情形較為嚴格；若銷售之對象係專業之購買人，則其受到混淆之機會亦較小，故認定混淆之標準應較為嚴格。就行為人之意圖而言，雖然此並非絕對重要之因素，但由於若行為人有意造成混淆，其成功的造成混淆之機會較大，故行為人之意圖有可能作為考量之因素。

（三）專利權之保護方面

　　有關「與貿易有關之智慧財產權協定」對於專利權之保護，我國學者羅昌發有如下之說明：依照「與貿易有關之智慧財產權協定」第27條之規定，專利權之保護對象為任何有產業利用價值之發明，在受本條第2項與第3項限制之前提下，會員國應對所有科技領域之發明（不論為產品或製程）賦予專利；但其發明必須具有新穎性、具有發明之步驟，且可以供作產業之利用。在受本協定第65條第4項、第70條第8項及本條第3項限制之前提下，專利之賦予以及專利權之享受，不至於因為發明之地點不同。科技之領域不同以及產品之為進口或為國內生產之不同，而

有差別之待遇。茲分析如下：

　　1.產品發明或製程發明（或稱方法發明）均應得以享受專利：所謂製程，依照美國法院之判例，係指處理特定材料以產生特定結果之模式。其為對某一對象所實施之一項措施或一系列之措施，以使該對象加以轉換，並使其變成不同狀態之物品。製程（Process）之所以得享受專利，係由於若承認此種專利，將有助於以新的方法利用既有的材料。雖然製程專利或方法專利（Process Patent）對於專利權人之價值而言，較「產品專利」之價值為低（蓋專利權人就此種「製程專利」較難掌握其獨占權，而禁止他人利用其製造方法），但對於發明製造方法之人，若能賦予一定之法律上的權利，對其仍有相當程度之保障作用，並且可以提供相同之誘因。

　　2.得以享受專利之發明，必須具有新穎性、具有發明之步驟且可以供作產業之利用：「與貿易有關之智慧財產權協定」針對此一規定所附之註釋5規定，會員國得就所謂「具有發明之步驟」（Invention Step）及「可供產業之利用」（Capable of Industrial Application）兩概念，視為係與「不具明顯性」（Non-obvious）及「具實用性」（Useful）概念相當。專利之所以必須具備產業之可利用性或實用性，乃係由於專利係賦予發明者獨占之權利，故其對社會亦必須有所貢獻；倘若某項發明並不具備產業之可利用性，則其對社會並無重要貢獻，法律自無賦予獨占權保護之理。

　　此外，美國現行專利法規定：「倘若由申護專利之客體與以往既存科技間之差異觀之，申請專利之客體，在發明之時，對於在既有科技中具備通常技術之人，屬於明顯之事物，則不應獲得專利註明。此可為解釋「與貿易有關之智慧財產權協定」（第

27條第1項參考）。

　　3.專利之賦予以及專利權之享受，原則上不得因為發明之地點不同、科技之領域不同，及產品為進口或為國內生產之不同，而有差別之待遇。此為巴黎公約規定之所無，而為「與貿易有關之智慧財產權協定」對專利保護之重要進展。

　　4.可專利性之例外：「與貿易有關之智慧財產權協定」談判時，「已開發國家」強調，任何發明或創新者均有權享有適當之報酬。然後「開發中國家」則強調國家發展及公眾健康之考慮更為重要：美國主張所有具有新穎性及產業利用性，且不具備明顯性之產品或製程，均應享有專利，而不應有任何之排除。然而印度與巴西所領導之若干「開發中國家」集團則希望可以基於以公共利益、國家安全、公共健康或營養等理由，而排除某些產品或方法之專利，許多「開發中國家」擔心，若賦予醫藥品或化學品專利權，則其國內之生產自必受到限制，其結果將造成產品價格之居高不下。故它們認為，就救命之醫藥品對特定企業賦予法律上之獨占權，是否妥當，頗有疑問：同樣的情形，有化學品問題上，「開發中國家」指出，其作為主食之新農作物品種，常仰賴農業肥料或農藥之長期使用，而肥料或農藥價格之居高不下，使其主食之生產成本提高許多。

（四）產地標示

　　產地標示乃指為辨明一項商品標示係產自一會員國之領域，或其領域內之某一地區或地點，具該商品之特定品質、聲譽或其他性質，根本上係來自於原產地者。只有原產地之真實商品能使用該產地標示，以防止假冒原產地品欺騙公眾。但並非所有產地名稱均受協定保護，只有某種商品之質量、聲譽或其他特徵與產

地有「重點聯繫」時，該產地名稱才符合本協定之定義。

　　原產地名稱作為工業財產權保護對象之一，協定規定會員國應對偽標產地之商品，在輸入時予以扣押。TRIPs第22條規定會員國有義務提供法律途徑，防止以任何方式標示或暗示該商品來自特定地區，而實際上此一地理區域並非原產地，致公眾有混淆誤認之虞。會員國應禁止他人以地理標示作為商標註冊，已註冊者，應評定無效。TRIPs第23條規定對酒類地理標示之特別保護，不允許水果酒及烈酒（Wine and Spirits）偽標產地。例如非真正產自法國之紅葡萄酒不得使用法國之國名，非產自蘇格蘭之威士忌，不能冒稱蘇格蘭威士忌；且不應標示類似同類、同型、同風格、相仿（Kind, Type, Style, Imitation）等標示，如蘇格蘭式威士忌或法國式紅葡萄酒等標示方式，亦屬禁止。協定並對複雜國際談判做詳細規定，為保護原產地名稱，提出具體之多邊規則。

（五）工業設計

　　對工業產品外形所做富有美感且適合於工業應用具有新穎性、原創性之設計，即工業產品之外觀設計，簡稱工業設計，亦屬重要之工業財產權。協定規定各會員國應對工業設計給予保護。工業設計之所有人有權禁止未經同意，基於商業目的製造、販賣或進口。惟協定並未規定工業設計應以何種IPRs法律或制度加以保護，會員國具有相當大彈性，可選制定國內法、或透過不必經註冊之設計權，或一般的著作權、商標權、專利權加以保護。依TRIPs第25條規定，工業設計與已知之設計之結合無顯著差異時，為不具新穎性或原創性，會員國得規定，此種保護範圍，不及於基於技術或功能性之需求所為之設計。會員國對紡織

品設計之申請保護要件，不致因費用、審查或公告程序，不當尋求或取得此項保護之機會。會員國得以工業設計法或著作權法提供此保護。工業設計有效保護期至少應爲十年。

（六）積體電路之電路布局

TRIPs在華盛頓公約基礎上保護積體電路電路布局，並進一步提高保護標準。TRIPs的保護範圍超出布局及由布局構成之積體電路本身，進而延伸到使用積體電路之任何物品，只要其中含有非法重製之布局。換言之，爲生產經營目的之進口、銷售或爲商業目的而散布者爲非法，包括下列情形：

1.受保護之布局。

2.含有受保護之布局。

3.含有此種積體電路之物品。

TRIPs之保護期間比華盛頓公約長，從八年延長爲十年，自申請註冊日起或於世界任何地方首次商業利用之日起算，會員得規定權利保護期間爲自該電路布局創作後十五年。

與其他IPRs不同者爲，協定規定對積體電路及其物品之善意使用，不構成違法，行爲人於取得該積體電路或含有積體電路之物品時，並不知且無適當理由可得知其中有不法複製電路布局者，會員國不得視其行爲違法。會員國仍可處理其現有存貨或在此之前之訂貨而繼續銷售，惟必須支付權利人合理權利金。特許實施及政府使用必須受嚴格條件之限制。

（七）對未公開資訊之保護

TPIPs所稱之未公開資訊（Undisclosed Information），包括營業秘密及未公開之試驗數據、專門技術。協定要求基於制止不

公平競爭之原則，對未公開之資訊應給予保護，將營業秘密等未公開資訊作爲IPRs保護，爲以往國際公約所未有，TRIPs是第一個明文要求會員國保護未公開資訊之國際公約。

　　依TPIPs第39條規定，未公開資訊，指自然人及法人對其合法持有之資訊，應有防止被洩漏或遭他人以有違商業誠信方法取得或使用之可能。此類資訊應具備三項條件。

　　1.秘密性。不論就其整體或細節之配置及成分之組合視之，該項資訊仍不爲一般處理同類資訊之人所得知悉或取得。

　　2.價值性。因其秘密性具有商業價值。

　　3.採取保密措施。資訊合法持有人爲保守秘密已採取合理措施。

　　所謂「未公開的實驗數據」，僅涉及利用新的化學原料、醫藥品或農藥品，如要求提供業經相當努力完成且尚未公布之測試或其他相關資訊，應防止該項資訊被不公平的使用於同業之上。此外，除基於保護公眾之必要，或已採取措施以確實防止該項資料被不公平商業使用外，會員國應保護該項資訊並防止洩漏。

　　TRIPs對「違反商業誠信方法」之解釋爲，至少包括下列行爲：違約、背信及引誘違約或背信，亦包括第三人得到未公開之資訊，而該第三人知悉或因重大過失而不知其行爲在於取得該資訊。

（八）與契約授權有關之反競爭行爲之防制

　　TRIPs第八節規定「與契約授權有關之反競爭行爲之防制」（Control of Anti-competitive Practices in Contractual Licenses），其中第40條規定，凡涉及IPRs授權行爲或條件，對競爭產生不利影響，阻礙技術之移轉及交流，會員國政府應採取諮商

或適當救濟措施。但協定並未對「反競爭行為」作明確定義，從其內容言，主要指在授權契約中濫用IPRs對市場競爭造成不利影響，例如「專屬性之回溯授權」（Exclusive Grandback Conditions）、「禁止專利有效性之異議」（Conditions Preventing Challenges to Validity）及「強制整批授權」（Coercive Package Licensing）等，均屬於濫用IPRs之行為。

協定允許會員國制定國內法明定授權契約中違反競爭之行為，制止濫用IPRs達到壟斷目的。但協定未設有反托拉斯條款，即未直接禁止違反競爭行為存在，而只是允許受影響之國家經由國內法採取行動。一般而言，經濟實力弱的國家未有多邊制度之支持，能在國內法所發揮之作用有限。

六、智慧財產權之執行規定

「與貿易有關之智慧財產權協定」之基本精神與要求即在於仰賴各會員國，在其本國之國內法要制定或修正相關規定用以保護外國人之智慧財產權，與其本國之國民可以得到同樣有效之待遇。因此「與貿易有關之智慧財產權協定」即在其第三部分明文規定了國際智慧財產權的執行方面乃是國際社會保護的最低標準。而會員國有該協定所規定之法定義務。具體而言，其實施涵蓋對於智慧財產權之侵權行為要採取有效之措施。此包括使用法律手段，以反制實際或潛在性的侵害智慧財產權之情事。其實施或做法大致如下[23]：

法院有權處置或銷燬侵權品，並採取迅速有效之暫時措施，海關對仿冒品採取中止放行之邊界措施，協定第61條規定，會

---

[23] 見前揭註1，第186頁。

員國必須針對具有商業規模而故意仿冒商標或侵害著作權之案件，訂定刑事程序及罰則，救濟措施應包括足以產生嚇阻作用之徒刑及（或）罰金在內。必要時救濟措施應包括將侵權材料與器具予以扣押、沒收或銷燬。

第八章 關鍵議題：著作權中之公平使用原則

壹、緒言

　　如眾所周知著作權法（Copyright Law）乃是晚近所發展出來的一門新興法學。國內外專家學者或有人稱之爲所謂的「尖端法學」之一支。不論其爲何種性質之法學。基本上，它是屬於「智慧財產法」（Intellectual Property Law）體系中之一環[1]。就一般法學之分類，著作權法是所謂的「無體財產權法」。因爲它是運用人類智慧所開發出來之創作爲保護之客體；易言之，此種權利之存在，不以「有形」及「實體」之存在爲其必要性。

　　姑且不論著作權之存在是否以有形或無形作爲表現方式，亦不論其是否屬於文學、藝術、科學、或其他學術領域爲其範疇，著作權雖不似一般「物權」具有「有形」之存在，但其具有相當之「經濟價值」（Economic Value）則是無可諱言的。「經濟價值」是其他法律所保護之權益所望塵莫及的。

　　然而就另一個角度來審視之，人類社會之所以能進步，文化資產之所以能累積而演進，著作權之保護有其存在之重要性與必要性。因爲保護著作人之創作，直接影響到人類社會文明之進步與否；而且倘著作人之創作，未能受到法律之妥善保護及社會大眾之適度尊重，則著作人易於失去其創作之原動力。換言之，著作人將不具有創作之「動機」（Motivation），而喪失從事創作行爲之原動力。

---

[1] 智慧財產法乃是指包含至少四種相關運用人類智慧所開發及創造而生之相關權利保護之法律。它們是指著作權法、專利法、商標法及營業秘密法等。

貳、著作權之文化意義

　　人類社會文明的進步、文化的傳承，基本上有賴於經驗的累積與智慧的開發。經驗的累積與智慧的開發創造出文明進步與文化傳承的大環境，在此大環境之下才能有「新知識」的產生，進而能夠使得人類精神文明配合物質文明的腳步而開展。著作權思想的萌芽，即在於此。著作權的近程目標即是爲了要完成保障著作人的物質生活的目的，而賦予著作人之創作法律上的相當保護。然而從另一個角度來審視有關賦予著作權人法律保護的權利，似乎亦應給予適當的限制，以達到調和社會公共利益內著作權中程目標。此乃因著作權人之創作，嚴格來說，莫不直接或間接的受到前人思想之啓發，而或多或少受其影響而造就成爲社會之產生；所以因此所獲得之利益亦宜與社會大眾共同分享。其實質之意義即如西諺所云：縱然是侏儒，但是站在巨人的肩膀上，就會比巨人看得更遠。因此，在適當合理的範圍內，應當允許社會大眾適度地、節制地使用，以期實現著作權法最終目標之促進國家文化的發展。

　　是以，基本上，對於著作人創作之權利保障，不得不予以一定之限制，以調和社會公共利益[2]，促進國家文化發展。此一定之限制，在各國著作權法的本身，大致均有明文規定，例如：時間上的限制、保護標的之限制、著作權人之限制，以及強制授權之限制。此等限制正如前面所述，在事實上有其存在之必要，以調和著作權人與社會大眾間的相對利益。然而如何就二者間的相對利益求取「均衡點」（Equilibriums Point），則成爲世界上多

---

[2]　憲法第23條明文規定：爲維持社會秩序或增進公共利益所必要者，得以法律限制人民之權利。

數國家保護著作權人權益所考慮的重點因素。尤其，著作權人之權利，法律固然必應該以保障，以肯定著作人之創作，使其享有排他利用之「獨占專享權」（Exclusive Right），然而為了避免著作權人之「獨占專享權」過分僵化或強大，反而因此導致阻礙著作之廣為散布，因而窒息文明之進步與文化之發展；則更必須予以適度而合理之限制，平衡社會大眾之利益，促進國家整體文化之發展。

參、著作權法之立法意旨

　　著作權法制定之主要目的乃是用來保護著作人運用其個人智慧所開發出之創作而產生之「經濟效益」；使著作人創作之「經濟效益」，受到社會大眾之認可及尊重；並進而受到法律的適度保護。蓋著作人之創作乃是運用其個人智慧所產生之精神結晶。此等精神創作之結晶，如果經過時間之累積，則自然而然地成為社會進步的表徵，而屬於人類文化資產之一部分。因此，著作人之著作權不論從個人的觀點，抑或從社會文化的角度來觀察，均有對其加以保護之必要。如此，亦可促使其他著作人同時運用彼等智慧，共同促進人類社會文明之進步文化之發展；使全體人類之文化資產更豐富、文化發展更進步。此亦為各國著作權法立法之最主要目的。

　　著作權法為了實現其保護著作人之著作權的目地，一般而言，均會賦予著作權人在一定時限內之「絕對地排他性權利」（Absolutely Exclusive Privileges），使著作權人在其著作權存續的一定期間內，享受其著作權之經濟效益，並可在一旦其權益遭受侵害時，排除他人之侵害。雖則如此，著作權法所賦予著作

人之權利不得過於膨脹，亦即不可毫無限制。因爲著作權法存在之目地，固然要保障著作人之著作權益；但此並非其唯一目的，亦非其主要目的。著作權法之存在，有其更宏觀之目標及更高遠之目的——在調和社會之公共利益及促進國家之文化發展[3]。我國著作權法第1條即開宗明義地指出此立法意旨。

肆、公平使用原則之歷史發展

　　前曾述及，著作權人之權利與社會大眾之利益在實際需要上應該儘可能的求取一個合理及適當之「均衡點」；因此世界各國大致上均在其著作權法中對著作權人之法律保障有明文規定，予以相當之限制。然而各國的實例證明，僅止如此規範，仍有不足適用之虞，尤其近百年來科技發展之神速，使得法律規範之腳步，力有未逮而無法滿足人們實際上之需要，無法解決甚多著作權人與社會大眾間的眾多爭議。在如此情況下，乃有所謂「公平使用觀念」（The Concept of Fair Use），在英、美兩國之著作權法體系內逐漸的形成。

　　「公平使用觀念」之起於何時，實在無法正確地指出其實際的確切時間。然而縱觀英國之著作權法以成文法之形式制定於1709年「安妮法案」（Statute of Anne），可以探究出在此之前，因爲教育之不普及，知識傳播之方式亦十分簡陋，多數法理或法規仍停留在所謂的「自然法」（Natural Law）階段；著作權之保障根本連觀念都談不上，更遑論「公平使用觀念」之存在。因此，有一點可以推論而出「公平使用觀念」必然形成

---

[3]　著作權法第1條前段即明示：爲保障著作人著作權益，調和社會公共利益，促進國家文化發展，特制定本法。

在1709年「安妮法案」之後。正如同所有英美法系「習慣法」（Customary Law）之形成過程一樣；先有觀念之發軔，再有習慣之使用，在使用經年之後，才成為法院在實際上使用的依歸與標準，長此以後，經過多數法院之不斷使用，乃成為一般法理所依據之「公平使用原則」（Fair Use Doctrine）。

可以瞭解的是，「公平使用原則」的形成，絕不是一朝一夕所完成的，更非某一權威法官在某一特殊案例上自行創造的法律原則。雖然它的應用及其內涵大致上是逐漸由實務上加以實現及具體化。但一般來說，它的基本概念及其形成理由卻很早就已建立。就英國法制史而論，英國國會在1709年通過「安妮法案」，成為各國立法史上第一部保護著作權人著作權的成文法規。該法案基本上在著作權方面建立了三個原則，至今仍為世界各國著作權的基本原則。例如：著作權乃創作人之排他專屬權、著作權之保護有期間的限制，及著作權人之權益應受社會公益之節制。而其中所謂「著作權人之權益應受社會公益之節制」，按習慣法形成之過程而言，似可推論為應發軔自前述「安妮法案」之「著作權人之權益應受社會公益之節制」原則繁衍而生。

「公平使用原則」在英國方面之形成，可追溯自1740年至1839年之百年期間，英國「首席法官」（Lord Chanellor）哈兌克（Hardwiche）在1740年的蓋爾斯對訴維爾柯克斯[4]及1752年的唐森對訴瓦克[5]兩案關於「禁制令」（Injunction）的規定，「命令狀」聲請法院強制禁止對「創作使用」（Use of Creative Works）所做之無償的使用，開始首度涉獵「公平使用原則」。

4　Gyles v. Wilcox, 2 Atk. 141 (1740) (NO. 130).
5　Tonson v. Walker, 3 Swans (App.) 672 (1752).

自彼時而後的一百年間，英國各級法院的法官在不同的時空環境下，逐漸發展出有關後續作者在未獲原創作者同意之下而使用原創作者作品的一套完整的指導原則。此爲「公平使用原則」在英國著作權法發展之濫觴。

　　「公平使用原則」在美國之啓始與發展，則必須毫無疑問地可追溯到1841年美國最高法院（U.S. Supreme Court）法官史多瑞（Justice Joseph Story）的貢獻。他在受命擔任「巡迴法官」（Circuit Justice）審理福森對訴馬許[6]一案時，正式將英國習慣法及過去的相關案例，做有系統地蒐集整理，而撰寫成「公平使用準則」（Fair Use Formulation），成爲未來美國司法實務及著作權立法之基石與參考。由於他在該案對「公平使用原則」闡釋的完善，使得日後英國法院在審理相開訴訟案時亦以他的分析闡釋作爲指導原則。

伍、公平使用原則之意義與分析

　　「公平使用」就其目前存在之內涵及其實際之運用而言，它是在不同的相關著作權訴訟案件中，由各個法官在其判決書中直接成間接地引用而形成法官判案之準則或依據。它的形成是由於判例累積的結果。從歷史演進的過程來看，它一直不被視爲正宗的「法則」，尤其是英美法院雖然一直引用該原則多年，但巧合的是，雙方法院均不認定此原則構成各該國著作權法的一部分。

　　然而無論如何，當吾人審視英國法院的判例，不難察覺英國法官在允許後續作者對原創作者作品未獲同意之使用時，都相當

---

[6]　Folsom v. Marsh 9 F. Cas, 342 (C.C.D. Mass. 1841) (No. 4901).

明白地使用「公平使用」觀念，作爲判決之依據。雖然英國法官並未直接地使用「公平使用」的字眼，而多半使用「公平節錄」（Fair Abridgment）的文字。尤其是後續作者如果是在善意使用原創作者的作品，而因此在實際上創作出本身的作品，本身更因而促進了科學、文化或藝術的進步且有利於社會大衆時，該後續作者對原創作者作品之「未獲同意」的使用，是所謂的「公平節錄」的使用，因而並未侵犯到原創作者之著作權。

　　「公平使用原則」雖然由美國最高法院法官於1841年首度有系統地整理出它的代表意義及實質內涵，但是卻一直未能具體的「法制化」（Codification）。在英美兩國一直被認定爲「推理之衡平法則」（Equitable Reason）用於相關的訴訟案件上。甚至於到1968年紐約聯邦地區法院在一項判決中更直截了當地指出：「公平使用原則根本完全是『衡平原則』，因此必須是那麼的「彈性運用」（Flexible Using）而無須加以定義。[7]」

　　「公平使用原則」融入各國之著作權法中，則必須延至美國聯邦國會制定1976年著作權法案時，明文訂定於第107條[8]作爲排除其第106條一般著作權侵權行爲之「除外條款」（Escaping Clause）。該原則之「成文法化」之主要目的乃是在協助法院在審理相關著作權之侵權訴訟時，有一明確之「指導原則」（Guiding Principle），以解決相關當事人之紛爭，不致由法官「自由心證」（Free Discretion），而產生漫無標準之不同結果。而美國聯邦國會在制定該條款時更明白表示，其立法意旨僅是在重申當前公平使用司法實務上的「司法原理」，毫無對該原

---

[7]　Time, Inc. v. Bernard Geis Associates, 293 F. Supp. 130,144 (S.D.N.Y. 1968).
[8]　美國1976年著作權法第107條。

則予以任何方式改變、緊縮或擴大解釋之用意[9]。審酌美國1976年著作權法對「公平使用原則」之說明，認爲該條文爲司法判例之增列條文，而無變更或限制其發展之意；「公平使用原則」已被美國立法上採納爲司法判例原則，而有其合法性之存在。

　　我國著作權法第65條亦有仿效美國著作權法第107條的規定；使「公平使用原則」法制化。然而爲探究其立法眞意，似應以美國著作權法第107條規定作爲分析判斷之準則。此乃因在實務上之案例，我國各層法院仍然必須借助美國法院之判決及運用其著作權法第107條爲依據標準。根據美國著作權法第107條的對「公平使用原則」明文規定如後[10]：

　　爲評註、新聞報導、教學（包含多份複製供教學使用）、學術、或研究等目的，而將有著作權之著作重製爲複製物或發音片，即使第106條另有規定（按：有著作權著作之排他權），不以侵害著作權論。個案情形是否爲公平使用，其考量因素應包括下列各項予以確定之：

　　一、使用之目的及性質：包括是否爲商業性質或非營利教育之目的。

　　二、被使用著作之性質。

　　三、就被使用著作整體衡量：其被使用部分之分量與重要性。

　　四、因使用所產生對被使用著作之潛在市場或價值之影響。

　　總而言之，「公平使用原則」源自於英美法系之「習慣法」。而公平使用與否必須根據個案而檢視所有個別情形及所有

---

[9]　其原文爲Congress expressed an intent to "restate the present judicial doctrine of fair use, not to change, narrow, or enlarge it in any way."

[10]　Supra note 6.

證據以爲判決之依據。因此是否爲「公平使用」所應衡量之因素以前面所述四點爲基礎，再做整體性及綜合性之個別認定，則法院對相關訴訟爭執則不得不承認有一客觀之標準。

陸、英美司法判例

一、英國司法判決例

（一）蓋爾斯對訴維爾柯克斯（Gyles v. Wilcox）[11]

如果「節錄」（Abridgment）是「眞實而且公平的」（Real and Fair），也就是說，如果「節錄者」（Abridger）並非爲了逃避「侵害權益」（Infringement）之緣故，而有意地以「各種變相的」（Colorable）方式節錄有著作權之作品；那麼如此的「節錄」將可以免除法律上的責任。

再者，前面所述的「節錄」行爲，因爲含有「節錄者」本身的「發明、學習與判斷」（Invention, Learning and Judgment），因此，那樣的行爲是被法律所允許的[12]。

（二）魏爾肯對訴艾肯（Wilkins v. Aikin）[13]

「公平引用」（Fair Quotation）與「公平節錄」（Fair Abridgment）是相同的情形。雖然在所有的訴訟案件裡，要給「公平引用」下定義是相當困難。但是毫無疑問地，任何一個人都不可以「假借『公平引用』之名」（Under the Pretense of

---

[11] Gyles v. Wilcox, 2 Atk. 141 (1740) (No. 130).
[12] Ibid.
[13] Wilkins v. Aikin, 17 Ves. (ch) 422 (1810).

Quotation）而出版他人全部或一部之作品[14]。

二、美國司法判決例

（一）葛瑞對訴羅索（Gray v. Russell）[15]

對於「節錄」他人之作品，是用來「評論」（Criticism）抑或安排來「取代」（Supersede）他人作品而使自己作品成為模仿之作品，在決定之時必須要考量許多「各種不同的因素」（Various Consideration），例如是否是「善意的節錄」（Bona fide Abridgment）、僅僅省略不重要的部分，抑或「節錄作品」（Abridged Work）在它「目前存在的態樣」（Present Form）「侵害」（Prejudice）或「取代」（Supersede）「原來之作品」（Original Work）等。

在許多的情形下，問題的核心不是「節錄」「數量」（Quantity of Abridgement）多少的問題，而是「所被選擇的部分」（Selected Matter）之「價值」（Value）。如果「所被選擇的部分」，它的數量雖然是很少，但是「所被選擇的部分」，它的「價值」在「原來作品」中占有相高的價值，那麼這種情形，不會因為「所選擇的部分」的「數量」很少而免除其「侵害」「原來作品」權益的責任[16]。

（二）福森對訴馬許（Folsom v. Marsh）[17]

簡短地說，在決定這一類的問題（節錄他人文章）時，我們

---

[14] Ibid.

[15] Gray v. Russel, 10 F. Cas. 1035 (C.C.D. Mass. 1839) (No. 5728).

[16] Ibid.

[17] 見前揭註6。

常常必須考慮：文章所被選擇的「性質」（Native）及「目的」
（Object）、所使用到的文章，其「數量」與（Quantity）「價
值」（Vaiue）、以及利用（或使用）之程度對「原來作品」之
「出售的傷害」（Prejudice the Sell）或「減少之利潤」（Di-
minish the Profit）或是取代了「原來作品」的目的[18]。

（三）馬可仕對訴勞雷（Marcus v. Rowley）[19]

對於「非營利教育目的」（Nonprofit Educational Purpose）
之使用，單就其本身而言並不強制地自動認定是「公平使用」。
教科書及其他資料之使用，主要是用來為「學校市場」（School
Market）而準備，將此資料準備用在為「一般公共散布」
（General Public Distribution）之行為，則不易被認定為「非公
平使用」。

全盤性或「整部」（Wholesale）影印有「著作權之資料」
（Copyrighted Material）自然「排除了」（Preclude）「公平使
用原則」（Fair Use Doctrine）之應用。再者，僅僅是缺少「可
以計算金錢損失」標準（Measurable Pecuniary Damage）之本
身，並不能被認定是「公平使用」[20]。

（四）美國醫學院協會對訴米肯良（Association of American Medi-cal Colleges v. Mikaelina）[21]

依著作權法之規定，當事人欲使用「公平使用原則」以免於

---

[18] Ibid.

[19] Marcus v. Rowley, 695 F. 2d 1171,217 USPQ 691 (9th Cir. 1983).

[20] Ibid.

[21] Association of American Medical College v. Mikaelian, 571 F. Supp. 144,219 USPQ 1032 (E.D.Pa. 1983).

被控侵害他人之著作權，必須合於「公平使用原則」的規定。被告並未能夠滿足「舉證」（Burden to Proof）責任的要求，證明自己之行為屬於批評（Criticism）、評論（Comment）、新聞報導（News Reporting）、教學（Teaching）、學術（Scholarship）、或研究（Research）等任何一種方式。因此，無法以「公平使用原則」之適用，而免除其法律上之責任。

　　在決定著作之使用是否合於「教育」之目的，法院會特別重視「被控侵權者」（Alleged Infringer）的散布「有著作權作品」之行為是否滿足「公共利益」（Public Interest）的「自由傳播資訊」（Free Dissemination of Information）的權益，以及是否有其必要性來使用已出版在「公眾市場」（Public Market）上的「有著作權之作品」。

　　被告的作品使用了幾乎90%的原告「有著作權作品」的資料；如此的「逐字使用」（Verbatim Use）大量的原告之作品，決不是一個「合理方式」（Reasonable Manner）使用受法律保護之作品的態樣。而且有著作權作品的愈多量的被使用，「公平使用原則」之適用就愈少有可能[22]。

柒、小結

　　無可諱言地，著作權法制的形成，有助於著作權人權益之保障；並進而能在社會公共利益得到適當的調和時，完成促進國家文化的發展之神聖使命。足見各國在制定其著作權法時，其立法之遠見與宏觀。對於著作權人其創作之法律保護而給予適當之

---

[22] Ibid.

經濟利益；如此可以讓著作權人有更進一步「創作」之「誘因」
（Incentive）。但是若給予「著作權人」之經濟利益的獨占過長
或過大，反而因為無法調和社會之公共利益，而阻礙到整個國家
文化之發展。因此，如何找尋到著作權人與社會公眾間「公共利
益」與「個人私益」的「平衡點」（Balancing Point），長久以
來即成為世界各文明國家在制定其著作權法時努力的目標。

　　「公平使用原則」即是英美法系國家依習慣法中的「推理之
衡平法則」所逐漸發展出來的司法判例準則，用以協助法官在審
理相關訴訟案件中探尋出最適當的「平衡點」。從歷史分析的
角度來觀察「公平使用原則」，其法理之鑽研與彙集，雖然在
1841年即已由史多瑞法官具體的「明文化」，但是一直到將近
一百年後的1939年判決書中，仍被司法界稱之為：「整部著作
權法當中最令人困擾的主題」[23]。

　　無論「公平使用原則」在實務的應用上，是如何令人困擾，
審視其演進的歷史軌跡，可知在實際案例上，由法官依具體的個
別案例，斟酌著作權法之立法意旨、國家文化政策、社會公共利
益及使用人使用方式與意圖等多方面的因素，做一綜合性考量，
以決定「公平使用原則」是否適用而決定是否有著作權之侵害。
本文之目的即在以「公平使用原則」的探討，以求社會大眾對著
作權法之基本內涵，有所認識與瞭解。

---

[23] Dellar v. Samuel Goldwyn, Inc., 104 F. 2d 661,42 USPQ 164 (2d Cir. 1939).

第九章　智慧財產權爭議問題研究

壹、美國三〇一條款適用之爭議

美國在二次世界大戰之後，好不容易取得了國際社會的領導者地位，但是在經歷了韓戰與越戰的重創之下，國力日衰。在傳統之經貿經營與發展方面，亦有捉襟見肘之狀況發生。所幸，智慧財產權之發展與注入之新實力使得美國之國力仍然能夠維持在一定的水準之上。

但是此種繁榮之景，也維持了不久，各國亦在可能的情形之下，發展智慧財產之實力，美國成了各國努力之目標。而智慧財產發展及成長的捷徑，即是使用不法或違法之手段，來剽竊或任何其他不合法的手段來盜取或使用未經授權之商標及專利的做法，來獲得不法之利益。此等作為在1960年代及1970年代，情況非常猖狂，使得美國在這種情形之下，相當不滿，這是可以理解的。

然而，自1970年代至1980年代的二十年間，美國國會中的多數保守派議員，開始注意到保護美國的經貿利益必須要做好智慧財產權的保護才是最根本的做法。其後，參、眾兩院的議員開始草擬並制定出了以美國為核心的三〇一條款，企圖以美國智慧財產權保護作為保護與發展美國科技與文化權利之主要武器。但是三〇一條款施行幾十年下來，在國際社會當中，所受到的風評，是各國有目共睹的。美國的貿易對手國，不論是已開發國家也好，抑或是開發中國家也好，各國都有不同的感受。探究其中的原因，當然美國自己認定三〇一條款是以保護美國利益為核心標準，這樣子的結果在過去幾十年來，相當有利於美國的智慧財

產權的權利保護，並進而有利於美國的科技開發及經濟之發展；如此下來，美國當然對於三○一條款之存在與運用，視為珍寶並加以運作而樂此不疲。

對於「三○一條款」之制定及在全球各國的反應之下，在美國國內是舉國歡騰而在世界其他各地則幾乎一致地惹起各國的負面反應，但是基於美國世界龍頭的地位，大家幾乎都是敢怒而不敢言，或者有其他考量而忍氣吞聲。然而「三○一條款」雖然被全美各界認定是保護智慧財產權之有力武器而稱之為智慧財產權保護之「帝王條款」（Emperor Provision）。如此看來，該條款在美國國內似乎認定為具有帝王之統治威力；然而自其被美國使用之後的幾乎半個世紀，似乎有許多方面值得檢討及重新評估。

首先，「三○一條款」在1974年制定之初乃是提供了美國產業對於國外不公平貿易競爭的方法，於外國政府所採行的措施，限制了美國國內產業就商品或勞務的對外輸出，或不斷以不正當的方式讓各該國家之商品或勞務對美國輸入，賦予美國總統廣泛的權力，得對各該國家對外國政府的措施，採取相對的「報復」手段。因此，三○一條款制定之初，其立法目的，乃是在於排除各種阻礙公平與自由貿易之障礙，意圖使得美國的出口商，得以在不歧視及公平的待遇下，加入國外市場的自由與公平的競爭。而美國總統在這樣的授權之下，則將重心放在保護美國在「國際貿易協定」下所應享之權利，並致力於消除外國政府所實施的「不正當」（Unjustifiable）、「不合理」（Unreasonable）、或「歧視性」（Discriminatory）的貿易措施，以及其他限制美國對外貿易措施，加重美國貿易負擔，或違反國際貿易協定的外國政府措施。至此，可以發現美國三○一條款之制定，乃是為了要達成下列三個目的：一、強制外國政府負擔美國基於

貿易協定，所享有之權利；二、對抗外國政府違反貿易協定義務之行為；三、對外國政府所為不正當、不合理或歧視性之行為或政策，或所採取之差別待遇，以致使得美國商業增加負擔或遭受限制之相對應措施。

其次，待1988年通過了「綜合貿易暨競爭法案」，上述之立法目的，並未變動，只是增列了「超級三〇一條款」及「特別三〇一條款」賦予美國總統更大的權利，針對「智慧財產權」的規範，有「特別三〇一條款」的做法，而為了落實「特別三〇一條款」之規定，有了「超級三〇一條款」之規定，用以執行「特別三〇一條款」之要求。更重要的是在「特別三〇一條款」規定中，規定了嚴重違反之下，可以採取「立即制裁」之做法，而輕微的則有「觀察名單」（Watch List）的規定，要求違反國家在一年之內有所改善智慧財產的保護措施，例如，與美國簽訂雙邊的「智慧財產保護協定」。基本上，原先的1974年出現的「三〇一條款」其重點是放在傳統的商品及勞務的輸出與輸入之做法上，要求彼此要在公平貿易的基礎上來進行，否則美國總統就被賦予「制裁」或「報復」美國的貿易對手國的權力，可採取「制裁行動」（Retaliation Action）。到了1988年時，其制裁行動是因為對於美國的智慧財產商品，有「不公平」、「不合理」或「歧視性」的不當行為，賦予美國總統採取更加嚴謹的做法來採取報復行動。

檢討「三〇一條款」之運作，卻顯現出下列困難與矛盾之處：

一、基於「保護主義」而制定之「三〇一條款」，理論基礎薄弱而似乎有偏頗之虞。仔細研究「三〇一條款」之立法背景及過往的實際情形來檢視，可以得知「三〇一條款」表面上雖係以

「自由貿易」與「公平貿易」作為理論基礎，但實際上卻是以美國廣大之市場及購買力，作為後盾，爭取美國商品、服務在國外的市場及其智慧財產在國際市場之競爭力。但是細究其立法目的及其主要之作用而論，美國所追求之「自由貿易」，是否真是市場經濟下之自由貿易，不無疑問。

自由貿易追根結底，乃是依據李嘉圖（David Ricardo）所提出之「比較利益原則」（Principle of Comparative Advantage）所發展出來的「貿易自由化」的原理基礎。所謂「比較利益原理」乃是指個別經濟單位（如單一國家經濟體）應專門從事於其本身「相對擅長」（優勢）之工作或生產之謂，而所謂「相對擅長」乃是對應於「絕對擅長」而言。而某一經濟單位（個人或國家）對從事於生產時，若各方面均較另一經濟單位有較強之能力，則謂之具有「絕對利益」（Absolute Advantage）。

在「比較利益原則」的運作之下，貿易各國彼此之間就能達成「互利互補」及「共存共榮」的貿易自由化下的最高境界，使得彼此的市場就更加開放，各國也就愈能依市場機能，分配資源，而進行最有效率的生產。因此保護主義下的保護本國市場的貿易措施就與「比較利益原則」相牴觸。此外，針對美國所經常指控其貿易對手國對其進行不公平競爭的做法，而有所不滿、要對其貿易對手國加以制裁，僅就此點而言，「公平與否」本身即是抽象而富於彈性解釋的概念。何種情況為公平，應視個案的具體情況而有所不同。一個在各種產品或智慧財產產品在競爭能力均居於優勢的國家，要求在競爭能力居於劣勢的國家，互相開放市場，是否真正合乎「公平理念」，確實不無疑問。因此在市場經濟之下，究竟孰為公平？孰為不公平，誠難有定論。

二、現行「三○一條款」之制定與運作與世界貿易組織制定

下所規範之爭端解決機制，目標與做法大不相同。國與國之間的交往，難免會有糾紛或爭端之發生，特別是市場經濟之下的自由貿易之進行，不論是有意的或是無意的，皆會有糾紛發生，傳統國際社會之下形成了一個國際共識的「和平解決」模式，在常設國際法院時期的「東卡雷利亞案」（Eastern Carelia Case）中就明白指示，「不得強迫任何國家，在未經其同意之下，即將其與他國之間的糾紛交付調解或仲裁，或任何其他方式的和平解決」。以此而言，各種和平方法的解決國家間之糾紛，仍須徵得當事國的同意。而且國際糾紛之解決，其宗旨仍在維持國際社會之和平。一般而言，傳統之國際社會所認可之和平解決國際爭端或糾紛，乃有（一）談判；（二）斡旋；（三）調停；（四）調查；（五）調解。凡此種種方式眾多。美國卻一蓋置之不理而捨棄不用，卻是制定出「三〇一條款」更加強地使用「特別三〇一條款」及「超級三〇一條款」來打擊及制裁它的貿易對手國。

另外，自從關稅暨貿易總協定至世界貿易組織成立以來，建立了「爭端解決機制」（Dispute Settlement Mechanism），明白規定其目的即在解決：（一）使締約國較易獲得「裁決」；（二）使程序走向司法化；（三）具有較強之拘束力；以及（四）針對三〇一條款加以規範。

此等WTO所設定之爭端解決規範，美國並不理會，而置之不理，逕自使用「三〇一條款」的單方面之規定，對其貿易夥伴加以大力要求，必須遵守「三〇一條款」，特別是「特別三〇一條款」的檢視，違反者即以「超級三〇一條款」的規定加以制裁。此種單邊主義的做法，是一種以大國的心態欺負其貿易夥伴，此種以美國國內法的規範要求全球的貿易夥伴必須要遵守，否則即加以制裁。此種心態實在令人反感。在市場經濟下的自由

貿易之進行，是建立在「互利互補」的基礎之上，求取共同的最大利益。這樣的心態豈是自由貿易的本質？而且作爲國際社會的領導者，豈可以自己的國內法要求其他國家必須要遵守，否則即加以「制裁」（Retaliation），或是以其他國家違反其國內法規進行報復式的「制裁」。而且有世界貿易組織的國際社會的共同認可的「共識性」規範，棄而不用，此種做法豈是正道。

　　三、對於違反「三○一條款」之貿易對手國，美國宣稱具有所謂的「域外管轄權」（Extra- territorial Jurisdiction），此處之「域外管轄權」，在全球各國對於管轄權之享有大致有：（一）領域管轄權；（二）國籍管轄權；（三）被害人國籍管轄權；（四）保護原則（對國家安全有影響之領土完整、政治獨立之國家利益有負面影響者）管轄權及普遍原則（販賣人口、販毒、海盜等對國際社會所認定之萬國公罪）管轄權。但美國則認爲另有「域外管轄權」，此爲美國國際法學者單獨主張者，全世界國際法學者，包含大陸法系之德國與法國、社會法系之蘇聯及東歐各國均不承認，更重要的是同屬海洋法系之英國國際法學者均不承認「域外管轄權」。另外，依管轄權之性質乃指一國之法院管領國際事件，原本就不能擴張到國家領域外，且若每一個國家均主張享有「域外管轄權」則國與國之間的管轄權豈不重疊而有管轄權衝突事件之層出不窮的發生。

貳、著作權法中「合理使用」之問題與研究

　　著作權法之立法體例，在我國各種法律之制定形式上，似乎與其他立法完全不一致。反而是與美國之立法形式與內容結構上，相互呼應，如，第1條論及立法目的爲何；第2條主管機

關；第3條名詞解釋……依序而排列；不知是仿照美國著作權法之做法，或是將其條文加以翻譯成中文而照單全收比較容易，或是有其他目的則不得而知。足以令人質疑的是，我國著作權法第65條之「合理使用」；合法利用他人著作之判斷，將美國著作權法中之Fair Use（所謂的公平使用）翻譯成「合理使用」（Reasonable Use）二者之間實有重大差別，而且有誤導全民大眾及青年學子之嫌。

　　這種情形的發生原因當然很多，我們姑且不論，但著作權法制定以來，也歷經多次修正，然而就是對於「合理使用」，以致沿用至今，甚為不妥。首先，合理與公平當然是不同的意旨。所認為合理者，必然與公平之內涵絕然不同。特別是在法用語上「失之毫釐，差之千里」。所謂合理者並不與吾人所認知之公平有相同之意涵。因為合理並不等同於公平。平日常有人使用合情、合理與合法之「情理法」來做判斷事務之標準，合情不一定等於合理，而合理也不等於合法。

　　舉個例子來說明合理與公平之不同之處：

　　兄弟三人一起吃早餐，大哥一上桌就把好吃的菜吃了，小弟一上桌就把所有的菜吃光了，中間的老二什麼菜都沒得吃，向媽媽抱怨，媽媽說，哥今天要考試，弟弟不懂事，你最懂事又健康。老二說對我不公平，但媽媽的解釋似乎很合理，然而確實對老二不公平。試問「合理」使用可以等同於美國著作權法中之「公平」使用嗎？對於外國的法律我們當然可以參考使用，但是必須要能忠實反映真實意義，特別是在法律用語上要特別小心斟酌，否則有百害而無一利。簡言之合理使用有失公平使用之真義。

　　其次，依照現行著作權法第65條之規定，係指「合法」

「利用」他人著作之判斷，用「合法利用」來說明「合理使用」之實際處理，實務上之問題，其中之眞意即是合理使用就是指合法利用之意，顯然合理就是合法，而且使用即是利用之意。前已述及合理並不等同於合法，而且使用與利用在範圍上及運作上亦有程度上之差別，豈可任意混用。法律用語不同於日常的口語，必須要小心斟酌。

再者，著作權法第65條明示著作之合理使用，不構成著作財產權之侵害，然而對於著作人格權又當如何處置？對其效力僅只出其中之一。其次，第65條第2項又指出著作之「利用」是否合於第44條至第63條所定之「合理範圍」，或其他合理使用之情形，應審酌「一切情狀」，……，此處所強調者：著作之「利用」是否在第44條至第63條之「合理範圍」，以範圍來決定「利用」是否合理？接著又指出「應審酌『一切』情狀來決定」，此處所指之「一切情狀」則包羅萬象，偶有不愼，即會有掛一漏萬之虞。尤有甚者，更在其後又述明「尤應注意下列事項，以爲判斷之基準：一、利用之目的及性質……；二、著作之性質；三、所利用之質量及其在整個著作所占之比例；及四、利用結果對著作潛在市場與現在價值之影響。」此四款之規定是一種判斷有否合乎「合理使用」之精神，表面上似乎有明定標準，實則剛好相反，例如，利用之質量必須從質與量個別判斷，且對於潛在市場及現在價值之影響，要如何去判斷，標準在哪？

以上問題頗多，也難以解決之，即使是例示性之規定又在實質上反映出概括性之規定，讓第65條之規定如何能充分反映出立法目的？此種立法方式相當紊亂，意圖涵蓋全部，實質上卻發生難以適用之困難。

參、專利權之侵害與救濟問題之研究

一、專利權之侵害認定問題

關於如何認定侵害專利問題，必須從專利權之成立要件來加以檢視。基本上，專利權係授予專利權人在法律所規定之保護期間內，享有法律所給予之獨占地位；也就是在保護期間內享有高度之排他性效力之權利。也就是除非法律另有規定外，可以依法排除未經專利權人同意而實施其專利權之行為。易言之，除非法律另有規定外，任何人未經專利權人之同意，不得製造、販賣、使用或進口其專利產品，或使用其專利方法，否則即構成專利權之侵害。專利權侵害之成立要件：

（一）侵權行為人須有故意或過失

專利權之侵害基於民法之規定，為侵權行為之一種態樣，必須加害人（侵權人）在主觀眾上有故意或過失。也就是以行為人在主觀上有故意或過失之必要；而有除去侵害與防止侵害之請求權；在客觀上以有侵害之事實或侵害之虞為已足。

（二）侵害行為須有違法性

專利權之侵害行為，須具有違法性，但如有阻卻違法之事由時，當然不構成侵害專利人之專利權。

（三）專利權須有效

專利權之保護，其先決條件即是專利權人之專利權，惟有在授予該權利之國家領域內受到法律之保護。亦即在該國領域內，任何人未經專利權人或合法受讓人之同意或授權，不得實施該專利；而在該國家領域外，該專利權不發生效力。

因此，專利權之效力僅在授予申請人專利之國家領域內發生效力。在此，則在申請中之專利，尚未獲得專利權授權核可之專利申請人，很難獲得保障。其次，我國專利法未將私人或非商業目的使用專利品之行為排除在侵害之外，似屬過苛，且在執行時，易生困難，似有調整之必要。

二、專利權侵害之救濟問題

科技發展的進步，一日千里，已經進步到人工智慧的時代及早到來，使得專利侵權之訴訟案件明顯地增加。而專利權之侵害訴訟比通常之民事訴訟，所涉及之爭點牽入「技術」問題，更是不勝枚舉。而民國100年專利法明定侵害除去與防止侵害之請求，不以行為人有主觀之故意或過失為必要；又損害賠償之請求，應以行為人主觀上有故意或過失為必要。此二規定，在事實上之認定有相當困難，且在舉證方面，如何認定「主觀」之心態。

另外，民法為專利法之母法，民法有關損害賠償之規定，係以回復原狀為原則，金錢賠償為例外。易言之，儘可能以回復原狀為優先之選擇，只有在回復原狀不可能之情況下，才可以金錢賠償作為替代之做法。依此觀之，專利法之規定，似乎不必脫離民法之規範。母法與子法之規範從法制規範之體例，似乎亦應一致，只有回復原狀在不可能之情形下，才有金錢賠償作為替代。此外，在專利權之侵害的情形下，除了財產上之損害賠償外，尚可請求非財產之損害賠償及懲罰性之損害賠償。如此可彌補「回復原狀」不足之處。再者，對於「金錢賠償」的損害要如何計算，是一個相當困難的問題，因此，似宜儘量以回復原狀來優先適用，不足之處才以金錢賠償來加以適用。

肆、著名商標之保護問題研究

對於「著名商標」之保護問題，一般而言，乃是將其重點放在損害賠償請求權，要如何去落實，學者間通常從兩個角度去說明：一、一般構成要件；二、特別構成要件，說明如下：

一、一般構成要件

法院在實務上認為商標權人之損害賠償請求權，仍應符合民法上侵權行為損害賠償之要件。民法第184條第1項前段規定：因故意或過失，不法侵害他人之權利者，負損害賠償責任。故意以背於善良風俗之方法，加損害於他人者亦同。依此規定而言，一般侵權行為之成立應可分為下列七點：（一）須有侵害行為；（二）須侵害權利或利益；（三）須有損害；（四）行為與損害之間須有因果關係；（五）行為須為違法；（六）須有責任能力；（七）須有故意或過失。

（一）侵害行為

商標權在性質上為我國憲法上所保障之財產權，因此依商標法第69條第3項之規定，商標權人對於因故意或過失而侵害其商標權者，得請求損害賠償。所謂商標侵害者，係指第三人不法妨礙商標權之圓滿行使，且商標權人並無忍受之義務。另外，侵害必須已現實發生，且繼續存在。至於有侵害之虞，則是指侵害雖尚未發生，然就現在既存之危險狀況加以判斷，系爭之商標權在客觀的情形加以衡量，被侵害之可能性相當大或極大，而有事先加以防範之必要。但是否構成商標權之侵害，應就個案加以認定之。

（二）須有損害

所謂損害，乃是指被害人之財產狀態或精神狀態發生不利益之情形，而且依商標法第71條規定之意旨，商標權人主張損害，仍應以具有損害為構成要件之一。且此處之損害仍得回歸民法第216條之規定，請求損害賠償。因此，其損害即包括所受損害及所失利益在內。所受損害是指現存財產因損害事實之發生而減少，屬於積極的損害；而所失利益，則是指新財產之取得，因損害事實之發生而受妨害，屬於消極的損害。而對於所失利益，法院實務上認為，凡依外部客觀事實觀之，如有取得利益之可能，但因責任事實之發生，而致不能取得者，即為所失之利益。

（三）行為與損害之間須有因果關係

法院在實務上認商標之侵權，其行為之侵害與損害之結果之間必須具有「相當因果關係」之存在。即是指有侵權行為之因，才有損害之果的發生。易言之，所謂相當因果關係者，乃是指無此行為，雖不生此種損害，有此行為，客觀的判斷之下，通常足以發生此種損害者，即為有相當因果關係；如無此行為則必不生此種損害。

（四）行為須為違法

實務上認為權利之內容如可得明確界定者，則侵害權利原則上即屬違法；但若權利之內容，過於廣泛而難以界定時，則應依利益衡量原則及社會一般價值判斷，認定其是否具有違法性。而依商標法第68條之規定：「未經商標權人同意，為行銷目的而有下列情形之一，為侵害商標權：一、於同一商品或服務，使用相同於註冊商標之商標者。二、於類似之商品或服務，使用相同於註冊商標之商標，有致相關消費者混淆誤認之虞者。三、於同

一或類似之商品或服務，使用近似於註冊商標之商標，有致相關消費者混淆誤認之虞者。」

因此，如已構成上述商標法第68條規定之商標侵權行為，除有阻卻違法性之外，均應認定其具有違法性。

其次，商標法第70條之擬制商標侵權行為時，亦是除有阻卻違法之事由者，亦應認定有違法性。商標法第70條規定如下：「未得商標權人同意，有下列情形之一，視為侵害商標權：一、明知為他人著名之註冊商標，而使用相同或近似之商標，有致減損該商標之識別性或信譽之虞者。二、明知為他人著名之註冊商標，而以該著名商標中之文字作為自己公司、商號、團體、網域或其他表彰營業主體之名稱，有致相關消費者混淆誤認之虞或減損該商標之識別性或信譽之虞者。三、明知有第六十八條侵害商標權之虞，而製造、持有、陳列、販賣、輸出或輸入尚未與商品或服務結合之標籤、吊牌、包裝容器或與服務有關之物品。」

（五）責任能力

責任能力即是侵權行為能力。乃是指足以判斷與識別本身行為之結果及是非之能力。侵權行為能力乃是以具有識別能力為必要條件。另外，法人之一切事務，對外均由其代表人代表為之。代表人代表法人所為之行為，即屬法人之行為。其因此所加諸於他人之行為，該行為人與法人負連帶賠償責任。

（六）故意或過失

商標侵權應以具備故意或過失等主觀要件為其構成條件。法院實務上之見解常認為商標之侵權為特別法上之侵權行為，因此商標侵權應符合民法侵權行為要件之規定。

二、特別構成要件

依商標法第68條之規定,商標侵權行為之構成要件,可以分為(一)未經商標權人之同意;(二)為行銷之目的;(三)商標之使用;(四)該當法定之商標使用行為類型。

(一)未經商標權人之同意

第三人行使商標之獨占使用權,應經商標權人之同意;未經同意而使用,乃是商標侵權構成要件之一。

(二)為行銷之目的

「為行銷之目的」乃是指在交易過程中,使用商標之行為。但並不包括單純之購買商品之消費行為。

(三)商標之使用

商標之使用,即是指商標法第5條所列之各種情形:「商標之使用,指為行銷之目的,而有下列情形之一,並足以使相關消費者認識其為商標:一、將商標用於商品或其包裝容器。二、持有、陳列、販賣、輸出或輸入前款之商品。三、將商標用於與提供服務有關之物品。四、將商標用於與商品或服務有關之商業文書或廣告。前項各款情形,以數位影音、電子媒體、網路或其他媒介物方式為之者,亦同。」

一般商標侵權之使用行為,在實務上認為應符合前述第5條規定「使用」之要件,但不以此為限。如僅單純製造商標圖樣或標籤,因尚未至「使用」之階段,無前述第68條及第70條規定之適用。因此,對於商標之使用,係指將商標用於商品或其包裝或容器上行銷國內市場或外銷而言。

（四）該當法定之使用商標行為類型

　　依據商標法第68條之規定，其侵權行為之類有三：1.類似之商品或服務；2.近似商標；3.致相關消費者混淆誤認之虞。分別說明如下：

1. 類似之商品或服務

　　所謂類似之商品或服務，乃指二不同之商品，在功能、材料、產製者或其他因素上，具有共同或關聯之處，或二不同之服務，就消費者需求之滿足、服務提供者或其他因素上，具有共同相關聯之處，如該等產品或服務，一旦使用於相同或近似之商標上，依一般社會之概念及市場之交易情形上，容易使得消費者誤認，該等產品或服務之來源屬於相同或相關聯者。

2. 近似商標

　　判斷二商標之近似與否，應本於客觀之事實，依具有普通知識與經驗之購買者，在購買時施以普通與一般之注意，有無引致混同誤認之虞，作為判斷之基準。即商標之近似，是指二商標給予一般人之整體印象，有其相近之處。如其標示在相同或類似之商品或服務之上時，對於具有普通知識與經驗之消費者，於購買時如果以普通之注意，來加以判斷，仍可能造成混淆，認為二商品或服務係來自同一來源，或會誤認二者有所關聯，該二商標即構成近似。

3. 致相關消費者混淆或誤認之虞

　　所謂混淆誤認之虞，乃是指商品或服務之相關消費者誤認二商標為同一來源或是雖然不會誤認二商標為同一來源或同一商

標，但極有可能誤認二商標之商品或服務爲同一來源之「系列商品或服務」，或誤認二商標之使用人間存在著關係企業、授權關係、加盟關係或其他類似關係者。

在判斷是否有「誤認之虞」時，實務上則認爲：應同時具備──商標近似或與商品、服務類似二要件。但雖具備此二要件者，並非即絕對必然有「誤認之虞」之結果。在實際判斷上，仍須考量下列重要因素：有商標近似之程度、商標或服務類似之程度、系爭商標識別性之強弱、消費者對於商標熟悉之程度、先權利人多角化經營之情形、實際混淆誤認之情事……等，因此，在解決此類問題時，仍應以個案考量而定之。

三、對於著名商標之擬制商標侵權行爲

商標法爲了加強對著名商標之保護及對於商標侵權之準備、加工或輔助行爲，加以規範，而特別訂定商標法第70條以爲基準。對於明知爲他人著名之註冊商標或明知有第68條侵害商標之虞，仍然爲某些特定行爲，第70條將此等特定行爲擬制爲侵害商標權之行爲。

（一）明知爲他人著名之註冊商標，而使用相同或近似之商標，有致減損該商標之識別性或信譽之虞者

1.明知爲他人著名之註冊商標

所謂「明知」者，應指行爲人確知其所使用之商標，屬於著名商標。但行爲人並不在意而有「故意」之嫌；即行爲人除明知商標權人之商標，業已註冊公告外，亦應知悉該商標已達「著名」之程度。

　　當然受保護之著名商標，包括國內外著名商標，但須已在我國註冊者為限。

2. 有使用相同或近似之商標

　　所須注意者，乃是本款之使用對象，並不以使用於與該著名商標指定之同一或類似之商品或服務為必要。

3. 致減損著名商標之識別性或信譽之虞

　　所謂「減損著名商標之識別性之虞」係指著名商標之識別性，有可能遭受減弱，亦即著名商標使用於特定之商品或服務，原本僅會使人產生某一特定來源之聯想，但當未經授權使用之第三人的行為，逐漸稀釋該單一來源之特徵及吸引力時最後有可能使得原本之商標，變成指示二種或二種以上之來源的商標。

　　所謂「減損著名商標信譽之虞」，係指著名商標之信譽，有可能遭受污損或負面之評價；易言之，因未取得授權之第三人的使用行為，使得一般消費者對著名商標所代表之品質、信用或名譽，產生貶抑或負面之認定或聯想，有損著名商標之名譽（即商譽）。所須注意者，乃是有可能減損「信譽」即為已足。

（二）明知為他人著名之註冊商標，而以該著名商標中之文字作為自己公司、商號、團體、網域或其他表彰營業主體之名稱，有致相關消費者混淆誤認之虞或減損該商標之識別性或信譽之虞者

1. 以該著名商標之文字，作為自己表彰營業主體之名稱

　　著名商標中之「文字」，應指著名商標中具有識別性之文字而言。亦即侵權人使用該等具有識別力的文字，作為自己公司名

稱、商號、團體名稱、網域名稱者，方有可能使得消費者對該著名商標所有人與侵權人公司之間，產生錯誤之認知與聯想。就因為如此，始有保護著名商標之必要。至於「文字」是否必須「完全相同」，應以客觀事實認定，只有要可能減損著名商標之識別性或信譽者，應屬之。

2.致相關消費者混淆誤認之虞

　　本款之情形，係指行為人之公司、商號、團體或網域名稱與著名商標中之「文字」相同，且其經營之業務範圍與著名註冊商標使用之商品或服務或相同或類似，有可能導致相關消費者混淆誤認之虞者為已足。

（三）明知有商標法第68條規定之侵害商標權之虞，而製造、持有、陳列、販賣、輸出或輸入尚未與商品或服務結合之標籤、吊牌、包裝容器或與服務有關之物品

　　1.此處所指商標法第68條之規定乃係指：(1)未經商標權人之同意而使用已註冊之著名商標；(2)為了行銷之目的；(3)使用已註冊之著名商標；(4)將商標使用於商品或服務有關之商業文書或廣告。此等構成要件即滿足了商標權人所指證之侵害商標權之虞。

　　2.除了上述直接侵害商標權之行為外，商標侵權之準備、加工或輔助行為，商標法認為亦有規範之必要。因此第70條第3款明白規定明知有商標法第68條侵害商標權之虞，卻仍予以製造、持有、陳列、販賣、輸出或輸入，尚未與商品或服務結合之標籤、吊牌、包裝容器或與服務有關之物品的行為，視為侵害商標權之行為。另外，除了侵權人以外第三人所為商標侵權之加工

或輔助行為外，侵權人本身所為之行為（其準備行為）亦屬本款
所規範之行為。

結　論

第十章　WTO時代智慧財產權之未來

壹、緒論

　　在21世紀來臨之前，難以否認的是企業的價值大部分是存在於它的「有形資產」。企業的經營與管理也將重點放在取得與維護此等有形資產。然而，隨著科技的進步與網路運用的普及，再加上「知識經濟」風潮的帶動之下，另一種有別於傳統有形資產的大量成長，那就是「智慧財產權」的出現。它在本質上是植基於人類創意與思考的活動，加上創新過程的產物。從企業界方面去檢視，許多公司甚至可以完全沒有任何的有形資產，但是卻因為掌握著許多重要的「智慧資產」（Intellectual Assets）而可以影響整個產業，並能因此而獲得巨大的經濟利益。就以台灣來說，許多的「中小企業」就因為掌握著關鍵的智慧資產，而能在產業界占有一席之地。

　　另一方面，如果我們來檢視一下美國過去二十年來的經濟發展，可以不難發現，透過與技術相關的服務與商品的大幅成長，企業所能夠掌握的智慧資產愈多，也就愈能成為企業成功的利基。就因為如此，企業便能更加的具有商場上的競爭力，而使得企業愈發地重視它的智慧資產。其次，國際社會經由世界貿易組織體制下之「與貿易有關之智慧財產權協定」的架構，努力地協調與整合各個國家對於智慧財產權法制的不同規範與保護標準；相對地急速擴大智慧財產權的類別與範疇，如此則更加強了企業界對於智慧財產權的認知與重視，有助於智慧財產權法制化的未來發展。

　　在知識經濟時代的今天，智慧資產是企業競爭的重要武器，

同時也是企業經營與發展的重要關鍵。相對來說，對企業而言，也具有重大的經濟價值。舉例而言，擁有智慧財產權愈多的企業，就愈容易經由智慧財產權的授權而取得「權利金」（Royalty）或是透過「技術移轉」（Technology Transfer）的方式取得「授權金」（License Fees），或者可以經由法律訴訟的方式，獲得損害賠償的救濟。而在通常的情形之下，這一類型的損害賠償金額，即使是「和解」，均是相當高的金額。就因為智慧財產隨著科技的進步，變得愈來愈有價值，對於智慧財產權的保護與管理就變得愈來愈困難。相對而言，智慧財產權在法律的建制之下，不論是在哪一個國家境內，都是相當脆弱的。換句話說，智慧財產權的權利人對於其權利一旦喪失或受到侵失，將是甚難回復其權利或是填補其損害。再加上智慧財產權的保護基礎是植基於各國本身的智慧財產權法；卻因為科技的飛躍進步而不斷地進行修正與補正，使得智慧財產權法的「生命週期」變得相當的短暫。這種發展現象，是顯而易見的。

貳、保護智慧財產權之時代意義

　　智慧財產權制度的建立，毫無疑問地，是帶動社會進步與產業發展的原動力之一。歐美過去的歷史發展是一個見證，台灣過去的經驗歷程就是一個最好的例子。過去是如此，未來亦必然仍是如此。藉由賦予智慧財產權權利人一段時期的獨占性權利，給予經濟性之誘因，鼓勵創造或發明人繼續不斷地從事創造或發明等智慧財產「活動」，才能從過去勞動密集的社會轉型到今天知識經濟的社會。未來社會的進步與發展，也必然是依循著這樣的軌跡前進。然而，無可諱言的是，這一切都必須建立在保護智慧

財產權的前提下，始有可能爲之，亦即在智慧財產權保護的基礎之上，建構一個符合社會公眾利益的智慧財產保護制度，在權利人與社會大眾之間取得權利保護與公共利益間的平衡，將會是未來智慧財產制度所會面臨的不可避免之挑戰，那麼，智慧財產權之保護，在現在與未來所可顯現的時代意義，又是如何呢？[1]

一、智慧財產權制度提供了社會發展之誘因

何以智慧財產權制度是可以成爲促進人類發展的重要誘因？因爲在智慧財產權制度形成之前，對於財產權的保護都只限於有體財產，至於精神上的創作或研發則無法受到保護，而成爲一般社會大眾皆得任意利用的對象，又被稱之爲公共財。有體財產的觀念只能保護創作者的原件或是製造出來的機器設備，而無法及於創作的內容或發明的技術思想。如果他人「複製」相同的創作內容或「仿製」相同的機器設備，由於複製或仿製後的有體物會成爲另一獨立的有形物，享有獨立的財產權。原來完成文稿、畫作或機器設備的創作人或發明人，並不能以其原有之有體財產權主張任何權利。

保護精神創作的觀念出現後，使得財產權的保護由傳統的有體財產進而及於無體財產，亦即所保護者不再侷限於有體物；該有體物上所表現之創作內容或技術思想亦屬於獨立受保護的對象，他人未經其同意，不得擅自複製相同的創作內容或仿製相同的機器設備，否則就可能會對其無體財產構成權利侵害。

精神創作可以成爲私有財產之後，對創作人就構成一個重大的誘因，因爲智慧財產權的排他效力或是受法律保護狀態，以及

---

[1] 謝銘洋著，智慧財產權法，台北，元照出版有限公司，2008年，第12-16頁。

它的財產價值，使其可以成為交易與繼承的客體，同時也是侵權行為制度所保護的客體。透過智慧財產權的行使，可以使權利人有機會取得經濟利益，甚至能獲取較一般有形財產更多的利益。在此情形下，創作與發明就不再讓人視為畏途。而能吸引更多人投入，使得創作與發明的活動日益蓬勃，同時也能帶動人類社會的迅速發展。

二、智慧財產權之制度已逐漸形成國際社會之共通規則

雖然智慧財產權制度可以提供促進社會發展的誘因，然而開發中國家對於智慧財產權的態度卻是與已開發國家大不相同。

開發中國家由於本身在發展上較為落後，無論是技術方面或現代文化方面，都是扮演著輸入者的角色，因此對於智慧財產權的保護意願較低，因為其一旦認真保護智慧財產權，往往保護到的是外國人或外國事業，反而不利於其本國人或本國事業的發展。在欠缺智慧財產權保護之情況下，開發中國家的事業往往利用已開發國家的精神創作成果，以複製或仿製之方式，大量製造成品銷售到國內外市場，甚至回銷到已開發國家，而引起已開發國家的不滿，並透過雙邊協商或國際條約要求開發中國家必須遵守智慧財產權的規範，前述TRIPs協議即是在此背景下產生。

無論如何，迄今已經有超過140個國家加入世界貿易組織（WTO），而在世界貿易組織架構下的TRIPs協議也為世界上大部分國家所接受，因此不管開發中國家的實際意願如何，至少在形式上，保護智慧財產權已經成為國際貿易上各國共同遵守的遊戲規則。只是開發中國家亦有其本身的產業政策，因此同樣是保護智慧財產權，但是在保護的範圍、要件以及權利內容等，都必須顧慮到其本國產業發展的需要，未必與已開發國家完全一致。

三、智慧財產權制度提升了事業之競爭力

　　智慧財產權除了作爲一種制度上的誘因之外，對於事業發展也有重要影響，事業不再只是專注於產品的生產，而更著重於產品技術的研發與設計，這在愈開發的國家愈明顯。由於在高度開發的國家，其生產成本逐漸升高，因此事業往往逐漸放棄勞力密集的產業，而著重於技術密集的產業，或者採取國際分工的做法，將工廠或生產線移往原料、勞力均較爲低廉的開發中國家。如此一來，已開發國家的事業便無法在商品的生產以及銷售市場，與開發中國家一較長短，而只能靠技術的研發與掌握，來保持其在國際市場競爭中的領先地位，是以往國際貿易中強調產品市場以及市場占有率的觀念，對於已開發國家的事業已經逐漸改變，最重要的反而是技術市場甚至專利市場的掌握，誰能夠取得關鍵性的技術與專利，就能在國際競爭中取得有利的地位。

　　時至今日，許多事業不僅致力於取得技術與智慧財產權，更經常發動智慧財產權的戰爭，對其他競爭對手提出侵權訴訟，以打擊其競爭對手，迫使其退出市場或給付鉅額的權利金，可以說智慧財產權已經成爲事業之間競爭的重要利器。

四、智慧財產權制度重建了科技社會之知識價值

　　正由於智慧財產權制度發展至今，逐漸成爲事業競爭的利器，其強大的排他效力，往往會被權利人濫用藉以打擊競爭對手，對競爭秩序產生不當的影響，或者因爲權利人過度行使權利，使得他人的利用空間受到限縮。因此引起許多人對智慧財產權制度的存在價值感到懷疑，認爲智慧財產權制度雖然是一種誘因，但只不過是諸多創作研發的誘因之一而已。縱使沒有智慧財

產權制度，只要有其他利基，事業為追求自己的利益，自然而然就會從事研發以取得競爭上的優勢；因此智慧財產權制度似乎並沒有存在的必要。

　　雖然智慧財產權制度並非產業發展的絕對必要條件，特別是在有些領域有相當充分的市場上利基，此種情形智慧財產權的保護似屬多餘，其保護的必要性與範圍都值得進一步考量。

　　然而，不可諱言者，並非在所有領域都有明顯的利基，特別是文化方面的精神創作，或者雖然有利基但風險甚高。在此情形下，透過法律制度所建立的智慧財產權保護制度，來鼓勵事業投入創作研發，仍然有其必要。而且從成果保護的角度觀之，模仿永遠比創作、研發來得容易且成本低廉；如果沒有從法律制度上予以保護，將使創作研發者無法確保其創作或研發的成果，而使其經營的風險大增。在此情形下，除非其他方面的利基與誘因明顯大過於此風險，否則還是會影響事業投入的意願。

參、WTO架構下智慧財產權之發展

一、WTO架構下之智慧財產權之保護現況評析

　　在世界貿易組織（WTO）於1995年1月1日正式取代關稅暨貿易總協定（GATT）之後，WTO所建立的架構已經成為世界貿易體制的基石。WTO的各項協定，也逐步地影響到國際間的各種規約。而在智慧財產權之保護方面，「與貿易有關之智慧財產權協定」（TRIPs）規範內容不但影響國際性與區域性的國際條約，更影響各國相關的國內法規，為全球智慧財產權保護制度的

建立奠下基礎[2]。

　　TRIPs之所以在WTO架構中占有重要的地位，主要是因爲各國瞭解到國際間在保護與執行智慧財產權時，有不同的標準；另一方面，國際間有關仿冒品的貿易，亦已造成國際經濟關係的緊張。因此GATT烏拉圭回合談判乃首開風氣之先，將智慧財產權與仿冒之議題正式納入國際經貿協商的範圍，並成功地使智慧財產權與貿易產生直接的關聯[3]。

　　至於TRIPs之所以對國際間智慧財產權的保護形成重大的影響，則在於透過WTO的架構，使得所有欲成爲WTO會員的國家或關稅領域，都必須無保留地接受「成立世界貿易組織協定」之多邊協定，包括TRIPs在內[4]。而根據TRIPs的規定[5]：所有屬於已開發國家之會員，都必須在1996年1月1日以前，修改其國內法以與TRIPs所要求的規範符合；至於屬於開發中國家之會員，則應於WTO成立後五年內符合TRIPs之要求，最後未開發國家，則有十一年的緩衝期間。

　　此外，由於TRIPs在協商之際，就決定採取設定國際間最低保護標準（Minimum Standards）的目標，因此各國或各區域組織之保護規範，只能比TRIPs的標準要高，但是卻不能低於TRIPs所規定的各種標準；此種策略，不但有效地整合了國際間對智慧財產權保護與執行規範不一的歧異，也成功地確立了國際間對智慧財產權的最低保護標準[6]。

---

[2]　馮震宇，智慧財產權發展趨勢與重要問題研究，台北，元照出版有限公司，2003年，第3頁。

[3]　同前註。

[4]　同前註，第4頁。

[5]　同前註。

[6]　同前註。

　　不過，TRIPs的規範架構也不是毫無缺點。例如於TRIPs協商時，網際網路仍未成氣候，但是今日網際網路不但已經普及，也快速地商業化，乃對傳統以屬地主義爲基礎的智慧財產權帶來重大的挑戰。但是TRIPs卻明顯地未能就此有所規範，也因此出現若干盲點。爲彌補此等缺失，國際間也積極在TRIPs現有的基礎上，透過「世界智慧財產組織」（WIPO）對網際網路與智慧財產權的保護問題加以因應；此外，TRIPs偏重保護已開發國家所承認的智慧財產權，但是卻未能對開發中國家或未開發國家的傳統知識與民俗創作提供保護，再加上限制各國以強制授權（專利法稱之爲特許實施）的方式利用他人的專利權，也引發專利與人命孰重的爭議[7]。

二、WTO架構下智慧財產權保護之發展

　　隨著TRIPs所建立的保護智慧財產權統一架構確立，再加上由世界智慧財產組織（WIPO，爲聯合國的14個專屬機構之一，負責國際間有關智慧財產權條約或協定之執行與行政支援）負責TRIPs的執行與行政支援，國際間對於智慧財產權之保護也日趨重視，並在TRIPs的最低保護標準之上，建構起更周延的保護規範[8]。

　　雖然在TRIPs正式生效前，國際間已有許多保護智慧財產權的國際協定，但是在TRIPs生效之後，則有更突破性的進展。例如在WIPO的主導下，不但通過了商標法條約（Trademark Law Treaty, TLT）與專利法條約（Patent Law Treaty, PTL），也於

---

[7]　同前註，第5頁。
[8]　同前註，第13頁。

1996年12月20日通過有關保護著作權與表演與錄音著作的兩個
國際條約，並積極推動有關保護資料庫的國際條約。除此之外，
一些區域性組織與個別國家也紛紛根據TRIPs之規範與架構，增
訂或修改相關的法律；使得智慧財產權之保護與執行問題，特別
是在邊境保護措施方面，在TRIPs正式通過以後，獲得長足的進
展；也形成智慧財產權法制快速發展的時期，例如台灣的智慧財
產權法規就不斷地配合TRIPs的規定而修改，就是一個例證[9]。

　　台灣的智慧財產法從1950年到1990年之前的四十一年間，
修正的次數相當有限，1990年到2002年加入WTO之前的這段
期間，修正的次數相當頻繁，大多是為了加入WTO而修正。而
在加入WTO之後到目前為止，仍持續進行修法，可以說是加入
WTO之後受國際發展趨勢之影響而修正智慧財產法；以及為因
應WTO架構下之新的智慧財產權議題發展而修法。可以說近十
餘年來的修法次數和幅度遠遠超越過去數十年的修法[10]。

　　經過密集修法後，台灣的智慧財產權法制已經更具現代化，
而且使得在台灣加入WTO之後，有更好的基礎對於各會員國在
TRIPs相關議題的討論上有所參與，並透過參與而有更深入的瞭
解，這對於未來台灣的智慧財產法制的發展也有正面的意義[11]。

　　此外，台灣於1999年正式成立了智慧財產局，將原來由經
濟部中央標準局掌理之專利、商標業務，以及由內政部著作權委
員會掌理之著作權業務，集中由經濟部智慧財產局掌理。另外，
為了提升司法機關智慧財產案件之審理效率與品質，於2008年

---

[9]　同前註。
[10]　見前揭註1，第290頁。
[11]　同前註，第30頁。

設置智慧財產法院[12]。

肆、WTO時代智慧財產權保護之展望

世界貿易組織之下TRIPs規範，基本上規定它的成員國必須保護的智慧財產權有七項：著作權、商標、專利、外觀設計專利、地理標記、半導體積體電路設計、營業秘密。我國在實體上大體而言可稱完備了，在透過數次修法滿足與「貿易有關的智慧財產權協定」之最低要求水平。雖然在程序上仍有努力空間，對於未來的展望，以下數點是值得強調的[13]：

一、保護客體之擴增

在著作權方面，資料庫是否應予保護，有愈來愈多人持肯定見解，隨著網際網路之普及，「公開傳輸權」愈來愈受到重視，權利管理電子資訊及防止盜拷皆是受到規範行為。在專利方面，微生物學生產方法、動物生產方法中之非生物學方法、植物生產方法中之非生物學方法皆可為專利。在商標方面，在商標的客體上有愈來愈廣的趨勢，除了傳統的文字、圖形、記號外，近年來各國皆將顏色、聲音與立體形狀納入保護範圍，有些國家（例如美國）甚至於將氣味亦納入商標客體之列考慮到將活動影像、全圖像與手勢商標等加入；另外，在著作權方面，亦將電腦軟體程式或資料庫納入保護，賠償金亦大幅提高；在專利方面，則是電腦軟體程式與做生意的方法在許多國家中已成為專利的客體。

---

[12] 同前註，第31頁。
[13] 詹炳耀編著，智慧財產權新論，台北，華立圖書公司，2005年，第279頁。

二、智慧財產權國際立法之多樣化

　　與遺傳資源、傳統知識和民間文學藝術相關的智慧財產權問題已經出現在廣泛的政策領域，其中包括糧食和農業、生物多樣性和環境、人權、文化政策、貿易和經濟發展。在所有這些領域內都出現了智慧財產權的問題，並且其重要性與日俱增。世界智慧財產組織作為負責在全世界推廣智慧財產權的聯合國專門機構，其成員國要求本組織進行深入探索，進行相關的議題討論，以便更理解涉及遺傳資源、傳統知識和民間文學藝術的智財問題。因為其往往是相互關聯且呈現動態情境，特別是有關涉及智慧財產權與生物技術、遺傳資源、傳統知識和民間文學藝術的工作計畫和各項活動的資訊。

　　在最近的多邊談判中，為了解決地球生物滅絕的危機。對遺傳資源加以適當利用，並透過相關技術的移轉與資金的提供，以便保全生物多樣性。開發中國家將力爭討論把「生物多樣化公約」（Convention Biological Diversity, CBD）納入，於1992年在「地球高峰會」中被採納。生物多樣化保護與傳統知識的保護事實上也納入智慧財產權範圍的問題，故頗受第三世界國家的關注。我國大量獨有的動植物品種（包括瀕臨滅絕的動植物）的保護，就屬於生物多樣化公約的議題。而我國的中醫藥及中醫療法的保護與各地均有的民間文學藝術的保護等，則屬於後者。此種保護課題的深化與廣化，若運作得宜，有助於平衡南北國家的經貿差距，對於智慧財產權的權利亦得產生活化的效果。

三、司法程序之簡化

　　在司法程序方面，有愈來愈靈活的趨勢，有鑑於被控侵權的被告在多數情況下並不做自己沒有侵權的辯解，而是會主張權利

人的權利無效，從而達到認定自己不存在侵權行為之目的。此時，「侵權之訴」就轉變成為「確認之訴」，並與確認之訴交織在一起。所以，無論是英美法系國家，還是大陸法系國家，有關智慧財產權侵權訴訟的判決書裡，一般都含有確認權利存在的內容，也就是說智慧財產權的有效性直接由法院來加以認定。我國在2008年設置專責的智慧財產權法院其目的就在此。至少可以保持涉及智慧財產權的權利之侵害與權利之確認，兩個問題之訴訟的一致性。

四、落實智慧財產權之保護

對於智慧財產權保護之落實，應該可以從下列幾點著手：

（一）為使智慧財產權制度合理化，確實有設立專業法庭的必要，此一法庭的設置未必要設置在法院內，它可以設立在智慧財產權專責機關內，以便同時解決行政、民事與刑事訴訟之間題，迅速解決當事人之紛爭。

（二）要求踐行正當查證程序：對於外國廠商追索我國業者支付權利金之通知或訴訟，賦予智慧財產權主管機關協助司法、警察、海關等有關機關，及案件之關係人，處理智慧財產授權或侵權案件之責任，以避免美商動輒行使美國貿易法第337條之關稅報復威脅。

（三）工商企業應發揮自治自律精神，確定對方智慧財產權之效力是否仍然存在與權利範圍。平時即應建立妥適的智財管理制度，彈性利用交互授權或舉發專利無效，必要時要能整合業界集體談判的力量。

（四）積極培養智慧財產權專業人才及部門，必要時諮詢專業律師，瞭解專利布局與專利地圖之妙用，並配合研發人員進行

專利迴避策略，不得已時亦得以權利濫用為由，善加利用國外的反托拉斯法加以制衡。

（五）刑罰的最後手段性對捍衛智財權有加分的作用，但不要過於相信刑罰的威力，維持主動、積極而連續的創新能力才是確保競爭力良方。

五、保護智慧財產權之再認識

保護智慧財產權是既定的政策，也是鼓勵創新研發、促進產業升級與維持全球競爭力所不可或缺的配套措施。除了參酌世界貿易組織的「與貿易有關的智慧財產權協定」加以修法外，在執行面如何有效查緝與遏阻侵權盜版之行為，在司法程序方面如何更及時地賦與智慧財產權保障應有的效果，在管理面如何善加利用智慧財產權所產生的邊際價值，恐怕是未來更大的挑戰。在新世紀裡，關於智慧財產權保護，下列概念的認識是必要的[14]：

（一）所謂保護智慧財產權，重在積極的保護，而非消極的防止侵害。積極的保護，主要工作在於建立完善的商標、專利及著作權等制度，次要的周邊配套措施涉及諸多經濟法域的修正與調整，欲促成我國的產業升級，除了積極培養專業人才外，有待於法制面下一波的調整。

（二）侵害智慧財產權是一種兼具財產與人格侵犯之犯罪行為，犯罪在人類社會幾乎是無可避免的。所以我們努力的目標，應該是如何從技術面、法律面與倫理面，使犯罪減到最低程度，也就是使合法正當的權利受到完善的保護，使非法侵害他人權利者受到適當的行政、民事與刑事的制裁。

---

[14] 同前註，第284-285頁。

（三）侵害智慧財產權的態樣及原因都很複雜，落實保護智慧財產權絕非一蹴可及，必須結合社會全面共同來努力，使之成爲一種尊重他人創意的文化，才能達到目標。

伍、小結

隨著全球經濟之快速發展。仿冒品的貿易已嚴重地打擊傳統的製造業與貿易服務業，使得各國不得不正視仿冒對經濟發展的負面影響。另一方面，科技的突飛猛進也帶動了高科技產業與服務業的發展，網際網略更使全球成爲一個「天涯若比鄰」的地球村的境界。科技與網路的發展不但產生了大量的智慧財產權，也使得智慧財產權的保護更形重要[15]。

而爲解決仿冒、科技發展與智慧財產權保護及執行所帶來的問題，各國乃利用GATT談判的機會，以訂定TRIPs協定的方式，使智慧財產權與貿易，甚至世界貿易組織發生直接的關聯。透過TRIPs，各國不但確定了可受保護的智慧財產權類型，也對智慧財產權的重要實質事項獲得一致的見解。對於國際間保護智慧財產權機制的建立，與後續WIPO的國際智慧財產權相關條約的談判，都有直接的助益。因此在WTO正式成立後，已經有多個有關智慧財產權的國際條約獲得通過，此爲過去所沒有的成效[16]。

雖然TRIPs有其不可忽視的重要性，但是由於TRIPs在協商之際，網際網路的發展仍處於起步階段[17]：在TRIPs訂定後才隨

---

[15] 見前揭註2，第26頁。
[16] 同前註。
[17] 同前註。

著網路商業化的趨勢而產生其影響力。因此，TRIPs也因此出現了一些盲點，尤其是對於網路利用有關的智慧財產權，例如商標、標章、著作權等，都未能有明確的規定，是其缺失。此外，TRIPs過於偏重保護已開發國家已經占有優勢的智慧財產權；但是卻忽略開發中或未開發國家所保存的傳統知識、民俗藝術與生物資源，也引發這些國家的不滿與批評。

不過，雖然有此等瑕疵，從WTO正式成立迄今，不論是國際間或是各國內國法規，透過TRIPs的最低保護標準之確立，都已經逐漸出現共通的規範，也使得智慧財產權的保護與執行問題終於獲得突破。雖然科技發展對TRIPs亦造成一定程度的挑戰，但在WTO架構下，TRIPs不但奠定了國際間保護智慧財產權的共通基準，也必然會繼續發揮其影響力[18]。

無理由的遲延，以使權利人得以對侵害者採取有效的行動以保護其權利（第41條第2項）。對於行政方面的終局決定，以及初審判決中的法律問題，第41條第3項則要求會員應提供訴訟當事人司法救濟審查的機會。

而在民事與行政救濟方面，TRIPs除要求會員提供公平合理的程序保護（第42條）之外，並就舉證責任（第43條）、禁止命令（第44條，相當於台灣的保全程序）以及損害賠償（第45條）有明確的規定，同時要求會員應授權司法機關得對侵害物品命令銷毀或得為適當處分的權力（第46條其他救濟規定參照）。

除此之外，WTO會員國也應對某些特殊的侵權行為，例如故意仿冒商標或以營利為目的而侵害著作權，課以刑責以遏阻

---

[18] 同前註，第27頁。

商業性的侵害行為發生（第61條刑事程序規定參照）。更重要的，就是TRIPs還要求會員國應對於侵害智慧財產權之行為採取有效的臨時措施，以保護智慧財產權（第50條），並要求會員國應建立適當的邊境保護措施機制，使權利人於必要時可以獲得海關的協助，以阻止仿冒品的輸出或輸入（第51條至第60條）。

　　總之，科技之進步造成智慧財產權之商品化，而得於全球間移動。惟如一國對智慧財產權採低度的保護標準，將使外國之智慧財產權在該國境內無法得到充分的保護，而降低外國之智慧財產權進入該國市場之意願。故對外國投資者而言，此等低度之保護實為一種貿易障礙。另一方面，如未能順利引進外國技術，亦可能使本國技術無法提升，致阻礙本國經濟發展[19]。因此，智慧財產權之保護，毋寧是促進貿易自由化及經濟發展之關鍵。為此，WTO特將智慧財產權保護之問題，納入多邊貿易體系之中，並以「與貿易有關之智慧財產權協定」作為規範國際社會智慧財產權之依據。

　　TRIPs協定為現行國際社會在智慧財產上涉及議題最為廣泛的國際協議。TRIPs協定對智慧財產權之保護所設者為最低標準，各國得於TRIPs檢定之標準之上，於其國內法再行訂定更為嚴格之標準[20]。此種策略的運用，不但可以有效整合國際社會中，各國對於智慧財產權保護標準的不一與執行上的落差；更重要的是它讓同一種類的智慧財產權，在各國境內均可以受到相同的保護標準，同時也可以讓各國在執行的層面可以享有相同的待遇。這是TRIPs對於國際社會在智慧財產權方面明顯而最大的貢獻。

---

[19] 吳志揚等合著，趨勢產業法律實用，台北，志揚國際法律事務所，2002年，第34頁。
[20] 同前註。

第十一章　大數據時代智慧財產權之保護

壹、大數據時代智慧財產權保護之特色

在WTO的架構之下，關於智慧財產權的保護，可以說幾乎仰賴「與貿易有關之智慧財產權協定」（TRIPs）。而TRIPs所展現的幾個特色，大致上有下列三點[1]：

一、確立智慧財產權保護之基本原則

若就TRIPs之架構而言，則可以分為三大重點。第一個重點是確立了智慧財產權保護的基本原則，例如最低標準原則、國民待遇原則（National Treatment）與最惠國待遇原則（The Most-Favored-Nation Treatment, MFN），此等原則也為其後的國際協定所採納。至於TRIPs所規定的國民待遇原則，乃是為確保各會員國間能維持內外國人民平等的待遇，故TRIPs特別於第3條對國民待遇原則加以規範，亦即各會員國對其他會員國國民之待遇，不得低於對其本國國民之待遇。另外，所謂的最惠國待遇原則，就是會員國所給予其他任一會員國國民之任何優惠、特權及豁免權，應同時、且無條件的給予其他會員國國民一體適用，也就是說其他會員國國民均可比附援引加以適用（請參見TRIPs第4條）。

二、明確規範可受保護之智慧財產權類型

TRIPs規範的第二個重點，就是明確規範了應受保護的各種

---

[1] 馮震宇，智慧財產權發展趨勢與重要問題研究，台北，元照出版有限公司，2003年，第7-9頁。

智慧財產權類型，並確保其能在各個會員國領域內獲得充分的保護。根據TRIPs附註一的解釋：所謂的「保護」（Protection），就第2條（國民待遇原則）與第4條（最惠國待遇原則）而言，不但應包括涉及本協定所指之智慧財產權的利用事宜，也應包括涉及智慧財產權之效力、取得、範圍、維護，以及行使權利的事項。

而為達成此目的，TRIPs首先要求各會員國須遵守國際間既存的相關國際條約的規範，如巴黎條約與伯恩公約的規範。例如在TRIPs第2條中，TRIPs就明確的要求，就該條約第二部分至第四部分（亦即智慧財產權之效力、範圍與利用的標準；智慧財產權之執行；智慧財產權之取得與維持；及有關當事人間的程序），全體會員國均應符合巴黎條約1967年文本第1條至第12條以及第19條之規定。且TRIPs第一部分（基本原則）至第四部分之所有規定，均不得妨害會員國之間依照巴黎條約、伯恩公約、羅馬條約，以及積體電路電路布局華盛頓條約。

三、會員應根據本國法提供適當之保護程序與救濟

TRIPs規範的第三個重點，即在於執行方面。原則上，TRIPs要求其會員國應於其本國法中提供適當的保護程序與救濟，使智慧財產權人得以有效的執行其權利。例如根據TRIPs第三部分智慧財產權之執行之總義務規定（第41條），會員國應保證依其本國法對本部分所規定的執行程序得以有效地執行，以便採取有效措施制止任何侵犯本協定所保護之任何智慧財產權之行為。

至於在程序方面，各會員國所提供的保護程序應符合公平正義，不至於過於複雜或耗費過鉅，亦不得有不合理的時間限制。

貳、大數據時代智慧財產權之國際化

　　這些年來在網際網路的蓬勃發展之下，不但產生了人類歷史上前所未有的景象，一個與過去數千年來傳統社會截然不同的生活環境，正在逐漸醞釀而形成。這個全球化或國際化的今天，身為消費者的我們以及作為供給者的企業，必須要能抓住這個大時代變動的脈絡，方能知所出處與永續發展的未來。全球化時代是因科技飛越進步所帶動的知識經濟之緣故。知識經濟的運作方式，與過去的密集勞工為主的生產方式，或是以服務提供為主所形成的經濟體系，顯然是迥然不同。在知識經濟的體制下，人類的生產將以創造或創新為主；大部分的商品將以資訊的形態呈現，而大部分的服務則將是透過網際網路，提供給需要的社會大眾。

　　自從網際網路在20世紀末及21世紀之初突然被大量商業應用之後，世上所有的人都已經感受到一個新的時代——資訊時代——即將來臨，或者說已經來臨。在一連串的「電腦化」或「電子化」的潮流下，生產自動化、政府電子化，以及商業資訊化都如火如荼地加速進行，並在極短的時間之內能夠獲致可觀的成果。以多媒體、網際網路骨幹的全球資訊系統正在架構之中；隨之而來的家庭電子化即將是下一階段的努力目標；如果再加上行動通訊的普及化，那麼，在未來的數年內，以行動通訊及網際網路所架構出來的全球多媒體電子資訊環境，將成為21世紀人類生活的主要方式——這就是數位化時代的來臨。進一步而言，資訊科技商業化利用的基礎，建立在其中所包含的智慧財產權的保護之上。任何一個國家如果要進一步的提升人民生活的水準，勢必要對於智慧財產權提供更周延更完整的保護。

　　然而，眾所周知，各國對於智慧財產權保護的法制建立及標準的建置；因傳統「主權」觀念的烙印太過深刻，加上各國鄉土民情的考慮，相當程度展現強烈的「屬地主義」之地域觀念，但是在「全球化」風潮的推動之下，影響之所及因為智慧財產權之數位化，就不得不考慮經由世界貿易組織法制化之規範，基於「透明性」及「非歧視性」之要求，藉著程序正義與自動合作機制的做法，來統一各國在智慧財產權保護的標準，並且協調各國制度上的差距。因此，從世界貿易組織在面對「數位化」大時代要求，不得不加以檢視。而其調和的做法，就是智慧財產權之國際化。

　　而國際化要如何進行？更重要的是標準如何訂定？表面上看來是由科技先進的國家帶領來進行。但是，如此一來，很自然的是，科技先進的「已開發國家」掌握了主動權，也就順理成章地以它們本身的標準，作為國際社會的標準。這樣的做法與結果，不是處於科技弱勢的「開發中國家」所樂於見到的。就是因此之故，才有世界貿易組織的出面推動而有TRIPs的完成，作為國際社會的智慧財產權規範的統一標準。讓國際社會中的國家，不論是開發中國家也好，抑或是已開發國家也好，有一個共同的標準，當作智慧財產權保護的依歸。這就是WTO時代智慧財產權保護的國際化。

參、大數據時代智慧財產權之策略

　　今天的世界，智慧財產權受到侵害，已經是個司空見慣之事：然而，侵害的結果卻對公司企業的影響相當的大，面對這樣的惡質環境，公司為了生存發展，必須要能有因應的策略，才是

正確的做法。這樣的情形之下，爲了提供一個有效的策略，首先
必須要瞭解「全球市場」（Global Market）及智慧財產權的國
際環境。茲將其大致狀況說明如下[2]：

一、國際上的主要公司，都使用智慧財產權以增加其競爭
力。因此，一個企業需將智慧財產權視爲其競爭的條件，而非只
是研究開發的活動。

二、國際上都極力執行其智慧財產權，視智慧財產權爲剷除
競爭之武器。

三、可將智慧財產權如產品般銷售。一些擁有基礎性專利
（Fundamental Patents）的公司，如美國德州儀器公司持有之
Kilby專利，每年所收取的權利金，都能爲公司帶來爲數甚鉅之
收入。

四、美國大公司所組成的智慧財產權聯盟，透過聯合方式，
對外主張其智慧財產權，對於像台灣這種剛邁入高科技的國家造
成莫大的衝擊。

五、整個國際的傾向，已將智慧財產權視爲一種重要之資
產。

智慧財產權策略只有一個目標，就是取得行爲上之自由。對
一個企業而言，最重要的是行爲上之自由。

智慧財產權策略的目標是增加行爲上之自由，因而增加競爭
力。爲了達到智慧財產權保護性策略的目標，在訂定智慧財產權
策略時，應從下列幾方面著手：

一、透過智慧財產權之取得（包括自己研究、發展之結果，
或是從其他來源取得），用以拉大與同等競爭者間的距離，同時

---

[2] 陳國慈，科技企業與智慧財產權，新竹，清大出版社，2001年，第243頁。

縮短了與較先進的競爭者之間的距離，並可阻擋競爭者之研究開發工作。智慧財產權愈多，他人要提出侵害智慧財產權的主張，就需花大量費用來分析是否眞有侵害的存在。

二、在取得智慧財產權後，應積極地使用智慧財產權，包括（一）透過與第三人交互授權，以增加自己及客戶行爲上的自由，因而與競爭者立於同等的地位，用以相互免除侵害智慧財產權的責任；（二）在需要取得他人智慧財產權時，可以用自己的智慧財產權作爲談判時的籌碼；或（三）透過授權的方式來賺取權利金。

三、智慧財產權的保護：避免洩漏自己及客戶的智慧財產權，同時避免侵害他人的智慧財產權。

肆、人工智慧與智慧財產權之交會

一、前言

人工智慧之出現，乃是科技發展下之產品，從電腦出現之後，凡是人腦所能作出的產品幾乎被電腦完全取代，再加上「資料庫」的功能，經由「大數據」（Big Data）的應用充分發揮的結果，同時透過「互聯網」的系統，由電腦中「對等點」（Peers）組成的點對點網路形成共同運作的管理機制。讓這些電腦節點在全球各地，儲存了精確或近乎精確的「區塊鏈」（Blockchain）的副本，並經由使用軟體來進行「協調」的工作。這樣的過程在協調之後，達成「協議」，可以精確地規定網路上的參與者，如何儲存資訊，參與資訊的交換，而形成執行軟體程式碼。

基本上，人工智慧乃是利用特殊的電腦程式與邏輯演算法

或編碼技術，創造出與人類智慧相似的功能，可以具有探索、理解、學習、感知，對外傳遞訊息與解決問題等功能之「智慧體」（Intelligent Entity），利用電腦來擴展人類智能。大體上來說，因為科技的進步，特別是電腦網路的快速進步，促使人工智慧的萌芽，早在20世紀中葉，即有科技研究人員，利用電腦技術、資料庫的儲存功能，再接連上網路的帶動下，電腦本身的硬體設備的擴充，實質上擴大了電腦本身的記憶功能與學習容量的加大，成為人工智慧研究與開發的推動力量。

　　實際上，人工智慧這個名詞的首度出現，是在1956年的「達特茅斯會議」（Dartmouth Conference）上，與會者共同討論了「人工智慧」作為學術研究的議題。其後，以實現人工智慧為目標的學術研究的探討與落實在科技發展的運作上，不斷地持續下去，未曾中斷。另一方面，在日常生活中，在科幻小說及連續劇的「虛擬世界」裡，也陸續出現擁有愈來愈高度智慧的「人工智慧」的表現，將「人工智慧」塑造成具有超越人類判斷力、預測未來，並能做出判斷及決策的「超級電腦」。因此，人工智慧給一般人的印象，即是「全知全能」，擁有與人類相同的智慧，並且具備超越人類知識範圍的電腦，所具有功能及其配備的「裝置」，超越了人腦所有的作用。而這種「和人類一樣擁有智慧的電腦」，在學術界已經享有「通用人工智慧」（Artificial General Intelligence, AGI）即是一般所稱之。這樣的「通用人工智慧」，已經享有相當的威名，對於學術研究人員與技術開發人員而言，完成AGI已經是這些人員夢寐以求的「夢想實現」（Dream Come True）。隨著科技發展的進程中，研發人員長久以來都在研發網際空間的運用基本技術，來處理每一種人腦所能處理事務的「思考能力」，在這些能力當中，使用了模仿人類大

腦結構的「類神經網路」技術，而能夠產生顯著的效果。易言之，使用了類神經網路技術，或運用類神經網路之功能，才發展出我們今天所知道的「人工智慧」。

二、大數據之表現

在2017年，「歐洲專利局」（European Patent Office）公布了一份報告——「專利與第四次工業革命」（Patent and the Fourth Industrial Revolution），將三類科技產業統稱為第四次工業革命中的三大產業，即：（一）人工智慧產業；（二）資訊傳播科技產業；（三）運用（一）及（二）二類科技之產業。由此可知，人工智慧產業乃是第四次工業革命中最主要科技產業。此外，由於「類神經網路」導入「人工智慧」才使得在原本的「電腦程式」中加入了「類神經網路」的技術，提高電腦／網路系統的辨識、繪畫與判斷等的精確度，才使得「人工智慧」增加了智慧功能。而「類神經網路」即是指模仿人類的腦神經迴路結構與構造的數學模式（學習模式），發揮與人類極為相似的思考。

在通常的情形下，人類學習了大量事物之後，會逐漸變得「聰明」，電腦也是在其「資料庫」（Data Base）所蒐集存放的「龐大資料」（大數據）進行檢視與分析，來理解「大致特徵」，接著大量檢視各種類別的手寫文本，去瞭解各種不同的寫法，這樣的手法，一般就稱之為「機器學習」（Machine Learning, ML）。此種學習方法需要大量資料，作為校本；而且此等樣本資料愈多，辨識精準度就愈高，在使用「類神經網路」的「機器學習」中，那些大數據功能的發揮乃是建立在兩個因素之上：

（一）信息：乃是指音訊、消息、通訊系統的傳輸與處理能

力的對象；泛指人類社會傳播的所有內容。

（二）數據：所指為電子數據，即是在電腦系統和網路中「閉環示」的流動，來傳輸信息。亦即信息存在的一種表現方式或傳輸方式。

而大數據則是指無法在一定的時間範圍內，用常規軟體工具進行捕捉、管理與處理之數據的集合。是新通訊技術應用下的產物，是信息及數據的集合體，是綜合了數據及信息的一切內容。

三、大數據之特性

大數據功能的發揮，乃是因為資料量隨著感測器作用之增加而不斷地增加，至今可以發現有人類總數四倍以上的感測器，出現在我們的生活當中，此等感測器利用高速無線網路，不斷地把資料傳送到「雲端」上，透過「演算法」及模型分析，會發現更多有價值的資訊，可以讓我們去運用。因此，在大數據時代，可以對於大數據的「大」，有了一個更新穎的「詮釋」，就是儘量取得資料的「整體」，並且將重心放在演算法及「模型」之尋找，讓資料的本身告訴我們事實真相，而非取樣，如此才是「大數據」中「大」的真諦。

大數據的基礎乃是在於它的「數據化」。從大數據的角度來檢視，任何事物、現象、行為都是由數據所構成的。透過數據的描述，才可以還原出任何我們所要尋求的現象、行為及其背後所代表的規律。此一「數據化」原理，便是大數據運用的基礎。大數據的核心則是它數據背後的價值。大數據的本身並不意味著大的價值，唯有靈活運用數據分析、處理技術，方能發現大數據背後的規律、特徵，才能真正發揮大數據的價值。而此等價值之所

以能夠發現，乃是因為大數據所表現出來的三大特性[3]：

（一）容量大（Volume）。人類的數據量已經隨著數據化的趨勢及互聯網的發展，未來數據量還會繼續增長。據相關統計，每一天互聯網上產生的數據可以刻滿1億多張DVD，發出近3,000億封郵件，200萬個帖子，上傳2.5億張圖片。預計2020年全球的數據量將會達到35ZB，這意味著在最近兩年產生的數據量相當於人類之前所有數據量的總和。

（二）多樣性（Variety）。多樣性主要是指大數據所包含數據類型的繁多。大部分的大數據都是以非結構化數據的形式存在，如日誌文件、點擊流、RTF文檔、網頁、多媒體等。它們處理起來相對困難，所需要的數據分析技術也更加複雜。

（三）速度快（Velocity）。在以前，都是對數據進行事後蒐集、分析，具有一定的滯後性。然而在大數據時代，數據產生更新的速度，愈來愈快，各行各業都強調對數據進行即時的流處理，以保證數據的新鮮度。

整體而言，大數據不僅具有上述容量大、多樣性與速度快之三種特性，它更帶動了人類思維方式的改變或革新。易言之，大數據的思維方式，更代表了數據化的整體思維，到最後更推動了人類生產力的擴增。

---

[3]　王燃，大數據偵查，台北，元照出版有限公司，2018年，第34-35頁。

四、大數據之類別

（一）依來源之不同 [4]

1. 個人數據

個人數據為基於個人身分關係所衍生的數據，又可稱為個人信息或個人資料。如個人資料保護法第2條第1款規定，自然人之姓名、出生年月日、國民身分證統一編號、護照號碼、特徵、指紋、婚姻等及其他得直接或間接方式識別個人之資料。

2. 商業數據

商業數據是企業進行商業行為時所蒐集的數據，又可分為用戶數據及企業數據。用戶數據是企業對用戶使用軌跡進行蒐集所累積的數據，如網頁的瀏覽紀錄、網購紀錄、影片的觀看紀錄、網站的留言、打卡紀錄等可間接識別至個人的數據；企業數據為企業經營行為中產出的數據，如企業內部的價格、客戶、契約、帳務及金流數據、企業的廠間數據、企業投研部門進行研發及投資分析的智力成果數據等。

3. 政府數據

政府數據是政府在運作過程中提供公共服務所產生的數據，如氣象數據、道路交通數據、電力數據、司法案件數據、海關數據、出入境數據等政府運作下所蒐集的數據。

---

[4] 朱宸佐，人工智慧時代數據財產權的保護路徑，收錄於張麗卿主編，人工智慧與法律衝擊，台北，元照出版有限公司，2020年，第170頁。

（二）依技術處理之不同 [5]

1.原始數據

原始數據是從資料的原始來源所直接蒐集的數據。如申請學校時所填寫的個人資訊、消費者的網購紀錄、納稅人報稅資訊、個人的生活履歷（Life Log）資料及健康保險等醫療紀錄等資料。

2.衍生數據

衍生數據是指對於原始數據進行一定程度技術處理後的數據，又可分為去識別化（或稱匿名化）的數據及經二次加工的數據。依據個資法施行細則第17條的規定，去識別化是指個人資料以代碼、匿名、隱藏部分資料或其他方式，無從辨識該特定個人者。透過一定程序的加工處理，使個人資料不再具有直接或間接識別性；經二次加工的數據，是指利用一定的技術方式，對蒐集的數據進行清洗、挖掘、分析、建模等技術加工後的數據。

五、大數據之權利屬性

在大數據的技術尚未發展成熟前，受限於通訊技術的功能未臻完善，數據大致侷限於「個人資料」。因此，在以往很長的一段時間，有關個人資料的權利屬性問題，大致上是以個人資料為中心來加以研析討論。一直到進入人工智慧時代來臨後，有多數學者開始提出資料的「綜合屬性說」。分別說明如下 [6]：

---

[5] 同前註，第170-171頁。
[6] 同前註，第171-173頁。

（一）人格權說

　　以德國為代表的歐盟國家，將個人資料視為人格權的延伸，以當事人的事前知情同意，對個人資料進行保護，並對個人資料進行統一立法。如1950年歐洲人權公約、1981年歐洲理事會保護個人資料自動化處理公約、1995年歐盟個人資料保護規則95/46/EC指令、2000年歐盟基本權利憲章及歐盟2012年的一般資料保護規則等。歐盟這一系列的隱私權立法，造成深遠的影響，如台灣的個人資料保護法（以下簡稱「個資法」）2010年第一次修正時，參考了1995年歐盟資料保護指令（95/46/EC）及德國聯邦個人資料保護法，2015年第二次修正時，參考了歐盟2012年的一般資料保護規則。對於個人資料保護具有統一立法的國家，亦多對個人資料採取了人格權說的觀點。

（二）財產權說

　　以美國為代表，認為個人資料除具有人格性外，亦具有一定的財產屬性。美國因聯邦立法的困難性及網路服務業者的集體抵制，對數據保護並無統一的立法，對於個人資料的保護是交由「市場機制」決定，由數據業者制定自律規範（self-regulation）。資料蒐集時，由資訊被蒐集者及數據業者自行協商，政府僅在數據業者未能合理保護或濫用個人資訊時出面介入。在市場機制的影響下，美國對於數據的思維較為商業化，如1999年美國哈佛大學學者Lawrence Lessig教授在「代碼和網路中的其他法律」（Code and Other Laws in Cyberspace）一書中，首次提出了數據財產權化（Data Propertization）的概念，認為只有賦予數據被蒐集者數據的財產權，才能改變數據被蒐集者面對數據蒐集業者時的協商地位。

（三）綜合屬性說

　　上述兩種陣營對於個人資料的立場，間接影響了各陣營對於大數據權利屬性的理解。進入人工智慧時代後，歐盟延續數據人格權的思維，更加關注於個人資料的隱私權侵害，於2018年8月25日通過史上最嚴格的個資法——「歐盟一般資料保護規則」（GDPR），擴大了個人資料的範圍，增加了位置資訊（Location Data）、網路識別資料（On-line Identifier），亦賦予資料被蒐集者新的權利，例如更正權（Right to Rectification）、被遺忘權（Right to be Forgotten）、資料可攜帶之權（Right to Data Portability）及拒絕權（Right to Object）。而美國則是延續著數據財產權的思想，於2014年總統科學和技術顧問委員會（PCAST）二位共同主席聯合致函歐巴馬總統，認為以「事前知情並同意」作為數據保護的基本架構，在人工智慧時代已不合時宜，建議要將政策重心放在大數據資料實際運用的結果上，並重視大數據在交易上的財產價值。中國的高富平、陸小華及齊愛民等多位學者，受美國數據財產權思想的影響，於2009年後亦陸續出版了信息財產權相關的研究，希望透過信息財產全體系的建立，穩定信息財產交易，確保信息財產的交易安全。

（四）研析

　　大數據的範圍遠大於個人資料，如大數據中的個人數據為個人人格身分關係的延伸，具有高度的人格性；商業數據中的用戶數據，是對用戶使用軌跡進行蒐集，能以直接或間接的方式，將數據連結或還原至資料被蒐集者，具有弱人格性；商業數據中的企業數據，為企業經營行為中所產出的數據，如企業內部的帳務及金流數據、企業產線生產的廠間數據、企業投研部門進行研發

及投資分析的智力成果數據等，爲企業的資產、營業秘密或智慧財產權，具有高度的財產性；政府數據，爲政府進行公權力行爲所產生的數據，除了特定應進行保密的領域如軍事、外交、國防及法律特別規定不予公開的數據外，政府數據具應對人民進行公開，具有公共性。除此之外，大數據還可能因去識別化或二次加工程序等技術調整，使得數據的性質發生轉變[7]。

　　由此可知，大數據並不具有單一法律屬性，而是兼具了人格性、財產性、公共性等綜合屬性的數據集合，且其屬性還可能因技術的調整而變更。因此，對於大數據的權利屬性進行判斷時，並無法進行單一定性，應依據不同的數據種類及數據是否經過技術調整，對不同類型的數據屬性進行具體判斷[8]。

（五）大數據之未來趨向

　　由上述分析可知，大數據與個人資料不同，具有綜合的權利屬性。因此對於大數據，並無法以過去判斷個人資料權利屬性的方式，以人格權或財產權的二分法定性，而是需要依據不同數據的權利屬性做具體判斷。在分析大數據的權利屬性後，應對大數據是否具有相關的法律保護規範更進一步的釐清，故接續對數據財產權保護路徑的建構進行探討[9]。

六、大數據之數據財產權之權利建構

　　這些年來，各國已經注意到對於大數據運用，所形成的數據財產權的權利歸屬加以研究。如依目前各國學者的主張，大致上

---

[7]　同前註，第174頁。
[8]　同前註。
[9]　同前註。

可以分爲三派：（一）數據原權利人歸屬說；（二）數據業者歸屬說；（三）數據原權利人及數據業者共有說。採數據原權利人歸屬說者認爲，數據是衍生於社會公眾網絡行爲的集合，大數據應歸屬於數據的產出者，因此，個人應爲數據唯一的權利歸屬主體；採數據業者歸屬說者認爲，大數據的財產價值是因數據業者投入大量人力、時間、金錢及技術，對數據進行挖掘、分析、運算的結果，因此，大數據的財產權利應當歸屬於數據業者；採數據原權利人與數據業者共有說認爲，數據爲信息的集合，數據財產權的權利主體應包括數據的權利人、數據業者和數據財產使用者，但就其權益歸屬而言，應僅包括數據原權利人與數據業者，兩者應共有數據；又有認爲，數據的權利歸屬應當依據數據的權利性質來分析，涉及隱私權的應給予人格權保護，涉及財產權的應給予財產權保護，雙重保護將給予更多的選擇自由[10]。

　　基本上，在大數據時代來臨之時刻，企業經營發展及科技進步的兩大動力之驅使下，財產性數據所引導出來的數據財產權，最主要的貢獻者即是數據業者對於數據的作業及表現，投入了大量的時間、金錢、人力及技術所創造出來的具有財產價值的資產；而且在當下對於數據財產價值的驅動主因，亦是來自於數據業者對於數據之處理。在實務上，美國法院基於保護業者所蒐集到的客戶資料遭受侵害，亦賦予數據業者對於所擁有的客戶資料予以營業秘密的保護，及因此所獲得的財產性利益賦予數據業者。因此，客觀上來檢視之，數據財產權應屬於數據業者。

---

[10] 同前註，第180-181頁。

伍、小結

　　人工智慧目前所遇到的問題，基本上是在於當下的智慧財產權的規範體系下，「權利主體」適格的問題。有持否定說者，認為當今各國法律體系架構之形成，乃是在於各國之法律其權利認定人類為唯一之權利主體適格者，任何其他有生命之動物，在法律的認定上僅具有客體之地位。僅就此點而言，人工智慧縱有其自主性，能夠從事人類支配範圍之任務，得以將其認定為特定研發或創作之主體，卻礙於當下法律體系之建構，建立在權利主體之價值與規範上，仍然無法成為相關智慧財產權之權利主體。

　　然而，從專利法的角度來切入，「權利主體」的問題，原則上，發明人就其發明享有專利申請權，經過專利審查，通過者，該申請人即為專利權人；而以著作權法而言，原則上，著作人完成其著作時，即享有著作權。如此觀之，由智慧財產權法制的建制原理，即是在貫徹創作者或發明人如何符合其權利形成之要件，則其創作者及發明人即為權利之主體。因此，依法律訂定之本意來檢視，當人工智慧就其創作或製作物之成果，被認定為創作者時，除有特殊之目的或法律另有規定者外，應當然成為該「成果」之權利主體，所謂權利之主體。

　　上述之認定，主要就是基於智慧財產法的立法意旨，認為智慧財產法的法制規範主要目的及終極目的，在於要提升產業或文化的創新發展與繁榮產業，用以促進市場上產業彼此間的公平競爭；凡此，無論貢獻者為人類或與人類雷同而具有「自主判斷」能力之「人工智慧」的主導者，基於「科技中立原則」，任何「人」從事於創新或研發之工作而對產業或文化有實質之貢獻者，縱使創新或研發的成果，屬於不同的科技或文化領域者，只

要符合智慧財產法所賦予之權利成立要件者,即可受到智慧財產法之保護。

重要名詞索引

十三劃

參考書目

一、中文文獻

王燃，大數據偵察，台北，元照出版有限公司，2018年。

吳嘉生，美國貿易法三〇一條款評析，台北，元照出版有限公司，2001年。

吳嘉生，智慧財產權之理論與應用（精），台北，五南圖書出版股份有限公司，2002年。

吳嘉生，電子商務法導論，台北，學林文化有限公司，2003年。

吳嘉生，國際貿易法析論，台北，翰蘆出版社，2004年。

吳嘉生，銀行法釋論，台北，新學林出版社，2006年

吳嘉生，國際經濟法析論，台北，文笙書局，2008年。

吳嘉生，智慧財產法通論，台北，一品文化出版社，2009年。

吳嘉生，國際商務仲裁理論與實務，台北，元照出版有限公司，2013年。

吳嘉生，國際金融法析論，台北，五南圖書出版股份有限公司，2016年。

吳嘉生，國際貿易法論——WTO之貿易規範研究，台北，一品文化出版社，2019年。

吳嘉生，金融法析論，台北，五南圖書出版股份有限公司，2020年。

周忠海等著，國際經濟法，台北，神州圖書公司，2002年。

洪德欽，WTO法律與政策專題研究，台北，新學林出版社，2017年。

徐振雄，網際網路法，台北，華立圖書公司，2005年。

張瑞星、周天等合著，科技與法律，台北，元照出版有限公司，2008年。

張靜，我國營業秘密法學的建構與開展，台北，新學林出版社，2007年。

張麗卿主編，人工智慧與法律衝擊，台北，元照出版有限公司，2020年。

許忠信，WTO與貿易有關智慧財產權協定之研究，台北，元照出版有限公

司，2005年。

許舜喨，智慧財產授權理論與實務，台北，五南圖書出版股份有限公司，2012年。

陳國慈，科技企業與智慧財產，新竹，清大出版社，2001年。

陳龍昇，專利法，台北，元照出版有限公司，2015年。

馮震宇，智慧財產權發展趨勢與重要問題研究，台北，元照出版有限公司，2003年。

楊崇森，專利法理論與應用，台北，三民書局股份有限公司，2016年。

劉國讚，專利法之理論與實用，台北，元照出版有限公司，2012年。

蕭雄淋，著作權法論，台北，五南圖書股份有限公司，2015年。

賴文智、王文君合著，數位著作權法，台北，益思科技公司，2004年。

謝銘洋，科技發展之智慧財產議題，台北，翰蘆出版社，2005年。

謝銘洋，智慧財產權法，台北，元照出版有限公司，2020年。

顏吉承，新專利法與審查實務，台北，五南圖書股份有限公司，2013年。

二、英文文獻

（一）英文專書

Adamantopoulos, Konstantinos ed., An Anatomy of the World Trade Organization (London: Kluwer Law International, 1997).

Alvarez, Henri C. et al., Model Law Decisions (The Hague: Kluwer Law International, 2003).

Appleyard, D. S. and A. J. Field, International Economics (Boston: McGraw Hill: 1998).

Bagheri, Mahmood, International Contracts and National Economic Regulation (London: Kluwer Law International, 2000).

Baldwin, R. E. and J. David Richardson, International Trade and Finance (Glenview, III Scot, Foresman and Co., 1996).

Barrett, Margreth, Intellectual Property (st. Paul; West Publishing Co., 1986).

Bhagwati, Jagdish, The World Trading System at Risk (London: Harvester Wheat-sheaf, 1991).

Blakeney, Michael, Trade Related Aspects of Intellectual Property Rights (London: Sweet & Maxwell, 1997).

Bonner, Kimberly M., The Center for Intellectual Property Handbook (N.Y.: Neal-Schuman Publishers, Inc., 2006).

Born, Gary B., International Commercial Arbitration (The Hague: Kluwer Law International, 2001).

Chisum, Donald S. and Michael A. Jacobs, Understanding Intellectual Property Law (N.Y.: Matthew Bender, 1992).

Christie, Andrew, Integrated Circuits and Their Contents International Protection (London: Sweet & Maxwell, 1995).

Club, Bruce E., United States Foreign Trade Law (Boston: Little, Brown and Comp., 1991).

Collier, John and Vaughan Lowe, The Settlement of Disputes in International Law (Oxford, U.K.: Oxford University Press, 1999).

Comeaux, Paul E. and N. Stephan Kinsella, Protecting Foreign Investment under International Law (Dobbs Ferry, N.Y.: Oceana Publications, 1997).

Croome, John, Guide to the Uruguay Round Agreements (London: Kluwer Law International, 1999).

Curley, Duncan, Intellectual Property License and Technology Transfer (Oxford: Chandos Publishing, 2004).

Deutsch, Klaus and B Speyer eds., The World Trade Organization Millennium Round (London: Routledge, 2001).

Doernberg, Richard et al., Electronic Commerce and Multijurisdictional Taxation (The Hague: Kluwer Law International, 2001).

Downing, Rubbie, E.C, International Technology Law (N.Y.: John Wiley and Sons, 1995).

Evans, Gail E., Law Marking under the Trade Constitution (The Hague: Klnwer Law International, 2000).

Feenstra, Robert C. ed., The Effects of U.S. Trade Protection and Promotion Policies (Chicago: The Univ. of Chicago Press, 1997).

Folsom, Ralph H. et al., International Business Transactions: A Reader (St. Paul, Minn: West Publishing Co., 1997).

Frick, Joachim G., Arbitration and Complex International Contracts (The Hague: Kluwer Law International, 2001).

Galler, Bernard A., Software and Intellectual Property Protection (West port, Conn.: Quorum Books, 1995).

Gervais, Daniel The Trips Agreement (London: Sweet & Maxwell, 1998).

Guzman, Andrew T. and Alan Syues, Research Handbook in International Economic Law (Cheltenham, U.K. Edward Elgar, 2007).

Held, David, Democracy and Global Order in Polity (Cambridge: Univ. of Cambridge, 1995).

Horn, Norbert, Legal Issues in Electronic Banking (The Hague: Kluwer Law International, 2002).

Houtte, Van Hans, The Law of International Trade (London: Sweet & Maxwell, 1995).

Irwin, Douglas A., Against the Tide (Princeton: N.J. Press, 1996).

Jackson, John H. and Alan O. Skes, Implementing the Uruguay Round (Oxford, U.K.: Claredon Press, 1997).

Jackson, John H., The Jurisprudence of GATT & the WTO: Insights on Treaty Law and Economic Relations (Cambridge: Cambridge University Press, 2000).

Kono, Toshiyuki et al., Selected Legal Issues of E-Commerce (The Hague: Kluwer Law International, 2002).

Krueger, Anne O. ed., The WTO as An International Organization (Chicago: The Univ. of Chicago Press, 1998).

Lemley, Mark A. et al., Software and Internet Law, 3rd ed. (N.Y.: Aspen Publishers, 2006).

Lloyd, P. J. and Kerrin M. Voutier, Promoting Competition in Global Markets (Cheltenham, U.K.: Edward Elagn, 1999).

Lodder, Arno R. and Henrik Kaspersen, Edirectives: Guide to European Union Law on E-Commerce (The Hague: Kluwer Law international, 2002).

Mastel, Greg, American Trade Laws after the Uruguay Round (Armonk, N.Y.: Me Sharpe Inc., 1996)

May, Christophes, A Global Political Economy of Intellectual Property Rights (London: Routledge, 2000).

Merges, Robert P. et al., Intellectual Property in the New Technological Age (N.Y.: Aspen Publishers, 2003).

Motsuura, Jeffrey H., Managing Intellectual Assets in the Digital Age (MA: Artech House, 2003).

Nivola, Pietro S., Regulating Unfair Trade (D.C.: Brookings Institutions, 1993).

Petersmann, E-U., The GATT-WTO Dispute Settlement System (London: Kluwer Law international, 1997).

Qureshi, Asif H. and A. R. Ziegler, International Economic Law (London: Sweet & Maxwell, 2007).

Qureshi, Asif H., World Trade Organization (N.Y.: Manchester University Press, 1996).

Redfern, alan and Martin Hunter, Law and Practice of International Commercial Arbitration (London: Sweet & Maxwell, 2004).

Rubin, Harry, International Technology Transfers (London: Kluwer Law International, 1996).

Saggi, Kamal, "International Technology Transfer and Economic Development," in Bernard Hoekman, Aaditya Mattoo and Philip English eds., Development, Trade and WTO (Washington D.C.: World Bank, 2002).

Snyder, Francis, Regional and Global Regulation of International Trade (Portland Oregon: Hart Publishing, 2001).

Snyder, Harald and Andras Inotai eds., World Trade After the Uruguay Round (London: Routledge, 1996).

Storehouse, George et al., Global and Transnational Business (N.Y.: John Wiley, 2002).

Trebilcock, Michael and Robert Howse, The Regulation of International Trade (London: Routledge, 1995).

Verhoosel, Gaetan, National Treatment and WTO Dispute Settlement (Portland, Oregon: Hart Publishing, 2002).

Wastson, Peter S. et al., Completing the World Trading System (London: Kluwer Law International, 1999).

Weber, Rolf H., Regulatory Models for the Online World (The Hague: Kluwer Law International, 2002).

Westin, Richard A., International Taxation of Electronic Commerce (The Hague: Kluwer Law International, 2000).

Yusuf, Abdulqawi A., "Transfer of Technology," in Mohammed Bdjaoui ed., International Law: Achievements and Prospects (Paris: UNESCO, 1991).

（二）英文期刊

Bello J., "The WTO Dispute Settlement Understanding: Less is More," American Journal of International Law 416 (1996).

Bello, Judith H. and Alan F. Holmer, "The Post-Uruguay Round Future of Section 301," 25 Law, and Policy of International Business 1301 (1994).

Bello, Judith Hippler and Alan F. Holmer, "Special 301: Its Requirements, Implementation and Significance," 13 Fordham International Law Journal 263 (1989-1990).

Braga, Carlos Alberto Primo, "The Economics of Intellectual Property Rights and the GATT A View From the South," 22 Vanderbilt Journal of Transnational

Law 243 (1989).

Brewer, T. and Young, S., "WTO Disputes and Developing Countries," Journal of World Trade No. 5, 169 (1999).

Bronkers, M. and McNeilis, N., "Fact and Law in Pleadings before the WTO Appellate Body," International Trade Law and Regulation 118 (1999).

Cameron, J. and Campbell, K. ed., Dispute Resolution in the World Trade Organization (Cameron May 1998).

Cavalier, G., "A Call for Interim Relief at the WTO Level-Dispute Settlement and International Trade Diplomacy," World Competition 103 (1999).

Cho, S., "GATT Non-Violations Issues in the WTO Framework: Are They the Achilles' Heel of the Dispute Settlement Process?," Harvard International Law Journal 311 (1998).

Chua, A., "Precedent and Principles of WTO Panel Jurisprudence," Berkeley Journal of International Law 171 (1998).

Corn, Carolyn S., "Pharmaceutical Patents in Brazil: Is Compulsory Licensing the Solution?," 9 Boston University International Law Journal 7 (1991).

Cottier, T., "Dispute Settlement in the World Trade Organization: Characteristics and Structural Implications for the European Union," Common Market Law Review 325 (1998).

Cottier, Thomas, "The Prospects for Intellectual Property in GATT," 28 Common Market Law Review 383 (1991).

Davey, W., The "WTO Dispute Settlement System," Journal of International Economic Law 15 (2000).

Dillon, Thomas J. Jr., "The World Trade Organization: A New Legal Order for World Trade?," 16 Michigan Journal of International Law 349.

Dreyfuss, Roehelle C., "Specialized Adjudication," Brigham Young University Law Review 337 (1990).

Dupuy, Pierre-Marie, "International Law: Torn between Coexistence, Cooperation and Globalization," 9 European Journal of International Law (1998).

Ehrenhaft, P, "'Right to Counsel' in WTO Dispute Settlement Proceedings: The 1998 Resolution of the American Bar Association," Journal of International Economic Law 159 (1999).

Hanson, "Defining Unreasonableness in international Trader; Sec. 301 of the Trade Act of 1974," 96 Yale Law Journal 1122 (1987).

Hartridge, David and Arrind Subramanian, "Intellectual Property Rights: the Issue in GATT," 22 Vanderbilt Journal of Transnational Law 908 (1989).

Hudec, R., "The New WTO Dispute Settlement Procedure An Over-view of the First Three Years," Minn. J. Golbal Trade 1 (1999).

Jackson, J., "Dispute Settlement and the WTO: Emerging Problems," Journal of International Economic Law 329 (1998).

Jacksou, J., "The WTO Dispute Settlement Understanding Misunderstanding of the Nature of Legal Obligation," American Journal of International Law 60 (1997).

Judith H. Bello and Alan F. Holmer, "The Heart of the 1988 Trade Act: A Legislative History of the Amendments to Section 301," 25 Stanford Journal of international Law 1 (1988).

Komuro, N., "The WTO Dispute Settlement Mechanism: Coverage and Procedures of the WTO Understanding," 4 Journal of World Trade 5 (1995).

Koskenniemi, Matti, "The Future of Statehood," 32 Harvard International Law Journal 397-399 (1991).

Kufuor, K., "Form the GATT to the WTO: the Developing Countries and the Reform of the Procedures for the Settlement of international Trade Disputes," 15 Journal of World Trade, 117 (1997).

Kunz-Hallstein, Hans Peter, "The United States Proposal for a GATT Agreement on Intellectual Property and the Paris Convention for the Protection of Industrial Property," 22 Vanderbilt Journal of Transnational Law 265 (1989).

Kupfer Schneider, A., "Getting Along: The Evolution of Dispute Resolution Regimes in International Trade Organizations," Michigan Journal of international Law 697 (1999).

Kuruvila, P., "Developing Countries and the GATT/WTO Dispute Settlement Mechanism," 6 Journal of World Trade 171 (1997).

Marceau, G., "NAFTA and WTO Dispute Settlement Rules-A Thematic Comparison," 2 Journal of World Trade 25 (1997).

Marceau, G., "Rules on Ethics for the New World Trade Organization Dispute Settlement Mechanism-The Rules of Conduct for the DSU," 3 Journal of World Trade, 57 (1998).

Palmeter, D. and Mavoidis, P., "The WTO Legal System: Sources of Law," American Journal of International Law 398 (1998).

Petersmann, E-U., "Dispute Settlement in International Economic Law-Lessons for Strengthening International Dispute Settlement in Non-Economic Areas," Journal of International Economic Law 189 (1999).

Petersmann, E-U., "How to Promote the International Rule of Law? Contributions by the World Trade Organization Appellate Review System," Journal of International Economic Law 25 (1998).

Progress, A., "The New Dispute Settlement: From the GATT to the WTO," Leiden Journal of International Law 115 (1995).

Schede, C., "The Strengthening of the Multilateral System. Article 23 of the WTO Dispute Settlement Understanding: Dismantling Unilateral Retaliation under Section 301 of the 1974 Trade Act," World Competition 109 (1996/7).

Schlomann, H and S Ohioff, "Constitutionalization and Dispute Settlement in the WTO National Security as An Issue of Competence," American Journal of International Law 424 (1999).

Sehleyer, G., "Power to the People: Allowing Private Parties to Raise Claims Before the WTO Dispute Resolution System," 227 Fordham Law Review 227'5 (1997).

Shoyer, A., "The First Three Years of the WTO Dispute Settlement: Observations and Suggestions," Journal of International Economic Law 277 (1998).

Stewart, T. and Burr, M., "The WTO'S First Two and a Half Years of Dispute Resolution," North Carolina Journal of International Economic Law 161 (1998).

Symposium on the First Three Years of the WTO Dispute Settlement System, The International Lawyer 609 (1998).

Telecki, Nicole, "The Role of Special 301 in the Development of International Protection of Intellectual Property Rights after the Uruguay Round," 14 Boston University International Law Journal 208 (1996).

Thomas, C., "Litigation Process Under the GATT Dispute Settlement System: Lessons For the World Trade Organization?," Journal of World Trade No. 2, 53 (1996).

Thomas, J. C., "The Need for Due Process in WTO Proceedings," Journal of World Trade No. 1, 45 (1997).

Trachtman, J., "The Domain of WTO Dispute Resolution," Harvard International Law Journal 333 (1999).

Vermulst, E., Mavrodis, P. and Waer, P., "The Functioning of the Appellaet Body Ater Four Years-Towards Rule Integrity," Journal of World Trade No. 2, 1 (1999).

Wilson, David, "A Trade Policy Goal for the 1990s: Improving the Adequacy and Effectiveness of Intellectual Property Protection in Foreign Countries," I Transnational Law 421 (1988).

Zonnekeyn, G., "Stretching the Limits of the WTO Dispute Settlement Mechanism," International Trade Law & Regulation 31 (1999).

Zonnekeyn, G., "The Banana Dispute In the WTO: the DSU Conundrum," International Trade Law & Regulation 83 (1999).

國家圖書館出版品預行編目資料

智慧財產法綜論／吳嘉生著. -- 初版. --
臺北市：五南圖書出版股份有限公司，
2021.09
　面；　公分
　ISBN 978-986-522-914-6（平裝）

1.智慧財產權　2.法規

553.433　　　　　　　　　110010396

1UF2

智慧財產法綜論

作　　者 ─ 吳嘉生（70.1）

發 行 人 ─ 楊榮川

總 經 理 ─ 楊士清

總 編 輯 ─ 楊秀麗

副總編輯 ─ 劉靜芬

責任編輯 ─ 黃郁婷

出 版 者 ─ 五南圖書出版股份有限公司

地　　址：106台北市大安區和平東路二段339號4樓

電　　話：(02)2705-5066　　傳　　真：(02)2706-6100

網　　址：https://www.wunan.com.tw

電子郵件：wunan@wunan.com.tw

劃撥帳號：01068953

戶　　名：五南圖書出版股份有限公司

法律顧問　林勝安律師事務所　林勝安律師

出版日期　2021年 9 月初版一刷

定　　價　新臺幣600元

經典永恆・名著常在

五十週年的獻禮——經典名著文庫

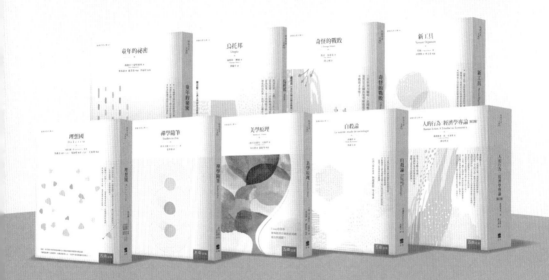

五南，五十年了，半個世紀，人生旅程的一大半，走過來了。

思索著，邁向百年的未來歷程，能為知識界、文化學術界作些什麼？

在速食文化的生態下，有什麼值得讓人雋永品味的？

歷代經典・當今名著，經過時間的洗禮，千錘百鍊，流傳至今，光芒耀人；

不僅使我們能領悟前人的智慧，同時也增深加廣我們思考的深度與視野。

我們決心投入巨資，有計畫的系統梳選，成立「經典名著文庫」，

希望收入古今中外思想性的、充滿睿智與獨見的經典、名著。

這是一項理想性的、永續性的巨大出版工程。

不在意讀者的眾寡，只考慮它的學術價值，力求完整展現先哲思想的軌跡；

為知識界開啟一片智慧之窗，營造一座百花綻放的世界文明公園，

任君遨遊、取菁吸蜜、嘉惠學子！